●新闻传播学丛书

当代传媒经营管理

(第二版)

钱晓文◎著

中山大学出版社
·广州·

版权所有　翻印必究

图书在版编目（CIP）数据

当代传媒经营管理/钱晓文著. —2版. —广州：中山大学出版社，2014.1
ISBN 978 - 7 - 306 - 04737 - 3

（新闻传播学丛书）

Ⅰ. ①当… Ⅱ. ①钱… Ⅲ. ①传播媒介—经营管理 Ⅳ. ①G206.2

中国版本图书馆 CIP 数据核字（2013）第 269737 号

出 版 人：徐　劲
策划编辑：邹岚萍
责任编辑：邹岚萍
封面设计：曾　斌
责任校对：赵　婷
责任技编：黄少伟
出版发行：中山大学出版社
电　　话：编辑部 020 - 84111996，84113349，84111997，84110779
　　　　　发行部 020 - 84111998，84111981，84111160
地　　址：广州市新港西路 135 号
邮　　编：510275　传　真：020 - 84036565
网　　址：http://www.zsup.com.cn　E-mail：zdcbs@ mail.sysu.edu.cn
印 刷 者：佛山市浩文彩色印刷有限公司
规　　格：787mm×1092mm　1/16　20 印张　413 千字
版次印次：2008 年 3 月第 1 版　2014 年 1 月第 2 版　2019 年 12 月第 3 次印刷
印　　数：7001 - 8000 册　定价：40.00 元

如发现本书因印装质量影响阅读，请与出版社发行部联系调换钱晓文，毕业于复旦大学，获得博士学位。现任上海师范大学影视传媒学院教授、硕士生导师、新闻学学科带头人。兼任国家社会科学基金项目评委、教育部新闻传播学通讯评审专家、中国新闻史学会理事、史量才研究专业委员会理事、编辑出版学学会理事，中国传媒经济学会会员。曾获1998年度《人民日报》奖学金。主要从事媒介融合与传媒转型、传播政治经济学、媒介史等领域的教学与科研工作。已建设完成上海市重点课程"传媒经营管理"。出版专著1部，参编《中国新闻事业史新编》《上海新闻志》《大辞海·文化新闻出版卷》等。主持国家社会科学基金一般项目"跨学科学术视野中的上海抗战传媒史"、上海市哲学社会科学规划课题"媒介融合时代传媒业经营模式的战略转型及路径研究"、上海市教委创新项目"传统媒体与新媒体融合发展的传播学研究"等国家级和省部级课题6项。在《新闻记者》《当代传播》《新闻界》《新闻战线》《青年记者》《编辑之友》等核心期刊发表相关论文40多篇，其中多篇论文被人大报刊复印资料、《新华文摘》以及其他报刊转载。

内 容 简 介

目前我国的媒介管理研究大多着眼于宏观层面和中观层面,《当代传媒经营管理》选择媒体的微观层面,从核心竞争力的视角探讨媒介管理的方方面面,构建研究框架,深入研究传媒基于核心竞争力的经营战略、健全的商业模式、扁平高效的组织结构(包括集团化管理)、以消费者为导向的市场营销管理、传媒广告经营问题、财务管理及资本运作、"内强素质、外树形象"的品牌管理、传媒人力资源管理的创新、传媒的全球化与本土化、以内容产业为目标的数字化战略、传媒监管体制改革、传媒核心竞争力的铸造与维护以及传媒管理与社会责任等,其中包括许多研究甚少的新问题与新趋势,并对传媒经营管理中的利与弊作了辩证的分析,具有较高的理论价值、实践价值和学术研究价值。

本书不仅适合传媒专业人士、大专院校师生使用,也适合其他对传媒有兴趣的读者与研究者阅读,对读者传媒素养的提高将大有帮助。

第二版序言

媒介经营管理涉及的理论与知识可能是许多学科所不能相提并论的，单就纵向来说，就交叉涉及政治经济学、管理学、数学、心理学、传播学、社会学及财会、金融等知识，可谓"水深"。尽管现在我的书架上摆了十数部相关专著和教材，但要自己动手写一部却没有那么自信。10年前有人请我为研究生开媒介管理课程，我当即拒绝了。我过去不只一次说过，没当过媒体人，没学过经济学，没学过高等数学，最好不要触碰传媒经营管理。现在摆在我面前的是钱晓文教授的《当代传媒经营管理》，他希望我为他的第二版作序，我无法拒绝，就只好补课。

认识钱晓文教授几年来，他的勤奋精神和积极态度令我感动。看了他的大作后，更使我看到他"勤奋中显露的智慧，谦虚中蕴涵的才气"。这本书凡14章，把他对当代传媒经营管理的理解置于全球化管理、数字化未来和提高核心竞争力这样一个国际语境下去展开，涉及媒介经营管理、组织、营销、资本运营、人力资源配置、全球化发展等，他把对这些问题的研究和分析用一根主线贯串起来，逻辑地融为一个整体，然后把媒介经营管理归于一个基本的立足点：提高传媒的核心竞争力。可以说，这本书是当代传媒经营管理的小百科——几乎把涉及的所有主要问题都清晰地表达出来了。

晓文虽是教授，却是年轻的学者，正值黄金年代的初始，研究道路还很长，我们一定能看到他不断地奉献新成果。遵晓文教授嘱，写了以上文字，是为序。

教授、博士生导师
戴元光
2013年5月于佘山脚下

第一版序

进入21世纪以来,中国新闻传播学教育从总体看:规模扩大、层次提升、结构优化,同时,加强学科建设与学术研究的严峻挑战与发展机遇并存。据教育部高教司统计,截至2005年,全国共有661个新闻传播学类专业点,其中,新闻学209个,广播电视新闻学146个,编辑出版学50个,广告学232个,传播学24个。中国新闻传播学教育蓬勃发展态势,顺应了中国大众传媒业大发展的形势。

我国改革开放以来,大众传媒业大发展,据2005年5月17日《新京报》报道:至2004年年底,中国传媒市场的概况是:

报纸:约1900种,其中日报947种,占报刊发行总量的49.7%;

图书:共72家出版社,由新闻出版总署正式批准成立的出版集团16家,资产总值约517亿元;

电视:全国共有电视台330座,频道总量2094个,节目全年播出量1004万小时,全国有线电视用户10508万户,数字电视用户120万户,电视综合人口覆盖率94.8%;

广播:全国共有广播电台282座,中短波广播发射台和转播台744座,共播出1777套节目,广播综合人口覆盖率达93.6%;

广告:中国广告业营业额继2003年首次突破1000亿元大关后,2004年达到1238.61亿元人民币。

而据《2006年中国广播电视年鉴》统计的中国电台、电视台情况:

2005年,全国共有广播电台273座,电视台302座,广播电视台(县市级)1932座,教育电视台50座;还有广播发射台、转播台6.5万座,微波站2444座,卫星收转站150万座等。广播听众近12.22亿人,广播人口覆盖率94.48%;电视观众近12.38亿人,电视人口覆盖率95.81%。

我国是一个大众传媒业大国,有着丰富多彩的传媒经营管理实践。相对于我国大众传媒业的经营管理实践而言,有关研究大众传媒经营管理的书籍与论文实在太少了。而我国传统的新闻学重在研究新闻理论、新闻业务与新闻事业史，对传媒经济与传媒业经营管理在相当长时期内未能引起重视并提上议事日程；甚至我国高等院校的新闻传播院系长期以来没有把培养新闻传媒经营管理人才列入教学规划之中。只在我国社会主义市场经济体制确立以来、特别是近几年，我国的一些新闻传播院系才把培养传媒业经营管理人才提到议事日程并列入计划，才把传媒经营管理列为必修的专业课程，也才有了几本相关的教科书。

传媒管理学是一门交叉学科，属于一级学科"新闻学与传播学"、二级学科"新闻学"之下的三级学科，它所涉及的学科有经济学、管理学、市场营销学、新闻学、传播学等；又是一门应用学科，是一门理论性和实践性较强的学科，它既借鉴了管理学、市场学和新闻学、传播学等学科的相关理论，又立足市场经济条件下我国的新闻实践，分析和探讨当前媒介经营管理的特点、规律及其发展趋势；同时还是一门新兴的学科，它是在20世纪90年代市场经济的条件下，随着信息产业观念被引入传媒业而兴起的。所以，这门学科在中国才刚刚起步。

正是在这样的形势与学科背景下，上海建桥学院副教授、复旦大学新闻传播学博士钱晓文，综合运用管理学、市场学和新闻学、传播学等学科的相关理论，又认真总结我国市场经济条件下的新闻实践，经过10余年的潜心调查研究，在繁忙的教学工作之余，坚持不懈地从事媒介经营管理方面的科研，并笔耕不辍，撰写了力作《当代传媒经营管理》。

本书着重探讨现代传媒经营管理的基本原理与实践，从新的视角探讨了传媒管理的基本概念、传媒的经营战略、传媒市场营销、传媒的组织结构、传媒的广告经营、传媒的财务管理、传媒的资本运营、传媒的人力资源管理、传媒与核心竞争力、传媒的品牌管理、传媒的监管体制、传媒的数字化战略、传媒的全球化管理、传媒管理与社会责任等内容，并以辩证的观点研究传媒管理中的利弊问题。同时，本书跟踪传媒发展的最新动态，借鉴国内外传媒管理研究的最新成果，并针对当前传媒经营管理中的问题提出分析与对策，既有一般理论的辩证探讨，又有具体个案的深入分析，力图将传媒经营管理的一般规律与传媒实践结合起来，旨在为管理层、业界和学界提供一些有益的参考。

因此，《当代传媒经营管理》是一本既具有理论的学术的价值，为新闻传播学的学科建设作出贡献，为传媒业加强企业化管理献计献策；同时也为新时期的传媒管理人员与新闻传播院系的师生加强传媒素养、掌握正确的传媒管理理论与技能、全面提高传媒从业者专业素质提供了理论紧密联系实践的好教材。

以马克思主义为指导，注重理论性、学术性、前瞻性与实用性，是我们编写"新闻传播学丛书"的原则与要求。执笔的同仁们都把编写学术丛书的过程当作从事科研、研讨学问、总结实践经验、在学科领域开拓创新的过程。

《当代传媒经营管理》完成初稿之时，正值党的"十七大"胜利召开之日。胡锦涛主席在党的"十七大"报告中，专门讲了"推动文化创新，增强文化发展活力"、"优先发展教育，建设人力资源强国"等问题，也为新闻传播学的教育改革与发展指明了方向。

我们要加强学习与科研，坚持开拓创新，为中国特色的新闻传播学学科建设添砖加瓦，为多培养中国新闻传播业的合格接班人而尽心尽力。让我们共勉！

是为序。

复旦大学新闻学院博士生导师、教授
上海建桥学院文化传播系主任
张骏德
于 2007 年 12 月

第二版前言

东方风来满眼春。党的"十八大"报告强调文化强国战略,发展文化产业是实施文化强国战略的重要推动力,传媒产业作为文化产业的核心,迎来了前所未有的重要契机和发展机遇。文化体制改革风起云涌,传媒业的发展一日千里,呈现出一派欣欣向荣的景象。2013年3月22日,新组建的国家新闻出版广电总局正式挂牌,标志着文化体制改革迈出了重要的一大步。媒体转企改制步伐进一步加快,除了党报等公益性媒体保留事业编制外,经营性媒体"事转企",彻底告别"事业单位、企业化管理"的过渡状态。人民网等相继成功上市融资,备受市场追捧,成为社会各界关注和热议的焦点。以互联网为基础的传播技术和工具日新月异,越来越多的受众和广告商从报刊、电视等转向网络、手机等移动终端,媒介融合趋势不断深化,特别是大数据时代的到来,对传媒的形态、媒介生态以及传媒业的发展等都产生了深刻而深远的影响。随着文化体制改革的深入以及互联网发展等的推动,我国传媒正处于关键的转型期,传统的粗放式经营管理方式面临着挑战与转型,亟须创新驱动。随着媒体竞争从产品竞争进入经营管理的竞争,媒体创新从产品创新进入经营管理创新的新阶段,"小打小闹"式的改革已不能满足媒体发展与市场需求。

《当代传媒经营管理》首次出版以来,市场反应良好,有热心的读者在给予本书好评的同时,也提出了一些宝贵的意见和建议,出版社希望能够推出第二版,以满足读者和市场的需求,对此,笔者深表诚挚的感谢,衷心感谢读者和中山大学出版社特别是编审、本书责任编辑邹岚萍老师的关心、支持与帮助。近年来,我国传媒业发生了巨大变化,本书对当代传媒经营管理的探索与研究需要与时俱进。笔者在高校从事传媒经营管理课程教学与研究工作之余,根据传媒业发展的新变化,吸纳相关研究的最新成果,尤其是笔者对媒体创新的研究成果以及读者的反馈意见等,对本书第一版的内容一直在认真修改与完善,以求精益求精。具体来说,本书第二版主要做了以下的增补与修订:

第一章传媒经营管理导论,增加了从信息学的角度对新闻及新闻产品(传媒产品)的认识与理解等内容。第二章传媒的经营战略,补充了对战略管理理论等的介绍,并增加了"传媒领导与决策"一节,因为领导与决策属于传媒经营战略的范畴。新增第三章传媒的商业模式,因为随着经营性媒体"事转企",媒体企业以盈利为目的,当前我国媒体面临的盈利压力越来越大,商业模式对传媒企业的生存与发展至关重要。第四章传媒的组织结构，对传媒组织结构发展的最新状况进行了补充和丰富，并对相关内容与结构进行了微调。第五章传媒市场营销管理，补充了美国市场营销专家科特勒关于营销的界定等重要内容，并对原有的"传媒产品的营销"部分重复交叉内容进行了删减和压缩。第六章传媒的广告经营，关于传媒广告经营补充了广告代理制等重要内容。第七章传媒的财务管理，合并了传媒的资本运营相关内容，并对传媒财务管理概念、传媒财务管理的内容、传媒的财务关系等进行了修订。第八章传媒的人力资源管理、第九章传媒的品牌管理、第十章传媒的数字化战略，对媒介融合发展、纽约时报公司数字化转型的最新状况等进行了补充与修订。第十一章传媒的全球化管理、第十二章传媒的监管体制、第十三章传媒与核心竞争力、第十四章传媒管理与社会责任中的相关内容都有不同程度的更新与提高。

"人间四月芳菲尽，山寺桃花始盛开。"理论研究与实践发展之间存在着相对的滞后性，传媒经济还在迅速发展与变化之中，加上笔者水平所限，本书对传媒经营管理的研究不可避免地存在着差距与不足，需要不断地深入研究与探索。如有不妥之处，欢迎读者和方家继续对本书给予批评与指正！

钱晓文

2013 年 5 月 10 日于上海浦东

目 录

第一章 传媒经营管理导论 (1)
  第一节 新闻是不是商品 (1)
    一、从信息的角度看新闻 (1)
    二、传媒是传播信息的渠道和载体 (2)
    三、新闻产品（传媒产品）是商品吗 (4)
  第二节 传媒进入经营管理时代 (7)
    一、管理的概念与职能 (7)
    二、传媒的经营管理 (8)
    三、传媒企业化管理 (9)
    四、传媒经营管理的学科性质 (10)
  学习思考题 (11)

第二章 传媒的经营战略 (12)
  第一节 传媒战略及其功能 (12)
    一、战略是什么 (12)
    二、战略管理的含义 (13)
    三、传媒经营战略及其意义 (14)
  第二节 传媒战略的类型 (15)
    一、按传媒的不同成长期分类 (15)
    二、按传媒经营对象的差异分类 (16)
  第三节 传媒战略的制定 (17)
    一、传媒战略环境分析 (17)
    二、确定传媒的长远战略目标 (25)
    三、可行性论证 (25)
    四、拍板决策 (25)
  第四节 传媒战略之执行与控制 (25)
    一、传媒经营战略实施 (25)

二、传媒经营战略控制 ……………………………………………… (26)

 第五节　传媒领导与决策 ………………………………………………… (29)

  一、传媒领导与领导者 …………………………………………… (29)

  二、传媒领导的科学决策 ………………………………………… (31)

 案例分析：维亚康姆独特的经营战略 …………………………………… (31)

 学习思考题 ………………………………………………………………… (33)

第三章　传媒的商业模式 …………………………………………………… (34)

 第一节　传媒商业模式概述 ……………………………………………… (34)

  一、传媒商业模式的含义 ………………………………………… (34)

  二、媒体商业模式的主要特征 …………………………………… (35)

  三、媒体商业模式的设计过程 …………………………………… (36)

 第二节　传媒商业模式的主要形式 ……………………………………… (37)

  一、客户主导模式 ………………………………………………… (38)

  二、产品主导模式 ………………………………………………… (39)

  三、渠道主导模式 ………………………………………………… (40)

  四、价值链一体化整合模式 ……………………………………… (41)

  五、多元化发展模式 ……………………………………………… (42)

 第三节　传媒商业模式的创新 …………………………………………… (43)

 案例分析：《销售与市场》商业模式的设计 …………………………… (46)

 学习思考题 ………………………………………………………………… (50)

第四章　传媒的组织结构 …………………………………………………… (51)

 第一节　传媒组织结构设计及其原则 …………………………………… (51)

  一、传媒组织结构 ………………………………………………… (51)

  二、传媒组织结构设计 …………………………………………… (54)

  三、传媒组织结构设计的原则 …………………………………… (54)

 第二节　传媒组织结构的主要形式 ……………………………………… (57)

  一、职能型结构 …………………………………………………… (57)

  二、事业部型结构 ………………………………………………… (58)

  三、矩阵式结构 …………………………………………………… (58)

  四、控股公司型结构 ……………………………………………… (60)

  五、混合式结构 …………………………………………………… (61)

  六、网络化结构 …………………………………………………… (61)

第三节 传媒的集团化管理 …………………………………………… (62)
一、传媒的产业化发展 …………………………………………… (63)
二、传媒的集团化管理 …………………………………………… (65)
三、我国传媒集团化的现状与特点 ……………………………… (67)
四、对传媒集团化的再认识 ……………………………………… (68)
第四节 传媒组织结构的变革趋势 ………………………………… (69)
一、传媒组织结构变革的必然性与必要性 ……………………… (69)
二、优化传媒组织结构，提高竞争力 …………………………… (70)
案例分析：美国报业集团的组织形式和内部管理 ………………… (72)
学习思考题 …………………………………………………………… (74)

第五章 传媒市场营销管理 ……………………………………………… (75)
第一节 传媒市场营销管理概述 …………………………………… (75)
一、传媒市场 ……………………………………………………… (75)
二、市场营销理念及其演变 ……………………………………… (77)
三、传媒市场营销的含义及其特点 ……………………………… (79)
四、传媒市场营销管理的任务及过程 …………………………… (81)
第二节 传媒的消费者行为分析 …………………………………… (83)
一、消费者的需求和动机 ………………………………………… (85)
二、广告商需求分析 ……………………………………………… (85)
第三节 传媒的目标市场经营 ……………………………………… (86)
一、市场细分 ……………………………………………………… (86)
二、目标市场选择 ………………………………………………… (88)
三、市场定位 ……………………………………………………… (89)
第四节 传媒的市场营销组合 ……………………………………… (93)
一、产品及服务策略 ……………………………………………… (93)
二、价格策略 ……………………………………………………… (95)
三、分销渠道策略 ………………………………………………… (96)
四、促销策略 ……………………………………………………… (96)
第五节 传媒产品的生产 …………………………………………… (97)
一、报纸的运作方式 ……………………………………………… (98)
二、广播的运作方式 ……………………………………………… (99)
三、电视节目制作的基本流程 …………………………………… (101)

　　案例分析：《今日美国》的市场营销策略……………………………（102）
　　学习思考题……………………………………………………………（105）

第六章　传媒的广告经营……………………………………………（107）
　第一节　传媒与广告……………………………………………………（107）
　　一、什么是广告………………………………………………………（107）
　　二、传媒广告的功能与作用…………………………………………（108）
　　三、广告对传媒的负面影响…………………………………………（109）
　　四、传媒作为广告媒体的责任………………………………………（111）
　第二节　传媒广告经营概述……………………………………………（112）
　　一、什么是传媒的广告经营…………………………………………（112）
　　二、传媒广告的经营方式……………………………………………（115）
　　三、传媒的广告营销策略……………………………………………（117）
　第三节　我国传媒的广告经营…………………………………………（120）
　　一、我国传媒广告经营现状…………………………………………（120）
　　二、我国传媒广告经营中的问题……………………………………（121）
　　三、传媒治理广告问题的对策………………………………………（121）
　案例分析：中央电视台的广告营销……………………………………（123）
　学习思考题………………………………………………………………（126）

第七章　传媒的财务管理……………………………………………（127）
　第一节　传媒财务管理概述……………………………………………（127）
　　一、传媒财务管理的内涵及作用……………………………………（127）
　　二、传媒财务管理的目标……………………………………………（130）
　　三、传媒财务管理的相关概念………………………………………（130）
　　四、传媒财务管理制度的改革………………………………………（133）
　第二节　传媒财务预算…………………………………………………（134）
　　一、财务预算的作用和要求…………………………………………（134）
　　二、财务预算的步骤和方法…………………………………………（134）
　第三节　传媒财务控制…………………………………………………（136）
　　一、建立传媒财务控制制度…………………………………………（136）
　　二、成本控制…………………………………………………………（136）
　　三、盈亏临界点分析…………………………………………………（137）

第四节　传媒财务分析 …………………………………………………(137)
　　　　一、分析的步骤 …………………………………………………(137)
　　　　二、会计报表分析 ………………………………………………(137)
　　　　三、传媒财务分析指标 …………………………………………(139)
　　第五节　传媒资本运营概述 ……………………………………………(141)
　　　　一、传媒资本运营的内涵 ………………………………………(141)
　　　　二、资本运营对传媒的作用 ……………………………………(142)
　　　　三、传媒资本运营的基本模式 …………………………………(144)
　　案例分析：新闻集团的财务管理 ………………………………………(148)
　　学习思考题 ………………………………………………………………(151)

第八章　传媒的人力资源管理 …………………………………………(152)
　　第一节　传媒人力资源管理及其原则 …………………………………(152)
　　　　一、传媒人力资源的内涵及作用 ………………………………(152)
　　　　二、传媒人力资源管理的基本原则 ……………………………(153)
　　第二节　传媒人力资源管理的运作机制 ………………………………(155)
　　　　一、传媒人力资源的选用机制 …………………………………(155)
　　　　二、传媒人力资源的培训 ………………………………………(156)
　　　　三、传媒人力资源的激励机制 …………………………………(157)
　　　　四、传媒企业的业绩考核 ………………………………………(158)
　　第三节　传媒人力资源管理模式创新 …………………………………(159)
　　　　一、我国传媒业的"人才悖论" ………………………………(160)
　　　　二、传媒须建立科学合理的人力资源管理模式 ………………(161)
　　案例分析：新加坡报业控股的人力资源管理制度 ……………………(164)
　　学习思考题 ………………………………………………………………(166)

第九章　传媒的品牌管理 …………………………………………………(167)
　　第一节　传媒品牌管理的原理 …………………………………………(167)
　　　　一、传媒品牌的内涵及特征 ……………………………………(167)
　　　　二、品牌经营对传媒发展的重要性 ……………………………(170)
　　　　三、品牌管理的相关概念 ………………………………………(172)
　　　　四、我国传媒进入塑造品牌时代 ………………………………(176)
　　第二节　传媒品牌管理的实践 …………………………………………(178)
　　　　一、传媒实施品牌管理战略 ……………………………………(178)

二、传媒品牌与质量管理 ……………………………… (183)
　　三、传媒品牌与公共关系 ……………………………… (184)
案例分析：湖南卫视打造全国性娱乐品牌 …………………… (186)
学习思考题 …………………………………………………… (189)

第十章　传媒的数字化战略 ……………………………… (190)
第一节　传媒数字化战略概述 ……………………………… (190)
　　一、传媒数字化与内容产业 ……………………………… (190)
　　二、传媒数字化的必要性与可行性 ……………………… (192)
第二节　国际传媒业多媒体整合趋势 ……………………… (195)
　　一、什么是"多媒体整合" ……………………………… (195)
　　二、多媒体经营打造传媒集团 …………………………… (196)
　　三、传媒内容与通道的数字化整合 ……………………… (197)
　　四、多媒体整合引发的争议 ……………………………… (198)
第三节　传媒数字化的现状与走向 ………………………… (199)
　　一、发展现状概述 ………………………………………… (199)
　　二、面临的主要问题 ……………………………………… (201)
　　三、传统媒体如何构筑数字化战略 ……………………… (203)
案例分析：纽约时报公司的数字化转型 ……………………… (206)
学习思考题 …………………………………………………… (210)

第十一章　传媒的全球化管理 …………………………… (211)
第一节　传媒全球化概述 …………………………………… (211)
　　一、传媒全球化的含义 …………………………………… (211)
　　二、传媒全球化形成的必然性 …………………………… (214)
　　三、传媒全球化的影响 …………………………………… (215)
第二节　全球化整合，本土化经营 ………………………… (218)
　　一、传媒的本土化策略 …………………………………… (218)
　　二、传媒全球化与本土化的结合 ………………………… (220)
第三节　我国传媒国际竞争战略 …………………………… (222)
　　一、全球化对我国传媒业的影响 ………………………… (222)
　　二、我国传媒国际竞争面临的形势 ……………………… (225)
　　三、我国传媒国际竞争存在的问题 ……………………… (228)
　　四、我国传媒国际竞争的主要途径 ……………………… (229)

案例分析：Discovery 的全球化运营 ……………………………………………（231）
　　学习思考题 ………………………………………………………………………（234）

第十二章　传媒的监管体制 ………………………………………………………（235）
　第一节　政府对传媒的管理 ………………………………………………………（235）
　　一、传媒管制及其必要性 ………………………………………………………（235）
　　二、政府对传媒的软调控 ………………………………………………………（239）
　　三、新闻发言人制度 ……………………………………………………………（240）
　　四、世界各国传媒监管的趋势 …………………………………………………（240）
　第二节　我国传媒管理体制改革 …………………………………………………（242）
　　一、我国传媒管理体制现状 ……………………………………………………（242）
　　二、我国传媒监管的特点与问题 ………………………………………………（244）
　　三、创新监管体制，促进传媒业发展 …………………………………………（248）
　案例分析：日本的传媒管理体制 …………………………………………………（251）
　学习思考题 …………………………………………………………………………（253）

第十三章　传媒与核心竞争力 ……………………………………………………（254）
　第一节　传媒核心竞争力的内涵及意义 …………………………………………（254）
　　一、传媒核心竞争力的理论基础 ………………………………………………（254）
　　二、企业核心竞争力的内涵及必要性 …………………………………………（257）
　　三、传媒核心竞争力的内涵及作用 ……………………………………………（258）
　第二节　传媒进入核心竞争力时代 ………………………………………………（260）
　　一、传媒竞争与核心竞争力的提出 ……………………………………………（260）
　　二、我国传媒培育核心竞争力的迫切性 ………………………………………（262）
　第三节　传媒核心竞争力的铸造与维护 …………………………………………（263）
　　一、战略定位：确定传媒竞争优势来源 ………………………………………（263）
　　二、组织创新：优化传媒组织机制 ……………………………………………（265）
　　三、内容创新：打造传媒核心业务和品牌 ……………………………………（266）
　　四、营销创新：消费者导向提升传媒竞争力 …………………………………（267）
　　五、人力资源管理创新：加强核心团队建设 …………………………………（268）
　　六、传媒核心竞争力的维护与巩固 ……………………………………………（269）
　案例分析：迪斯尼以创新塑造核心竞争力 ………………………………………（270）
　学习思考题 …………………………………………………………………………（273）

第十四章　传媒管理与社会责任 ……………………………………（274）
第一节　传媒的"义""利"之辨 …………………………………（274）
一、什么是传媒的社会责任 ……………………………………（274）
二、传媒在"义""利"之间徘徊 ………………………………（277）
三、传媒的自律与他律 …………………………………………（280）
第二节　传媒管理与法律法规 ……………………………………（283）
一、传媒加强法制建设的必要性 ………………………………（283）
二、传媒运作中的法律问题 ……………………………………（284）
三、传媒管理中法律问题的处理 ………………………………（286）
四、传媒与知识产权保护 ………………………………………（287）
第三节　传媒管理与伦理道德 ……………………………………（288）
一、传媒自律及其发展 …………………………………………（288）
二、传媒管理的伦理道德问题 …………………………………（290）
三、传媒建立道德自律规范 ……………………………………（290）
案例分析：香港传媒的社会责任问题 ………………………………（292）
学习思考题 ……………………………………………………………（295）

主要参考文献 ………………………………………………………（296）

第一章 传媒经营管理导论

关于企业管理的理论和方法,在传媒业以外的其他行业已经相当成熟,比如MBA工商管理硕士,但对传媒业来说,经营管理还是崭新的课题。随着社会主义市场经济体制的确立,特别是文化体制改革的深入,传媒加快了市场化改革步伐,除了党报等公益性媒体保留事业编制外,经营性媒体"事转企",告别"事业单位、企业化管理"的过渡状态,传媒面临着行业内外的竞争加剧,需要加强经营管理,提高传媒经营管理水平和能力,增强竞争力,以实现社会效益和经济效益的战略目标。管理粗放是我国传媒业存在的通病,在市场竞争日趋激烈的今天,传媒业更需引入现代企业管理的理念和技术,如此才能真正做大做强。但传媒经营管理与一般企业管理的不同之处在于,传媒不仅仅是产业,而且是公共事业,对受众和社会的作用与影响巨大,在西方被称为"社会公器"。传媒业属于"软实力"(softpower),是具有战略意义的特殊行业;传媒事业性与商业性的对立统一,决定了传媒经营管理的特殊性,即对待传媒不能与一般企业等同,传媒的经营管理不能以利润为唯一目标,必须重视社会效益。在我国,传媒经营管理是一门年轻的学科,虽有不少成果,但与日新月异的传媒界相比,理论研究仍相对滞后。传媒改革与创新需要理论的指导,实践正推动着理论研究的丰富与发展,对传媒经营管理的研究方兴未艾。

第一节 新闻是不是商品

一、从信息的角度看新闻

从信息论的角度,新闻是事物变动的反映,变化越大新闻价值越高,反之越小。所以新闻的实质是信息,包括事实性信息与意见性信息,当然,新闻是重要的社会性信息,而不是一般的信息。信息论创始人香农认为,"凡是在一种情况下能减少不确定性的任何事物都叫信息"。从信息技术的角度看,信息源于数据,数据是指未经组织的数字、词语、声音、图像,而信息是具有时效性的、经过加工处理的、有一定含义的、对某一目的有价值的数据(流)。在数据的基础上形成信息,在信息的基础上形成知识。

信息是现代社会中的重要资源，它与物质、能量一起并称为三大资源。以信息资源为劳动对象的信息加工、生产和服务的广义的"信息内容产业"将成为现代社会中最庞大的产业。①

新闻作为信息，首先，具有时效性。新闻信息有一个生命周期，新闻信息价值的时效周期一般分为四个阶段：升值期、峰值期、减值期和负值期，不同的周期呈现不同的价值。其次，具有客观性。即新闻信息是事物变化和状态的客观反映，其实质内容具有客观性，事物变化和状态都是客观存在的，不以人的意志为转移的，对新闻信息内容的反映也是客观的。再次，具有价值性。新闻信息是对某一目的有价值的数据。信息都是有意义、有价值的，否则就没有加工、传播、存储和再创的必要性。最后，具有传播性。新闻信息经过加工处理后表现为一定的形式（如符号等），通过载体可以储存、传递和分享。

二、传媒是传播信息的渠道和载体

（一）传媒的外延

传媒是传播②媒介的简称，是指传播信息内容的物质实体。例如，广播是传播声音信息的物质实体，电视和电影是传播声音信息符号和图像信息符号的物质实体。这里需要注意传播媒介与传播符号的区别，符号是指表达或负载特定信息或意义的代码，如语言、文字、图像等，而媒介是指"插入传播过程中，用以扩大并延伸信息传送的工具"③。信息与符号、符号与媒介之间的关系犹如毛与皮的关系，皮之不存，毛将焉附？

对传媒的认识有一个过程。广播诞生之前，只有报纸、杂志、书籍等，人们都用报刊来描述新闻事业，比如在英语中，新闻事业叫 press 或 journalism。press 的原意是"报刊"、"出版业"，journalism 的词根 journal 是指"报刊"。广播尤其是电视出现后，电视的传播力与影响力大大超过了原来的印刷媒体，再用报刊来描述新闻事业已不合适了，所以大众传播的概念应运而生。人们用传媒即传播媒介来概括包括报刊、电影、广播、电视在内的传播工具。总之，传媒的范围比较广泛，包括报纸、杂志、广播、电视、电影、书籍、户外广告乃至现在的网络媒体等。

传播学者将书籍、报纸、杂志、广播、电视、电影等统称为传播媒介，也叫大众传媒。本书所指的传媒主要是新闻传媒，即以传播新闻信息为主的媒体机构，户外广告等

---

① 参见陈禹、杨波编著：《信息管理与信息系统概论》，中国人民大学出版社 2005 年版。
② 本书把"传播"界定为"信息的传递"，来源于传播学之过程学派对"传播"这一概念的理解与认知，与符号学派把传播定义为"意义的生成与分享"不同。
③ （美）威尔伯·施拉姆等：《传播学概论》，何道宽译，新华出版社 1984 年版，第 144 页。

则不包括在内。传媒是传播过程的基本组成部分,是传播行为得以实现的物质手段。

(二) 传媒的内涵

从功能来看,传媒是传播信息、表达意见的媒介,是供公众沟通、交流的社会公共空间。传媒包括信息与载体,是内容与渠道的有机结合。传媒具有"两大属性",即政治属性和经济属性。传媒从属于上层建筑,又属于信息(娱乐)产业。

从宏观层面看,传播学家拉斯韦尔提出大众传播有三大作用,即监视环境、协调关系、传承文化。后来赖特提出了第四个作用:提供娱乐。这些其实就是大众传媒的基本功能。从微观层面看,传媒主要有"六大功能":①传播信息;②传播广告;③进行宣传;④舆论监督;⑤传播知识;⑥提供娱乐。

根据宗旨与目标的不同,传媒大致可分为三种类型。一是宣传性传媒。它是指由政府、政党或其他社会团体、机构拥有和控制的传媒,其宗旨是宣传政府法令、党派政见或某种意识形态主张,经营依赖政府、政党或社会团体的捐助或补贴,不以盈利为目的。如我国新闻史上的政论报刊、政党报刊,又如美国之音电台等。二是商业性传媒。它以谋取最大利润为宗旨,广告是其最大的收入来源。美国的报纸、广播、电视大多数是商业传媒。商业传媒注重提高发行量、收视率,以获取更多的广告收入,节目内容丰富多彩,但也存在媚俗、暴力等倾向,甚至损害公共利益。三是公共性传媒。它以服务公共利益为宗旨,拥有自己独立的传播媒介和传播政策,不专为政府或某一政党服务,不以盈利为目的,不播放商业广告,也不受商业或利益团体左右,主要经费来源是向公众收取牌照费、法定政府拨款、企业个人捐赠及提供其他服务。公共传媒注重提高节目的质量。英国广播公司即BBC是公共传媒的代表。

(三) 传媒的沿革

传媒发展的历史,就是信息传播时间、空间限制不断被打破的历史。传媒经历了口传媒介、书写媒介、印刷媒介、电子媒介和网络媒介几个阶段。

1. 口传媒介。 即利用口头语言传播。这是一种最古老也是最重要的传播手段,直至今日仍在我们生活中广泛使用。英国著名的海德公园就是口头传播时代的公共空间,人们面对面交流、沟通,但受到时间与空间的限制。

2. 书写媒介。 以文字为媒介进行新闻传播活动,纸和笔是主要工具。如唐朝的邸报、古罗马的《每日纪闻》。手抄新闻比口头新闻稳定、准确,易于传播和保存。与口头传播相比,书写媒介的公共空间有所扩大,但还是有很大的局限性。

3. 印刷媒介。 利用造纸术和印刷术进行新闻传播活动,可分为书籍、杂志和报纸,作为新闻传媒的主要是报纸。印刷媒介具有口头媒介和书写媒介无法比拟的优势,可以大量地复制和传递新闻,可以迅速和大量地生产,可以长久保存、重复阅读,等等。

近代报刊特别是大众化报纸的产生，标志着人类进入了全新的新闻传播阶段。由于印刷术的发展，可以通过出版报刊等，报道消息、交流意见，公共空间获得了极大的发展。

4. **电子媒介**。电子媒介以电波的方式传送声音和图像，作为新闻传媒的主要是广播电视。伴随着传播手段的飞速发展，广播电视进一步打破了公共空间的时间和空间的局限。新闻传播范围更广、速度更快、内容更丰富，是人类传播史上又一次"飞跃"。广播被称为"没有距离、不用纸张的报纸"，时效性强、覆盖面广、渗透力强，而"20世纪最伟大的发明之一"的电视，直接传播声音和图像，视听兼备、声像并茂，现场感强，具有很强的感染力，而且便于与观众交流。

5. **网络媒介**。使用计算机、网络技术传播新闻信息。互联网在20世纪后期迅速发展和普及，目前已成为继报纸、广播、电视后的"第四媒体"。互联网既是人际传播，又是大众传媒。相对于传统媒体，网络媒介作为数字化的"第四媒体"在信息传播方面具有巨大的优越性：极其丰富、形态多样、迅速及时、全球传播、自由和交互等，集报纸、广播、电视等优点于一身。网络时代的虚拟公共空间，已经完全打破了传统公共空间的时空限制。

三、新闻产品（传媒产品）是商品吗

新闻是不是商品，对这个问题的争论由来已久，众说纷纭，见仁见智。正确理解新闻产品的商品属性对把握传媒经济的双重属性至关重要，从一定意义上说，也是研究传媒经营管理的出发点与归宿点。

从信息论的角度看，新闻信息是事物变化和状态的客观反映，本身是有价值、有意义的，所以才有采集、加工、制作、传播和接收的必要，产生了以新闻信息为主要内容的新闻产品（传媒产品）。复旦大学王中教授曾指出，报纸具有商品属性。由于新闻信息（产品）的稀缺性，物以稀为贵，稀缺产生需求，需求产生价值，新闻产品因而具有商品属性，也就是说新闻产品具有成为商品的可能性，但它本身是否就是商品呢？

按照马克思的商品价值理论，判断某一事物能否成为商品有三个条件：一是劳动产品，即存在价值；二是可以满足人们的需要，即具有使用价值；三是为了交换而生产。新闻产品作为信息产品，是新闻生产者的劳动成果，其中包含了人的劳动，有了价值，同时，新闻产品可以满足人们对信息、娱乐的需求，具有使用价值；但只有当它进入商业流通领域、进行市场交换时，才能成为商品。如同物质产品不是任何时候都是商品一样，新闻产品也不是在任何时候、任何环境下都是商品。如果新闻产品是新闻生产者为了交换而生产的，那么新闻产品就是商品；如果不是为了交换而生产的新闻产品，如政党报纸就不是商品。还有，在这种场合下是商品，在那种场合下可能就不是商品。

总之，传媒产品只有进入市场流通，实现其社会价值与经济价值，才能成为商品。

所以，新闻产品或传媒产品作为商品可以这样定义，是指用来交换、以满足人们新闻信息以及娱乐消费需求的新闻信息产品及服务。新闻产品作为商品能够而且也需要像对待其他商品一样经营、管理与营销，以创造经济效益，但新闻产品又具有意识形态属性，是"软实力"的重要体现，需要考虑社会效益，所以新闻产品又是一种特殊的商品。可以这样说，传媒产品不同于一般商品，是具有意识形态属性的精神产品。这也说明，新闻虽然在一定条件下成为商品，但并不能因此被视为赚钱的工具，新闻过度娱乐化、商业化的结果就是在追求经济利益的同时忽视或损害了新闻及新闻产品的基本功能——服务社会、服务公共利益，从而对受众和社会造成很大的负面影响甚至危害。

新闻产品成为商品主要是在19世纪30年代廉价报纸即商业报纸产生之后。商业报纸的兴起和发展，反映了资本主义生产关系的普遍确立，资本主义使报纸成为资本主义的企业，精神产品完全商品化。报纸和其他商品一样，私人所有，私人经营，可买可卖。资产阶级新闻学把新闻作为满足社会信息需求的商品来研究，他们按照商品交换的观念，研究什么样的新闻最能吸引读者，销路最广，能够带来更多的利润。他们提出了"新闻价值"这个概念，把交换价值作为衡量新闻的标准，越是卖得出去的新闻，价值就越高，报纸的第一个主要条件是可售性，因此，新闻事业的第一个要素，就在于出版一种可以出售的商品。①

然而，新闻有其新闻专业的要求（即新闻报道必须坚持真实、客观、公正的原则），对新闻要用新闻的标准来对待，不能用以利润为导向的商业标准来对待，因此，新闻产品或传媒产品不能完全以盈利为目的，需要兼顾社会效益和经济效益，这是新闻产品不同于一般产品的重要特征。在我国，传媒产品是以商品形式进入流通领域的精神产品，一方面具有经济属性，这对促进传媒的经营管理、加强传媒与受众的联系都有积极的意义；另一方面又具有意识形态属性，必须把社会效益放在第一位，防止和抵制不顾社会效果的新闻完全商品化倾向。

如何理解新闻产品（传媒产品）的价值？新闻产品作为信息资源，是在市场上流通的商品，和其他商品一样有价值。但信息资源的价值不同于一般商品的价值。价值的概念起源于按比例交换、一定的功能产生一定的价值。如前所述，稀缺产生需求，需求产生价值，所以作为一种具有效用性和稀缺性的信息资源，当然是具有一定价值的资源。但是，信息资源的价值与传统意义上商品的价值有本质的区别，信息量并不完全等于信息价值，而且在一般情况下，信息量是供给价格而非需求价格的衡量标准；信息的价值应当是获取信息之前与之后的最大效用之差；信息的价值可以用购买行为中买主预期成本的减少额来表示；信息（系统）的价值是个体获得信息后按照该信息采取最优

---

① 参见成美、童兵编著：《新闻理论教程》，中国人民大学出版社1993年版。

行动的效用与获得该信息前采取最优行动的效用之差。①

传媒产品的价值与物质产品的价值没有本质的区别,从理论上讲,都是凝结于传媒产品中的人类劳动。但是,传媒产品的生产是一次性的,不存在与之比较的同类商品,所以没有社会必要劳动时间,或者说,社会必要劳动时间就是其自身。而且,传媒产品的生产是一种复杂劳动,不能只看消耗劳动时间的多少,所以,传媒产品的价值不能以劳动消耗量来确定,只能通过其他方式来体现,这就是效用价值、劳动价值等。所谓效用,就是消费者在购买和使用某种商品时所感觉到的满意程度。换句话说,商品效用的大小是由其满足消费者欲望的程度决定的,如果满足的程度高,就是效用大;满足的程度低,就是效用小;如果丝毫不感到满足,就是毫无效用。由于效用是一个抽象的概念,为了便于分析,经济学家就假设出一个可以测量的单位,即效用度。最先被消费者使用的效用度最大,最后被消费者使用的效用度最小。商品的总效用就是这些大小不等的效用的总和。效用指标的提出,突破了传统经济学中的以时间指标和消耗指标为标准的商品价值观。

这里有一个边际效用递减律的问题。商品效用的大小,不仅取决于消费者对某种商品的满意程度,而且也取决于这种商品的增减程度。随着商品数量的增加,商品的效用就会减少,在总效用中最后一个效用单位就是边际效用。边际效用递减律是指当一个人对某一商品的消费越来越多时,这种商品的边际效用最终将趋于下降。这是因为消费者只能从某一商品中得到部分的满足,而不可能所有欲望都得到满足,这就导致该商品的边际效用递减。同时,当商品数量少的时候,消费者会用它来满足最重要的欲望,因而满足程度很高;但当商品数量增多时,消费者就会用来满足次要的欲望,满足程度比较低,也就导致边际效用递减。

传媒产品与一般商品相比,既有共同之处,也有其自身的特点:

(1) 传媒产品是一种公共产品。公共产品即意味着其生产成本不依赖于消费者数量的多少,一个人对电视节目的消费并不影响或损害另一个消费者对相同产品的消费。

(2) 传媒产品是一种精神消费和信息消费,具有非物质性。传媒产品提供的基本价值不是有形的物质,它的主要价值在于其中蕴涵的信息和娱乐内容。受众对广告商的价值在于受众的"注意力",媒体主要是从内容和潜在"注意力"上获取价值。在向消费者提供价值方面,信息比媒介更重要。

(3) 传媒产品具有新颖性和快速创新性。对传媒产品来说,消费是一次性行为,每一个新价值都要由新的产品来体现。一般来说,传媒的保鲜期都很短,新颖性和快速创新是传媒产品的内在要求。

(4) 传媒产品的边际成本为零。对于传媒产品来说,多一个消费者所需的成本费

---

① 参见陈禹、杨波编著:《信息管理与信息系统概论》,中国人民大学出版社2005年版。

用几乎没有，这是一些公共产品具有的另一个特征。

（5）传媒产品具有非竞争性和非排他性。所谓非竞争性，是指传媒产品作为公共产品，不会因为消费的产生而受到破坏。在传媒产品的消费上，虽然每一个受众的业余时间有限，但消费者消费的传媒产品并未因为其他消费者的存在而受到限制。所谓非排他性，因为广告商赞助的传媒产品相当于一种免费的赠品，任何人都可以获得。对于受众而言，除了必要的硬件设备，唯一的"付出"就是放弃做其他事情的时间来读报纸、看电视、听广播等。对广告商而言，电视的价值就在于没有观众被排除在电视之外。①

由于传媒产品具有使用价值与价值，传媒产品的使用或消费属于经济行为、交易行为、社会行为，所以需要以经济学、管理学的原则与方法来看待传媒，研究以传媒产品为要素和对象的各类经济与管理活动。一方面，人们应该像对待其他产品那样来对待传媒产品；另一方面，传媒产品还需要得到特殊的对待，因为作为文化事业的传媒产品具有不同于其他商品的特殊性。

第二节 传媒进入经营管理时代

一、管理的概念与职能

（一）管理的概念

按照美国哥伦比亚大学威·H. 纽曼教授的理解，管理"是对一组个体向某些共同目标努力时进行的指导、领导和控制"。还有学者认为："管理是指一定组织中的管理者，通过实施计划、组织、人员配备、指导与领导、控制等职能来协调他人的活动，使别人同自己一起实现既定目标的活动过程。"② 简而言之，管理是指管理者通过对组织的资源进行有效配置以实现组织目标的过程。

（二）管理的职能

管理具有四个基本职能，即计划、组织、领导和控制。

1. 计划职能。 就是通过周密的调查研究预测未来，确定目标和方针，制订和选择行动方案，综合平衡，作出决策，即决策及决策结果的推行。科学的计划职能主要是正确地规划未来的发展，有效地利用现有资源，以期获得最佳的社会效益和经济效益。

---

① 参见（美）詹姆斯·沃克、道格拉斯·弗格森著：《美国广播电视产业》，陆地、赵丽颖译，清华大学出版社2005年版。

② 杨文士、张雁主编：《管理学原理》，中国人民大学出版社2000年版，第4页。

2. 组织职能。即设计组织结构,决定组织要完成的任务是什么;谁去完成这些任务;这些任务怎么分类组合;谁向谁报告;各种决策应在哪一级上制定;等等。

3. 领导职能。即指导和协调组织中的人,激励下属,指导他们的活动,选择最有效的沟通渠道,解决组织成员之间的冲突。

4. 控制职能。即监控组织的绩效,将实际的表现与预先设定的目标进行比较。如果出现了任何显著的偏差,就需要使组织回到正确的轨道上来。这种监控、比较和纠正的活动就是控制职能的含义。

一般管理技术的原则,就是效率与效益(社会效益与经济效益)。效率(efficiency)是管理的极其重要的组成部分,它是指输入与输出的关系。管理者经营的输入资源(资金、人员、设备等)是稀缺的,所以他们必须关心这些资源的有效利用,因此,管理就是要使资源成本最小化。然而,仅仅有效率是不够的,管理还必须使活动实现预定的目标,即追求活动的效果。管理所追求的是效率和效果的统一,即不仅要使活动达到目标,而且要做得尽可能有效率。

二、传媒的经营管理

一般认为,经营是一种活动,通过人们有意义的行为来完成经济方面的工作,以谋求一定的利益。凡存在劳动的地方,必有管理,而只有以盈利为目的的经济组织才有经营活动。对媒体来说,管理主要是解决企业内部问题,经营主要是解决企业外部问题,或者说,管理创造媒体内部价值,经营创造媒体外部价值。

与其他企业一样,传媒企业同样需要科学经营管理,因为传媒企业有三大特点:①传媒是信息组织;②传媒是盈利组织;③传媒是控制对象。

那么,什么是传媒经营管理呢?传媒经营管理是指管理者通过计划、组织、领导和控制等管理活动,对媒体所拥有的资源进行有效的配置,以实现媒体传播目标的过程。与所有的组织的管理一样,传媒管理必须履行四种基本的职能,也就是计划、组织、领导、控制。

媒体的计划所要解决的问题是:媒体做什么和怎么做。也就是要制定媒体的目标以及实现这些目标的途径。

媒体的组织所要解决的问题是:媒体如何配置自己的资源。也就是媒体通过什么来实现目标,需要哪些资源,如何实现资源和活动的最佳配置。

媒体的领导所要解决的问题是:媒体如何影响、激励组织成员,解决矛盾冲突。也就是媒体如何做好内部员工和各部门的沟通,如何通过有效的激励手段使工作做得更好。

媒体的控制所要解决的问题是:媒体如何衡量实际工作,矫正偏差。也就是媒体如何知道自己到底做得怎么样,是否符合预期,如何保证在运作当中不偏离既定的目标。

三、传媒企业化管理

传媒对经营管理的重视是在商业报纸出现以后。商业报纸的出现，标志着传媒从个人新闻事业时代逐渐步入经营管理时代。近代报纸在欧洲产生以后的很长一段时间里，还没有经营的观念，特别是政党报纸时期。报纸主要作为社会公器，而不是用来盈利的商品，因为有政党或政府的津贴等固定收入来源，政党报纸对经营管理并不重视。列宁曾指出，资本主义使资本主义报纸变成企业。19世纪30年代商业报纸即大众化报纸产生以后，开始重视报纸的发行，特别是对广告经营的重视。工业革命后工商业的发展，带来日益增多的广告，广告成为报纸的重要收入来源。报纸规模逐渐扩大，拥有较大的印刷设备，众多的编辑、经营人员，并在经营管理上采用资本主义企业方式。传媒企业化是资本主义商品经济发展的必然结果。对商业报纸而言，新闻成为一种商品。传媒发展为企业，个人新闻事业时代小作坊式的生产方式已经不能适应报业发展的需求了。

报业开始引入工商企业经营管理的理念与模式。普利策办大众化报纸，用工业化的办法生产和营销报纸，编辑部开始专业化分工，重视广告经营，使用各种促销手段，包括煽情新闻、《世界报》策划环球旅行活动等，目的就是提高报纸产品的发行量，招徕广告，赚取的利润越多越好。英国的《泰晤士报》最早实行总编辑制度，开创了传媒业编辑权与经营权相分离的传统。

广播电视一出现就被商业化了。随着传媒业垄断趋势的发展，特别是金融资本开始控制传媒业以后，现代传媒被彻底作为企业来经营和管理，各种企业管理的方法，如市场营销等都引入传媒领域。现代传媒引进商业管理的手段，一方面促进了传媒事业的发展和繁荣，另一方面也带来不少负面的效应，这就是传媒的事业性和商业性的矛盾。为了收视率、发行量，传媒抛弃了新闻道德和社会责任。传媒管理的目标应该是社会效益与经济效益双赢。与其他行业相比，传媒业有其特殊性，即对新闻事业的经营管理，就是作为经济产业的传媒与作为新闻事业的传媒的对立统一。如前所述，传媒既是经济实体，又是社会公器，具有政治和经济的双重属性，利润不是传媒的唯一目标。传媒虽然被商品化了，但新闻事业的公共属性并没有改变，即商业化不能影响新闻报道真实、客观、公正的基本原则。所以，在市场经济条件下，传媒管理既以市场为导向，同时要持守恒定的价值观和价值导向。

传媒经营管理是我国传媒业发展的现实需求，随着社会主义市场经济体制的建立，传媒竞争进入经营管理竞争的时代。改革开放以后，传媒被推向市场，财政拨款逐渐减少，政府对传媒开始"断奶"，媒体要自负盈亏、自我发展了，怎么办？所以现在传媒的角色发生了质的变化，既要履行原宣传部门和事业单位的职责，又要自主经营、独立运作、自负盈亏，是市场化企业。既然是经济实体，就要按照企业的方式开展经营管理，提高效率和效益。面对激烈的市场竞争，传媒产业化发展、市场化运作、企业化管理是必然选择。当前传媒进入规模化发展阶段，各个传媒集团之间不仅是新闻的竞争，比拼的更是传媒经营管理的能力与水平了。

四、传媒经营管理的学科性质

传媒产业是一种具有意识形态功能的信息产业，是指"经营报纸、广播、电视、网络、电影、书籍、杂志等媒体"。"产业"一词包含了经济学的范畴和概念，传媒产业已蕴涵了经济上的要素如供需、经营、盈利等概念。

什么是经济学？经济学是研究有限的或稀缺的资源如何分配才能满足竞争和无限需求的一门学问。经济学有三个层面：宏观经济，中观经济（产业层面），微观经济。而管理学则是经济学的微观层面。

什么是传媒经济学？2003年中国人民大学新闻学院申报传媒经济的硕士点和博士点时，对这一学科的基本内容进行了概括。设立本学科点的主要理由：一是传媒经济正成为中国经济的强劲增长点；二是传媒市场之争已经成为我国当前和未来发展中的最大政治；三是传媒经济研究成果的奇缺、传媒经理人才的奇缺已是发展中国传媒经济的最大瓶颈。传媒经济的主要研究方向有：传媒经济理论方向、传媒经济实务方向、传媒市场研究与测评方向。传媒经济的专业核心课程有：传媒经济理论，传媒经营实务，传媒市场分析、评估与预测。①

什么是传媒经营管理学？传媒经营管理学科是从传媒本身的业务特点和经营管理的特点出发而形成的一门独特的学科。作为一门独立的学科，它的研究领域以传播学为主，其他相关学科为辅，比如把经济学、管理学的一般原理和理论及其方法运用于传媒经营管理实践，形成了传媒经营管理理论。

1. **是一门交叉学科**。传媒经营管理学是新闻传播专业的一门新兴的交叉学科，属于一级学科"新闻学与传播学"、二级学科"传播学"之下的三级学科。它所涉及的学科有经济学、管理学、市场营销学、新闻学、传播学等。

2. **是一门应用学科**。传媒经营管理是一门理论性和实践性较强的课程，它既借鉴了管理学、市场学、新闻学、传播学等学科的相关理论，又立足于市场经济条件下我国的传媒实践，分析和探讨当前传媒经营管理的特点、规律及其发展趋势等。管理哲学与实践是战略与战术的关系，即战略指导战术，战术体现战略。所以传媒经营管理的理论与实践之间，是一而二、二而一的关系，你中有我，我中有你，不能简单地分开。

3. **是一门新兴学科**。传媒经营管理在我国是一门新兴的学科，它是在20世纪90年代市场经济条件下，随着信息产业观念被引入传媒业而兴起的。所以，这门学科在中

---

① （美）罗伯特·G. 皮卡德、杰弗里·H. 布罗迪著：《美国报纸产业》，周黎明译，"媒介管理译丛"总序，中国人民大学出版社2004年版。

国还刚刚起步。虽然取得了不少成果，但相对滞后于传媒业的实践需求，比如对当前传媒界中的现实问题缺乏关注与研究，不能适应新形势的要求，等等。

在高校新闻学与传播学专业教育中，一般重视传媒实务教育，如采、写、摄、制、编、评等，而对传媒经营管理课程往往重视不够。近年来传媒业的变化巨大而迅速，实践提出了许多新鲜而富有挑战性的课题，比如传媒经营管理体制机制的变化对新闻等内容的生产与传播产生了怎样的影响，媒体炒作追星女杨丽娟事件、默多克新闻集团旗下报纸"窃听丑闻"的背后反映了什么问题，还有类似"纸馅包子"的虚假报道时有所闻，不良医疗广告屡禁不止，电视选秀节目泛滥成灾，等等，这些问题的背后，涉及的都是传媒经营管理的领域，运用传统的采、写、编、评等新闻实务方面的知识和理论，难以回答这些难题，传统的新闻学理论研究还不能满足实践的需求。要正确地分析和理解这些问题，必须应用传媒经营管理的知识与理论。掌握有关新闻学与传播学的全面知识，尤其是传媒经营管理知识，了解传媒的运作方式和规律，是提高我们传媒素养不可或缺的重要内容。

学习思考题

联系当前的新闻娱乐化现象，谈谈你对"新闻是不是商品"这一问题的理解与认识。

第二章　传媒的经营战略

企业竞争需要战略管理，因为战略管理是企业形成竞争优势的核心能力。核心竞争力是企业持续竞争优势之源，战略管理的本质，就是谋求企业的核心竞争力。传媒在从计划经济向市场经济转型的过程中，肩负着引导舆论宣传、重塑社会价值、复兴中华文化、提高媒体经济效益等重要使命。面对日益激烈的竞争，特别是外资传媒巨头的挑战，为了适应竞争环境的不断变化，传媒打造核心竞争力势在必行。战略管理是传媒培育和保持核心竞争力的必然选择。所谓战略管理，是指传媒根据外部环境和内部条件确定使命与战略目标，为求得传媒的生存和长期稳定的发展，对实现目标的途径和手段进行总体策划并付诸实施以及在实施中进行控制的动态管理过程。为了获得独特而持续的竞争优势、实现传媒社会效益和经济效益的双赢，传媒需要构建基于核心竞争力的经营战略。传媒经营战略包括资源分析、制定战略目标、战略实施、战略控制等过程，其中，制定战略目标是经营战略的重中之重。

第一节　传媒战略及其功能

一、战略是什么

"战略"一词来源于军事，是指军事统帅指导战争全局的谋略。现在"战略"已被广泛应用于政治、经济、科技等各个领域，是"对全局性、高层次的重大问题的筹划与指导"（最新版《辞海》）。企业战略兴起于美国20世纪60年代，从企业经营的角度来看，战略一般有三层含义：一是"创造一种独特、有利的定位"；二是"在竞争中做出取舍，其实质就是选择不做哪些事情"；三是"在企业的各项运营活动之间建立一种配称"（迈克尔·波特，2004）。战略事关一个组织长期的方向和活动范围，它应使该组织在不断变化的环境中通过资源的配置来获取竞争优势、满足市场的需求并实现有关利益团体的期望。

二、战略管理的含义

根据战略管理理论,企业战略是企业面对激烈变化和竞争的经营环境,为求得长期生存和不断发展而进行的总体性谋划。这种谋划主要包括确定企业总体方向并为实现方向制订行动方案两大部分。战略管理即企业对自身的战略进行计划、组织、领导和控制的全过程。战略主要解决什么是重要的事,管理则主要解决如何正确地做,战略管理将二者结合为有机的整体,其中,做正确的事是第一重要的。①

战略管理的主要内容:①企业方向。具有四个层次,最高层次即资本的增值是不可改变的,而使命、目的和目标三个层次是可变的。②资源配置。是指企业的人力、财力、公共关系、信息、物资和管理状况等资源的组合模式。③竞争优势。是指企业通过其资源配置与经营范围的决策,在市场上所形成的与其他竞争对手不同的竞争地位。④协同作用。也就是系统协调优化的意思,是将企业的资源配置、经营范围和竞争能力视为一个统一的有机整体,即一个系统,对组成系统的各要素进行协调,寻求系统的整体优化,使企业总体的资源收益大于各部分资源收益之和,也就是寻求 1 + 1 + 1 > 3 的效果。

战略管理最基本的核心过程由以下四大基本步骤构成:战略形势分析、战略制定、战略实施和战略控制,每一个步骤都少不了对内部条件和外部环境的分析,如图 2 - 1 所示。

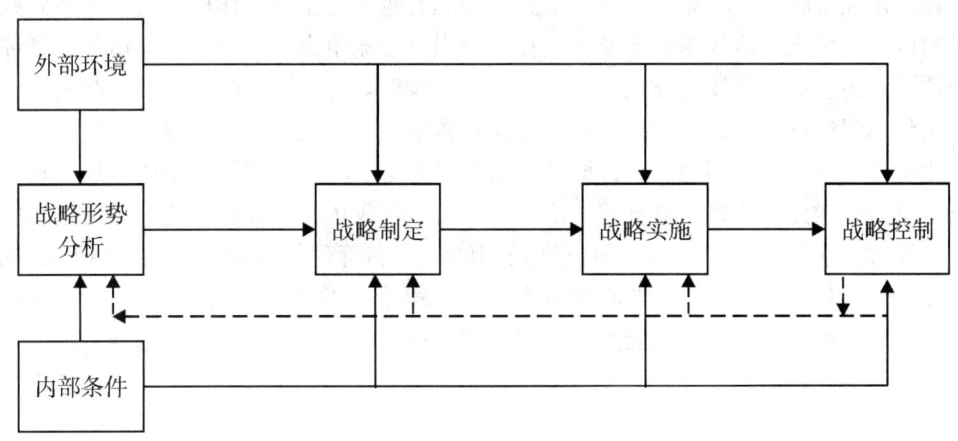

图 2 - 1 战略管理过程

---

① 参见陈禹、杨波编著:《信息管理与信息系统概论》,中国人民大学出版社 2005 年版。

三、传媒经营战略及其意义

传媒的经营战略,即传媒的企业战略,是指传媒为了求得持续、稳定的发展,在预测和把握传媒外部环境和内部条件变化的基础上,对传媒发展的总体目标作出的谋划和根本对策。经营战略实质上就是规划传媒的未来,是关于传媒总体发展方向、未来发展目标、实现目标的途径与策略的选择。简而言之,就是"做什么"和"怎么做"的问题。经营战略是传媒发展的根本要求,是传媒制订计划和进行经营决策的基础,主要包括资源分析、战略目标、发展方向、战略方针、战略措施等内容。

战略目标是战略谋划的核心部分。战略目标是指组织在特定期限内,考虑环境与条件的可能性,为实现其使命要求达到的预期结果。① 传媒组织的战略目标是其管理者确定的媒体未来业务的总方向、总目的、总特征和总的指导思想,它反映媒体管理者的价值观和媒体力图为自己树立的形象,揭示本媒体与同行业其他组织在目标上的差异,以及界定媒体的主要产品和服务范围及试图满足顾客的基本需求。许多成功的传媒都制定了自己的战略目标。例如,新闻集团的使命是在全世界制作、传播高质量的新闻、体育和娱乐节目;贝塔斯曼(中国)公司的使命是以独特的多渠道方式,向目标群体提供信息、教育、娱乐产品,致力于提供高品质服务,创造独家内容和建立长久的客户关系;中央电视台的使命是打造世界一流大台。制定战略目标能够指引传媒前进的方向,并将所有的努力凝聚在一起。

在知识经济时代,战略管理在传媒竞争中起着越来越重要的作用,直接关系到媒体经营的成败。传媒经营战略的重要之处在于增强核心竞争力。在社会主义市场经济体制的条件下,传媒成为市场竞争的主体,告别了"媒体无战略"的时代。随着从工业经济时代到知识经济时代的转变,传统的企业经营模式已不适应竞争环境的变化,对传媒的经营管理也提出了更高的要求,即传媒需要建立基于长期而不是短期的发展战略。在市场竞争日趋激烈、传媒产品日趋同质化的今天,仅仅依靠传媒产品或短期的市场应变策略已经很难获得竞争优势,必须依靠长期的经营和管理能力来提高自身的核心竞争力。传媒要做强做大,离不开核心竞争力(参见第十三章传媒与核心竞争力)。战略管理,特别是战略规划及其执行能力,就成为传媒打造核心竞争力的必然选择。

---

① 秦远建等主编:《企业战略管理》,武汉理工大学出版社2002年版,第15页。

第二节 传媒战略的类型

一、按传媒的不同成长期分类

（一）稳定型战略

稳定型战略是一种维持现状的战略，即在外部环境短期内无重大变化的情况下，将现有战略继续进行下去。稳定型战略的特征是很少发生重大的变化，这种战略包括持续地向同类型的顾客提供同样的产品和服务，维持市场份额，并保持组织一贯的投资报酬率记录。当组织的绩效令人满意而环境看上去将保持稳定的时候，管理者应当追求稳定性。比如《人民日报》、《光明日报》这样的媒体，多年以来一直保持着自己独特的宗旨和细分市场，很少遇到强有力的竞争，因此管理者会比较倾向于稳定型战略。

（二）扩张型战略

扩张型战略指媒体扩大生产规模，增加新的产品生产和经营项目，其核心是发展和壮大，具体包括市场开发战略、产品开发战略和多样化成长战略。媒体扩张可以通过直接扩张、合并同类企业或多元化经营的方式实现。当探索传播公司将探索频道推广到美国以外更多的国家的时候，它是以直接扩张的方式追求增长；当1996年时代华纳集团收购特纳广播公司的时候，它是在以兼并的方式增长；当山东淄博广电局投资天然气公司、耐火材料厂、医院和墓地的时候，它是采用多元化的方式寻求增长。

（三）紧缩型战略

紧缩型战略意味着缩小经营规模或是多元化经营的范围。传媒在经营决策严重失误、经营优势丧失，或者在取得竞争胜利后放慢竞争节奏时，宜采用紧缩型战略。如有的地方晚报市场在萎缩，一些报业集团不得不实行相应的紧缩战略。

（四）混合型战略

混合型战略是指媒体在一个战略时期内同时采取稳定、扩张、紧缩等几种战略，多管齐下，全面出击。其战略核心是在不同阶段或不同经营领域，采用不同的经营战略。比如，中央电视台旗下的上市公司中视传媒在2004年拓展了它的广告经营业务，同时将其控股的投资管理公司终止经营。

二、按传媒经营对象的差异分类

（一）密集型战略

密集型战略是指媒体在以单一产品为经营对象的前提下，采取积极措施，开辟新的业务领域，增加新的花色品种，扩大市场范围，从而全面扩大生产和销售。

（二）一体化战略

一体化战略是指媒体在供、产、销三方面的投资与经营实现一体化，使得原材料供应、加工制造、市场销售实现联合，从而扩大生产和销售的能力。一体化战略包括三种形式：后向一体化，前向一体化（纵向一体化或垂直一体化）和水平一体化。

（三）多样化战略

多样化战略是指媒体的新产品与新市场相结合，从事多样化投资和经营的战略。多样化战略也有三种形式：一是同心多样化战略，它是传媒开发与现有产品在技术和销售方法上有协同关系的新产品，以便吸引一些新顾客；二是水平多样化战略，是传媒开发与现有产品在技术和销售上没有联系的新产品，但这种新产品能满足现有顾客的其他需要；三是跨行业多样化，即传媒开展与现有技术、产品、市场毫无关联的新业务，建立多种经营的联合公司。

以上每一种战略又有三种具体形式，见表2-1。

表2-1 战略及其具体形式

密集型战略	一体化战略	多样化战略
市场渗透	后向一体化	同心多样化
市场开发	前向一体化	水平多样化
产品开发	水平一体化	跨行业多样化

如果在现有市场上，现有产品还能够得到更多的市场份额，媒体就应采取市场渗透战略。然后应考虑是否能为其现有产品开发一些新市场，这时应采用市场开发战略；下一步，应考虑能否采用产品开发战略，为其现有市场发展若干有潜在利益的新产品，如表2-2所示。

表2-2 产品/市场扩展方格

市场/产品	现有产品	新产品
现有市场	市场渗透战略	产品开发战略
新市场	市场开发战略	多样化战略

第三节 传媒战略的制定

传媒经营战略的制定,就是制订和选择实现战略方案的过程。传媒战略的制定,是在正确的战略思想指导下,在对传媒企业所面临的特定环境和内部条件进行分析的基础上,确定传媒的战略目标,明确传媒的经营领域,以及传媒对所谋求的经营领域所采取的经营方针和策略的过程。要保证传媒制定和选择一个能确保媒体生存和发展的经营战略,要使媒体的战略得以良好地贯彻和执行,就必须采用科学的方法和遵循必要的程序。传媒战略制定的基本方法和步骤如下。

一、传媒战略环境分析

战略环境分析是指对制定经营战略时面临的外部环境和内部条件进行分析,从而寻求机会,明确风险,找出优势和劣势。这是制定传媒战略的基础和前提。

(一) 传媒宏观环境分析

持续地监测和适应环境对媒体的生存至关重要,在制定传媒战略时必须对其所处的宏观环境进行详尽和确切的分析。媒体与它们的供应商、中介机构、竞争者和公众都在一个更大的宏观环境力量与趋势中运作,这个环境创造机会,也带来威胁,这些力量是"不可控制的",但媒体必须监测这个环境并对此作出反应。构成传媒宏观环境的因素很多,主要包括政治、法律、经济、技术以及社会文化等宏观因素,其分析的意义在于评价这些因素对传媒战略目标和战略制定的影响。由于传媒行业的特殊性,其对宏观环境比其他行业更具依赖性。分析宏观环境的一个常用工具是PEST分析模型,即对政治环境(political)、经济环境(economic)、社会环境(social)和技术环境(technological)进行分析,这些因素的综合效应是传媒制定经营战略的依据。宏观环境与传媒的关系如图2-2所示(邵培仁,2002)。

1. 政治环境因素分析。传媒政治环境是指制约和影响传媒营销管理的各种政治要素及其运行所形成的环境系统,包括政治力量和有关的法律、法规等因素。媒体在很大

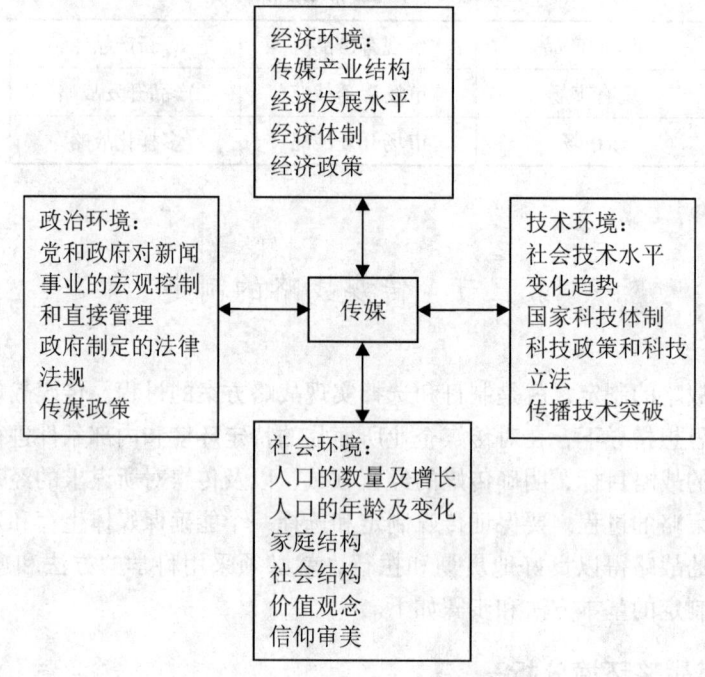

图2-2 传媒宏观环境分析

程度上受政治和法律环境变化的影响。美国从第一次世界大战开始便主导了全球电影的制作和传播，这与战争有很大关系。在两次世界大战期间，包括意大利、德国、日本、法国、英国在内的世界其他电影生产国家，受工业瓦解的影响，纷纷从全球性电影市场退出。而美国好莱坞电影业在这期间乘机介入并占有了全球的电影市场。在中国目前的条件下，政治环境对传媒的作用表现在以下几个方面：①党和政府对新闻事业的宏观控制和直接管理；②政府制定的法律法规；③传媒政策。

2. **经济环境因素分析**。所谓传媒经济环境是指构成传媒生存和发展的社会经济状况以及国家经济政策。社会经济状况包括经济要素的性质、水平、结构、变动趋势等多方面的内容，涉及国家、社会、市场及自然等，如经济发展阶段、经济内部结构、生活水准、资本回报率、财富分配、货币稳固性、汇率；国家经济政策是国家履行经济管理职能，调整宏观经济水平、结构，实施国家经济发展战略的指导方针。传媒经济环境主要由传媒产业结构、经济发展水平、经济体制、经济政策等四个要素构成。经济环境对传媒营销的影响是决定性的。传媒的发达程度往往是和其所在经济环境的发达程度息息相关的。经济发展加快，居民购买力提高，对传媒等精神文化产品的需求就多，传媒市场也就繁荣；同时，随着国民经济发展水平的提高，各个产业的广告投放也会增加，从而促进广告市场的发展，有利于传媒获得更多的广告收入。

3. **社会环境因素分析**。传媒社会环境内容广泛，主要包括两个方面：一是人口因素，包括人口数量、家庭数量、家庭规模、年龄分布、职业分布、受教育水平、就业率、收入水平等，它对传媒营销的影响体现在人口中各种要素的变化会造成受众结构的变化；二是文化因素，即社会的价值观念、风俗习惯、宗教信仰、社会思潮、道德观念、行为方式等，传媒既反映文化现实，也影响人们现有的思想观念。这些因素是人类在长期的生活和成长过程中逐渐形成的，人们总是自觉不自觉地接受这些准则与行为习俗的指导。在社会的意识形态、思想及感情交流上，传媒当然能够协助人们与其所处的社会状况作一个整合。传媒通常也能够协助人们在社会中将自身区分为不同的群体。

4. **技术环境因素分析**。传媒技术环境是指媒体所处的社会环境中的技术要素及与该要素直接相关的各种社会现象的集合。科学技术是对人类进步起决定作用的一个因素，新技术革命的兴起影响着社会经济的各个方面，人类社会的每一次重大进步都离不开重大的科技革命。石器、蒸汽机、生产流水线、电脑、现代通信技术等人类历史上的重大的发明无不将人类社会大大地向前推进一步。媒体的发展在很大程度上也受到科学技术方面因素的影响，包括新材料、新设备、新工艺等硬技术和新管理的思想、方式、方法等信息化的软技术。具体来说，科学技术迅猛发展给媒体带来的影响表现为：通信传播技术的迅速发展，使媒体的产品质量迅速提高，同时生产周期也大大缩短；新的传播渠道的出现如互联网使传媒的形式多样化，其产品流通方式也向更加现代化发展，同时对媒体的领导结构及人员素质提出了更高要求。

（二）传媒产业环境分析

迈克尔·波特（Michael Porter）详细地阐明了管理者怎样才能够建立和保持高于产业平均生产率水平的竞争优势。波特认为，在任何产业中，都有五种竞争力量控制着产业的竞争规则：进入障碍、替代威胁、供应商的讨价能力、购买者的讨价能力以及现有竞争者之间的竞争。这五种力量从整体上决定了产业的盈利性，因为它们直接影响到企业的产品价格水平、成本结构和投资需求，管理者应当通过评估这五种力量，来评价某个产业的吸引力。

就传媒产业来说，这五种力量具体包含以下内容，它们的竞争情况决定了媒体的盈利能力：

1. **进入者的障碍**。不管是报刊，还是广电行业，都有规模经济效应，也就是说，资金、人才、技术等必须达到准入"门槛"。同时，传媒业还是一个政策性很强的行业，对于不同的主体（如境外媒体、民营机构）有不同的政策准入限制。比如我国禁止外资和私人开办电视台。

2. **替代品的威胁**。报刊、广播电视等不同形态的传统媒体之间具有一定的可替代性，因此存在竞争。同时，互联网等新媒体的出现，也对传统媒体的受众和广告形成竞争。

3. **供应商的讨价还价能力**。媒体的供应商包括：报刊的原材料（纸张、油墨等）的供应商，广播电视媒体的节目内容供应商，内容资源的占有者（如奥运会、世界杯足球赛等体育赛事的主办者），等等。它们的讨价还价能力会影响媒体的利润。

4. **购买者的讨价还价能力**。媒体的购买者包括：报刊的读者，广电媒体的听众、观众，还有广告主和广告公司。他们的讨价还价能力也会影响媒体的利润。

5. **现有媒体间的竞争**。不同形态的媒体的竞争态势有所差异，比如我国报业的主体是都市报，其竞争是本地不同报纸之间的竞争；而电视业的竞争是中央、省、地市等不同级别间的电视台之间的竞争。

按照波特的观点，没有一家媒体能够成功地通过"为所有的人做所有的事"而达到超过平均水平的绩效。他认为，管理者必须选择一种能给他的媒体带来竞争优势的战略。管理者可以从三种基本的战略中进行选择：成本领先战略、差异化战略和聚焦战略，究竟选择哪一种战略，取决于媒体的长处和竞争对手的短处。管理者需要避免与产业中所有的竞争者竞争的局面，而应当将媒体置于竞争对手所不具备的强有力地位。

不管采取三种基本战略中的任何一种战略，要获得长期的成功，还必须能够保持住竞争优势，即必须阻挡住来自竞争对手的侵蚀，或是跟上产业演变的趋势。技术变革、顾客需求变化、特别是某些竞争优势可能被竞争对手模仿，使得保持竞争优势绝非易事。管理者需要建立某些障碍使仿制难以得手，或是减少竞争对手的可乘之机。比如，媒体可以申请节目形态的专利和版权以减少仿制的机会；当存在规模经济性时，媒体通过降低价格以扩大销量和提高市场占有率是一种有用的策略；媒体与供应商签订专供合同（如电视台与电视剧制片商签订专供合同）限制其向竞争对手的供应能力；鼓励政府对进口影视节目进行管制以限制来自国外的竞争，都是一些可供选择的策略。保持竞争优势要求管理者持续地作出努力，使自己始终领先于竞争对手一步。

（三）传媒内部条件分析

传媒为了揭示企业整体的优势和劣势，需要对企业内部条件进行深入的分析，如传媒的资源分析、产品分析以及市场分析等。其中，产品分析和市场分析密不可分，是企业优劣势分析的关键。

1. **传媒产品分析**。传媒产品分析的目的在于明确某一传媒产品在市场中的优势和劣势，影响它进入市场的因素，以及它未来的发展前景，从而确定所要采取的相应策略，以便更好地适应市场的竞争，赢得市场的主动权。传媒产品是一种特殊的商品，只有符合受众的需求，才能赢得市场。受众对传媒产品需求的变化很快，传媒产品应当不断适应这种变化。传媒产品的生产必须充分考虑到市场、受众和环境的实际需要。传媒产品分析主要包括市场细分和产品定位分析、产品生命周期分析、产品组合分析等。

2. **传媒市场分析**。在对传媒产品进行分析之后，必须将其与市场结合起来进行分析，因为"市场机会是影响战略的重大因素"。传媒市场分析的主要内容有竞争分析、促销能力分析和经济效益分析等。传媒市场分析是正确认识和了解传媒产品销售给消费者的过程，这一过程从传媒开始，涉及消费者、广告客户、竞争者、政府法规以及市场经济的一般特性和规律。传媒管理者必须关注并了解传媒市场的变化，应能预测其发展趋势和生存危机，并及时采取相应的行动，否则可能导致媒体的利润受损甚至倒闭。

（四）传媒战略分析工具

选择切实可行的经营战略，以提高媒体的市场竞争能力，对传媒管理至关重要。下面介绍的几种战略分析工具，有助于传媒管理者进行战略选择。

1. **SWOT 分析**。SWOT 分析是一种非常有用的战略分析工具，是指对企业或企业某一方面进行优势（strength）、劣势（weakness）、机会（opportunity）和威胁（threat）分析（如图 2-3 所示）。SWOT 分析实际上是将企业或企业某一方面内外部条件的各个方面的内容进行综合和概括，进而分析组织的优势、面临的机会和威胁的一种方法。其中，优劣势分析主要着眼于企业自身的实力及其与竞争对手的比较，而机会和威胁分析则聚焦于外部环境的变化及对企业的可能影响，但是，外部环境的同一变化给具有不同资源和能力的企业带来的机会和威胁可能完全不同，因此，两者之间又有紧密的联系。

		优势 S	劣势 W
外部环境	机会 O	SO 战略：利用优势，把握机会	WO 战略：利用机会，克服劣势
	威胁 T	ST 战略：利用优势，回避威胁	WT 战略：将劣势降到最小，避免威胁
		优势 S	劣势 W
		内部能力	

图 2-3 SWOT 分析工具

对传媒而言，SWOT 分析可以将媒体的外部环境因素与内部环境因素相互综合，从而能够以一种"匹配"的观念形成相应的战略，即寻找外部环境的机会和辨别威胁以寻找"有吸引力"的产业或者业务；发挥媒体的优势和回避劣势以形成竞争优势。传媒如何确立和发展竞争优势，根据竞争战略理论，需要管理者对优势、劣势、机会、威胁进行组合分析,把握环境变化的趋势,掌握机会,避开威胁,发挥优势,弥补劣势,即未来最佳经营范畴和战略就是外部环境变化所出现的机会和企业本身优势之间形成的交集。对于传媒战略管理而言,每个传媒管理者必须把握多变的环境,根据自身的特点,确定战略目标和方向、自己的竞争优势,否则必将在激烈的竞争中被淘汰。SWOT模型的基本点,就是传媒战略的制定必须使其内部能力(优势和弱势)与外部环境(机遇与威胁)相适应,以获取经营的成功。传媒 SWOT 分析的基本思路如下:

其一,分析外部环境的机会、威胁和内部环境的优势、劣势。

在外部环境因素分析中,对于媒体实现自身的目标有利的因素就是机遇,不利因素就是威胁;在内部环境因素分析中,要识别对于媒体实现自身的目标具有关键性作用的资源,并且评估自身在哪些方面具有优势、在哪些方面处于劣势。

其二,对外部因素和内部因素做匹配分析。

匹配分析是一种系统分析的思想,它的目标是将媒体的资源配置到最能发挥作用的方向。外部环境的机遇是一种与任何媒体无关的自然状态,它属于所有的媒体,但当这个机遇恰巧与你的优势相匹配时,这个机遇就属于你而不属于别人。同样的道理,媒体要避免去做那些恰恰是本身劣势的业务。

更多的情况是环境的机会与威胁相伴,而当媒体恰恰能够抓住机遇和避免威胁时,就是一种最佳的匹配。它的结果是:收益的期望值最大。

作匹配分析时还要发展地看问题。如果面对一个非常好的机会,媒体要抓住这个机会却对应着劣势(能力不够),或者媒体的劣势使威胁的几率增大,媒体是否就放弃这个机会或者回避这个威胁?也不一定,这要看媒体是否能够在未来战略实施中弥补劣势,将劣势转化为优势。这是一种动态匹配观。

其三,开发一整套将媒体能力与环境相匹配的战略构想。

S、W、O、T 四类因素相互匹配,构成 SO 战略、ST 战略、WO 战略、WT 战略四类战略。这四类战略的含义对应的分别是:发挥优势抓住机会的战略;发挥优势克服威胁的战略;回避或者弥补劣势抓住机会的战略;回避或者弥补劣势克服威胁的战略。

其四,评估这套构想能否形成媒体的核心竞争力。

其五,开发这套构想使之成为传媒战略。

2. 波士顿咨询公司法(BCG 模型)。传媒管理层在明确了任务、目标之后,应对目前的效果进行评估和分析,以便有针对性地采取发展策略。业务分类分析方法是行之有效的评估方法,其中最为著名的是波士顿咨询公司和通用电器公司提出的评估框架。波士顿咨询公司法又称成长—份额矩阵法,是用市场相对份额、市场增长率两个变量,将业务单位分类,然后为每个业务单位分配资源,确定目标。

图 2-4 中纵坐标上的市场成长率代表传媒的战略业务所在市场的年销售增长率,数字从 0%~20%,以 10% 为临界点分高低两个部分。横坐标表示相对市场份额,即战

略业务单位的市场份额与该市场最大的竞争者的市场份额之比，以1.0为临界点分高低两个部分。矩阵分成四个格，每格代表一类业务：

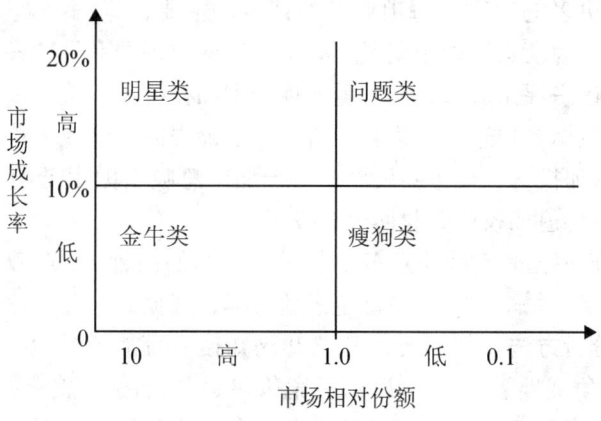

图2-4 BCG（波士顿咨询集团）矩阵

（1）问题类。是市场成长率高而市场相对份额低的公司业务单位。大多数业务都从问题类开始，传媒力图进入一个高速成长的市场。

（2）明星类。传媒的业务单位如果在问题类业务上经营成功，就变成明星。明星类业务单位市场成长率和市场相对份额都比较高，是高速成长市场中的领先者。

（3）金牛类。当市场成长率下降到10%以下，但仍保持较大的市场相对份额，明星类业务就成了金牛类业务。

（4）瘦狗类。这类业务是指市场成长率低缓、市场相对份额也低的公司业务。对这类业务一般都采取收缩或淘汰的策略。

传媒针对不同的业务单位，应采取不同的战略，可供选择的战略有：

其一，发展战略。目的是扩大战略业务单位的市场份额，甚至不惜放弃近期收入来达到这一目标。这一战略特别适用于问题类中有希望转为明星类的业务单位。

其二，维持战略。目的是保持战略业务单位的市场份额，主要适用于强大的金牛类业务和明星类业务，使其继续为企业提供大量资金。

其三，收获战略。目的在于增加战略业务单位短期现金收入，而不考虑长期影响。这一战略适用于处境不佳的金牛类业务，也适用于问题类和瘦狗类业务。

其四，放弃战略。目的在于变卖和处理某些业务单位，以便把资源转移到那些盈利的业务单位上，适用于拖企业后腿的瘦狗类和问题类业务。

3. **通用电器公司法（GE模型）**。也叫多因素业务矩阵法，是由两个由多种因素综合评价得出的指标——业务优势和市场吸引力来建立矩阵对企业目前的业务组合进行分析的一种方法,这是一种比 BCG 模型更复杂的投资组合分析法,称为"战略业务计划方格",这种方法认为,设置一个战略业务单位不仅仅取决于它在成长—份额矩阵图上的位置,还应考虑更多的因素。每项业务的评定,主要根据两个变量:一是市场吸引力,二是竞争能力。为衡量这两个变量,必须识别构成每个变量的各种要素。企业对各类因素进行评估,逐一评出分数,按其重要性分别加权统计,就得以计算出行业吸引力和企业业务力量的数据,再进一步进行分析。对于最强的战略业务单位,公司应该采取投资/扩展战略,追加投资,促进其发展;对于那些总吸引力很低的业务单位,应采取收获/放弃战略,不再追加投资或收回现有投资。

BCG 模型和 GE 模型是对战略业务单位进行评估的两种方法,无论采取哪种方法,都应根据评估的结果为每个业务单位确定经营目标,并据此分配企业资源。

4. 竞争对手分析方法。传媒要做到"知己知彼,百战不殆",必须详细分析竞争形势。波特在《竞争战略》一书中提出了竞争对手分析的模型,从企业的现行战略、未来目标、竞争实力和自我假设四个方面分析竞争对手的行为和反应模式。现行战略的分析,表明竞争对手目前正在做什么和将来能做什么。列出竞争对手所采取的战略,对其尽心分析,以便本企业作出有效及时的回应。通过对未来目标的分析,可以看出是什么驱使竞争对手在向前发展。竞争实力的分析,可以找出本企业与竞争对手的差距,找出企业在市场竞争中的优势和劣势,从而更好地改进自身的工作。分析竞争对手对自身和产业的假设,可以很清楚地看到竞争对手对自身的战略定位,以及它对行业未来发展前景的预测。

(1)确定主要竞争对手。在竞争分析中,传媒经营者首先需要明确谁是传媒机构的主要竞争对手,谁将成为传媒机构的主要竞争对手。要弄清楚谁是自己同类产品的竞争者,谁是潜在竞争者,谁是"代用品"生产者。还要进一步分析它们的多寡、强弱和发展态势,剖析它们的竞争策略。这些竞争者的情况在很大程度上决定了自己的市场空间和发展前途,只有找出自己的主要竞争对手,才能进行有效的竞争分析,制定出奇制胜的竞争对策。传媒要善于识别竞争对手,准确了解自己的竞争对手,根据对手的强弱,或者避其锋芒另辟蹊径,或者与它们进行针锋相对的竞争。比如美国最大的报业集团甘乃特公司,它在报业方面的主要对手就是排名紧随其后的奈特－里德公司和论坛报公司。

(2)进行竞争情况比较。竞争情况比较可以从竞争传媒所争夺的目标市场消费者的需要和要求着手,进行竞争情况的相互比较,然后进一步了解竞争对手的产品—服务组合情况以及近期内展开的营销活动和销售情况,从而为制定未来的竞争战略打下良好的基础。

(3)确定传媒相对的竞争优势和劣势。根据上述竞争分析,经营者可以容易地判断传媒相对的竞争优势和劣势。经营者应将判定的优势、劣势以书面的形式记录下来,以便传媒决策者在制定竞争对策时参考和使用。

（4）确定传媒竞争战略。传媒竞争分析的最终目的是策划传媒有效的竞争对策和竞争地位。在同一市场上竞争的传媒，因其营销目的、资源和实力不同，各自有不同的竞争地位，各传媒又因竞争地位的不同而要采取不同的竞争战略。在传媒竞争中，通常可能出现四种不同竞争地位的传媒，即市场主导者、市场挑战者、市场跟随者和市场利基者。这四种竞争地位既可针对某一媒体，也可针对媒体的某个产品。同一传媒的产品有可能处于不同的竞争地位，需要不同的竞争战略。

二、确定传媒的长远战略目标

在分析传媒所处的内外环境的基础上，拟定传媒的长远战略目标，选择多种可行方案，内容包括媒体投资方向、产品发展方向、利润、销售额、开发能力增长、媒体改进项目、组织调整和发展等。

传媒制定的战略目标应满足以下要求：①既切实可行，又具挑战性。战略目标的确定要经过市场机会分析和资源分析，扬长避短，既非好高骛远，也不是唾手可得。②多样性。战略目标应该是由多个目标组成，并区分主要目标和次要目标，形成一个综合平衡、协调一致的战略目标体系。③具有弹性。制定战略目标应具有灵活性，以应付各种突发情况，因为未来的发展变化难以准确预料。

三、可行性论证

要组织各方面的专家对各个方案进行论证，比较分析各方案的可行程度、风险大小、效益高低等，从中选择最佳方案。在进行可行性论证时，评价标准不同，论证结果可能会有较大差异，所以在进行可行性论证时，评价标准的选择是非常重要的。

四、拍板决策

经过反复论证、股东大会审议，最后由决策者拍板决策。

第四节 传媒战略之执行与控制

一、传媒经营战略实施

战略实施就是将战略转化为行动，它是关系到企业战略能否成功的重要环节。传媒管理者应分析战略实施的阶段，遵守战略实施的基本原则，按战略实施要求调整组织结构、增强传媒领导的力量、创造优良的传媒文化，以传媒职能战略和目标战略为辅助，从而保证传媒战略的顺利实施。传媒战略实施有以下四个相互联系的阶段。

（一）战略发动阶段

传媒领导者要实施一项新的战略，取得大多数员工的支持和拥护是必不可少的，这就要求对企业管理人员和员工进行培训，向他们灌输新的思想、新的观念，提出新的口号和新的概念，消除一些不利于战略实施的旧观念和旧思想，以使大多数人逐步接受这项新的战略。传媒领导者要了解员工中存在的思想倾向和意愿，研究如何将战略实施。要及时对员工进行宣传、培训、教育，讲明实施传媒新战略的重要意义，消除他们的疑虑，使他们能够全力支持传媒新战略。在发动员工的过程中，还要尽力获得战略关键执行人员的理解和支持。

（二）战略计划阶段

传媒将经营战略分解为几个战略实施阶段，每个战略实施阶段都有分阶段的目标，相应的有每个阶段的政策措施、部门策略以及相应的方针等。要定出分阶段目标的时间表，要对各分阶段目标进行统筹规划、全面安排，并注意各个阶段之间的衔接，对于远期阶段的目标方针可以概括一些，但是对于近期阶段的目标方针则应该尽量详细一些。

（三）战略运作阶段

企业战略的实施运作主要与以下六项因素有关，即：各级领导人员的素质和价值观念；企业的组织机构；企业文化；资源结构与分配；信息沟通；控制及激励制度。通过这六项因素使战略真正进入企业的日常生产经营活动中，成为制度化的工作内容。

（四）战略的控制和评估阶段

战略是在变化的环境中实践的，传媒必须加强对战略执行过程的控制与评价，即建立控制系统，定期检查传媒各项战略活动的进展情况，评价实施传媒战略后的绩效，将其与预定的战略目标与绩效标准相比较，找出差距，并分析产生差距的原因，纠正偏差，使传媒战略更好地适应当前的战略环境，并实现传媒战略的目标。

二、传媒经营战略控制

（一）什么是传媒战略控制

战略控制是指在战略实施过程中，将反馈的执行情况与战略目标进行比较，从中发现偏差，并及时采取有效措施，努力加以纠正，以确保战略目标实现的活动。战略控制是传媒战略管理的最后一个阶段，在这一阶段，传媒的主要工作是监控传媒战略在实现组织目标过程中的有效性。

影响传媒战略实施的因素有很多,主要有:环境的不可预测带来战略实施的偏差,战略本身过于笼统或存在缺陷,管理失误的不可避免,等等。传媒必须及时发现这些偏差情况,并采取措施加以控制、纠正。所以,控制在传媒战略管理中必不可少,是传媒战略能够顺利实施的有力保证。正如汤姆森所说:"在战略实施过程中进行纠正性的调整是正常的,并且在需要时必须进行这项工作。"①

(二)传媒战略控制的类型

1. **回避控制**。在许多情况下,传媒管理者可以采取一些适当的手段,避免一些情况的发生,从而达到回避控制的目的。具体操作的手段有:①集中管理。就是将各个管理层次的权力集中在少数高层领导者和管理者手中,从而避免分层控制造成的矛盾。②风险共担。是指传媒可以将传媒经营的风险与某些组织共担,如与保险公司签订协议。③计算机控制。就是利用计算机等高级自动化手段来按照传媒预定目标恰当地工作,保持工作的稳定性,使控制得到改善。④转移和放弃。就是对于某些难以控制的经营活动,传媒管理者可以采取转移和放弃部分甚至整个的该项经营活动,从而将潜在的风险以及与之相应的利益转移出去。

2. **活动控制**。具体活动的控制是保证传媒员工能够按照预期目标活动所进行的一种控制手段,常见的做法有三种:①行为规范和限制。就是利用行政管理上的限制或者制定传媒员工行为规范来限制员工的行为。②经济责任制。就是给出传媒允许的行为界限,让员工按照一定的规章制度工作,并根据所定的标准奖励或惩罚员工的行为。③事前审查。就是对传媒工作人员完成工作前的审查,可以有效地纠正潜在的有害行为,达到有效的控制效果。

3. **绩效控制**。所谓绩效控制,就是以传媒工作的成效为中心,通过绩效责任制来达到有效的控制。绩效控制系统一般要求确定预期的绩效范围,根据绩效范围衡量经济效益和社会效益,以及受众和广告商对传媒产品的满意程度;根据竞争对手的效益判断自己效益的整体水平;根据效益对那些实现绩效的人员给予奖励,对没有完成绩效的人员给予惩罚。

4. **人力资源控制**。主要是对员工行为的控制和防止人才的流失。对员工行为控制主要表现为奖惩和职位升降两种。奖励和惩罚被认为是激励和约束员工的重要手段,运用此种手段时应注意做到:以考核为准,及时与适度,奖励为主,惩罚为辅。晋升与降职也是重要的控制手段。

---

① (美)汤姆森:《战略管理:概念和案例》(第10版),段盛华、王智慧主译,北京大学出版社2000年版,第374页。

（三）传媒战略控制的动态过程

1. **确立传媒战略评价标准**。确立标准，实际上是回答"此时我们应该在做什么"或者"此时我们应已取得什么结果"的问题。评价标准最好可以量化，但实际上很难做到，所以在实际操作中总会存在两类标准：定性评价标准和定量评价标准。定性评价标准应以战略选择阶段所运用的标准为宜，任何新的标准都会出现人为的偏差。定量评价标准在不同的媒体是不一样的，比较重要的有投资收益率、市场占有率、销售增长率、净利润额或增长率、人才引进与流失比率等；传媒上市公司的定量评价标准还有股票价格、每股平均收益、股息支付等重要标准。

2. **衡量传媒业绩**。衡量传媒业绩，要求传媒将实际经营各阶段的业绩与相应的评价标准相比较，找出实际业绩与标准之间的偏差以及这一偏差的宽容度。这一阶段主要存在两个问题：一是要决定在何时、何地和如何进行经常性衡量。如果衡量工作过于频繁，不但所需费用开支大，而且会在员工中产生负面影响，但如果衡量工作过少，又难以及时发现问题、解决问题。二是偏差宽容度问题，即传媒业绩与评价目标之间的允许偏差范围，应做一个明确的界定。此外，在衡量传媒业绩时，还应将自己的业绩与竞争对手的业绩进行比较，以便认清自己的优势与劣势。

3. **找出差距原因**。评审也称为诊断，即找出发生偏差的原因，特别是一些重大的、关键的因素。比如，传媒外部环境出现了较大的变化；实施传媒战略所需资源与传媒现有资源之间存在矛盾并难以协调；该传媒战略本身不完善或有重大缺陷；该传媒战略目标不明确，无法形成全员一致的亲和力、凝聚力；传媒领导者、管理者的决策出现重大失误，或授权欠周到、用人不当；传媒因资产重组、组建集团等原因，造成传媒内部人员构成成分复杂，缺乏协作共事谋求传媒长远发展的良好氛围；信息污染、信息失灵或信息泛滥导致的实施变形；等等。在找出原因后，评审人员应提出一些纠偏建议方案，同时，在纠偏建议方案中，要对纠偏可能出现的困难、问题加以预测，提出解决的方法。在这一阶段，传媒应明确谁负责寻找发现问题，谁负责评审，又将由谁负责去进行纠偏行动。一般而言，发现问题和评审工作应由传媒管理、传媒研究专家负责，而纠偏行动应由传媒战略执行者负责。

4. **战略调整或变革**。为了纠正战略实施过程中出现的偏差，使实际效果与预期目标趋向吻合，对企业战略进行适时调整或变革便十分必要。如果在评审中确认传媒战略实施已出现很大偏差并找到了原因，就应该针对纠偏建议方案采取具体行动。有人认为，纠偏可以分为两种情况：一种是可以自动进行的"有规则的修正纠偏行动"，即按规则由具体的传媒战略实施者执行纠偏修正。另一种是适应性的修正行动。对于传媒管理工作中的问题，一般很难自动修正，因此要采取这种修正行动。比如，传媒管理中、下层对上层的意图不甚了解所出现的偏差，就要具体情况具体分析。

达到了管理层的预定目标,并不意味着战略管理的大功告成。传媒战略管理是一个动态的管理过程,战略目标随着传媒组织外部环境和内部条件的改变而改变,战略管理是一个循环不断的过程。

此外,利用管理信息系统对传媒进行战略管理具有十分重要的意义。传媒的管理信息系统(Management Information System,MIS)是针对传媒管理各个环节中的信息,如生产、销售、人力资源、财务等所进行的收集、储存、加工、检索、分析和传播的过程,目的在于能够充分利用信息资源有效地进行管理决策,提高传媒的管理水平和整体经营效益。管理信息系统是利用先进的信息技术,对企业生产、经营乃至决策进行动态的实时的管理,使决策层在最短的时间内对企业问题作出决策(关于传媒战略管理信息系统,可参阅邵培仁主编的《媒介管理学》,高等教育出版社2002年版)。

第五节 传媒领导与决策

如前所述,管理是指管理者为有效地达到组织目标,对组织资源和组织活动进行的有意识、有组织的协调活动。从这个意义上讲,领导是管理过程的一个重要环节,有效的领导活动是实现组织管理目标的重要条件之一,由此可见,管理活动目标的实现离不开领导行为,领导的组织、协调、沟通与控制是使组织成员沿着正确组织目标前进的关键。

一、传媒领导与领导者

所谓领导,就是领导者率领、引导和影响团体成员从事与任务相关的各种活动的过程。简单地讲,领导就是决策。传媒领导是建构方向、进行决策。高效的组织总是把高层管理和具体操作分开,让领导者集中精力进行决策和指导,而实际操作则由企业员工来做,这样,"各有其使命和目标,各有其行动的范围和自主的权限"①。

根据管理学家明茨伯格的研究,领导者的工作并非人们通常所说的计划、组织、协调和控制等,而主要是由社会和公司赋予的与人际、信息、决策有关的10种角色,这也是传媒领导者所扮演的角色,即领头人、指挥者、联络者、监察者、交流者、发言人、企业家、控制者、分配者和谈判者。有效的传媒领导者的主要职责有以下几方面(邵培仁,2002)。

---

① (美)彼德·德鲁克:《不连续的时代》(1968年),转引自奥斯本、盖布勒著:《改革政府:企业精神如何改革着公营部门》,东方编译所编译,上海译文出版社1996年版,第7页。

（一）制定企业战略目标

制定战略目标是传媒领导者的第一职责。目标制定的正确与否，从根本上决定了一个传媒组织的管理效果。传媒领导者水平的高低、魄力的大小，都表现在战略目标的制定上。

（二）建立组织机构和规章制度

这是实施传媒战略目标的重要条件和手段。只有建立起合理而有效的组织机构，制定了各项规章制度，才能保证战略目标的实现。在传媒管理的各项制度中，最重要的是各种责任制和奖惩制度。前者要使记者、编辑、主持人、导演、导播、制片人、主任、经理、总经理、总编辑、社长等岗位和个人都有明确的责任；后者则依据一系列标准对传媒员工进行评价，对表现好的或差的予以必要的奖励或惩罚。

（三）正确地选人和用人

发现人才、选择人才，使用和团结人才，是领导者成熟与否的主要标志之一。德鲁克认为："有效的管理者择人任事和决定升迁，都应以一个人能做些什么为基础。所以，他的用人决策，不在于如何减少人的短处，而在于如何发挥人的长处。"① 意思是说，领导者应用人所长。要用人所长，还应授予人一定的权力和明确的职责，做到有职有权。

（四）合理决策

决策是传媒领导者的一项经常性工作。不能决策就不能领导，犹豫不决也不是好领导。有效的传媒组织不做太多的决策，它们做的都是有效的和重大的决策。

（五）掌握实情

要掌握实情，就要注意调查研究，密切联系群众，这是领导的基本职责和基本方法之一，也是领导者的一项经常性工作。调查研究既可以发现问题、找到差距，也可以了解市场动态，把握消费趋势，从而作出正确决策。

（六）不断学习

对于传媒领导者来说，为了传媒和自身的生存与发展，需要不断学习、不断提高，

---

① （美）彼得·德鲁克著：《卓成有效的管理者》，许是祥译，机械工业出版社2005年版，第72页。

以解决信息爆炸和知识老化的问题，使自己与科技进步、社会发展保持同步。

（七）建立愿景

所谓愿景，是指个人或群体所渴望的未来的状态。传媒组织愿景的建立是一个过程，在这个过程中，传媒领导可以向员工清楚地表明他们希望传媒组织将来发展的方向。传媒领导应尽力使员工对传媒组织如何取得成功达成共识，避免建立一个无人接受的愿景。

二、传媒领导的科学决策

传媒领导者的成功与否，在很大程度上取决于他们的决策能力。经理可以授权别人去完成其他的管理功能如计划、组织、控制等，但他不能授权别人来替他决策。决策能力主要是指传媒领导者要依赖事实而非想象力进行决策，具有高瞻远瞩的能力。

所谓决策，就是人们为了达到一定目标，在掌握充分的信息和对有关情况进行深刻分析的基础上，用科学的方法拟定并评估各种方案，从中选出合理方案的过程。决策的结果形成计划，计划必须以决策为前提。就传媒领导者而言，决策就其重要程度分为三类：战略决策、管理决策和业务决策。战略决策是指一个传媒集团改变与确定一个企业的经营目标体系。管理决策是指为了实行传媒集团的战略决策，对所需要的人力资源、资金资源以及经营组织结构加以改变的一种决策，如人员的任命、资金的使用与筹措等。所谓业务决策，是指在具体的业务操作层面，为了提高日常的业务效率的一种决策。如果说战略决策需要宏观思维，那么管理决策与业务决策就需要极度重视细节，管理者需要对传媒集团各部分的运作状况相当了解。

传媒的经营决策主要是4P决策，即产品决策、价格决策、渠道决策和促销决策。传媒经营决策的基本步骤是：①发现问题，确定决策目标。确定目标是决策的前提，建立目标必须明确，不能似是而非，在确立目标时必须注意目标的可行性。目标确定之后，就应以确定的目标作为经营的方向和原则，不要轻易地更改。②分析经营环境，拟定预选方案。拟订方案是进行科学决策的关键。根据确定的目标，拟定两个或更多的可行方案以供选择。③评估方案效果，选择最优方案。这是一个优选已拟定的行动方案的过程，这一工作的好坏将对传媒今后的经营管理产生重要影响。

案例分析：维亚康姆独特的经营战略

维亚康姆（Viacom）是目前全球最大的传媒娱乐集团之一，触角遍布全球各地的传媒市场，业务涉及电影、电视、出版及与娱乐相关的其他零售行业。维亚康姆旗下拥有哥伦比亚广播公司（CBS）、MTV、Nickelodeon、VHI、BET、派拉蒙（Paramount）、无限广播（Infinity）、UPN、国家广播公司（TNN）、乡村音乐电视（CMT）、娱乐时间（Showtime）、布洛克巴斯特（Blockbuster）和西蒙＆舒斯特（Simon & Schuster），还包括19家电视台和1300家电影院，成为集娱乐、新闻、体育和音乐制作、推广和发行于一体的顶级国际公司。① 维亚康姆的成功，基于其独特的发展战略和经营思路。与其他跨国传媒公司相比，维亚康姆的主要优势在于内容而不是传播渠道。维亚康姆制定的目标就是成为传媒市场上以软件取胜的一流传媒企业。维亚康姆的老板雷石东认为，任何传媒企业的基石必须是内容。"内容为王"成为维亚康姆的主导战略。

维亚康姆的扩张跨越整个传播平台，先是有线电视，接着是电影和出版业，然后是家庭娱乐，再是电视和广播，但是，它从未放弃对内容的重视。雷石东常说的一句话是"内容为王"。他说，人们要看的不是传送，也不是有线系统，不是电视台，而是内容本身，是节目，在这些系统上传送的内容应该是令人感兴趣的。而维亚康姆就是一个内容王国，在电视节目制作方面，维亚康姆每周24小时黄金段节目的制作实力远胜对手，被称为制作黄金时段节目的高手。"内容就是一切"的理念决定了雷石东的购并"三部曲"，也决定了维亚康姆的很多商业战略。

2002年雷石东来中国参加"21世纪传媒业的发展"高级媒体研讨会，他在讲话中把建设维亚康姆采取的步骤称为建设国际传媒企业的三部曲，简称ABC：A—Acquire就是购买，即购买和开发最好的内容；B—Brand就是内容，是指对内容进行品牌建设，并在经济可行的前提下将这些内容在尽可能多的平台和市场进行杠杆经营；C—Copywrite就是版权，是为自己创建品牌的内容进行严格的版权保护。与其他的跨国公司相比，雷石东认为，维亚康姆的主要优势在于内容而不是渠道。

维亚康姆的三部曲是从购买开始的。1987年，雷石东购并维亚康姆，就是看中其极富吸引力的节目编排资产，而不是有线电视系统，后来雷石东以可观的利润从有线电视业务中撤出。维亚康姆含金量最高的MTV和Nickelodeon这两个频道的针对对象相当明确，只要恰当开发创新，完全可以拥有自己的稳定收视群体。维亚康姆对派拉蒙锲而不舍的追求，也是源于它的内容。除了派拉蒙电影制片厂和图书馆，还有派拉蒙电视、派拉蒙主题公园、西蒙＆舒斯特出版公司等令人"垂涎"的内容提供商。而哥伦比亚广播公司则为维亚康姆完善内容资产助了一臂之力，哥伦比亚广播公司旗下拥有的"60分钟"、"幸存者"、美国全国橄榄球联盟的橄榄球比赛和美国大学生体育协会的篮球锦标赛等名牌节目使维亚康姆的内容宝库如虎添翼。同时，这次收购还为维亚康姆带来了无比丰富的无线广播和室外广告资产，使维亚康姆成为全世界最大的多媒体广告

---

① 资料来源：禹建强著《媒介战略管理案例分析》，华夏出版社2004年版；邵培仁、章东轶编著《媒介管理学经典案例》，高等教育出版社2003年版。

平台。

　　传送的内容各种各样,但维亚康姆的成功之处是追求窄众的、专业化的内容,而不是大而化之的内容。在现代社会,社会分层越来越细,人们的兴趣爱好日趋多样,电视频道要使人人满意,结果是人人都不满意。"非群体化传播"是传播观念上的重大变革,它要求针对受众的不同群落和不同需求层面,分别实施特定的传播策略。维亚康姆的中国首席代表李亦菲提出,维亚康姆的频道全是专业频道。

　　除了内容专业化外,维亚康姆全球扩张也是内容本土化的过程。美国维亚康姆公司下属的MTV全球音乐电视网用英语对欧洲播出,用西班牙语对拉美国家播出,并在不同的国家采用不同的与本土音乐结合的方针:对印度广播有70%是当地音乐,国际音乐只占30%;而对菲律宾广播则是国际音乐占80%,本土音乐只占20%。

　　从经营上讲,拥有原创性内容就能"一鱼多吃",以最低的成本,多次利用内容资源而获利。维亚康姆在节目制作完成之后,通过多种渠道取得收益。比如,一部成功的电影,不光可以取得票房收入,还可以通过衍生品——VCD、DVD、电影小说、录像带租赁等各种方式谋取利润。

　　不过,维亚康姆并不是一个纯粹的内容公司,它采取的是以内容为主,同时兼顾通路的战略。收购哥伦比亚广播公司固然是考虑其优秀的内容资产,但更重要的是解决传播渠道问题。

(本案例综合相关资料编写而成)

学习思考题

1. 简析传媒经营战略及其意义。
2. 传媒 PEST 分析具体包括哪些方面内容?
3. 传媒竞争形势分析的具体步骤是什么?
4. 如何分析传媒的优势和劣势?
5. 简述传媒领导者的主要职责。
6. 运用 SWOT 原理,为上海《文汇报》与《解放日报》的竞争进行分析,并提出《文汇报》的竞争策略。
7. 分析维亚康姆独特的经营战略——内容为王。

第三章 传媒的商业模式

管理学大师彼得·德鲁克说:"当今企业之间的竞争,不是产品之间的竞争,而是商业模式之间的竞争。"随着经营性媒体"事转企",媒体企业以盈利为目的,商业模式对传媒企业的生存与发展起着生死攸关的作用。在社会主义市场经济体制下,追求经济效益是任何企业组织包括媒体企业生存发展的基础,也是其最根本的任务。企业的商业模式是企业特有的业务经营方式,是企业赖以生存的盈利结构,是企业赚钱的方式。传媒企业经营成功与否的关键,取决于是否建立了健全而有效的商业模式,媒体竞争的重点已经从产品、渠道等层面转移到商业模式层面。当前我国传媒企业盈利压力愈来愈大,以广告收入为主的商业模式过于单一,媒体竞争还处于产品、渠道等阶段,有的媒体盲目多元化扩张以追求业绩增长,对商业模式的竞争普遍重视不够,难以突破同质化竞争的困局。媒体企业只有形成具有独特核心竞争力的商业模式,才能使客户实现价值、使媒体企业盈利并不断走向成功,这也是媒体企业实现对外扩张的基础与前提。

第一节 传媒商业模式概述

一、传媒商业模式的含义

商业模式是企业管理学中的一个重要概念和理念,这一概念自 20 世纪 50 年代提出以来,对它的内涵众说纷纭,形成了多种界定与阐释。其公认的定义是:为实现客户价值最大化,把能使企业运行的内外各要素整合起来,形成一个完整的高效率的具有独特核心竞争力的运行系统,并通过最优实现形式满足客户需求、实现客户价值,同时使系统达成持续盈利目标的整体解决方案。① 其中,"整合"、"高效率"、"系统"是基础或先决条件,"核心竞争力"是手段,"客户价值最大化"是主观目的,"持续盈利"是客观结果,也是检验一个商业模式是否成功的唯一的外在标准。

传媒的商业模式是媒体企业为达到自己的经营目的而选择的运营机制,上述商业模

---

① 李振勇著:《商业模式——企业竞争的最高形态》,新华出版社 2006 年版,第 23 页。

式定义对传媒企业的商业模式同样适用。比如迪斯尼的商业模式，就是利用卡通形象的品牌力量，整合影视、图书、玩具、礼品、服装、商业地产等元素，为人们提供带来欢乐的包括公园在内的多种特色产品，通过品牌形象的多层次深入开发和利用，良性发展、持续盈利。

商业模式包括的要素很多，其基本要素包括客户价值、盈利模式、关键资源、关键流程四个方面。

客户价值又称客户价值主张（Customer Value Proposition，CVP），意指凡是成功的公司都能够找到某种为客户创造价值的方法，即帮助客户完成某项重要工作的方法。

盈利模式是指企业如何获得收入、分配成本、赚取利润。

关键资源是指向目标客户群体传递价值主张所需的人员、技术、产品、厂房、设备和品牌。

关键流程是指成功企业都有的一系列运营流程和管理流程，以确保其价值传递方式具备可重复性和扩展性。

其中，客户价值主张和盈利模式分别明确了客户价值和公司价值，关键资源和关键流程则描述了如何实现客户价值和公司价值。商业模式的核心是为用户创造价值，盈利模式是商业模式中的一个重要环节，但不是商业模式的全部，比如免费是一种新型的商业模式而不等同于盈利模式。

亚马逊提供给客户的价值是低价，即客户可以以较低的价格获得更多的内容，这是亚马逊在市场竞争中获胜的法宝。亚马逊的盈利模式是内容平台加电子书终端，既卖终端也卖内容，通过销售 Kindle 销售更多的电子书。亚马逊的关键资源是其拥有一个 2600 多万种图书的内容平台，这个内容平台汇集了美国各出版集团出版的畅销书与常销书。客户购买一部 Kindle 就基本上可以读到美国主流的图书品种。亚马逊的关键流程是拥有一个完整的网络销售渠道，包括高效的配送体系、支付体系与具有网络消费习惯的受众群，这是决定亚马逊商业模式成功的决定性因素，也是亚马逊的核心优势所在。亚马逊的成功源于其内容平台加终端的盈利模式，但其长期培育出来的网络销售渠道对盈利模式的形成起着至关重要的作用。靠着拥有渠道优势，它可以很容易和出版商合作，获得大量的内容资源，同时也靠着这个渠道使 Kindle 能被更多的读者接受。[①]

二、媒体商业模式的主要特征

长期从事商业模式研究和咨询的埃森哲公司认为，成功的商业模式具有三个特征[②]：

---

① 庞沁文：《数字出版的七大商业模式》，《中国新闻出版报》2011 年 10 月 19 日。
② 参见赵礼强、荆浩、魏利峰、马佳副：《电子商务理论与实务》，清华大学出版社 2010 年版。

1. **成功的商业模式要能提供独特价值。**有时候这个独特的价值可能是新的思想；而更多的时候，它往往是产品和服务独特性的组合。这种组合要么可以向客户提供额外的价值；要么使得客户能用更低的价格获得同样的利益，或者用同样的价格获得更多的利益。

2. **商业模式是难以模仿的。**企业通过确立自己的与众不同，如对客户的悉心照顾、无与伦比的实施能力等，来提高行业的进入门槛，从而保证利润来源不受侵犯。比如，直销模式（仅凭"直销"一点，还不能称其为一种商业模式），人人都知道其如何运作，也都知道戴尔公司是直销的标杆，但很难复制戴尔的模式，原因在于"直销"的背后是一整套完整的、极难复制的资源和生产流程。

3. **成功的商业模式是脚踏实地的。**企业要做到量入为出、收支平衡。这个看似不言而喻的道理，要想年复一年、日复一日地做到，却并不容易。现实当中的很多企业，不管是传统企业还是新型企业，对于自己的钱从何处赚来，为什么客户看中自己企业的产品和服务，乃至对有多少客户实际上不能为企业带来利润、反而在侵蚀企业的收入等关键问题都不甚了解。

三、媒体商业模式的设计过程

媒体企业在进行商业模式设计时，必须分析自身的条件和外部的宏观环境以选择具体的模式。首先，具体分析产业环境。企业所处的产业环境也是影响商业模式设计的关键因素，当产业处于不同的发展阶段时，企业行为、产业结构以及市场绩效都不会相同，而且政府在各个时期的宏观政策也会不同，这些宏观环境都是企业进行商业模式的选择时需首要考虑的内容。其次，充分评估企业能力。企业的内部条件是商业模式设计的重要因素，因为任何商业模式的变革都是在企业的核心战略指导下进行的，并以核心资源及内部流程重组为基础。因此，企业所处产业环境、企业内部流程变革的程度等因素是企业商业模式变革时要考虑的首要因素。最后，高度重视消费者。商业模式的设计是一种以市场为导向的创新活动，其本质特征有许多方面与消费者有关，如细分市场、产品定制等。商业模式设计时要求企业充分了解自己的消费群体，为消费者创造最大的价值。商业模式设计过程中的环境分析和组织现状分析已经有很多研究工具，如SWOT分析法、五力模型等，这里不再赘述。①

---

① 参见刘玉芹、胡汉辉：《商业模式的设计及其在企业管理中的应用》，《科学学与科学技术管理》2010年第3期。

第二节 传媒商业模式的主要形式

从盈利方式看，传媒产品的增值过程是多重的，首先，传媒的内容产品（书刊、报纸、广播电视节目、电影、网络信息等）到达受众后，传媒获得了第一重经济收益，那就是报刊书籍的收益、电视收视费、电影票房、网络信息服务费等。电视台将节目制成音像制品，通过音像出版社或音像商店直接向消费者进行节目销售，销售的节目品种主要是电视剧等，这也是电视台获得经济效益的主要途径。其次，传媒通过自己的内容产品把受众划分为不同的群体，通过受众调查了解受众群体的相关资料和阅听率数据，并把自己的版面或者节目时间出售给广告商，完成第二重增值过程。对于第二重增值过程中的商品，理论研究者众说纷纭，有人认为是广告版面或广告时间，有人认为是受众群，有人认为是阅听率。总之，第二重增值过程的收益主要来自广告。此外，传媒产品还可以生成衍生产品，例如迪斯尼公司的动画片成功之后，可以推出相应的玩具、主题公园、主题礼品连锁店、主题餐馆等（参见表3-1）[①]。一般而言，欧美发达国家媒体及媒体集团的总收入中，附加增值所占比重较大，第一重增值和第二重增值所占比例相对较少，而中国媒体及媒体集团的总收入中以第一重增值特别是第二重增值为主，附加增值比例相对较小，这也说明我国媒体商业模式还有很大的改善空间。

表3-1 传媒产品的增值过程

增值过程	传媒产品	消费者	收益形式
第一重增值过程	内容产品（书刊、报纸、广播电视节目、电影、网络信息等）	受众（满足信息和娱乐的需求）	报刊书籍的收益、电视收视费、电影票房、网络信息服务费等
第二重增值过程	广告版面或广告时间	广告商（满足企业推销产品及服务的需求）	广告收入
	受众群		
	阅听率		
附加增值过程	衍生产品（如玩具、主题公园、主题礼品连锁店、主题餐馆等）	衍生产品的消费者	品牌许可收入等

---

① 参见胡正荣主编：《外国媒介集团研究》，北京广播学院出版社2003年版。

必须指出，著作权制度是内容产品和媒体获得盈利也是传媒经济的基础与保障。著作权即版权，是指公民、法人依照法律规定对于自己创作的科学或文学、艺术等作品所享有的专有权利，包括人身权和财产权两方面。著作权制度是市场经济的产物，其前提是承认公民或法人创作的文学、艺术和科学作品是一种商品，具有价值和使用价值，可以进入市场进行交换，作者或法人自己的智力劳动成果被社会使用的过程中理应享有与主张合理的人身权利和财产权利。著作权是知识产权的一部分，知识产权包括专利权、商标权和著作权。

信息是耗费了劳力、技能、金钱等而获得的，因此存在"信息产权"。新闻单位的主要产品就是新闻，为了采写编辑新闻需要投入很多人力、物力和其他资源，如果不从新闻的产出中通过商品交换获得回报，任何新闻单位都难以发展。20世纪90年代中期以后互联网兴起，互联网上传播的作品是数字化作品，是用计算机能够识别的二进制的数据所表现的作品。以数据这种物质形态存在的作品同样具有独创性和可复制性这样构成作品的两个要件，所以应该受著作权法保护。2001年《著作权法》明文规定了"信息网络传播权"，把网上作品纳入了著作权法的规范。《互联网站从事登载新闻业务管理暂行规定》要求综合性新闻网站登载新闻，应当同有关新闻单位签订协议，体现了对新闻单位权益的某种保护。

从商业模式看，传媒商业模式的要素或者子要素中通常有一个要素或者几个要素具有突出优势，起着决定作用，能带动整个商业模式正常运营，按照这样的标准，我们可以把传媒商业模式分为客户主导模式、产品主导模式、渠道主导模式、价值链一体化整合模式和多元化发展模式等五种类型。当然，在传媒实际运作中往往不是单一的商业模式，而是多种商业模式的结合。

一、客户主导模式

传媒的客户主要是受众和广告商。受众是传媒的衣食父母，由于媒体市场竞争激烈，同类产品越来越多，受众的主导地位越来越明显。客户主导的商业模式是指传媒按照客户（受众和广告商）需求对内容产品进行分类，加强内容的对象性，更好地服务于不同的受众群体。在发达国家，媒体基本上是按照受众需求来生产内容的。随着市场的成熟，以及传媒业的日趋完善，不断增加的受众的差异性和日益发展的受众成熟度改变着传媒市场的基本性质。当受众对传媒市场的产品及其服务越来越熟悉，并用它来满足不同的兴趣、应用于不同的目的时，他们的需求开始朝不同的方向分化。传媒经营者对大众化的受众市场进行分割，分割得当的结果之一是更大的市场。受众愿意为充分满足他们需求的媒体支付更高的价格。在这种新的媒介环境条件下，分割适当的传媒企业就能够更好地赢得订户，它们的利润反而会更高（胡正荣，2003）。

隶属于维亚康姆传媒集团子公司MTV有线网络的Nickelodeon儿童频道，作为美国最大的通过卫星和有线传输的电视网络,在细分的儿童受众群中赢得了全球最大的市场。因为基本收视费的低廉,就使 Nickelodeon 以广告费作为基本的收入来源。同时,Nickelodeon 作为一个全球性的儿童娱乐品牌,它在儿童节目交易、生产、品牌特许专卖业务、儿童网站、儿童娱乐、儿童读物以及儿童电影等方面不断增加着对儿童娱乐世界的影响力。这种微型分割的盈利方式,其实是由于传媒市场中消费者的差异性日益凸显,而且消费者日趋成熟,期望有更加个性化的服务所致。

贵州电视台副台长孔炯认为,内容产品的分众化推动了广告商对媒体需求的分众化,进而影响了媒体的分众化。媒体市场的分众包括三个方面:一则对象专门化、隔区化,如高端媒体;二则内容专门化,如专业媒体;三则区域化,如城市媒体。而分众传媒取得如此大的成功就在于提前感应到传媒分众化的趋势,将目标受众锁定在三高人群,即高收入、高消费、高学历人群。

二、产品主导模式

产品主导模式就是以销售媒体内容产品包括衍生产品为主的商业模式,从产品到品牌,到核心产品,到利润倍增器。传媒产业同其他产业一样,其产品是企业盈利的中心。内容为王的理念决定了公司盈利模式的能力取决于播出平台上高质量的内容产品,只有产品所承载的内容才是重要的或特有的,内容产品是传媒运营商竞争力和利润的源泉。然而,随着传媒集团的出现,利润和价值已经沿着数个方向,通过许多不同的模式偏离产品,这种模式的共同特点就是原先附着于产品的价值已经迁移到新的稀缺资源上,如品牌、核心产品(或是主打产品),或是衍生产品。

现今的世界传媒业是"大传媒"产业,运作以传媒产品为主,包括跨媒介、音像出版、网络播放权等,再衍生出相关产品、主题公园、书籍玩具等后传媒产业。时代华纳、迪斯尼等媒体巨头的发展,正是通过以传媒产品为核心的大传媒产业链条的纵向和横向整合,逐渐形成跨领域、跨行业、跨媒介、跨地区的综合传媒集团。哈利·波特从一个小说人物发展成为一个最终价值可能超过千亿美元的产业,得益于以《哈利·波特》为核心的产业价值链的形成。据统计,《哈利·波特》系列目前在全球发行量接近3亿册,前两集改编的电影票房收入分别超过了两亿美元,市场价值已达50多亿美元。《哈利·波特》电影成为时代华纳的"摇钱树"。精明的商家与媒体通力合作,大量开发和生产与《哈利·波特》相关的衍生产品,如玩具、服装、影碟、书籍、饮料、食品、电子游戏等。①

传媒品牌保护是内容产品主导的商业模式成功的重要条件。在市场经济和法治社会,商标法律制度是品牌保护最有力的手段,同样也是传媒品牌的保护手段。媒体对自

---

① 钱晓文:《传媒业发展需要解决的几个问题》,《新闻实践》2006年第2期。

己的品牌栏（节）目进行商标注册后，就可以拥有完整的商标权（商标使用权、商标排他权、商标许可权和转让权），使媒体在支配与经营品牌时始终处于主动地位，为媒体进行品牌经营提供广阔的空间。传媒品牌是媒体栏目或节目的名称和标志的组合。从内涵来看，传媒品牌蕴涵着媒介信息传播的质量和形式、传媒的市场占有率和市场回报率等要素，是传媒名称、属性、个性、风格、知名度、美誉度、价值的组合，是传媒消费者的期待、需求、信任和投入的组合，是传媒无形资产中的核心。传媒通过努力打造的知名品牌栏目具有高收视率、知名度和美誉度，不仅加强舆论导向的传播效果，而且有巨大的市场价值。

三、渠道主导模式

渠道主导模式就是在传媒价值链中渠道占主导地位的商业模式。媒体先通过向受众或消费者提供某种有价值而又近乎免费的信息产品或者是某种独特的增值服务等从而成为有效到达特定消费群体的渠道，然后占据这个渠道，使之成为稀缺资源，然后出卖广告，依靠广告的收益为生，或者依靠这个稀缺的销售渠道资源与产业链相关方如内容提供商进行博弈，通过渠道营销获得收入来源。渠道主导模式又可细分为两种。

（一）"二次售卖"模式

"二次售卖"模式，即"近乎免费的信息+广告销售"。传媒通过制作文字、音频、视频等信息产品并传播出去，来满足人们对于信息产品的需求，换取消费者的注意力，然后再把吸引来的注意力资源销售给广告主，来换取经济收益，这是目前媒体最主要的商业模式，所以传媒经济也被称为注意力经济。广告是媒体创收的主渠道之一，广告商对传媒产品的支持，是传媒盈利模式的独特之处。清华大学文化产业研究中心发布的《中国电视传媒产业结构分析》显示，电视台的经济来源除了政府财政拨款外，主要就是广告收入。对于国内绝大多数电视台来说，广告收入都占90%左右。清华大学媒介经营与管理研究中心根据国家统计局的数据分析后发现，绝大多数报纸的主营收入是广告收入加上发行收入，其中，广告收入占主营收入的比重超过70%。

传媒产品是一种特殊的商品，普通商品出售一次即完成其价值交换，而传媒产品存在着两次售卖现象，一次贩卖是向受众推销信息，二次贩卖则是向广告商推销受众。传媒第二次售卖的商品是受众，受众何以成为传媒的产品？因为传媒通过第一次售卖，换回了注意力资源，从而拥有了特殊商品——受众。在这种模式下，报纸行业单纯的发行基本亏本或者不赚钱。比如，北京和广州等地区的厚报每发行一份仅印刷费用就可能亏损2元左右，一份发行百万份的厚报每年就要亏损4亿～6亿元，这就需要巨量的广告来弥补。① 目前观众支付的电视收视费是为网络公司传输节目支付的传输费用。电视台的主要目的就是提高收视率，吸引更多的观众收看节目。

（二）渠道营销模式

渠道营销模式，即媒体本身成为展示和销售产品的营销渠道。比如贝塔斯曼的会员俱乐部。20世纪50年代，贝塔斯曼公司开始建立以书友会为主要形式的图书直销模式，即只有成为贝塔斯曼书友会成员，消费者才能以较低价格购买图书，这种模式被简称为"CC（club center）"。后来这种模式得到迅猛发展，成为其图书销售的主要渠道。1950年6月贝塔斯曼书友会成立，1954年会员达100万名，1960年攀升到300万。后来书友会与音乐方面的"乐友会"合并，统称为"贝塔斯曼书友乐友会"，成为贝塔斯曼集团公司不断拓展的基础。现在，它在世界各地的会员达4000万之多。几十年来，直销图书业务一直是贝塔斯曼集团的核心利润来源，往往也是贝塔斯曼进军新兴市场的排头兵。贝塔斯曼在中国的经营目前主要通过书友会、书目邮购和网上销售三种方式。目前贝塔斯曼在全国拥有150万的会员，销售包括图书、音像及电脑游戏在内的700多万件产品。这些会员可以说是贝塔斯曼进入中国8年来的最大财富。②

四、价值链一体化整合模式

传媒产业价值链包括内容生产与销售、媒介平台、发行系统和传输网络，以及广告客户与广告公司，受众调研公司和所有这些组织最终的消费者——受众或用户（胡正荣，2003）。价值链一体化整合模式就是媒体通过改造和整合产业链与价值链，使生产链变成需求链从而发展壮大的商业模式。比如默多克的新闻集团的价值链整合有三大特征：一是业务多元化，二是纵向一体化，三是横向一体化。③

1. 业务多元化。新闻集团的业务包括：①出版业。哈珀·柯林斯图书出版公司是世界上最主要的英语出版商之一。②有线和卫星电视。英国天空广播有限公司拥有600万用户，福克斯新闻频道是全美收视率最高的频道，另有福克斯有线网络公司、福克斯体育网、FOXTEL、天空完美电视、星空传媒集团、CHANNEL音乐频道、国家地理频道（亚洲）、凤凰卫视有限公司等。③电影娱乐。20世纪福克斯电影公司、福克斯互动、福克斯用户产品、福克斯电视演播室、20世纪福克斯家庭娱乐、20世纪福克斯电视娱乐公司等。④20多家杂志。新闻美国市场公司Gemstar-TV Guidel国际公司、《标

---

① 郭全中：《媒体商业模式巨变》，《新闻前哨》2012年第2期。
② 《贝塔斯曼CRM一对一服务》，《21世纪经济报道》2004年4月15日。
③ 蒋旭峰：《文化强国战略视野下的媒介价值链"双轨制"整合模式研究》，《中国出版》2013年第5期。

准周刊》等。⑤ 175 家报纸。《纽约邮报》、新闻国际控股公司、新闻有限公司。新闻有限公司是默多克传媒帝国的根基，出版 100 多种全国性、都市的、地区的和郊区报纸。⑥电视。福克斯广播公司、福克斯体育、福克斯电视台公司、第 20 电视、24 家美国地方电视台，覆盖 40% 的美国电视用户。⑦其他业务。洛杉矶道格斯企业、NDS 控股公司、网易、Indya 网站等。① 新闻集团的核心业务覆盖到全部类型的传媒产业，从而为用户提供了自由切换不同媒介平台的可能性，而新闻集团也借此提高受众忠诚度和盈利能力，这正是典型的范围经济效益。

2. **纵向一体化**。新闻集团的产业链明显分为庞大的上下游两大部分。上游产业是各种形态的媒介内容生产，如图书、电影、电视节目、新闻等内容产品。下游产业是传播这些内容的各种媒介平台，如影院、电视台、卫星电视、广播、杂志、网站等。以《电视指南》杂志和联合电视卫星集团在 1998 年的整合为例，两者整合后形成一个统一的电视指南平台，包括印刷、电子、网上的所有渠道。《电视指南》杂志就成了上游产业，而《电视指南》的电视、网络成了下游产业，这个产业价值链突破了原有的、单一纸质产品形态与市场空间，不但为美国 5000 万个家庭提供电视指南服务，而且还为 20 个国家的 300 万个家庭提供国际服务。1999 年在美国，电视指南互动频道的用户数量就已经接近 200 万。整合后，传统的《电视指南》拥有印刷、电子和有线电视等多种版本，实现多种渠道的广告收入，并享有更多的盈利机会。② 纵向一体化整合后，一方面节约了媒介内容的市场交易成本，另一方面，降低了经营风险，增加了盈利机会。

3. **横向一体化**。新闻集团的横向整合首先从报业开始，而后延伸到电视、广播等其他媒体型态。新闻集团控制了澳大利亚 2/3 的报纸、英国 40% 的报纸、美国 40% 的电视台，因此，新闻集团可以将一次性支出制作成本的一部电影或一套新闻节目，同时卖到各地，从而实现它的重复价值增值。新闻集团作为世界上垂直一体化的公司，它在好莱坞生产电影，在世界各地生产电视节目，并通过福克斯电视网在美国、STAR 在亚洲、BskyB 在英国传播。福克斯娱乐集团旗下的福克斯电视网，其新闻频道已经成为全美发展最快的新闻类有线电视网，其优势在于将美国各地方电视台的巨大网络资源整合起来，在北美形成高于竞争对手几倍的覆盖率优势。横向系列化整合所带来的规模经济效益，是新闻集团之所以通过高溢价收购对手的主要原因。

五、多元化发展模式

媒体正急于开辟多种收入来源。据《日本经济新闻》2013 年 5 月 20 日报道，由于

---

① 唐润华：《解密国际传媒集团》，南方日报出版社 2006 年版，第 326 页。
② 张洪忠、郭洪新：《新闻集团价值链分析》，《新闻与写作》2005 年第 1 期。

来自微博等网络媒体的竞争日益激烈，中国的官方媒体的盈利能力出现了下降。越来越多的报社开始涉足房地产开发等领域，陕西省的地方报还参与了矿山的开发。受到严格限制的媒体，增长空间越来越窄，在无奈中不得不拓展新闻以外的其他事业。①

报道称，省级党报《陕西日报》的发行量已从10年前的24万～25万份降到22万份，而且个人订阅仅有4万～5万份，大部分是机关订阅。主要从事经济报道的《经济日报》正在自己的地盘建印刷厂和办公楼。该报一位副总编表示："这样做是为了代印其他报纸和确保办公楼租金收入。"报道称，为了满足扩大投资的需要，提高筹资能力，一些媒体正在积极推动上市。官方的新华社正在为"新华网"的上市做准备，已向当局提交了在上海证券交易所上市的申请。2012年《人民日报》旗下的"人民网"已在上海证券交易所上市，截至4月末总市值折算成美元为17.8亿美元，远远超过了美国的《纽约时报》。新华网上市后的总市值也很可能与人民网不相上下。从市场筹集的资金将用于开发与新一代互联网和智能手机相配套的新技术，并扩大在全世界的采访点。

报道指出，忠实反映党和政府立场的官方媒体正在被疏远，读者更需要的是与生活和工作息息相关的信息。官方统计资料显示，2000年中国共出版2007种报纸，而2011年减少到1928种。很多媒体经营陷入了亏损状态，不得不依靠政府提供的财政援助。中共中央、国务院在2011年下发了对非时政类报刊出版单位体制改革的意见，要求非时政类报刊出版单位分期分批转企改制，实现经营的独立自主，避免陷入严重的赤字和负债。不过，要在限制重重的中国通过自由的报道来赢得读者并不容易。曾经在中国媒体工作过的日本北海道大学副教授西茹指出："考虑到有可能被停刊的风险，从事房地产开发等项目要比从事调查性的报道以提高新闻质量更能带来经济效益。"

第三节　传媒商业模式的创新

随着市场环境的变化和技术的发展，特别是新媒体的出现，导致传媒业生态发生改变，从而对旧的商业模式形成冲击，传媒需要进行商业模式的创新。传统的媒体商业模式是以信息内容来吸引消费者的注意力，并将这种注意力销售给广告客户以换取广告收入。传统媒体的主要客户是广告投放者，其提供的服务则是广告投放企业所关注的特定读者群。然而，终端阅读机的出现和完善将对传统平面媒体的商业模式进行颠覆。因为届时绝大多数读者将通过终端阅读机进行阅读。当传统纸质媒体失去了与读者群的联系

---

① 《日媒：中国官方媒体急于开辟多种收入来源》，《参考消息》2013年5月21日第15版。

后,传统媒体企业也就失去了其主要的广告客户和生存的基础。① 这就要求传媒建立以受众或消费者为中心的商业模式,即在满足受众需求的基础上找到行之有效的盈利模式,而不是以广告为中心、按照广告商需求来寻找目标受众的经营方式,拓展广告以外的营收渠道,实现收入来源的多样化,使传媒经营从主要依赖广告商向以受众为中心、不依赖广告商的成熟的盈利模式转变。

目前,传媒主要商业模式是"二次售卖"模式,其弊端是严重依赖广告,盈利模式单一。贵州电视台副台长孔炯认为,今天几乎90%以上的报纸和杂志以及京津100%的电视台都依靠广告收入来维持生存和发展。当前媒体特别是传统媒体陷入严重的同质化竞争而不能自拔,主要表现为:媒体原创能力薄弱,报纸新闻报道内容雷同现象普遍,电视节目缺乏创意,各种娱乐节目泛滥成灾;媒体业务结构单一,基于受众和广告商的盈利模式和发展方式严重依赖广告,有的媒体推出"拳头产品"走红后,其他媒体大规模地跟风模仿,根本的原因就在于以相同的节目争夺类似的广告来源,造成对有限广告资源的争夺,发行大战、收视率大战等愈演愈烈。同质化恶性竞争的背后是媒体整合产业链能力薄弱,缺乏核心竞争力,资源整合能力不强。由于我国媒体市场专业化分工不够,导致媒体无论是内容的竞争、渠道的竞争还是终端的竞争,都出现高度趋同化的结果,成为制约媒体可持续发展的主要瓶颈。②

在"二次售卖"模式下,广告主为了尽可能地获得最佳的信息传播效果,让更多的消费者接收到信息,只会倾向于在受众最广或者说订阅率越高、发行量越大、收视率收听率越高的媒体上投放广告。另一方面,对信息的接受者即传媒的直接消费者来说,除了获取信息内容之外,消费者很难再从媒体中获取其他价值服务,消费者也就没有必要、没有理由再付出更多的成本,媒体企业也就很难从消费者这里获取除信息服务之外的利润。而对传媒本身来说,为了维持以注意力换广告收入的模式,则必须最大限度地开发最终消费群,以信息传播的客户规模来吸引广告商的投入。在市场竞争越来越激烈的环境下,消费者获取信息的渠道越来越多,对信息的挑剔程度也越来越高,想要在内容上取得竞争优势,要付出越来越高昂的成本代价。传媒的收入来源主体是广告,而广告市场的潜在风险又很大。这种单一的经济来源,决定了传统媒体的经营风险不能有效地分散,从而难以抵御市场经济风浪带来的冲击。如何在现有的资源能力条件下,跳出内容竞争的红海,设计独特的商业模式,提供信息以外的媒体价值,才是传媒应该思考的新方向。③

---

① 张天兵:《商业模式创新的四大路径》,《商界评论》2009年第12期。
② 钱晓文:《媒体实施平台战略的必要性与可行性》,《青年记者》2013年3月下。
③ 蒋艺:《基于传媒性的服务型企业商业模式创新》,广西大学企业管理硕士学位论文,2009年6月,第88页。

媒体发展平台经济，创新商业模式。互联网模糊了不同行业、不同市场的界限，媒体跨媒介、跨行业、跨地域发展成为必然的趋势，比如上海文广、湖南广电等为代表的各地广电推进制播分离等，并大举进军网络游戏、网络电视、电子商务等新领域，重构产业价值链并占据产业链制高点是媒体必然的选择。互联网时代，用户在产业链中的中心地位和价值越来越突出，媒体过于依赖广告收入的"二次售卖"模式受到挑战与冲击。媒体构建平台化商业模式，就是通过打造用户主导的平台，促成产业链双方或多方联络、交易，进而获取直接或间接收益，其重要的特征就是产业链竞争，所谓"小成功靠个人，大成功靠众人"。媒体实施平台战略，构建面向产业链并以用户为中心的平台、创新商业运营模式是必然的选择和发展趋势。①

媒体发展平台经济，就是构建一个有公信力和影响力的开放型平台，让产业链各方共同参与以降低成本、提高规模经济，带来经济效益。平台战略与多元化经营最大的不同在于前者是为供需双方搭建平台而不是生产产品。浙江卫视与灿星制作首创了投资分成的制播分离模式。《中国好声音》并不是浙江卫视制作的，而是专业娱乐节目制作公司——灿星制作引进版权并加以本土化的产品，浙江卫视虽然参与了节目投资、策划、广告营销等，但它所起的作用主要是为节目制作方、受众、广告商等提供增值服务，并与产业链各方风险共担、利益共享。在电视台仍占优势的今天，浙江卫视放弃合作中的主导权而注重发挥播出平台的作用，为用户构建开放型平台，这是《中国好声音》也是浙江卫视能够成功的基础。这档节目由灿星制作主导购买版权、投资和运作过程，节目所带来的收益主要归节目制作方所有，灿星制作不但直接参与电视台的广告分成，还把选手签约以及签约之后的项目都收归己有。平台化运营使产业链各方合作共赢，而不是零和博弈。依托这一平台，浙江卫视已经获得超过20亿元的收入。

媒体构建平台成功与否的关键，在于能否找到将核心资源转化为营收的盈利模式。谷歌成功的关键在于利用拥有全球领先的搜索技术和全球最大的信息库等核心资源开展网络广告业务，广告收入占总收入的95%以上。杭州日报报业集团所属的都市快报报社19楼空间构建了一个成功的新媒体平台，短短几年时间它就从一家本地社区网站成长为全国最大的城市生活服务社区网站，注册用户从10余万增至1500万，日均访问量超过1600万人次。不过类似19楼空间网站这样的平台在媒体中还是凤毛麟角，大多数传统媒体的新媒体平台还没有找到利用核心资源把用户转化为消费者的有效盈利模式，媒体发展平台经济之路可谓任重而道远。

---

① 钱晓文：《媒体实施平台战略的必要性与可行性》，《青年记者》2013年3月下。

案例分析：《销售与市场》商业模式的设计[①]

一、案例概述

《销售与市场》杂志是国内发行量最大的营销杂志，全年发行达到800多万册，稳居营销期刊第一，在中国商业、经济类期刊中位居三甲，被誉为"8000万中国营销人的黄埔军校"。通过商业模式设计，《销售与市场》实现了超越传统期刊经营的战略转型，企业不再仅仅是其广告客户，而是渠道客户，消费者不仅仅是其读者，而成为杂志社的服务购买者，《销售与市场》提供的不是广告服务，而是渠道服务和信息产品。

（一）第一、二次销售——卖杂志、卖广告

杂志的订阅一般被称为第一次销售，越广泛的阅读人群，代表了越庞大的受众群体。《销售与市场》创办于1994年，是国内最早的专业营销杂志之一，强调海内外顶级研究学者和国内著名企业经理人两个层面构成的专家型作者队伍，被誉为"中国营销第一刊"。2003年，杂志通过美国专业媒体发行认证公司BPA International的发行数量认证，成为其认证会员，是国内本土首家通过国际发行认证的经济类期刊，2004年成为中国营销类杂志唯一核心期刊。《销售与市场》通过杂志售卖，获取了丰厚的销售收入，同时在内部管理上采用绩效分配等激励机制，通过制定优惠的经销政策，建立起以省会以上核心城市为中心、向周边城市辐射、涵盖全国300多座城市、拥有三四万家销售终端的发行网络，自建销售渠道的期发行量已占全部销量的70%。

同时，《销售与市场》杂志社向细分行业扩张，筹办了产业集中度不高的食品、农资、金融、礼品等行业期刊，整合其他社会资源向商业评论等高端杂志方向发展，2007年开始与北京大学出版社合作出版《北大商业评论》，2009年投资创办财经人物杂志《商业2.0豫商》，并重组文化时报社推出《营销时报》。为了应对电子信息技术的挑战，杂志社还创办了《我在行》、《第一营销》等电子刊物，在内容产品上实现了高、中、低结合的"金字塔"型结构。

自2000年起，杂志更同中国市场学会联合举办"中国杰出营销人金鼎奖"评选及"中国营销论坛"，是目前国内有关营销的最高大奖，而包括每年一次的"营销盛典"、"中国经销商论坛"、"中国经销商研究中心"和"中国营销领航计划"，也办得红红火

[①] 资料来源：陈明、周欣燕《由传媒到新媒渠——商业模式催生传统媒体战略转型的案例分析》，转引自《2010战略管理案例研讨会论文集》，万方数据网，2011年4月12日。

火。在广告销售方面，杂志社还专门在优势栏目的基础上再细分内容，推出管理版、评论版和渠道版三刊，覆盖了从老板到业务员的企业整个营销体系。根据三刊的读者定位，管理版发布高价位招商广告、评论版发布产品和品牌广告、渠道版发布服务于中小企业的低价位招商广告。每期广告客户已达一百五六十家，且广告效果也获得了提高，成为全国报刊类招商广告发布平台的第一品牌。其实现利润位居河南省期刊之首，年广告收入占全省期刊广告收入总量的一半以上。

（二）第三次销售——卖渠道、卖服务

前两次销售是传统期刊的主要收入来源和经营业务，但受金融危机和互联网媒体快速成长的冲击，媒体的分化、读者的分流以及经营环境的恶化，是必然的趋势。占杂志收入大头的广告业务经营风险高，杂志经营必须寻找发行、广告之外的可持续增长方式。《销售与市场》的第三次销售，正是靠着从需求入手的商业模式转型，完成了杂志经营的战略蜕变。

2009年《销售与市场》创办了金鼎人才网，进入人力资源行业。利用自身在营销知识方面的优势，金鼎人才网提供专业化的一站式营销人力资源服务。一方面，对杂志的目标消费群——营销人员来说，这个人力资源平台不仅可以专门针对营销岗位找工作，更可获得管理方法、营销工具、职业伙伴、图书推荐等一系列职业知识服务。另一方面，企业在这个平台上不仅可以搜寻适合自己的人才，更可以获得选育机制、绩效管理、职业培训、猎头等营销人才战略的建议与服务。金鼎人才网的服务收费方式多样，企业可以灵活选用扣点、包月、深入介入等方式获取服务。其中，扣点采取的是"不下载不收费"的计费方式，即企业在网站充值后，可以免费发布区域经理以上级别的任意职位，免费查看求职者的个人信息，下载才扣费，如不满意不下载则不用付费；包月服务则根据企业需求，提供月、季、年一系列招聘方案供企业自主搭配；介入式服务更是以帮助企业打造整体营销团队为前提，提供团队招聘建设、管理培训咨询的整体服务，为企业营销管理答疑解惑。除了人力资源服务，《销售与市场》还针对企业客户提供杂志报道、专题策划等媒体增值服务，以及线上线下相呼应的互动活动（如在线访谈、在线调查及线下的主题沙龙、会展服务等），依托于杂志多年来累积建设的消费者数据库，还提供数据库营销服务。

此外，《销售与市场》还开通了自己的电子商务网站——爱品购物网，建立了电话购物专线，合作企业的产品信息会登载在《销售与市场》旗下刊物上，消费者看到广告可直接打电话购买或者在爱品网上购买，爱品网负责物流配送和货款收取、售后等服务。

2009年1月8日，以《销售与市场》杂志社为核心的河南新华营销传媒集团有限公司成立，标志着《销售与市场》彻底转型为拥有平面杂志、互联网、人才服务公司、

广告公司、营销教育培训公司、咨询公司、数据分析公司的综合信息服务机构。《销售与市场》已从单纯的纸质期刊发展成为集平面杂志、电子期刊、网站的多媒体经营,从为客户提供知识信息发展到提供人力资源整体解决方案和培训教育产品,从传统广告发展到"看到即买到"的销售渠道,如今《销售与市场》(河南新华营销传媒集团)立志成为中国最大的营销信息服务集团,这已经完全超越了传统意义上的期刊经营。

二、案例点评

《销售与市场》并不是国内起步最早的营销管理类杂志,却被誉为"中国营销第一刊",在竞争激烈的市场中脱颖而出,成功实现了期刊经营的战略转型,其原因主要在于其从传统媒体转向"媒体+渠道"的商业模式设计。

(一)塑造专业品牌,扩大发行及广告收入

作为传统媒体,《销售与市场》并没有偏废媒体的核心本质——内容产品。作为一本专业的商业期刊,其杂志本身的信息内容质量是相当之高的,不管是学术性还是实践性,都获得了读者的认可,发行量稳居同类杂志之首,在读者心目中树立了"中国营销人的黄埔军校"的形象。同时,《销售与市场》利用媒体的公信力和平台优势,举办系列会议、论坛,打造在整个营销管理界内的品牌形象,《销售与市场》不仅仅是一本专业期刊,更成为代表专业营销知识的品牌,这也为其之后的一系列经营拓展打下了坚实的品牌基础。

在杂志经营方面,通过各种灵活的经销政策,加大发行网络建设投入,特别是自建销售渠道,《销售与市场》迅速扩大了市场占有率,获得了高额的发行收入。而由于《销售与市场》在内容产品上的专业性,其受众规模和品牌价值双高,这也就为它的广告销售打下了良好的基础,获得了稳定的广告收入。

(二)发现核心需求,开拓产品线

对读者和广告客户来说,杂志办得再好也是杂志社应该做的,不能提供额外的价值感,并且专业杂志的目标群体明确,发行量达到一定规模后也很难保持持续增长,意味着发行收入受限。只有延伸出期刊内容以外的价值,才有可能实现经营的战略转型。

《销售与市场》的战略核心是"消费者价值导向",而一个好的商业模式,其核心就在于挖掘消费者的价值需求。《销售与市场》的消费者,或者说客户,包括读者和企业(广告商)两部分。读者在阅读杂志的同时,其核心需求是为了提高专业素养,最终获得更好的职业发展,而他们在大众化的人力资源服务平台上很难获得有针对性的人力资源服务;同时,企业在经营管理和营销团队方面遇到的困惑和问题,不是招聘人员这么简单,却无法在一般的人力资源服务机构获得全面的解决。

与其他人力资源网站相比，金鼎人才网依托杂志资源，拥有一大批专家学者资源，可以针对企业或个人的需求提供相应培训课程和管理咨询，同时，《销售与市场》还推出了在线的成长学院，专门向营销人员提供营销培训课程和职业认证，读者在杂志上了解到的知识可以通过培训得到巩固和磨炼，全方位帮助消费者提高职业能力，企业也可以通过这个平台接触和培训专业的营销人才、获得管理咨询服务，而营销人员和企业的各类信息还可以免费通过平面杂志传播，获得其他服务平台所无法给予的大规模受众。《销售与市场》的招聘、猎头、培训、数据库营销、媒体增值等服务，将自身专业知识和人才优势转化为信息服务产品，并通过期刊和网络平台精准传播，帮助客户在实现信息之外的价值的同时，实现了收入来源的扩展，降低了杂志的经营风险。

对《销售与市场》的广告客户来说，其做广告的核心需求就是实现销售促进，但对此，普通的期刊广告只能起到间接的作用。《销售与市场》在服务广告客户的过程中，发现很多企业，特别是中小企业，其困惑的是无法了解广告的销售效果，缺少产品销售的渠道。而爱品购物网利用期刊自身的广泛的读者、广告客户及巨大的品牌公信力，为企业和消费者之间搭建消费渠道，打通广告信息无法转化为销售收入的死穴，同时实现了《销售与市场》从单纯的信息流功能向信息流、商流、物流和资金流四流合一功能转型。企业免费获得了杂志广泛的消费群体，节省了企业的广告费用，拓展了企业的销售渠道，从广告客户转变成渠道客户。《销售与市场》与企业之间进行销售分成，比广告收入更加稳定且有持续性。

（三）整合多方资源，形成横、纵向整合网络

《销售与市场》把自身使命定义为"解决中国企业营销问题的专业化组织"，这个战略已经超越了媒体的传统思路，产品业务设计也不是依据企业自身资源能力，而是顾客价值导向，即消费者需要什么，我们就做什么。而要实现这个目标，仅靠杂志社的常规发展是难以快速实现的，杂志社自身的资源和能力并不能完全满足消费者的需求，需要杂志社在需求挖掘的基础上，实现对自身资源的充分利用和对其他资源的巧妙整合，这也是其商业模式的另一独到之处。

在横向方面，整合其他期刊资源，提供管理和品牌支持，快速推出食品、农资等行业期刊及评论、商业人物、报纸等多类型信息内容产品，拓展消费群体和广告客户。

在纵向方面，《销售与市场》主要起到的是平台化作用，通过四网九刊一报内容资源（即《销售与市场》三大主刊、四大行业刊，《北大商业评论》、《商业2.0豫商》共九刊，《营销时报》与第一营销网、爱品网、金鼎人才网、万脑共享网等网络资源），配合媒体的信息传播，整合营销专家团队，推出了包括培训、咨询、人力资源在内的产品，撮合企业与消费者之间形成电话购物、网络购物交易。

《销售与市场》无需自己培养讲师、生产产品，却向客户提供了整体营销解决方

案，这些服务涵盖了各层次营销人员及企业在营销工作各个层面的需求，是其他同类期刊、其他培训咨询机构、其他人力资源公司都无法超越的整合价值，这种横、纵向交错的价值网络，是其他竞争对手几乎无法快速超越的。

学习思考题

1. 举例说明传媒的商业模式及其主要构成要素。
2. 传媒业独特的盈利模式是什么？
3. 举例说明客户主导模式及其主要特点。
4. 举例说明产品主导模式及其主要特点。
5. 举例说明渠道主导模式及其主要特点。
6. 举例说明价值链一体化整合模式及其主要特点。
7. 举例说明多元化发展模式及其主要特点。
8. 简析传媒商业模式创新的必要性。
9. 简述媒体实施平台化商业模式的主要途径。
10. 试析《销售与市场》商业模式的设计与创新。

第四章 传媒的组织结构

组织管理是传媒管理研究的一项重要内容。高效的组织结构是传媒获取和维系核心竞争力、实现战略目标的先决条件。现代管理学强调：一个组织的绩效在很大程度上取决于合适的组织结构。随着从工业经济向知识经济的转变，尤其是数字化时代的到来，信息科技的运用，加速了媒体运作的效率，传统工业经济时代的内向型组织结构已经不能适应竞争环境的变化。外向型、扁平化组织结构以培育核心竞争力为目标，是现代传媒组织机制变革的新趋势，当前我国传媒业迫切需要改变传统的按职能划分的"金字塔"式组织结构，进行扁平化的组织结构调整，创建适应市场需求、保持编辑权与经营权相对独立的网络化组织结构，以因应业务需要，通过最精简的人力达到最大的效果，是传媒增强核心竞争力不可或缺的环节。

第一节 传媒组织结构设计及其原则

一、传媒组织结构

（一）什么是组织结构

组织，也称为组织结构，哈佛大学战略管理学派认为，组织的概念有两个含义：一是一般意义的组织，泛指各种各样的社会组织或事业单位，如企业、机关、学校、医院、工会、传媒等。二是管理学意义上的组织，也就是按照一定的目的和程序而组成的一种权责角色结构，其中有三个重要的概念：①职权；②职责；③组织系统图。

根据组织管理学的基本原理，"组织是指为了完成一定的目标按一定规范形成的彼此协调的职务结构和职位结构"[1]，也就是说，组织的建立要有不同的权利和责任制度，而且包括不同的分工与合作，其功能在于协调人们的活动去实现共同的目标。组织结构一般由四个部分组成，即流程（工作的组织方式和过程）、结构（分解工作的方式）、

---

[1] 张创新主编：《现代管理学概论》，吉林大学出版社 2000 年版，第 262 页。

等级链（组织的资历与权力层次）以及人员（员工）。

（二）什么是传媒组织结构

传媒组织是指专门从事大众传播活动以满足社会需要的社会单位或群体。传媒机构为实现既定的目标，需要在职能定位、机构设置、岗位责任、人员配备、队伍建设以及相关的配套措施等方面建立健全组织保障体系。组织结构是传媒企业组织框架的核心，是传媒企业适应环境、实现传媒企业目标的手段，也是传媒企业实现企业经营战略的重要工具。

传媒的组织结构包括传媒企业的内部治理结构和各级管理的组织结构。而传媒集团因为是多个企业或法人的联合体，其组织结构要比单一的传媒企业复杂得多，包含着对多个传媒企业、多个区域、多个层次的组织管理。对传媒集团的组织结构的分析包括四个不同的层次，一是传媒集团的内部治理结构，二是传媒集团对下属传媒企业的管理体制，三是单一的传媒集团的内部治理结构，四是单一的传媒企业的组织结构。（胡正荣，2003）

（三）传媒企业的法人治理结构及其演变

市场经济条件下的企业主要经历了业主制、合伙制和公司制三个发展阶段。由于业主制和合伙制本身的缺陷，要求一种新的企业制度来代替它们，这就是现代企业制度。现代企业制度是指在世界范围内为人们所共识的、以股份有限公司和有限责任公司为主要形式的现代公司制度。公司制包括有限责任公司和股份制公司。目前欧美传媒集团大多是上市公司，传媒集团公司通过股票市场去融资，同时投资者通过股票市场来决定传媒的进入或退出。

现代企业组织制度要求建立规范而完善的公司法人治理结构。公司的法人治理结构包括股东大会、董事会、监事会和经理层四个部分。其中，股东大会是公司的最高权力机构，决定公司的重大事项；董事会是公司的最高决策机构，对股东大会负责；监事会是公司的监督机构，对董事会、经理人以及公司的经营活动进行监督；经理层主持公司的日常管理和经营，对董事会负责。

在企业组织由单一组织向多元化、国际化发展的过程中，企业组织形式也在不断演进。传媒企业的组织类型及其发展与一般工商企业相似，但又有一定的特殊性。这主要体现在企业的行为目标方面。它不仅要受到追求利润最大化的动机的驱策，而且在增进社会公共利益方面要受到社会责任和政府管制的约束。传媒的所有制和管理体制，是可以统一也可以分离的。在世界传媒发展史上，所有制与管理体制的关系经历了两个

阶段：①

1. 第一阶段是传统企业阶段。 从公元前59年古罗马《每日纪闻》创办到19世纪末期。在这一阶段，就报纸而言，出现了官报、党报、商报等不同类型的报纸，但它们都有一个共同的特点，就是所有权和经营权的高度一致，官报由政府部门经营，党报由党的下属组织经营，商报由私人经营。

（1）一权制。近代报业初期，报社规模很小，通常老板加记者、编辑和排字印刷工人也只有几个人，整个报社就是一个印刷厂，厂内设一间编辑室，老板兼任经理，并参与采编。

（2）两权制。随着报业的发展，专职编辑越来越多，地位越来越重要。经过百余年的演变，编辑权终于从报社的经营权中分离出来。1817年英国《泰晤士报》建立总编辑制度，此前老板、总编辑和经理之间没有明确分工。总编辑制度建立后，老板高薪聘请有能力的人任总编辑。总编辑下设编辑部，编辑分工越来越细。这是报业体制的一大改革，由一权制改为两权制。英国和其他各国的报纸纷纷效仿，建立了类似的总编辑制度。

（3）三权制。到19世纪末，《泰晤士报》率先建立经理制度。经理总管报社经济方面事务，下设经理部。在总编辑制实行后，老板从繁重的编辑工作中解脱出来，集中精力管经济。但经济事务也越来越繁重，而且随着新闻自由范围扩大，新闻从业人员滥用自由的事件时有发生，外界控告不断，老板忙于应付。于是，实行权力再划分，社长或发行人由老板自任，下设权力相当的总编辑和经理。这个后来被称为"三驾马车"体制的形成是报业体制的又一大改革。

2. 第二阶段是现代企业阶段。 从20世纪初期开始至今，包括股份制出现和集团化兴起两个阶段。在这一阶段，以现代企业制度逐渐成熟为标志，所有权和经营权实现了分离。随着商品经济和市场经济的发展，西方的近现代报业和其他行业一样，经历了企业规模由小到大、管理权由集中到分散的过程。许多资本雄厚的报团或传媒集团，都实行了现代企业制度，实现了所有权和经营权的分离。报刊、广播、电视、通讯社等，出现了不同所有权和不同管理体制相结合的多种形式，如国有国营、国有商营、公有公营、公有商营、私有商营等。

（1）股份制出现阶段。19世纪股份制在美国兴起后，报业也开始独自向招股集资的方向演变。较大的报社都采取股份有限公司形式。1870年，查尔斯·道和爱德华·琼斯开办道·琼斯股份有限公司，经营出版业。1889年，该公司出资创办《华尔街日报》，以公司经理和高级职员为阅读对象，是美国第一家办得相当成功的专业报纸。其他报社纷纷效仿。到19世纪末，美国所有大报都采用股份有限公司形式。

---

① 李沁沁、才让卓玛：《媒介管理之前世今生》，http://www.hexun.com，2005年4月15日。

股份公司实行三级管理体制。股东大会是公司最高权力机关，但实际上持股份额少的股东除了参加每年一次的股东大会和领取股息外，没有多大实际的影响力，也不可能被选入董事会。股东大会选出的董事会是决策机关，董事长通常由持股最多的家族的人出任，大多数董事也是由持股较多的人担任。董事会任命社长、总编辑和经理，也有的董事会只任命社长，再由社长任命总编辑和经理，这一层的人士负责决策的执行。至于社长，可以是持股最多的家族的成员，也可以不是。这样，实行股份公司制而又不由持股最多的家族成员出任社长一职的报社，经营权就从所有权中分离出来了。分离的程度则因国家、报社而异。

（2）集团化兴起和发展阶段。19世纪末美国首先出现了报业集团。1892年，斯克里普斯家族在中西部的5个城市拥有5家报纸。1895年，该报团制定向外发展战略，派人到外地办报，到1914年，该报团已在15个州拥有23家报纸。

二、传媒组织结构设计

传媒组织结构设计就是对大众传播组织的机构、人员、任务、权力和硬件等进行科学组合以顺利实现目标的过程（邵培仁，2002）。组织结构的设计是把组织目标、计划和组织活动都统一于一系列的人与人、组织与组织之间的关系中。根据权变管理理论的观点，并不存在一种唯一的"理想"组织结构设计适合于所有的情况。合适的组织结构设计取决于各种权变因素，如组织的战略、规模、技术、环境等。① 精心设计的组织结构既能够提高传媒内部的效率，又能够适应外部的环境和竞争；在传媒集团或者一个单一的传媒企业的运作中，又可以形成有效的决策和执行，并保证内部的有关信息能够在组织中顺畅地流通。设计和建立合理的组织结构，根据组织外部要素的变化适时地调整组织结构，其目的是为了更有效地实现组织目标。

三、传媒组织结构设计的原则

（一）适应战略目标的原则

组织结构设计必须有助于实现企业的战略目标。战略选择在两个层次上影响组织结构：不同的战略要求不同的业务活动，从而影响管理职务的设计；战略重点的改变，会引起组织的工作重点的改变，因此要求各管理职务以及部门之间的关系作相应的调整。面对企业战略，组织结构应围绕战略要求进行资源配置，以适应战略要求。南方报业集团的组织结构变革正是适应集团战略的典型。相对于同一区域的广州日报报业集团和羊

---

① 胡正荣著：《媒介管理研究——广播电视管理创新体系》，北京广播学院出版社2000年版，第135页。

城晚报报业集团更注重多元经营的战略,南方日报报业集团实施的是以新闻产品为核心的企业战略,经过数年的发展,形成影响全国且结构清晰、层次清楚的报纸品牌线。集团宏观组织结构正是与这种战略相适应。

(二)集权与分权相结合原则

集权原则要求每位下属有且仅有一个上级,要求在上下级之间形成一条清晰的指挥链,组织的各项活动都应该有明确的区分,并且应该明确上下级的职权、职责以及沟通联系的具体方式。与此同时,在组织结构设计时,必须坚持集中与分权相结合的原则,实行统一领导、分级管理,以充分发挥下级人员的主动性和积极性,提高组织的灵活性与适应性。

(三)编辑与经营相分离原则

在传媒的组织结构中,为了维护媒体本身的公正性、独立性,必须把媒体的编辑权与经营权相对分开,传媒作为社会公器,不能一味追求经济利益而忽略新闻的道德准则与宗旨,这也是国际传媒界通行的做法。美国报社内的机构分为两大块:一块是行政和经营管理,另一块是编辑部。报纸除广告以外一切与内容相关的事务归编辑部管理,其余归属行政经营方面管理。发行人和经营人员不得干涉编辑事务。20世纪40年代,《华尔街日报》曾经在广告与内容的版面安排上发生过一次不起眼却值得回味的冲突。当时广告部的负责人费斯特劝服福特公司答应投放巨额广告,需要申请比较重要的版面刊登。但是,发行人基尔戈尔和总编辑克比都深知财经报刊不仅是一件商品,它更有着崇高的社会使命,高品质的内容是确保媒体成功的最关键要素,对于以读者利益来换取广告商的投入不感兴趣。克比刻薄地挖苦费斯特:"不要答应别人你自己做不了主的事。"费斯特反驳道:"是广告在付你薪水。"此时,克比暴跳如雷:"是记者们付我薪水,你的也是。"①

(四)制度化原则

邓小平同志指出:"制度问题带有根本性、全局性、稳定性和长期性。"② 制度对于传媒组织机制的建立和运行至关重要。没有制度作为保障,传媒组织机制不可能保证稳定、有效地发挥自身的功能,也不可能保证传媒业务工作的顺利开展。我国传媒"人治"色彩较重,组织机制的建立和健全需要依靠制度化的手段,使组织工作按照制度

---

① 许知远:《国家与教堂之争——谈编辑权与经营权》,http:// tech.sina.com.cn/it/e/73998.shtml。

② 《邓小平文选》第二卷,人民出版社1994年版,第333页。

进行，变成共同遵守的办事规则和行为准则，不因领导的改变而改变。实践证明，只有通过具体的制度设计与制度安排，才能保证传媒组织机制正常运行。

（五）专业分工和协作原则

专业分工和协作原则要求传媒各部门之间能够充分合作，互相扶持，团结一致。分工导致专业化，从而提高生产和经营管理效率；但传媒组织作为一个有机统一整体，各职能部门在强调管理效率的同时，还应兼顾集团目标以及任务的统一性。传媒业务是多样而又相互联系的，传媒的成功是各部门互相协作的结果。媒体应有一个整体目标作为各部门、各人员的共同目标。由于各自的利益不同，容易产生局部与个体之间、局部和个体与整体目标之间的矛盾，这将对整体利益产生极大的损害。特别是在竞争的环境中，内耗现象将把媒体向目标相反的方向拖拉。所以媒体在经营中应消除各种消极因素，使各部门紧紧地凝聚在一起。

（六）有效管理幅度原则

传媒的组织结构应该怎样设计，每一层管理机构管理范围应有多大，这就是管理的跨度问题。管理的跨度，又称为管理幅度、管理宽度和控制幅度等，是指一名管理者有效管理、控制直接下属的人数。管理者的职责主要是执行管理职能，管理职能直接作用于下级人员。直接作用的人数是多少，这是组织管理中要研究的问题。任何人的时间和精力都是有限的，管理人员能够管理的直接下属的数量也是有限的，也就是说，管理者的管理跨度是一定的。跨度的确定是以一个管理者面对下属的情况和要处理他们之间的复杂关系为依据的。在设计传媒组织结构时，应将管理人员直接管理的下属人数控制在合理的范围内。

（七）权责利对等原则

职权与职责要对等，即组织内每一管理层次、部门、岗位的责任、权力以及利益都要相对应。组织中的每个部门和部门中的每个人员都有责任按照工作目标的要求保质保量地完成工作任务，同时，组织也必须给予其自主完成任务所必需的权力。如果权责利不对等，部门及员工就没有完成职责的基本条件，工作积极性也将在一定程度上受到挫伤。

（八）灵活性原则

不同的传媒以及同一传媒在不同的发展阶段，都应根据所面临的具体条件对组织结构作出相应的调整。组织的结构应当保持一定的柔性以减少组织变革所造成的冲击和动荡。组织的各部门、每个人员都是可以根据组织内外环境的变化而进行灵活调整和变动的，当外部环境、技术、规模或竞争战略发生变化时，传媒企业的组织结构必须作出相应的调整。

以上原则落实到一点，就是提高各部门的生产管理效率，这也是传媒组织结构设计的最终目标和任务。此外，在保证组织任务完成的前提下，传媒还应力求机构精简、人员精干。

第二节 传媒组织结构的主要形式

在传媒组织结构的形式上，主要有六种基本类型，即职能型结构、事业部型结构、矩阵式结构、控股公司型结构、混合式结构和网络化结构。在传媒组织结构的设计中，基本上是以一种类型为主，在此基础上，根据需要加以变化和调整。世界上传媒企业的组织结构或选择某一类型，或根据某一类型加以改进，或以一种类型为主形成混合式结构。每种类型的组织结构都有其优点和缺点，只要能恰当地适应组织所处的环境，扬长避短，就是最佳组织结构。

一、职能型结构

职能型结构是指组织从上至下按照相同的职能将各种活动组合起来的企业组织结构，在经济学文献中又称 U 型结构（Unitary Structure）。它是一种以权力集中于企业高层为特征的企业管理体制，在采用这种结构的企业中，企业的生产经营活动按照功能分为若干垂直管理系统，每个系统又直接受企业最高领导指挥；其财务体制也实行集中管理，企业内的各部门并不是自负盈亏的经济实体，只有整个企业才是一个利润核算单位，企业的资金运用也是由总部控制的（见图 4-1）。

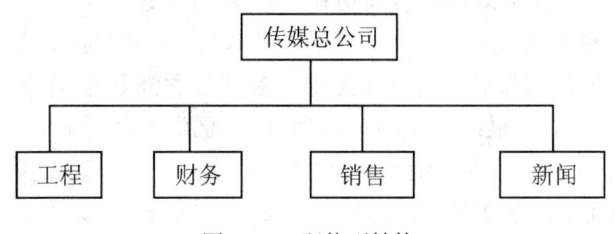

图 4-1 职能型结构

职能型结构的优势在于：一是有利于企业集中有限的资源，按照总体设想，投资到最有效益的方向上去；通过职能部门能发挥专业分工的优越性；并且部门之间较少出现机构重复，所需配备的管理人员也比较少。二是有利于产供销各个环节之间的紧密协调。职能型结构的主要劣势是对外界环境变化的反应太慢，各个职能部门之间缺乏协调,甚至出现本位主义,造成经营效率低下。此外,它还不利于发挥中层管理者的主动性与创造性。

深圳商报社采用的是职能型结构,它以《深圳商报》为核心,以包括多个媒体在内的报业经营和非报业经营为主体,组成了一个按照市场经济规律运作的"准报业集团"。这个集团性报社建立了深圳商报报业集团总裁委员会,设总裁和副总裁,组成"集团"的最高指挥中心。"集团"下设五大系统:①《深圳商报》编采系统;②《深圳晚报》等系列报刊编采系统;③报章服务系统;④市场促销系统;⑤实业物业管理系统。集团下属的各个媒体分别组建各自的编委会,配备总编辑、副总编辑,负责本身的新闻宣传任务。"深圳商报电子信息屏"(建在深圳火车站广场)、《大公报·深圳新闻》版(与香港大公报合办)、《企业市场报》(湛江)、《特区科技》、《焦点》、《深圳画报》等都属于其系列报刊。

二、事业部型结构

事业部型结构又称为 M 型结构(Multidivisional Structure),它是以企业总部与中层管理者之间的分权为特征的一种组织结构。实行这种体制的关键,是把企业划分成若干相对独立的事业部,使其成为独立核算、自负盈亏的利润中心。事业部型结构鼓励灵活性和变革,因为每个单元变得更小,就更能够适应环境的需要。因为每种产品或每一个频道或频率都是一个独立的分部,顾客能够与相应产品或市场分部联系并得到满足。

事业部型结构的报业集团在形成的过程中,一般是以一报为主兼并他报方式扩张的,在不同程度上继承了其他报社的管理习惯。其下属各报都作为子公司独立核算、自主运作,人事、行政、采编、广告、发行、印刷、财务、价格等各种业务职能分散于各公司之中,集团作为母公司则以资源为纽带,维系对子公司的控制和管理。带有事业部型结构色彩的传媒集团,可以香港星岛报业集团为例(如图 4-2 所示)。星岛报业集团以《星岛日报》和英文《虎报》为核心企业,投资 34 家控股子公司和 9 家参股子公司,并以《星岛日报》的报名,同步在美加、澳洲、欧洲和中国港台等国家和地区发行 11 个版本的英文或中文报纸。星岛集团拥有 32 亿港元的总资产,1996 年营业总额达到 20 亿港元,税前利润为 5 亿港元。集团负责制定大政方针和基本的业务范围,具体事情放手让各事业部门承包负责。这种体制使得层层负责、人人有责、人人有利,十分有成效,集团利润迅速增长。

三、矩阵式结构

矩阵式结构是传媒集团发展到一定阶段和规模时的必然选择。矩阵式结构意味着两个不同的结构形成一个矩阵,一般是为了完成某一特定任务而把不同的专业人员组织起来形成一个团队。矩阵式组织结构注重多元效果,当职能型、事业部型结构横向联系不

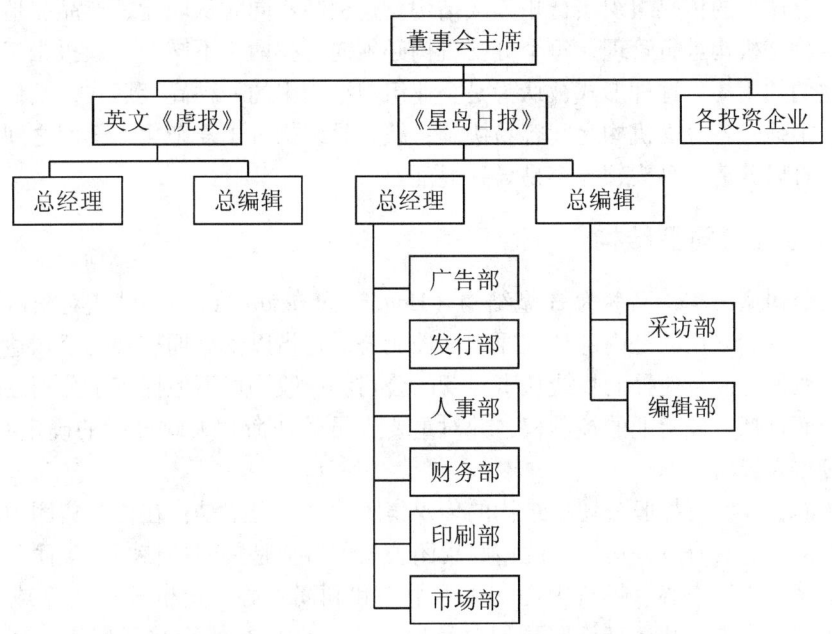

图4-2 香港星岛报业集团事业部型结构

畅，或者当环境一方面要求专业知识，另一方面又要求每个职能部门都能根据环境变化迅速作出反应时，矩阵式组织结构通常是最好的选择。矩阵式结构基本框架如图4-3所示，每个事业部视为电视台一个频道或是报业集团的子报、子刊。

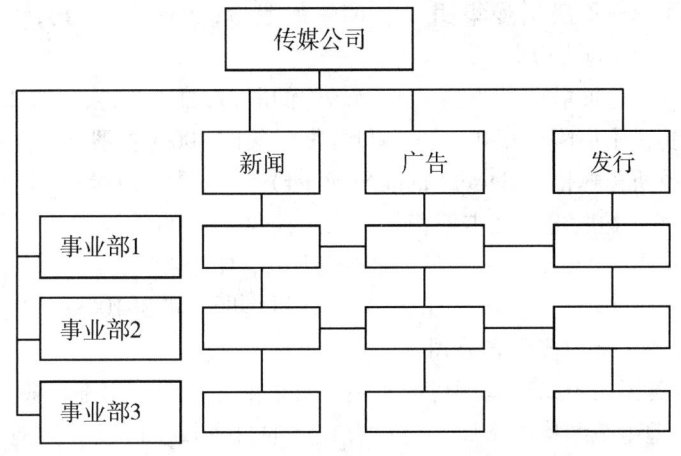

图4-3 传媒矩阵式组织结构

一些全球性的传媒组织实行矩阵式结构。这种结构同时从职能、产品、地区三个不同角度对分支机构进行管理，每个分支机构必须向至少两个不同的上级报告工作，并同时接受他们的指挥。这种形式被认为是企业组织结构中的一种高级形式，其优点是市场适应能力很强，各分支机构之间容易协调；缺点是结构过于复杂化，部门之间的相互关系与责任难以分清，多头领导容易导致混乱。

四、控股公司型结构

控股公司型结构，又称为 H 型结构（Holding Structure），是一种相对松散、扁平的管理体制模式，采用的是内部分权原则。控股公司是指以依靠拥有其他公司达到决定性表决权的股份，而行使控制权或从事经营的公司。控股公司不但拥有子公司在财政上的控制权，而且拥有经营上的控制权，并对重要人员的任命和大政方针的确定有决定权，甚至直接派人经营管理。

一般而言，实行控股公司型结构的传媒集团的基本框架是：在传媒集团内部，由主要股东组成的、具有母公司性质的传媒集团公司董事会是集团的核心。集团公司董事会是整个集团的决策中心、投资中心、成本中心和利润中心；董事长（主席或总裁）是集团的法定代表人，聘任高级职员如总经理（执行官）行使行政管理权；第二层是集团的控股子公司，由集团派出或聘任高级职员管理经营，报社、电台、电视台或其他类型的传媒公司一般都是控股子公司；第三层是集团的参股子公司，集团视股权的多少，承担责任和义务，有时仅仅坐享红利。

贝塔斯曼集团的管理体制为：

1. 蓝登书屋（Random House）——贝塔斯曼集团 100% 控股。
2. RTL 集团——贝塔斯曼集团，占 67% 的股份；Pearson 公司，占 22% 的股份；公开交易，占 10.3% 的股份。
3. 古纳亚尔——贝塔斯曼集团，占 74.9% 的股份；Jahr 家族，占 25.1% 的股份。
4. 贝塔斯曼音乐集团（BMG）——贝塔斯曼集团 100% 控股。
5. 贝塔斯曼斯普林格（Bertelsmann Springer）——贝塔斯曼集团控制了斯普林格名下所有公司 100% 的股份，并占斯普林格出版社 86.5% 的股份。
6. 阿瓦多集团（Avarto）——贝塔斯曼集团 100% 控股。
7. 贝塔斯曼直接集团（Direct Group）——贝塔斯曼集团 100% 控股。

上述各个集团又有很多下属公司。

从贝塔斯曼集团的组织结构图可以看出，贝塔斯曼集团对内部企业的管理与控制实行的是控股公司型组织结构，下属子公司有较大的自主权，可以灵活地根据市场变化，在自己的业务范围内及时调整（如图 4-4 所示）。

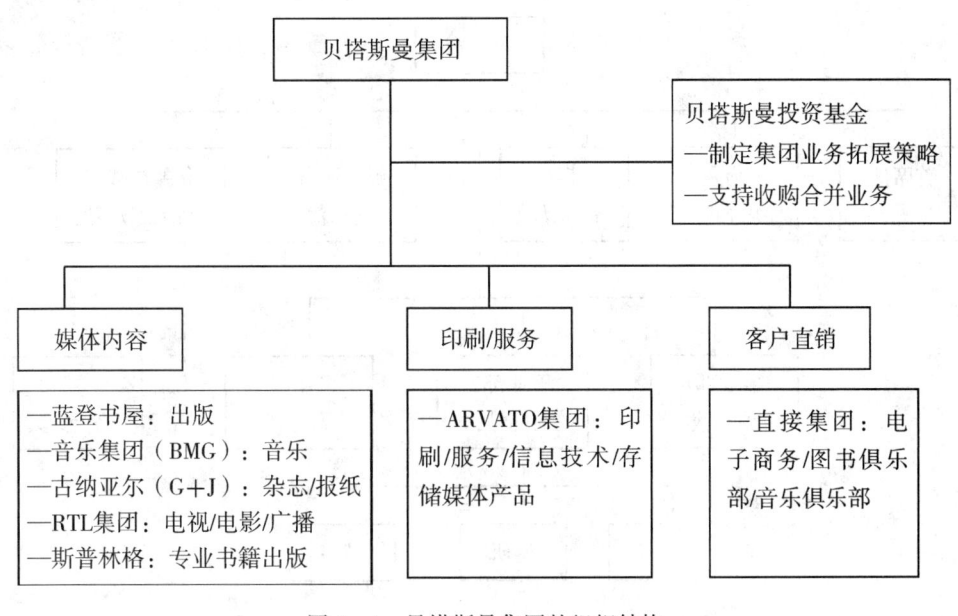

图 4-4 贝塔斯曼集团的组织结构

五、混合式结构

由于环境不断变化，以及企业规模的扩大和区域的扩张，好多组织结构并不以单纯的职能型、事业部型的形式而存在。一个组织的结构可能会同时强调产品或职能，综合两种特征的一种典型的结构称为混合式组织结构（如图 4-5 所示）。混合式组织结构通常比职能型或单纯的事业部型结构更受偏爱，这种结构克服了两者的一些劣势，实现了它们的一些优势。

六、网络化结构

20 世纪 90 年代以来，发达国家的传媒经济活动（知识密集型产业）中开始出现另一种更具革命性的组织结构形态，即小型网络化的传媒和传媒间组织。在网络经济中，发达的交互式通讯网和大量中介机构把各种独立的专业公司和个人联系起来，根据媒介不同项目的要求，可将这些创造性人才分别组成项目性团组（项目完成，人员机构即告解散）。由此，网络经济把传统等级森严的垂直结构的大公司改造成了大批小而专的关联企业，由它们灵活多样的合作创造出别人很难模仿的个性化、专业化作品。这种网络化媒介间组织在娱乐性电子媒介中运用得最为成功，比如美国好莱坞的各种专业公司，这些"小"企业在网络经济中也可以说组合成了"大"企业。

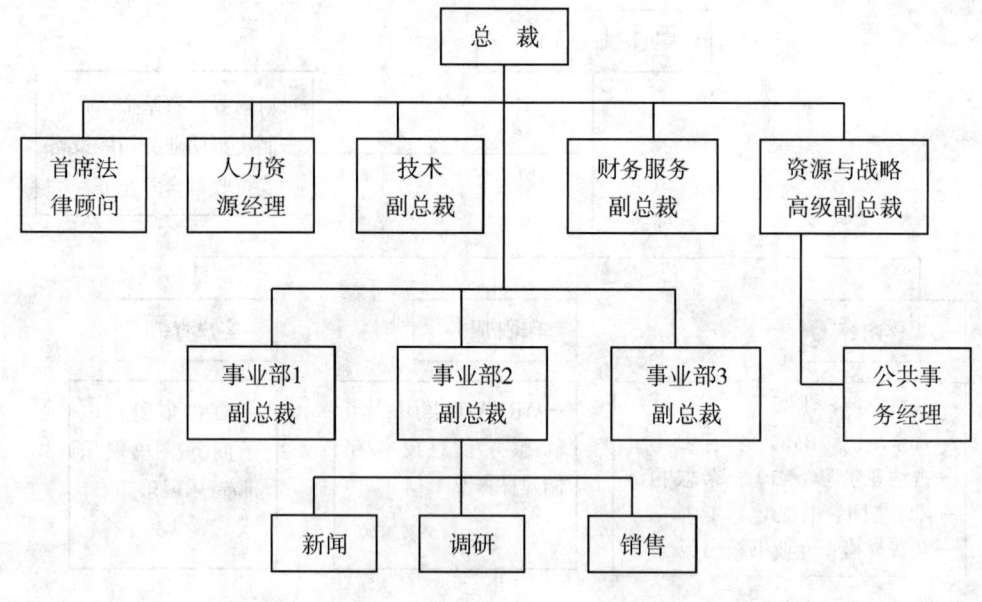

图4-5 传媒混合式组织结构

这种新的经济组织方式的优势表现为：①每一项工作可以以项目为中心，以合同为纽带，召集最适合工作要求的各种各样的人才，而不是让公司的固定员工去适应各种各样的工作。②不再需要长期维持一整套组织机构，官僚习气和业务开支因此降至最低。具体的如媒介的采编部门可以固定和常设，其他部门则分离出去，采用多种多样的经营方式。③长期的风险和成本如裁员和其他人事危机会减少。最终给企业带来的是高品质和低成本。

以上几种传媒组织结构的基本类型各有自己的使用范围和优缺点。许多组织也可能会同时根据职能和事业部来进行组合。

第三节 传媒的集团化管理

改革开放以来，我国传媒产业化进程不断深入，产业化已经进入集团化整合的新阶段。集团化管理是传媒管理体制和组织机制改革的重大突破。为了实现社会效益与经济效益的"最佳结合"，需要对传媒经营资源进行整合。传媒实行集团化管理，从政治的角度，可以强化党和政府对传媒舆论导向的控制；从经济上看，通过对原来过于分散的经营资源的整合，实现规模经济和范围经济，并推动传媒跨媒体跨行业经营，促进传媒业更快更好地发展。

一、传媒的产业化发展

（一）什么是产业

经济学意义上的产业，是指具有某种同一属性的企业的集合，它是介于微观主体（企业）和宏观主体（国民经济）之间的一个集合概念。对于产业，普遍使用的有两种分类方法：基于整个社会经济层面的分类和基于具体产业特点的分类。前者将整个社会的各种企业集合构成的系统分成第一产业（生产资料的生产系统）、第二产业（生活资料的生产系统）、第三产业（提供生产和生活的服务系统）等。后者则将产业细分为钢铁产业、农产品加工产业、流通产业、信息产业、知识经济型产业。

按照国际上通行的说法，一切有投入有产出、按照企业运行规则进行经营活动的事业都可称为"产业"，都可以推入市场。所以产业化问题，是就资源配置的手段而言的。从微观的角度看，同时也是"企业化"的问题；从宏观的角度看，就是"市场化"的问题。能否实现市场化，在多大程度上实现市场化，还要视具体情况而定，其关键是"投入"与"产出"的比较。①

（二）传媒产业化

我国传媒作为舆论工具的同时，也逐步显示出产业的特性。随着传媒集团的出现，传媒的产业特征更加凸显。1987年国家科委编制的产业投入产出表将新闻事业和广播电视事业纳入"信息商品化"序列；1993年中共中央、国务院发布《关于加快发展第三产业的决定》，将报业经营管理正式列入第三产业。当然，传媒业不是一般的产业，而是一种具有政治性、意识形态性的特殊产业。

一般而言，具有经济属性的大众传媒属于第三产业，是其中的信息娱乐产业。传媒向全社会提供信息服务、文化娱乐等，传媒的"产出物都是信息，投入物大部分也是信息，售出物更是信息"②。传媒作为信息娱乐产业的核心，在社会生活和经济生活中起着重要作用，是国民经济重要的组成部分。

所谓传媒的产业化，特指社会环境中的意识形态型的传媒向产业经营型的传媒转化，也就是从非产业向相对独立的产业转化。传媒产业化是传媒逐步走向市场和传媒市场逐步形成、发展的过程。作为个体的传媒实行商业化经营并发展到一定阶段后，必然向相对独立的企业法人过度；行业性的传媒企业以市场原则构建内外关系，从而形成了

---

① 吴文虎主编：《新闻事业经营管理》，高等教育出版社1999年版，第223页。
② （美）马克波拉特著：《经济信息论》，李炳奎译，湖南人民出版社1987年版，第1页。

经济学概念上的"同类企业的集合体",即形成传媒产业。传媒在产业化过程中,要遵循传媒产业运营和发展的一般规律。1978年以来,我国传媒逐步实行企业化管理,开始走向市场,这既是传媒体制改革的重要内容,更是传媒产业化发展不可逆转的趋势。

(三) 传媒产业化的进程

当前中国传媒产业化进程,大致经历了四个阶段:

1. **事业单位、企业化管理阶段(1978—1984)**。此前传媒是事业单位事业管理,经费全部由国家财政拨款。为了弥补财政补贴的不足,1979年初《人民日报》等首都主要报纸试行"事业单位、企业化管理"的要求得到批准。实行事业单位企业化管理是政府鼓励报纸走向市场化的重要举措。传媒广告的恢复是另一项根本的市场化措施。1979年上海《解放日报》刊登了"文革"后中国大陆的第一则报纸广告,传媒从此走上了市场化的不归路。此后广播、电视等开始合法地经营广告业务。

2. **采编与经营双管齐下,经营机制的突破阶段(1988—1996)**。随着城市经济改革的启动,企业广告增多,外商广告进入,传媒资源一度出现偏紧的局面,同时带来了传媒经营活动的大发展。1988年3月新闻出版署和国家工商行政管理局颁布了关于报社开展有偿服务和经营活动的暂行办法,报社又开始了"一业为主,多种经营"。在这一阶段,国家分批对传媒"断乳",实行"独立核算、自负盈亏、照章纳税、财政不给补贴"的新体制。传媒开始突出经营意识,实现了由行政化管理向企业化管理的飞跃,与此同时,传媒市场也得到不断培育,传媒作为市场主体的地位得到加强。以广告为主的多种经营的发展,使新闻业开始从单纯享受补贴的事业型转向独立经营的产业型。①

3. **集团化运作阶段(1996—2011)**。1996年,国家把广播电视和报刊经营管理列入需加快发展的第三产业行列。以1996年广州日报报业集团的成立为标志,我国传媒业开始进入集团化发展的新阶段,出现产业集中的趋势,随后,北京、上海、成都等地的报纸纷纷走上集团化道路。广播电视、出版业等也开始组建传媒集团。在这一阶段,传媒业逐渐改变以往行政机关的管理模式,实行结构多样化、经营实体化、组织集团化的新形态,传媒发展模式从数量增长型向质量效益型转变,传媒业经济规模进一步扩大。

面对全球化的环境,为了扩大经营,增强竞争力,传媒业开始接近资本市场,寻求规模扩张、融资获利的新途径。北京青年报报业集团2004年底在香港挂牌上市,成为内地首家获准在海外股票上市的报纸媒体。上市融资是传媒产业化发展的必然趋势。

4. **经营性媒体"事转企"阶段(2011年至今)**。"事业单位、企业化管理"的状

---

① 戴元光、金冠军主编:《传播学通论(第二版)》,上海交通大学出版社2007年版,第279页。

况在新一轮改革中得到改变。媒体转企改制则从2011年正式拉开序幕。根据中共中央深化文化体制改革的精神，报社不再有"事业单位、企业化管理"的模糊形态，除了公益性报社作为事业单位保留外，意识形态属性不强的报社都必须转制为企业。2011年5月，中共中央下发《关于深化非时政类报刊出版单位体制改革的意见》，6月，非时政类报刊出版单位体制改革电视电话会议召开，全面部署改革工作，明确了分期分批按照规范程序完成非时政类报刊出版单位的转企改制，非时政类报刊出版单位体制改革由此全面铺开。截至2012年年底，全国3388种非时政报刊已经有3271种完成了初步的转企改制，占总数的96.5%，下一步将重点推进不具有独立法人资格的报刊编辑部体制改革。①

由于我国特殊的国情，传媒的产业化进程与西方发达国家并不相同。在西方发达国家，传媒产业化是由市场推动的，而我国传媒的产业化则是由政府自上而下地逐步推向市场的，包括组建传媒集团也是在政府主导下完成的。随着党和国家政策的调整和社会主义市场经济体制的逐步确定，传媒从行政单位转变为市场主体。党的"十四大"报告明确提出建立社会主义市场经济体制，党的"十五大"报告提出社会主义公有制可以有多种实现形式。正是由于党的政策和国家宏观经济环境向多极化市场的不断演进，传媒获得了走向市场的空间。在过去30多年的改革开放中，我国传媒体制经历了巨大的变化，从改革成本最低的经营制度，逐步推进到编采制度，至今已涉及改革成本最高的所有制变革。传媒业目前的体制是长期形成的，既是传媒业改革的对象，也构成了改革的基础，对原有的体制不能采取简单否定的办法。这是我国传媒改革采取循序渐进方式的重要原因。

二、传媒的集团化管理

（一）什么是传媒集团化

产业化的集中就是集团化，集团化管理是传媒业发展的必然结果。所谓集团化，指的是一个企业由于业务的发展或市场扩张或竞争的需要，通过新建、资产兼并、股权运作或相关协议等方式，由单一经营方式向群体经营方式转化的过程。为了提高传媒自身的抗风险能力，扩大发展的态势，传媒正在走集团化的发展道路。传媒集团是企业集团的衍生。随着企业生产社会化程度的提高和市场竞争的加剧，企业已经无法维系传统的封闭式的经营与管理，企业组织也从单纯的生产主体或销售主体变成了产供销一体化的全能和集中机构，企业的规模在扩大，出现了巨型企业甚至是跨国公司。企业集团是决策主体，是企业多极化经营与管理的一种选择，它既有助于生产与资本的集中管理，又

---

① 《新京报》2012年10月25日。

有利于拓展与社会其他组织部门的联系，具有资源共享和整体竞争的优势。

集团化尤其是组建跨行业、跨媒体的传媒集团，是世界各国传媒普遍实施的一种传媒战略，也是传媒资本运营的一种重要方式，是传媒产业发展的必由之路。西方传媒集团化现象最早出现在19世纪末20世纪初，随着资本主义经济逐渐集中化和垄断化，报业集团开始出现。美国的斯克里普斯报团是世界第一个报业集团。报团的出现，是商业报纸激烈竞争的必然结果，也是新闻事业逐渐走向垄断的标志。20世纪初广播电视出现后，也出现同样的趋势，如美国形成三大广播公司ABC、NBC、CBS等。到20世纪，传媒业随着美国工商业的垄断趋势，日益发展成为垄断集团控制的企业。20世纪90年代以来，由于新技术的发展，政策管制的放松，促进传媒的"大汇流"，传媒产业的集中程度不断提高，通过兼并重组，出现跨媒介、跨行业、国际化的超大型传媒巨头，如时代华纳、新闻集团、迪斯尼公司等。

（二）集团化是传媒业"做大做强"的必然选择

1. **从经济意义上看，传媒集团化的目的，就是要整合优势资源，实现规模化经营，降低经营风险**。传媒集团化的优势之一，就是通过横向或纵向一体化战略形成垄断或独占，降低成本，取得规模经济和范围经济效益。传媒集团化的另一个优势，则是通过多样化战略，回避经营风险。多样化是指一个企业之内不仅经营一种产品，而且同时产销若干种相关或者不相关的产品。多样化经营使现代企业最终成为能够全面扩张的机体，走上可持续发展的道路。

组建传媒集团是我国传媒业发展的现实选择。集团化整合可以实现传媒优势互补、结构优化、资源充分利用，取得"1＋1＋1＞3"的整合协同效应。这对于改变我国传媒业分散经营、量大质低、势单力薄的状况，促进传媒业向集约化规模化方向发展、提升媒体业竞争力，应对外资传媒巨头的挑战等，将起到重要推动作用。

2. **从政治意义上看，建设传媒集团有利于加强对传媒业的管理，对国家文化安全、保护民族文化等具有重要意义**。在西方国家，传媒集团化是垄断资本集团维护自己的利益、控制社会的重要手段。随着垄断经济的发展，传媒集团经历了不同阶段的演变：从传媒本身的竞争和兼并，发展到垄断资本家渗透传媒，直接利用传媒集团把新闻事业纳入托拉斯之手；进一步发展成为金融资本利用其经济上强大的支配力量，把众多的传媒集团联结成庞大的垄断传媒业，使新闻事业服务于垄断资本集团的经济和政治利益，对社会进行严密的思想统治。

与世界传媒巨头相比，我国传媒实力太弱。传媒集团化是中国应对国际传媒巨头竞争、复兴中华文化的必由之举。一方面，从政治意义上看，建设传媒集团，关系到能否坚守住我们的舆论阵地，防止西方不良思潮的入侵；另一方面，集团化管理有利于从体制上按照企业集团制度进行改革，这是将传媒业的行政管理体制转化为现代企业经营管理体制的一种有益的尝试。传媒集团应引入现代企业制度,经济上独立核算,成为独立法人、自主经营、自我发展。

三、我国传媒集团化的现状与特点

集团化既是传媒产业化发展的结果,也是政府主导的产物。1996年1月广州日报报业集团的成立,标志着我国传媒集团化整合的开始,1999年6月无锡广电集团应运而生,成为中国第一家广播电视集团,目前我国已经成立了49家报业集团、20多家广电集团、40多家出版集团和10多家发行集团。据新闻出版总署的统计数据显示,我国已组建120多家新闻出版企业集团,其中49家出版传媒企业在境内外成功上市。2012年,我国新闻出版业总产值从10年前不到3000亿元一跃为1.6万亿元,占全国文化产业总值的60%以上。① 根据国务院机构改革和职能转变方案,"为进一步推进文化体制改革,统筹新闻出版广播影视资源",组建国家新闻出版广播电影电视总局,"不再保留广电总局、新闻出版总署",有利于打破新闻出版和广播影视业的行业壁垒,推动传媒跨媒介、跨行业、跨地域发展与整合资源,促进传媒集团做大做强。

与西方市场竞争形成传媒集团不同,中国传媒仍处于集团化发展的初级阶段,媒体重组和兼并更多的是一种行政行为而不是市场行为,并且多在同一区域内进行,这是我国传媒集团化发展的主要特点——先"做大"后"做强"。由于传统文化体制条块分割的束缚,传媒集团基本上都是在行政力量推动下,按照同一行业和区域范围来组建的。西方国家传媒集团化的直接目标是追求商业利益的最大化,而我国传媒的集团化所追求的既有商业利益,同时也有社会效益。我国的传播媒介在其基本性质上是事业单位,尽管它也在实施企业化经营,但其基本目的立足于弥补经营亏损,从而其政治任务始终是第一位的,绝对不能片面地追求商业利益。所以在体制安排上,我国传媒集团实行"事业体制、企业化运营",这对于突破传统文化事业体制的羁绊、加快发展传媒业起到了积极的作用。然而,随着传媒产业化的发展,尤其是文化体制改革的深入,这种体制的弊端日益显露出来。

根据西方传媒集团的发展经验,跨媒体、跨区域、跨行业发展是中国传媒集团做强做大的必然之路。近年来,随着经济全球化和信息技术的迅速发展,世界传媒产业形成了专业化、集团化、国际化和跨媒体运营的发展趋势。国际上的大型传媒企业如时代华纳、新闻集团、贝塔斯曼等都经历了一个由小到大、从单一企业向集团化发展、从某一传媒行业向跨媒体运营发展、从区域性的传媒集团向国际化的跨国公司发展的过程。以跨国大型传媒集团为中心,各类中小传媒企业与之形成了专业化、国际化的配套生产和服务的分工格局。而大型跨国传媒集团都是在登陆资本市场以后,依托国际资本市场的

---

① 《中国证券报》2013年3月12日第A8版。

投融资平台，通过不断的投资、收购、兼并等市场化方式，实现规模扩张和国际化的跨媒体运营的。世界传媒产业国际化、跨媒体经营的发展趋势昭示了我国传媒产业集团的发展方向。

四、对传媒集团化的再认识

世界上没有完美的事物，传媒集团化本身也是有利有弊的。一方面，传媒集团化对新闻事业的负面影响，一直是引起争议的焦点。传媒集团化造成市场垄断，传媒种数减少，报道和评论趋于雷同，影响了意见的多元化，由于缺乏足够的竞争，传媒的品质反而下降了，频繁的买卖和合并使许多历史悠久的传媒品牌或是消失或是改变原有的风格。更重要的是，资本对传媒的控制严重削弱了传媒的独立性。另一方面，从经营管理的角度，传媒集团也不是越大越好。一些传媒"巨无霸"倒闭的案例说明，传媒集团虽然能够抵御大风大浪，然而一旦倾覆，就是灭顶之灾，造成的不良影响会波及区域经济乃至全球经济的各个方面。超级传媒集团最大的风险，一个是资金周转可能失常，另一个是庞大机体可能带来运转失效。美国在线（AOL）与时代华纳合并时，继承了100多亿美元的债务。默多克的新闻集团帝国建立在80亿美元的短期贷款之上。维旺迪环球公司在总裁梅西尔的努力下，在2000年和2001年两年间完成了5项大的并购，也欠下了200多亿美元的债务，2001年亏损达到136亿欧元。公司为了保持股价的平稳而在财务报告中作假，2002年7月被揭发，是继美国安然公司、世界通讯、施乐公司之后的又一跨国公司丑闻，梅西尔也同时去职。此外，创造性是传媒业的生命，新闻集团总裁切宁认为："规模带来的所有好处都是创造性的大敌。"

我国传媒集团化面临的问题也不少。其中最主要的问题，就是如何发挥集团优势，在集团的范围内实现优良资产的组合，而不是简单的"1+1+1"。中国传媒集团化主要是通过以行政配置为主要资源配置方式来实现的，而不是市场化的自然结果，因而效率不高，竞争力不强。产业化和非市场化是目前传媒业发展的内在矛盾，自由竞争的传媒市场尚未形成，行政力量的主导作用还相当大，传媒不是独立的市场主体。我国传媒集团目前面临的问题，主要表现为：

第一，条块分割严重，不利于传媒集团通过市场实现资源优化配置。我国传媒长期以来受管理体制的影响，传媒条块分割严重。所谓条块，"条"是指按照国家的行政系统组织来进行，调纵向的归口管理；"块"是指属地管理。这种条块限制，使得跨媒体经营很难进行，也使一些实力雄厚的传媒集团无法向外发展。

第二，产权不明晰，国有资本所有者缺位。按照国家法律规定，我国传媒的产权属于国家，传媒的实际创办者、投资者是国有企业、集体企业、党政部门等，但这些单位对传媒资产并没有合法的所有权、支配权和使用权。作为集团资产所有者的国家与作为经营者的集团法人之间的权利和义务关系不明确，这也势必导致国家和政府对传媒资产的监管制度无法建立。"产权不清,就难以形成一个统一的传媒市场体系,传媒产权也就无法正常流动,更无法通过资本运营实现传媒资产的优化配置、产权重组和集团发展。"①

第三,传媒集团内部公司治理结构不健全。改革开放后我国传媒业迅猛发展,出现了一些很有经济实力的传媒集团,但总体来说,传媒集团公司的成立并未给传媒业带来实质性变化。一些传媒集团公司也模拟现代法人治理结构规范了内部组织机构,但是在国有产权制度没有进行根本性改革的情况下,这种治理结构虽不同于传统治理结构,却也与现代法人治理结构相去甚远。多数传媒集团公司实际上是"翻牌公司",挂牌之前与挂牌之后,集团公司体制、经营机制、报纸质量、广告收入和发行量并未发生实质性的变化。我国传媒类上市公司相应的治理机制也有待完善。

第四,缺乏有效的激励和约束机制。一方面,由于传统经济体制的影响和我国干部管理体制方面的弊端,管理者的任命更多的是行政命令,而很少由市场手段决定。实践证明,在市场经济条件下,企业家是市场买卖出来的,而不是政府委派出来的。另一方面,由于中国资本市场的不完善,股权结构的单一以及经理市场的缺乏,传媒集团外部市场的约束机制也就难以形成。

我国的传媒集团不仅具有产业竞争的属性,同时又具有作为意识形态的特殊的政治属性。传媒集团化问题的关键,不是政府要不要干预的问题,而是行政与市场的错位,如何既发挥市场配置资源的基础性作用,又发挥政府的宏观调控作用,是一个值得重视的问题。

第四节 传媒组织结构的变革趋势

一、传媒组织结构变革的必要性与趋势

当代传媒业处在不断发展变化的环境之中,规模扩大、人员充实、技术更新等都会对媒体产生组织变革的要求,传媒面临着组织结构的重整。美国学者钱德勒提出"结构跟随战略"理论,认为当企业采取不同发展战略时,为了保证战略的成功,企业必须变革它的组织形式来适应企业战略的需要。随着文化体制改革的深入,尤其是新闻出版总署的政策推动,近年来报业集团的跨媒体、跨行业、跨区域、跨所有制发展取得了实质性进展,开始了向综合型传媒集团的战略转型,报业集团的发展再次面临着一个新的突破关口。各地报业集团除了少数是由"报社+报社"合并而成的以外,大多是在

---

① 常永新:《中国传媒集团公司治理模式探析》,《传媒观察》2003年3月。

政府主导下辅以市场手段，以党报为龙头加上若干子报、期刊以及各类多种经营公司的模式结合而成的报业联合体，这种组织方式对治理报业散滥差、提高市场集中度、加强对新闻宣传的控制与管理等起到了重要作用。但随着市场环境特别是报业发展战略的变化，这种"主报+子报"的组织形式的弊端也越来越突出，比如，产权不明晰、内部治理结构不完善；"集而不团"，资源整合不够，没有产生预期的协同效应；不利于报业的"四跨"发展；等等。因此，创新组织结构对于报业集团实现战略目标、保障其高效运作并提高市场竞争力有着十分重要的意义。①

随着媒体竞争环境的恶化，尤其是激烈的广告和新闻竞争，导致媒体必须进行组织机构的调整。扁平化（从垂直向横向结构转变）、柔性化（从集权型向分散型结构转变）是传媒组织结构设计的普遍趋势。

扁平化趋势要求传媒建立扁平的组织结构。所谓扁平化，是现代企业组织结构发展的一个趋势，就是企业将一些有发展前途的产品分离出来，成立独立的公司，或者企业对同一种产品也进行上下游分离。外向型扁平化组织结构能迅速适应环境的变化，是知识经济时代企业组织机制的新趋势。实行扁平化组织机构具有明显的优越性，一是增加了各公司的自主权，也增强了各自的进取精神；二是减少了企业管理层次，精简了机构；三是信息传递快，具有较强的应变能力和较大的灵活性；四是各部门间平等，无上下级关系，有利于相互配合、协调，提高效率。传媒的组织结构为了更好地适应传媒发展要求和顺利实施传媒战略，将越来越趋向于扁平化，即层次将会减少，压缩不必要的、意义不大的中间层次，让组织结构更加合理，使决策权尽可能延展至离"最高"阶层最远的地方。

传媒组织变革的另一个趋势是柔性化。企业结构的柔性化趋势通常表现为临时团队、工作团队、项目小组等形式。为了解决某一特定问题而将有关部门的人员组织成"突击队"，通常等问题解决后，团队即告解散。这种形式是对那种等级分明、层次多、官僚主义明显的组织的强烈冲击。柔性化趋势要求传媒分成几个相对独立的部门或单位，或者允许一些小的部门或单位"对外扩张"，或者是某些部门进行精简。柔性化组织结构能够适应传媒市场的环境变化，具有更强的革新精神，有助于推动内部竞争，从而提高工作效率，同时也能降低成本、减少损耗。

二、优化传媒组织结构，提高竞争力

传媒业已进入高度竞争、快速发展时期，越来越多的媒体将组织变革视为赢得竞争的关键。近年来，以电广传媒、南方日报集团为代表的一批强势媒体，率先进行组织变革并取得了显著的成绩。优化组织结构决定着整个媒体的运作效率，合理的组织结构能

---

① 钱晓文：《新时期报业集团组织结构创新的几种模式》，《传媒》2011年第3期。

够提高市场竞争力并降低竞争风险。科学地设计传媒组织结构，对于保障我国传媒企业高效运作并实现其目标具有重要的意义。

（一）创建长效的学习型组织

建立学习型组织，是现代企业组织变革的重要趋势。彼德·圣吉（Peter M. Senge）指出，学习型组织是这样一种组织，在其中，大家得以不断突破自己的能力上限，创造真心向往的结果，培养全新、前瞻而开阔的思考方式，全力实现共同的抱负，以及不断一起学习或共同学习。① 在一个学习型组织中，支持其不断学习和创新的组织机制（组织特征）有：①以地方为主的扁平化网络组织结构，这种组织结构强调决策权的下移和平等的网络交流；②组织的开放性，信息与资源在企业组织内部共享；③企业组织中充满亲密合作的伙伴关系；④以任务为中心的自组织项目团队具有很强的环境适应能力和应变能力。

传媒在竞争日益激烈的环境中要保持长久的竞争优势，就必须不断学习。学习型组织的实质是"共同参与、相互启发、共同发展"。学习型组织能通过培养整个媒体的学习气氛，充分发挥员工的创造性思维能力，从而建立起一种有机的、高度柔性的、横向网络式的、符合人性的、能持续发展的传媒组织。

（二）变集权型为分散型，建立横向结构

随着从传统的"金字塔"型行政管理结构向扁平型（网络型）学习型组织转变，传媒变垂直结构为横向结构是必然要求。横向结构是指整个组织建立在以内部工作过程或组织服务对象的需求为基础形成的部门之上，该部门可以是一个跨职能的单元，这种组织结构避免部门重叠设置，有利于人、财、物资源的合理利用，对组织内需要协调解决的问题非常有利。在实际运作中，管理层级过多，部门壁垒森严，造成了目前我国传媒业的效率低下、资源重置和浪费，迫切需要优化内部组织结构，来大大解放媒体的生产力。横向结构直接表现为管理跨度增加，管理层级减少，决策的集中将让位于分权化，以便迅速地响应市场，更快、更好、更有效率地为客户服务。CNN把权力约束软化，试图给公司每位员工尽可能大的决策空间。CNN开播伊始，为了在三大电视网的夹击中生存，所采取的措施就是"给记者最大程度的自由，给分社长最大限度的信任，他们自然会把好新闻源源不断地送上来"②。

---

① 参见孟繁华：《构建现代学校的学习型组织》，《比较教育研究》2002年第1期。
② （美）里斯·舍恩菲尔德著：《铸造CNN》，陈虹译，机械工业出版社2004年版，第228页。

（三）处理好编辑权与经营权的关系

根据中国特色的媒体特点，不能照搬西方媒体产业发展的现成制度，必须结合自身特点在制度层面全面创新。在宏观方面，坚持"党管媒体"的原则。在微观层面，"坚持党委领导与法人治理结构相结合的领导体制，宣传业务与经营业务相对独立的垂直结构，适应市场需求、调控有力的经营管理模式"。在传媒组织结构中，处理好编辑权与经营权的关系至关重要。为严格维护新闻本身的公正性和独立性，有必要把媒体的编辑权和经营权分开，使宣传业务与经营业务相对独立。

（四）实行集团化管理，完善内部治理机制

我国传媒面临着组织结构集团化的变革。组织结构集团化是适应传媒业务综合化以及分工专业化的要求，通过控股公司控制全资或合资子公司的形式，形成紧密联系的综合化控股集团，从而在达到资源共享的同时控制风险，并实现法人治理结构和经营管理的规范化。传媒实行集团化管理，必须建立和完善内部治理机制，建立政企分开、产权清晰、权责明确、管理科学的现代企业制度。

案例分析：美国报业集团的组织形式和内部管理

一、案例介绍

美国是世界上最早实行报业集团化管理的国家，20世纪初出现的斯克里普斯报业集团从地区性报业集团发展为全国性报业集团，这是报业走向垄断的标志。"二战"后，美国报业的垄断继续加剧，并出现了新的变化，跨媒介和跨行业的资本不断向报业渗透，报业集团从单一的新闻经营向多产业经营迈进。到1990年，上市的报业集团达135个，控制的报纸达1228家（占日报总数的75.5%，发行量占全国日报发行量的81%，独立发行的日报只剩下383家）。统计数字显示，到1991年，5大报业集团控制了美国29.6%的日报发行量，最大的甘尼特报业集团占日报发行量的9.7%、占星期日版报纸发行量的24.2%。

报业集团是企业集团的一种具体形式，在市场经济条件下，美国报业集团是按照现代企业制度建立起来的。现代企业组织制度要求建立规范而完善的公司法人治理结构。美国报业集团的组织结构可分为两种：全国范围特大型多媒体报业集团，通常为五级架构，即董事会→最高管理层→分局→中层管理→各子公司，以甘尼特公司和论坛报公司为代表；其他报业集团通常为四级架构，无分局这一环。下面看看甘尼特报业集团的公

司法人治理结构情况:①

1. **董事局**。由主要投资者、公司总裁、前公司负责人、合伙人等组成,共 8 人,系最高管理层。他们的职责依次为:董事局主席兼总裁和首席执行官(CEO),执行副总裁兼财务总监(CFO),高级副总裁兼总协调(general counsel)和秘书长。高级副总裁分管人力资源,高级副总裁分管日常管理并兼《今日美国》发行人和总裁,高级副总裁分管公共事务和政府关系,高级副总裁分管劳工关系并兼任总协调助理,1 名副总裁分管税务,1 名副总裁分管计划和发展,1 名副总裁分管财务分析,1 名副总裁兼审计,1 名副总裁分管投资关系,1 名副总裁分管内部决算,1 名副总裁分管公司设施,1 名副总裁兼高级劳工顾问,1 名副总裁兼高级法律顾问,广播分局主席,广播分局总裁,报纸分局总裁,共 19 人。

最高管理层下设总部,由员工福利、公众事业、基金、政府事务、图书信息中心、会议与事件、房地产和设施、法律、人事招聘、财务、采购、股东关系等行政部门组成。

2. **四大分局**。报业分局——掌管 98 份日报,除列入最高管理层的总裁 1 名外,设高级副总裁 2 名(其中第 1 名分管新闻),另有 7 名副总裁依次分管发行、市场开拓、客户项目、财务、印刷、广告、行政;

广电分局——掌管 27 个电视台和广播电台,除列入最高管理层的主席和总裁兼首席执行官外,设高级副总裁 5 名;

《今日美国》——集团单列的核心报社,除列入最高管理层的发行人兼总裁外,设正副总编辑 5 名、副总裁若干名;

英国新闻集团——掌管集团在英国的所有报纸,设总裁 1 名、副总裁若干名。

3. **中层管理**。介于分局与各子报子公司之间的管理层,主要体现在报业和广电这两大分局内。报业分局按全国地理位置分东部、南部、大西洋、太平洋、中西部、新泽西、海湾、山区共 8 个区,每区一个小集团,各设 1 名总裁和 3 名副总裁,这些正副总裁一般由当地主要报社发行人或总经理兼任,不在总部办公;另有底特律等 3 个城市的大报社在分局下单列,与各小集团平级。广电分局下按专业分为广播处和电视处,分局的负责人兼任这两处的负责人。

4. **一线企业**。包括新闻服务中心、各报社、各广播电台、各电视台、各网站、零售广告集团、周刊、新经济公司、供应公司、棒球队等企业。大多数一线企业也有自己的董事会,由集团内外有关公司负责人或其他大投资者组成。

美国报业集团总部对各报社的管理主要有四个方面:一是高层人事任免。集团直接任免的人员一般仅局限于直属大报大刊(即二级单位)的发行人、总裁(总经理)和

---

① 辜晓进:《美国报纸的集团化管理》,《新闻记者》2003 年第 3 期。

总编辑。二级单位的高层副职，一般由发行人或总裁和总编辑提名，经集团总部认可并备案。对二级以下单位，集团总部可任免发行人，也可由各报的董事会任免发行人，集团通常不直接任免。二是资源共享。主要是新闻资源、培训资源、设备资源共享。三是扩大财源。主要方式是扩大广告销售。美国报纸广告的销售除分类广告外，大多在报社和广告代理公司间进行。比如纽约时报集团与某大公司签约，让其包揽集团内各报在大纽约地区的所有广告，与其他报纸竞争。四是合作经营。近十年来出现的一种报业集团间合作经营某特定报纸的管理方式，即"合作经营协议"（Joint Operating Agreement, JOA）。目前全美已有7个报业集团的24家报社实施JOA合作，最长的协议签至2090年。

二、案例点评

（1）美国报业集团大部分实行所有权、经营权两权分离，并进而实行编辑独立与经营独立的方针，责权利相对明确，有利于提高传媒集团的运作效率，也能保障传媒社会效益的发挥。

（2）在内部管理方式上，报业集团一般不干涉各报社编辑方针及日常编辑部运作，只有在报社编辑运作影响了报纸发行及广告收入时，集团才会介入。从上述案例介绍中可以看出，美国报业集团对下属媒介的控制大权独揽，但下属各报社、其他媒介的具体经营都是独立进行的，集团一般不过问，主要是控制下属单位的预算。

（3）传媒集团具有多层次的组织结构并以资产为纽带。核心层是具有母公司性质的传媒集团公司，围绕核心层的是传媒集团公司控股的子公司，子公司之外是传媒集团公司的参股公司，等等。传媒集团各成员之间一般以资产为纽带，以各种股权形式结合而成一个传媒集团。

学习思考题

1. 什么是传媒组织？
2. 传媒组织设计的原则是什么？
3. 世界上传媒组织结构的基本类型具体有哪几种？
4. 什么是传媒的产业化？有什么特点？
5. 试析传媒集团化的特点及其利与弊。
6. 如何认识和理解传媒组织结构变革的必然性与必要性？
7. 简析美国报业集团的组织形式和内部管理。

第五章 传媒市场营销管理

随着传媒业从计划经济走向市场经济,市场这只"看不见的手"起着至关重要的作用,越来越成为媒体生存与发展的决定性力量。营销是市场竞争的产物,伴随着传媒市场由原来的卖方市场转变为买方市场,同质化竞争越来越激烈,消费者的选择越来越多,传媒业进入营销时代,市场营销管理引入传媒领域,成为媒体吸引消费者、占领市场份额,从而在激烈竞争中脱颖而出的重要手段。传媒市场营销的关键,是从产品导向向消费者导向转变,即以受众和广告商的需求为中心。其中,定位能力是传媒市场营销成功与否的核心,传媒应在市场调研和分析的基础上,根据经济效益与社会效益这一"双效益"目标来区隔市场,选择目标市场,进行市场定位。为满足所选定市场的需求,传媒需要整合资源,确定适当的营销组合,包括产品策略、价格策略、渠道策略和促销策略,以实现营销的目的——为消费者提供适销对路的产品及服务。

第一节 传媒市场营销管理概述

一、传媒市场

众所周知,市场是商品经济的产物。狭义的市场是指买卖双方进行商品交换的场所,广义的市场是由那些具有特定需要或欲望、愿意并能够通过交换来满足这种需要或欲望的全部顾客所构成的。市场包括供给与需求两个方面,从这个意义上讲,传媒市场应该包括传媒产品的提供者、消费者还有其他利益相关者。传媒产品的利益相关者比其他一般产品更重要。一般产品通常是由生产者和消费者共同决定的。而传媒产品并不仅仅是由生产者和消费者来决定的,甚至不是由消费者决定什么是最好的,决定传媒产品的还有传媒所有者、政府、广告商、社会大众等。从经济学角度来看,利益相关者决定了竞争者的生存空间。一个竞争者要生存和发展得好,并非只要符合投资人的愿望并使消费者满意就能做好,还有各种利益相关者,传媒的利益相关者的结构比其他产业要复杂得多。

根据传媒经济学家罗伯特·皮卡德(Robert Picard)的研究,媒体主要满足四种利益实体的需求①：

第一种是媒体的所有者。他们的经济目标包括：公司和公司资产的维持，投资的高回报率，以及公司的发展和公司价值的提升。

第二种是受众，如读者、听众、观众等。他们购买传媒产品，消费传媒信息。受众追求的是高质量的媒体产品和服务、低廉的价格以及容易获取。

第三种是广告商。广告商将购买的传媒产品或信息服务附加在自己的产品上一同出售给另外的客户。他们的追求是：走近目标受众、低价发布商业信息、从广告媒体那里获得高质量的服务。

第四种是媒体组织内部的员工。他们更关心丰厚的报酬，公正、平等的待遇，安全和愉快的工作环境，以及从工作中获取的精神安慰。

其实，传媒利益相关者远不止上述四种，比如还有渠道者、分销商和特许经营者。他们是不直接为传媒工作，不需要为其支付报酬的个人或组织。他们购买传媒产品的目的是出售传媒产品或出售利用传媒的产品。

那么，什么是传媒市场呢？目前对传媒市场的理解并不相同，有的理论研究者认为传媒市场是由多重利益相关者市场构成的，如传媒实体组成的市场、消费者市场、内部员工市场等。这里所说的传媒市场是从企业营销的角度，专指消费者市场。从企业营销的角度，市场主要是指某种商品的现实购买者和潜在购买者需求的总和。换句话说，这里的市场专指买方，不包括卖方，或者说专指需求，而不包括供给。根据这个市场概念，传媒市场主要包括受众市场和广告市场两个市场。

第一个市场是受众市场。传媒通过产品以服务满足受众需求，以内容网聚受众而形成的受众资源，就是所谓的"受众市场"，一般通过发行量、零售份额或收视率等来测量。受众市场形成的关键，在于传媒为消费者提供适销对路的信息、娱乐以及相关的服务，如报纸、杂志、图书、广播电视节目、电影和光盘等，不同传媒产品有不同的特色。传媒产品一般需要由消费者购买，但无线广播电视提供的节目（不进入有线电视网）则无须由受众支付视听费用。

第二个市场是广告市场。受众并不是无偿使用传媒产品的，传媒把读者、听众、观众的时间卖给了广告商从而获得经济利润。受众的时间是有限而宝贵的，他们付款阅读报刊，并不是主动地以获取广告信息为目的的；广播电视的听众、观众，为了获取他们所需要的信息和娱乐，不得不同时"消费"那些喋喋不休的广告。而且，广告费用的多少，主要取决于接触广告信息的受众人数及其特征。由此可见，传媒机构是凭借受众的时间去获取广告市场的。广告收入已成为现代传媒最主要的经济支柱。广告市场对绝

---

① （美）詹姆斯·沃克、道格拉斯·弗格森著：《美国广播电视产业》，陆地、赵丽颖译，清华大学出版社2005年版，第46页。

大多数传媒来说,都是兴衰、成败的关键所在。办好报纸或广播电视是获得广告的基础,但如果传媒不善于市场营销,即使产品质量上乘,也未必能在广告市场上取得成功。当然,并非所有的传媒都参与广告市场,如国外的公共广播(包括电台和电视台)就属于没有广告的传媒。①

二、市场营销理念及其演变

传媒市场营销是营销体系中的一个分支。首先需要弄清一般的市场营销概念。美国营销学者菲利浦·科特勒(Philip Kotler)是这样定义的:市场营销是个人或群体通过创造、提供并同他人交换有价值的产品,以满足各自的需要和欲望的一种社会活动和管理过程。这个定义包含了以下几个概念:需求(需要、欲望),产品及服务,效用、代价和满足,交换和交易,关系和网络,市场,以及营销和营销者,它们之间的关系如图5-1所示。

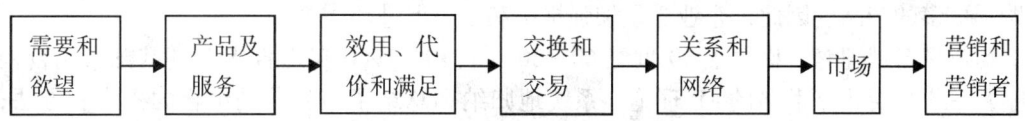

图5-1 市场营销关键概念之间的关系

人类的需求和欲望是营销的出发点。营销的出发点是:需要(衣、食、住、行等)和欲望(娱乐、教育、受尊重等)。交换和交易是市场营销的核心。交换和交易是物权转移和价值让渡的手段,交换或交易行为的发生是营销行为发生的必要条件。交换和交易构成了市场营销的核心,营销分析、设计、手段都以此为核心展开,营销活动是否成功也以交易合约的签订和成立为判定标准。市场营销管理是一个综合性的商务活动过程。市场营销管理是指为了实现企业目标,创造、建立和保持目标市场之间的互利交换和关系,而对设计方案的分析、计划、执行和控制。②

市场营销理念认为,一个企业首先应确定自己的目标市场,了解顾客的需求和欲望,要在满足"顾客需要"的产品供应方面比竞争对手有更高的效能和效率,才能取得营销的成功。西奥多·李维特(Theodore Levitt)指出,市场营销是一种由外及里的观念,它从选定的市场出发,以消费者需求为中心,协调各种可能影响消费者的活动,通过满足消费者需求来获取利润,如图5-2所示。

---

① 参见胡文虎主编:《新闻事业经营管理》,高等教育出版社1999年版。
② 参见(美)菲利浦·科特勒著:《营销管理:分析、计划和控制》,梅汝和校译,上海人民出版社1990年版。

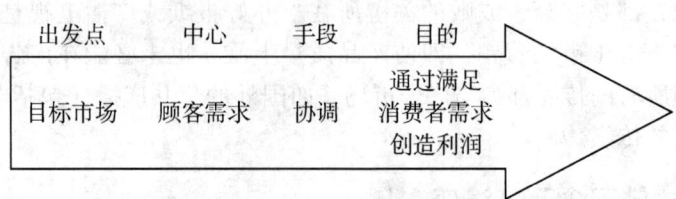

图 5-2 市场营销理念

市场营销理念经历了由生产理念、产品理念、推销理念发展为市场营销理念、社会营销理念的发展过程。

生产理念。以企业生产为中心,"以产定销"。

产品理念。认为只要产品质量好、价格合理就会畅销。

推销理念。消费者一般不购买非必需品,但如果企业采取适当的措施,顾客有可能购买更多的产品。因此,企业必须加强推销和销售促进。

市场营销理念。盛行于20世纪60—80年代初。1960年麦肯锡在《基础市场营销学》一书中提出了著名的4P理论,系统地归纳和总结了市场营销组合的概念和方法,并强调了"以顾客为中心"的市场营销理念。

社会营销理念。认为企业必须和它周围的环境保持协调和平衡,才能获得长期的发展。市场营销理念回避了消费者的欲望满足以及消费者利益和长远社会福利之间的潜在矛盾,企业营销往往会导致物质浪费和环境污染等问题。

现代市场营销理念的核心就是从产品导向向市场导向、消费者导向的转变(如图5-3所示)。在这一过程中,消费者主动性增强,掌控市场的能力从生产者转移到消费者手中,迫使企业的经营模式从以产品营销为导向调整为以消费者为导向。

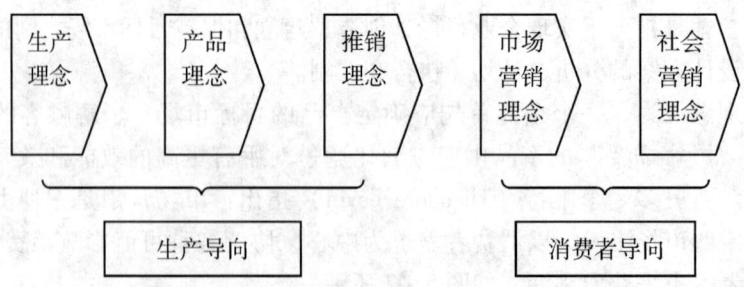

图 5-3 现代市场营销理念的核心

三、传媒市场营销的含义及其特点

(一) 传媒市场营销的含义

传媒市场营销,简称传媒营销,是指传媒在适当的时间和空间,以适当的形式,通过适当的促销手段,向合适的消费者提供合适的传媒产品及服务,实现传媒机构效益的过程。传媒营销的实质是传媒以消费者为中心实现内容与渠道的有效整合,以满足各方的需求。

现代传媒营销包括三大要素:一是以消费者为中心。传媒业开始进入消费者主导时代。传媒市场营销与一般商品营销在基本原理上是相同的,即从以产品营销为导向转向以消费者为导向。比如卫星电视公司是"销售娱乐",而不是"安排卫星产品"(如表5-1所示)。二是企业的整体活动,包括生产和流通两个领域的传媒产品。三是一个动态过程,是从形成传媒产品之前的一系列市场调查和生产准备,经开发和生产传媒产品,到产品进入市场的全过程。

表5-1 卫星电视公司的营销理念

公司	产品导向定义	市场导向定义
卫星电视公司	安排卫星产品	销售娱乐

传媒营销的内容包括传媒市场细分、目标市场的选择和传媒市场定位。

(二) 传媒市场营销的特点

然而,传媒营销又有其特殊性。由于传媒产品本身所具有的显著特点,传媒产品营销不能完全等同于一般商品的营销。传媒营销,除了传媒产品本身的销售,还包括在这个产品上面的广告销售以及其他的附加产品的销售。表5-2是笔者归纳整理的传媒市场营销与一般产品营销的特点比较。

表5-2 传媒市场营销与一般产品营销的特点比较

内容	传媒市场营销	一般产品营销
营销目标	社会效益与经济效益	经济效益
营销模式	"二次销售":传媒把内容销售给受众,再将受众资源卖给广告商	产品本身的销售
消费特点	体验型消费(精神消费和信息消费),注重规模经济(成本固定)	功能型消费,注重适度规模(成本不固定)

续上表

内容	传媒市场营销	一般产品营销
营销主体	传媒及其产品与服务	产品本身的功能与附加值
营销对象	消费者（受众、广告商）、不同需求的传媒利益相关者，范围较广	同类消费需求的客户，范围相对较窄
营销渠道	传媒机构自身渠道与外部营销渠道（使传媒产品能够通过最大化的渠道到达最多的消费者）	已经形成了较为完备的外部营销渠道体系
营销策略	品牌和公信力对传媒而言更为重要，差异化营销、关系营销、体验营销等是常用的策略，目的是提高消费者的忠诚度。整合营销策略尤其是对受众营销与广告商营销是较适合的方式	价格竞争是最常用的方式，高价值产品的服务营销比较重要，功能同质化导致采用包装等方式增加附加值

这里需要强调以下几点：

第一，体验营销。从体验经济的角度看，消费者对传媒产品的消费，不同于一般物质产品的消费注重产品及服务的功能。受众对文化产品的消费，不同于一般物质产品的消费。看电视电影、阅读报刊图书、网上冲浪等等，在获取信息、知识的同时，更是一种体验的过程。观众看电影被认为是集体寻梦的过程，好莱坞被称为"梦工厂"。所以传媒经济是体验经济。

第二，传媒特殊的营销模式。美国传播学者 A. B. 索恩曾就报纸的营销模式指出：第一次销售的是印出来的报纸所包容的"信息"，即把每日的新闻和广告集中起来卖给受众，第二次销售的是所谓"受众"，即用报上的信息吸引和获得受众，再卖给广告商。

第三，增值渠道对传媒营销的重要性。传媒注重规模经济和范围经济，对传媒产品来说，增值渠道越多越好。传媒产品是成本固定的生意，它的独特性在于传播过程中始终处于"零损耗"，不会因为渠道的扩大而发生消耗问题，因此规模越大经济效益就越显著，这也是传媒产品跨媒体、跨地域、跨行业经营能够利润最大化的重要基础。①

第四，品牌和公信力对传媒的重要性。传媒产品卖的不是有形的物质，而是声誉等无形的东西。现实生活中消费者购买服装时会考虑它的用途，对于报纸却不是这样。报纸的用途是无形的，无论是订阅报纸还是购买报纸，读者都无法知道这份报纸能否满足自己的需求，是否物有所值。读者之所以愿意购买，取决于报纸的声誉，即"被公众所认可、并在当地受到尊敬、享有信用"（J. E. 波莱德），也就是读者对报纸的评价。

---

① 钱晓文：《传媒业：从渠道竞争向内容竞争转变——谈 NBC 兼并威旺迪环球对我国传媒业的启示》，《新闻实践》2003 年第 11 期。

如果报纸得到了读者这样的信任和评价，那么读者就愿意付钱购买。

四、传媒市场营销管理的任务及过程

（一）传媒市场营销管理的任务

科特勒对市场营销管理有一个经典的定义，市场营销管理是为创造达到个人和机构目标的交换而规划和实施的理念、产品、服务构思、定价、促销和配销的过程，它包括分析、计划、执行和控制，目标是满足各方面的需要。这个定义对传媒同样适用。传媒市场营销管理的任务，就是分析需求、引导需求、满足需求，从消费者需求的满足中获得企业的经济效益。简而言之，营销管理就是需求管理。没有需求时创造需求，将潜在的消费者转化为现实的消费者。传媒在营销过程中一般要设定一个预期的销售目标，但实际需求水平不一定会正好等于这个预期水平，传媒营销管理的任务就是要协调两者之间的不平衡。

（二）传媒市场营销管理的过程

传媒市场营销管理的过程：传媒市场营销分析与策划、传媒市场营销组织与执行以及传媒市场营销控制与管理。

1. 传媒市场营销分析与策划。 传媒市场营销分析与策划在这个营销管理过程中发挥着重要的作用，它帮助传媒经营者了解营销形势和现状，明确传媒的奋斗目标。关键是掌握传媒市场营销分析的方法与策划的步骤。

（1）传媒市场营销分析。一是传媒SWOT分析，也称营销环境分析，明确媒体的优势（S）、劣势（T）、营销机会（O）和威胁（T），通过SWOT分析，有助于传媒选择合适的营销战略。二是传媒消费者（受众、广告商）行为分析。三是传媒竞争形势分析。

（2）传媒市场营销策划。在对传媒市场情况分析的基础上，进行市场细分（S）、市场目标化（T）和市场定位（P），即所谓STP营销，这是传媒营销策划的核心，也是决定营销成败的关键。

2. 传媒市场营销组织与执行。 核心是4P营销组合，即产品策略、传媒价格策略、分销渠道策略和促销策略。传媒市场营销管理的重要职能是在市场定位基础上有效地展开各项营销活动，这其实就是营销的组织与执行问题。传媒市场营销的组织与执行主要是传媒营销组合策略的设计与落实，它是由传媒产品（product）、价格（price）、销售渠道（place）和促销（promotion）等因素组成的，也就是营销组合的4P模型（如图5-4所示）。只有组织和实施传媒完整的营销组合，才能真正有效地保证传媒开拓或稳固市场，保障传媒在竞争中立于不败之地。

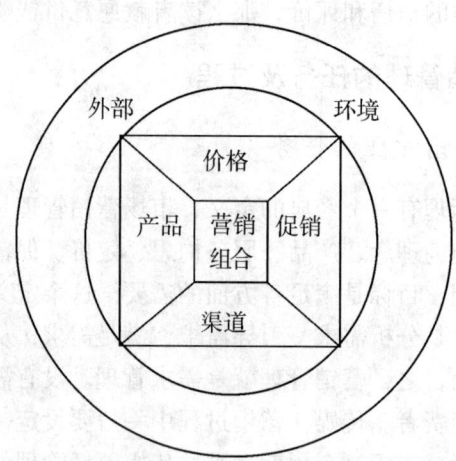

图 5-4 营销组合

这里以一份报纸为例,说明 4P 营销组合在报业的读者市场营销中的应用。4P 营销组合的前提是确定该报纸的目标市场,也就是说这份报纸主要办给谁看,比如,是普通市民阶层还是年轻白领人群。假设这份报纸的读者定位是都市白领阶层,在确定了报纸的目标市场以后,就可以进行产品、价格、分销、促销等方面的设计。产品策略、定价策略、渠道策略、促销策略等四大基本要素在时间与空间上要协调一致,实现最佳组合,以达到最优效果。

3. 传媒市场营销控制与管理。营销控制与管理是传媒市场营销管理中的最后一项管理过程。它与传媒营销分析与策划、组织与执行等管理职能密切地结合,形成传媒完整的营销管理系统。

(1) 传媒市场营销调研。营销调研在传媒营销管理过程中的地位越来越重要,传媒经营者在市场营销管理的分析、计划、实施和控制过程中,需要依靠信息来进行营销决策,传媒营销调研是取得营销信息的一个最重要的途径。具体步骤如下:①确定营销调研问题及目标;②调研的设计和数据收集方法的选定;③实施调研计划;④准备营销调研报告。

(2) 传媒市场营销计划。这是营销管理中的重要内容。通过市场营销计划工作,传媒经营者能明确传媒未来的使命及奋斗方向。制订传媒营销计划的步骤如下:①传媒营销使命的确定;②传媒营销机会威胁的确定;③传媒营销目标的制定;④传媒营销策略的构思;⑤营销策略的筛选与评定;⑥营销行动方案的具体安排;⑦营销预算;⑧营销计划执行中的调整与信息反馈。

(3) 传媒市场营销控制。营销控制是指为了确保传媒实现营销计划目标而开展的分析、比较和调整等一系列的活动。传媒营销控制的一般程序包括以下几个步骤：①确定营销评估的内容与范围；②建立营销控制标准；③传媒营销活动实际结果的分析统计；④营销活动实际结果与业绩标准的对比；⑤分析差距的原因并提出改进措施。

值得注意的是，市场导向的传媒营销有可能损害新闻专业原则。美国电视台女主播坚持新闻专业主义原则，拒绝将年轻漂亮的女富翁出狱的消息作为头条新闻播出，因为她认为这条娱乐新闻固然有很高的收视率，但不是对社会重要的新闻。① 传媒管理层进行市场营销时，不管市场竞争如何激烈，必须处理好传媒营销与新闻专业原则的关系，在两者之间找到一个恰当的平衡点，绝不应为了市场而"牺牲"新闻公信力。

第二节 传媒的消费者行为分析

传媒消费者主要是受众和广告商，一般而言，受众渴望信息和娱乐，广告商希望受众能够看（听）到他们的广告。消费者的需求是多样而且易变的，对于传媒市场营销来说，消费者行为分析尤为重要，目的是了解影响消费者选择传媒产品的多重因素。

经济效益是指经济价值和经济效用，它们是影响传媒消费者购买因素和广告客户消费决定的基础。所谓价值，按照马克思的劳动价值理论，价值是生产商品所花费的社会必要劳动量，而价格是商品价值的货币表现。价格高低不仅取决于商品的价值，还受到市场供求关系的强大影响。也就是说，消费者对商品和服务的预期，影响了价格的高低。

如前所述，效用价值是传媒产品价值的重要表现。边际效用递减律对传媒产品同样适用。美国学者皮卡根据受众每日或每周消费不同传媒的时间平均量的调查所得，列出了美国若干传播活动的平均效用度，如表 5-3 所示：

---

① 据英国《卫报》报道，2007 年 7 月 26 日早晨，美国全国广播公司（MSNBC）电视女主播米卡·布热津斯基（Mika Brzezinki）与名主持乔·斯卡伯勒，以及另一名嘉宾搭档主持直播的早间谈话类新闻节目《早安，乔》。按照惯例，谈话类新闻节目会插播当日重要新闻快报。布热津斯基拿起广播稿，刚念了一句，就火冒三丈地拒绝念下去。当天新闻快报的头条是全球酒店业巨头希尔顿集团女继承人帕里斯·希尔顿出狱的消息。接着，该新闻稿又两次被编辑列为头条传到直播室，布热津斯基继续拒读，最后把稿子放进了碎纸机。她认为希尔顿出狱不应该成为头条，应该先播伊拉克战争的相关新闻。

表 5-3　美国若干传播活动的平均效用度

活　　动	平均效用度
阅读书籍	35
收看电视剧	78
收听收音机	45
外出看电影	86
在家以录像机观看同一部电影	47
听唱片	51
阅读杂志	42
与朋友电话聊天	89
读一封信	92

同时，皮卡还根据边际效用递减律，分析了在传媒市场上拥有一个以上的电视频道，其边际效用究竟如何的问题。他认为，开办新的电视台固然重要，但应当了解为什么电视用户只会选择有线电视服务的基本频道。列表如下（见表5-4）。

表 5-4　边际效用状况

频 道 数 量	总体效用度	边际效用度
1	100	100
2	185	85
3	255	70
4	310	55
5	350	40

表5-4显示，接受每一个新电视频道的边际效用，随着可接受频道数量的增加而递减。皮卡认为，"正是由于这类现象的存在，因此大多数有线电视观众只要能够接受少于两打（即24个）电视频道，也就心满意足，即便有些电视机能够接受120个频道，观众也是兴趣缺缺。"消费者在众多的商品与服务中进行选择时，必然会考虑效用与价格的关系，总是在比较中力图扩大自己的满足程度。①

---

①（美）罗伯特·皮卡著：《媒介经济学》，冯建三译，台湾远流出版公司1994年版，第68～70页。

下面我们着重从消费者的需求和动机、广告商需求两个方面来分析传媒的消费者行为。

一、消费者的需求和动机

从受众对传媒产品的需求来看，一般可分为三种类型：新闻型、知识型和娱乐型。需求的内容有知识、新闻、服务、娱乐和参与。将受众需求的心理和大众传播功能结合起来进行分析，有四种类型：一是为了解闷消愁。如逃避日常生活的种种制约，摆脱烦恼，消除疲劳，释放情绪，松弛神经，等等。二是为了发展人际关系。如通过移情效应同节目中的人物结成假设的社会关系，以获得有利于日常社会关系的效用。三是为了确认自我。如通过传媒反映的社会不同层面的信息内容，寻找确定自己位置的坐标，学习应付现实问题的方法，强化自己固有的价值观，等等。四是为了监视环境。通过媒介获取外界的信息，以决定自己的行为，等等。①

受众对传媒的选择并不是被动的，"使用与满足理论"认为，受众是有选择地利用媒体来满足他们的需求，他们不是信息的被动接受者。该理论的创立者卡兹（Katz）等认为，有五种社会需要导致消费者对传媒内容的选择和使用：①当出现各种紧张关系或发生冲突时，需要借助传媒信息来缓和；②出现新情况，发现新问题，需要通过传媒寻求有关情报加以解决；③传媒报道社会上出现了可以满足某些需要的少有的真实的机会，消费者盼望大众传媒进一步提供辅助性、补充性的信息或替代性的服务；④为了提高自身素养或获得某些知识和技术，需要利用传媒中合适的材料和信息进行学习；⑤社会要求人们熟悉和掌握某些有意义的历史资料，消费者寻求大众传媒的记录和贮藏。此外，促使消费者积极主动地选择媒介内容的因素还与选择时的费力程度有关。施拉姆曾用一个著名的数学公式来说明：选择的或然率＝报偿的程度÷费力的程度。这个公式表明，消费者满足需要的可能性越大，费力的程度越低，媒体被选择的可能性越大。

二、广告商需求分析

传媒市场营销不仅面向受众市场，还必须关注广告商市场，因为广告商才是传媒最终经济收益的来源。广告商选择传媒，都是从自己特定的需求来考虑的，对广告商的需求加以分析，一般包括三个因素：一是充分性需求。即广告商选择的媒体能否充分地传递广告信息，这主要根据报纸的发行量、广播电视节目的覆盖区域等进行衡量。二是经济性需求。即广告商要求选择的媒体能够较为经济地传递广告信息，这就要求受众资源应具有一定的广告市场价值。传媒的受众群达到一定数量时，他们的消费水平、社会影响力如何，就决定了他们的广告价值。三是相关性需求。广告商选择发布媒介，除了考

---

① 张国良主编：《传播学原理》，复旦大学出版社1995年版，第183页。

虑以上两个需求外，还需要考虑媒体的内容、风格与所推广的产品是否具有相关性。

四川的《华西都市报》在充分研究现有市场瓜分状况的前提下，以读者的阅读需求和阅读选择的差异性为出发点，根据不同读者群的特殊需求与偏好，把那些具有经营价值和开发意义的细分化的阅读市场定位为自己的目标市场，集中力量实行专业化、密集化的营销。该报进行的广告商分析认为，在都市类报纸投放广告的行业和品类与城市居民生活消费存在密切关系，主要是房地产、医药、通讯、人才招聘及各种服务类广告。《华西都市报》将这些行业的广告商作为报纸营销的对象，取得了良好的效果，成为广告市场领先者。①

第三节 传媒的目标市场经营

现代营销战略的核心，是实行 STP 营销，即市场细分（segmenting）、选择目标市场（targeting）和市场定位（positioning）。不同的传媒市场和传媒产品消费者，对传媒产品会产生不同的需求。传媒目标市场经营包括三个阶段，即细分市场、选定目标市场和市场定位（如图 5-5 所示）。为了充分利用有限的资源，为消费者提供适销对路的产品，传媒必须对传媒市场进行界定和细分，确定目标市场，然后进行准确的市场定位，形成目标市场战略。

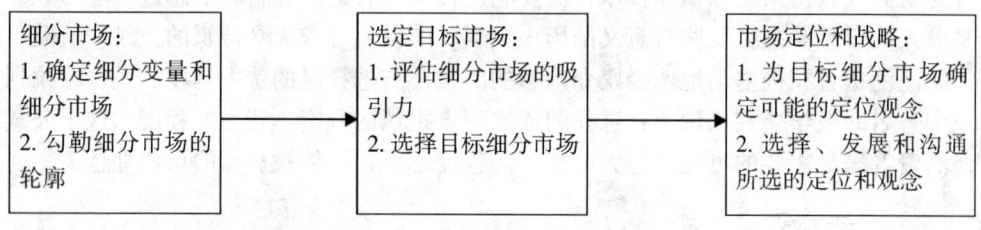

图 5-5 传媒目标市场经营

一、市场细分

（一）市场细分的定义与作用

由于消费者的需求多种多样，根据消费者需求的差异程度，可以分为三种不同的市场类型：①同质市场，即所有消费者的需求完全相同，没有差异。②异质市场，即没有

---

① 舒国华：《〈华西都市报〉市场营销方略计划设计》，中国公关网，2005 年 11 月 4 日。

任何两个消费者的需求是相同的。③聚类市场，即不同的人群有不同的需求，这是最常见的需求模式。在这种市场上，人们对于不同的产品喜好也不同，但总能找到与自己需求接近的人。市场上就出现了需求的不同类别。一个企业想用一种产品满足所有人的需求显然是不可能的，于是市场细分的概念应运而生。

所谓市场细分，是指根据消费者对传媒产品的不同需求、欲望和购买习惯等特征把整体市场分割成相同或不相同的小市场群。市场细分的作用主要有：一是选定目标市场，这是市场细分的重要目的；二是分析市场机会；三是规划营销方案；四是满足潜在需求。传媒通过市场细分，可以了解到各个受众群和广告商的需求情况和目前满足的程度，找到属于自己的"奶酪"，即哪些消费者群体没有得到满足或已充分满足，从而找出尚未满足需求的消费者作为目标市场；通过市场细分，还可以根据目标市场及其需求的变化，及时、正确地调整传媒产品组合，迅速、灵活地运用价格策略、促销策略等，不断提高市场占有率。全国广播公司（NBC）在设计 CNBC 这个有线电视频道时，精确地选定了一个能产生大量利润的细分市场：财经信息市场，并确保自己有能力成为这个细分市场中的主导者。它的办法就是选择一个具有非凡实力的合作者。1997 年 12 月，NBC 与在金融领域最具影响力的道·琼斯公司联合推出了 24 小时滚动播出的专业财经频道 CNBC，为人们提供证券、金融和投资等方面的专业服务。目前，CNBC 已经是美国订户最多的财经专业频道，并已在亚洲等地开设了分支机构。

（二）市场细分的方法

怎样进行市场细分？传媒市场细分的方法主要有：一是地理细分。即按照受众所处的地理位置、自然环境来细分传媒市场。根据这种方法，受众的经济状况、需求特点、需求总量和发展趋势等因素，易于辨别和分析，所以是最常用的一种细分方法。二是人口细分。即依据人口统计因素来细分传媒市场。在具体细分中，老年报、青年报、儿童报是依据年龄因素，《花花公子》、《女友》是根据性别因素，还有的是根据宗教、信仰、民族等因素。三是心理细分。社会阶层、生活方式和消费者个性这三个心理变量都很重要。消费者的视听习惯会受到其所属的社会阶层的强烈影响。生活方式会影响消费者对产品的兴趣，如 MTV 节目，报刊的时尚、化妆专版等，就迎合了青年中新潮一族的需要。四是行为细分。它是根据消费者对某一传媒产品的认知、态度、使用情况和反应，将市场划分为若干个受众群体。许多营销人员认为行为变量是市场细分的最佳出发点，因为可以从中了解消费者的确切需要，改善和开拓目标市场。

（三）细分市场的特点

传媒市场细分的方法很多，但不是所有的细分都有效。有效的细分市场必须具有以下特点：一是可测量性。它是指传媒细分市场的规模、购买力水平和特征等是可以测量的,按照该变量细分出的子市场间的差异性十分明显。二是可接近性。它是指传媒能够有效进入和满足细分市场。三是实质性。也称为可收益性,它是指传媒选择的细分市场要足够大,具有一定规模的购买能力,并且可以使传媒获取足够的收益。四是相对稳定性。它是指传媒细分市场的主要变量在经营周期内应保持相对的稳定性,以使市场细分有效;否则,传媒细分市场就会容易动荡不安。五是可行性。它是指传媒能够设计出吸引和满足细分市场的有效方案。

市场既有细分也有混合的一面,并不是分得越细越好。传媒采用混合市场的策略成为明显的趋势。广播电视根据年龄、收入和兴趣等标准细分市场,然后再进行总体设计和组合,一方面将有相同特点和爱好的市场层面的受众在一定时间内集中起来接受信息,另一方面又通过合理拼装将许多目标市场层面的受众吸引在自己的周围,从而形成规模效应。(邵培仁,2002)

二、目标市场选择

市场细分的目的是为了选择目标市场。市场经过细分后,传媒要根据自己的任务和目的、特性和资源,选定产品的目标市场,删去其他的非目标市场,再采用适当的营销策略。传媒在选择目标市场的过程中,首先要做的是对细分出的子市场进行评估,从中寻找出最能够实现传媒细分效用的细分市场。对细分市场的评估必须考虑三个因素:细分市场的规模和成长性,细分市场结构的吸引力,传媒的目标和资源。评估不同的细分市场后,传媒需要决定究竟为几个细分市场服务,这就是选择目标市场的问题。传媒可以选择三种市场覆盖策略中的一种,这三种策略是无差异性市场策略、差异性市场策略和密集性市场策略。①

(一) 无差异性市场策略

指传媒只推出一种产品、只用一套营销方法去招揽消费者。此营销策略主要以传媒市场的共性为主要依据来设计传媒营销组合,以满足消费者的需求,实际上是一种求同存异的营销策略。它的优势是产品可以大量生产和降低成本,减少广告支出;劣势在于市场细分的部分消费者的需求得不到满足,因而在市场竞争中难以获得较高的利润。

(二) 差异性市场策略

这种策略是指在市场细分的基础上,传媒经营者选择多个亚市场作为目标市场,并针对各目标市场分别设计和构思不同的营销组合方案来满足不同的目标市场,比如报纸的扩版增张、开设新的专版,电视台增加频道、采取滚动式新闻节目播送方式等等。采

---

① 参阅胡文虎主编:《新闻事业经营管理》,高等教育出版社1999年版。

用这一策略可以满足不同受众的需求,树立传媒形象,增加报刊销售量或提高收听、收视率,但产品成本必将增加。

(三) 密集性市场策略

前两种市场策略都以整个市场为目标,而密集性市场策略是指传媒经营者选择一个或几个需要和要求相接近的市场作为目标,制定出一套有别于竞争对手的营销策略,极力争取在这些亚市场上占有很大的份额,而不求在整个市场上占有比较小的份额。如中央电视台的体育频道、电影频道等。这种策略也充分体现了市场营销学中"二八原则"这一市场经营思想,即传媒宁可在小范围内享有较大的市场份额,而不愿在整个消费者市场的大范围内占有较小的市场份额。所以,密集性市场策略有利于传媒深入了解特定亚市场的需求和要求,实行专门化经营,从而节省费用,增加盈利,也有利于提高传媒及产品的知名度。不过,传媒采用这种策略时,目标市场不宜过于集中,以避免市场发生突然变化而带来的风险。

三、市场定位

经过市场细分并确定目标市场后,传媒必须再进行市场定位。所谓传媒市场定位,指根据目标市场的竞争形势、传媒本身条件以及消费者追求的关键利益,确定传媒在目标市场上的竞争地位。具体地说,就是为了使传媒组织或产品—服务组合在目标市场消费者的心目中占据明确、独特、深受欢迎的形象(或地位)而作出的相应决策和进行的营销活动。市场定位是传媒寻求错位发展的有效策略,是一种科学配置信息资源的方法。随着传媒竞争的日益激烈,分层、定位是媒体的必然选择,对任何一家非综合性媒体而言,选择自己的目标受众是当务之急。没有一种产品或品牌能够覆盖整个市场,传媒可以运用定位策略在市场中找到自己的位置。我国传媒市场近年变化迅速,各类媒体都在寻找和建立属于自己的定位。传媒大战其实是一场"再定位"(re-positioning)或"去定位"(de-positioning)之战,各种媒体无不变身创新,力求出奇制胜,市场反应稍为迟钝者,必然落败。

传媒如何进行市场定位?传媒市场定位的方法多种多样,传媒进行市场定位时,这些方法大多不是单独使用,而是综合考虑各个方面,进行综合定位。一般可以从以下几个方面考虑。

(一) 受众定位

受众定位,就是根据受众的特点,以特定的社会群体为对象,进行受众定位,并以受众定位为中心确立传媒的市场定位。也就是说,传媒市场定位的确立应围绕受众定位这个中心进行。受众定位既要看受众规模,即在受众层面是否具备充分的数量,并进而带来一定的利润；还要看受众再生，即成功的传媒运作能激活多少潜在受众成为现实受众，或者能吸引多少竞争者的受众到自己一方（邵培仁，2002）。传媒要占有市场，赢得受众，首先就是媒体及其设定栏目的准确的受众定位，即确定媒体整体和所设栏目的明确的传播对象，解决"向谁传播，为谁服务"的问题。CNN 创办人特德·特纳在创办新闻网之初，就十分明确首批受众主要是政治家、企业家和中产阶级，在初始阶段不惜一切代价扩大订户。受众的爱好、信息接受习惯等属性构成了传媒确定传播内容和形式的基本依据，需要加以仔细的研究和考察，以便为传媒产品的设计打下良好的基础。

近年来，名不见经传的安徽卫视继电视湘军之后异军突起。安徽电视台开设八大类型剧场，密集播出影视剧，收视率大幅度提升。据央视－索福瑞调查，安徽卫视在全国覆盖近 5 亿人口，安徽卫视几大剧场的全国收视率份额位列省级卫视前列。安徽卫视的成功，靠的是准确的市场定位，成功地用电视剧聚拢了目标受众。安徽卫视通过对收视调查数据的分析，针对不同时段的主流观众进行细分和整合，形成不同时段不同风格的七大剧场：白天按照性别细分为上午的《男性剧场》和下午的《女性剧场》；按照年龄细分的午间《青春剧场》和黄昏《卡通剧场》；按照受众层次细分的晚间《黄金剧场》和午夜《海外剧场》；按照平时和周末细分的《周末大放送》。如此多维度的细分节目，让各种层面的收视人群都能够锁定自己喜爱的节目，受众对媒体的忠诚度想不提高都难。

受众定位的关键是确定核心受众，传媒需要分析核心受众特征，确定媒体的内容和风格。所谓核心受众，是指媒体或媒体上设置的各类栏目的最主要、最忠实的受众。各媒体和媒体上的栏目都有不同的传播内容和个性风格，这些内容和个性是针对并满足某些相对比较固定、明确的传播对象，这部分受众就是媒体和媒体特定栏目的核心受众，它是媒体需要稳定和竭力争取的最重要的对象，也是媒体的生命线。媒体各自的传播内容和风格特色确立和争取了各自的核心受众，而核心受众的兴趣爱好、信息欲求反过来又在不断强化着媒体自身的传播个性。

传媒应精确掌握各类受众的特征，根据自己的品牌建设和战略发展的需要，有差别、有重点地投入资源、精力，通过有效的受众开发管理，保持和开发那些真正有利于业务发展和利润增长的受众。受众的开发与经营是传媒品牌塑造最为直接的部分，是传媒市场经营的核心活动，主要内容是建立、保持和提升传媒与目标受众的关系，让他们乐于接受传媒的产品和服务，进而通过有效的管理活动，建立受众对传媒品牌的认知度、美誉度和忠诚度。根据受众的传媒消费行为、动机和忠诚程度可以将受众分为四种：忠诚受众、习惯受众、多方比较受众以及多变受众或是非受众。忠诚受众与传媒品牌建立了亲密关系，甚至将传媒产品视为某种精神上的寄托。习惯受众或习惯购买者并没有与传媒建立亲密关系，只是基于长期习惯，例行公事般地成为传媒的受众。这两类受众是传媒保持稳定市场份额的基础，也是传媒利润的主要源泉。对于忠诚受众应该给予适当的奖励，授予他们某些优先权，提高他们的满意度和忠诚度。对于习惯受众，应该提高他们购买和消费传媒产品的便利性，强化他们的购买习惯，推动他们转化为忠诚受众。

甘乃特报业集团发现，在传统的报业经营中，比较忽视女性读者，自己的主要竞争对手都是如此。而女性读者在自己所辖报纸的读者群中比例较高。公司推出了一项名为"新闻2000"的活动，旨在提高和改善其报纸读者数量和质量，特别是想进一步增加报纸在女性读者中的阅读率。他们委托专门研究女性阅读报纸的专门小组进行调研，并听取市场营销专家的意见，实施针对女性读者的营销战略。研究显示，虽然男性和女性读者普遍都看头版，但相对而言女性的比例要略低，有93%，而男性的比例为95%。同样，有55%～60%的男性读者阅览体育版，而女性只有30%～34%。相比之下，地方新闻对女性显得更为重要，她们比男性更关注暴力犯罪的报道。同时，很多女性觉得报纸及其广告商对她们的描述明显模式化，因此，报纸更准确地描述女性，有助于增加可读性和可信度。专家认为，为了每天都能够有效地影响女性，有必要有效地向女性宣传一份报纸的覆盖内容，报纸应该每天都利用头版重点介绍女性感兴趣的事情。既然有很多报纸都有专门为女性设置的每周一次的版面（教育、娱乐和购物等），报纸就应该允许相应的读者选择订阅每周特定几天的报纸，以增加报刊针对女性的发行量。例如，女性可以根据报纸在周三、周四和周五分别有购物、烹饪和娱乐版面而选择订阅这几天的报纸。此外，女性读者还可以分为不同的读者群，或是根据读报目的，或是根据其教育程度、女性角色态度、家庭生命周期阶段等因素。甘乃特报业集团通过女性读者战略，赢得了报业的优势地位。

（二）广告商定位

广告商定位就是根据广告商的特点进行定位。传媒吸引受众的重要理由，就是能够把这些受众提供给想发展潜在顾客群体的广告商。只要这些受众特点与广告商的产品和特点相吻合，那么广告商就会乐意付费。不过，传媒以广告商定位，需要处理好受众与广告商之间的关系，要兼顾受众与广告商的共同利益，在内容的选择上应坚持公平、公正的原则，不要把传媒产品做成广告产品。

（三）竞争者定位

竞争者定位是指针对竞争对手进行市场定位。任何一家媒体总是被一群竞争者包围和影响着。既然不能独占市场，就要积极面对竞争的市场，了解和掌握竞争者的情况，以竞争者为参照来进行市场定位。美国的报纸品种繁多，它们针对市场需求的产品设计和创新能力非常强，关键的因素就在于它们彼此之间类型各异，错位竞争，因而各类报纸的市场分布适当，形成共荣局面。

1. **市场主导者定位策略**。市场主导者是指为同行所公认,在相关产品的市场竞争中占有率先地位的传媒,比如在中国电视市场上,中央电视台就是市场主导者。市场主导者为了维持自己的优势,保住其主导地位,常采用三种措施:一是扩大市场需求量,包括发掘新的客户、开辟产品的新用途、增加客户对产品的使用量等;二是保持市场占有率,在产品创新、服务水平的提高等方面不懈努力,同时抓住对手的弱点主动出击;三是提高市场占有率。

2. **市场挑战者定位战略**。市场挑战者是指在市场处于次要地位如第二、第三位的传媒,它们为了争取市场主导地位而向竞争者挑战。挑战者的战略目标一般是提高市场占有率,它们通过各种进攻性策略,对市场主导者或对与自己实力相当者展开进攻。挑战者应设计一套策略组合、一套整体策略,借以改善自己的市场地位。湖南卫视、香港的《苹果日报》等都是通过采取市场挑战者策略而获得成功的。然而,并非所有居于次要地位的传媒都可以充当挑战者。如果没有充分的把握,不应贸然进攻市场主导者,最好充当跟随者。

3. **市场跟随者定位策略**。市场跟随者是指那些安于次要地位、在共存状态下力求尽可能多收益的传媒。它们与市场挑战者不同,不是向市场主导者发动进攻并图谋取而代之,而是跟随在主导者之后自觉地维持共处的局面。跟随者常用的策略有紧密跟随、有距离的跟随以及有选择的跟随。中央电视台《焦点访谈》、《实话实说》等节目成功后,全国各地电视台纷纷模仿,一时之间,"××焦点"、"××访谈"遍布大江南北,这些电视台实际上是把自己定位为市场跟随者。

4. **市场利基者定位策略**。在传媒行业中,那些专门关注市场上被大的传媒或传媒集团忽视的某些细小部分,在这些小市场上通过专业化经营来获得最大限度的收益,也就是在大企业的夹缝中求得生存与发展。这种有利的市场地位被称为"niche",常译为"利基",指对一个企业来说最有利的位置,在这个位置上可以取得最大限度的利益。所谓市场利基者,也就是处于这种地位的企业。事实上,这种市场地位不仅对于小型企业有意义,而且对于某些大传媒集团中的较小媒体也有意义,它们常设法寻找一个或几个既安全又有利的市场位置。通常具备足够市场潜量和购买力、利润有增长潜力、对主要竞争对手不具吸引力、企业有能力占据且能靠自己的信誉对抗主要竞争者等特征,可视为最有利的市场地位。总之,市场利基者只注重小块市场,并把它做深做透,投入较少的资源,获取较大的利润,成为小块市场的领先者,它们通常避免与大公司竞争。分众传媒从事楼宇广告,这是一个被大公司所"忽略"的"缝隙市场",分众传媒把这个小市场做大做强,成为一个成功的市场利基者。

一旦传媒产品有了定位,媒体必须采取有力措施去向目标客户交流并传递这种定位形象,产品全部的营销组合策略也必须支持这个定位。传媒产品定位要求有具体做法,而不是停在口头上。如果某财经杂志的定位是"最深入、最权威的财经分析和评论",

那么该杂志就必须体现这种定位，它设计营销组合策略时，也就是产品、定价、分销和促销几方面，所有战术细节都要围绕产品的定位。因此，如果某杂志实施了"最深入、最权威的财经分析和评论定位"，那么它必须提供深入、权威的内容，为此它需要有威望的撰稿者、被采访对象，制定高一些的价格以体现其价值，通过有品质的渠道来发行，并选择更让人信赖的宣传促销手段，等等，以上是该杂志能够建立令人信服的定位的必不可少的手段。

媒体时常发现找到好的产品定位策略要比实施这个策略容易得多，实施或改变市场定位要花很长一段时间，有时已经形成的定位会很快失效。媒体一旦有了在市场中的位置，要通过持续的努力和交流来保持它。针对一些变化，媒体时常要调整自己在市场中的位置，以适应客户的需要和竞争对手的策略。但是，媒体应该避免那些使消费者感到迷惑的变化，在适应变化中的市场环境时，一个产品的定位应该逐步调整。

第四节 传媒的市场营销组合

传媒市场营销组合由产品、价格、销售渠道及促销等四个因素组成。传媒在考虑社会环境因素的前提下，对这四个方面的因素进行最佳组合，使之相互配合，发挥最为有效的作用。市场营销组合是传媒的市场营销战略的核心，也是传媒实现其营销管理目标的有力保证。现分述如下。

一、产品及服务策略

传媒产品是营销组合的第一要素，它是传媒营销组合中最主要、决定性的因素之一。任何产品都包括两个因素，一是产品的有形特征，即产品的物质因素和物理特征；二是产品通过其物理特征所提供给消费者的各种利益。传媒产品的有形特征是各种报刊、广告、音像制品和广播电视节目等，通过这些有形特征，传媒产品为消费者提供信息与娱乐等服务。从市场营销的角度去理解，传媒产品是传媒为受众提供信息与娱乐等内容服务，对广告商而言，传媒产品的价值在于它所吸附的受众资源。与一般产品相比，传媒产品具有其特殊性。传播学家拉斯韦尔提出大众传媒有三大作用，即监视环境、协调关系、传承文化，后来赖特提出了第四个作用：提供娱乐，这其实就是传媒产品的四大功能。由此可见，为消费者提供信息与娱乐等服务是传媒产品的核心利益所在，在这里，传媒产品的声誉如公信力等至关重要。

传媒产品的组合分析，就是根据市场需要、竞争对手的状况和自身的优势，对传媒产品进行优化组合，以不同类型的产品全面覆盖市场，以满足传媒市场的不同需求，扩大销售，均衡市场风险，巩固竞争优势，提高经营业绩和综合效益。

传媒产品如何进行组合分析呢?

首先,要对市场上现有的传媒产品的品种、销量、利润、产品定位、受众分布和市场反应等进行分析评估,把握每个品种的市场潜力和发展趋势,寻找市场产品空白点,实行不同传媒产品品种的最佳组合。

其次,要结合产品的生命周期特点,对处于不同阶段的传媒产品分别采取不同的对策,适时开发、扶持新产品,改进、完善处于成长期的产品,有选择地淘汰衰退期的老产品,放弃没有市场潜力的、重复的产品,达到对传媒产品的动态最优化控制,确保传媒产品的最佳组合。

我们再来分析传媒产品的生命周期。任何产品在市场上都有一个发生、发展和消亡的过程。这个过程可以分成若干阶段,每一阶段都有一定的市场特点。营销理论中把产品从进入市场到最终退出市场的整个销售历史称为产品的生命周期。根据产品销售量的情况,产品的生命周期一般划分为四个阶段,即导入期、成长期、成熟期和衰退期。导入期是指产品刚刚进入市场,处于向市场推广介绍的阶段;成长期是指产品已为市场的消费者所接受,销售量迅速增加的阶段;成熟期是指产品在市场上已经普及,市场容量基本达到饱和,销售量变动较少的阶段;衰退期是指产品已经过时,为新的更受市场欢迎的产品所代替,销售量迅速下降的阶段。传媒产品的生命周期是指传媒产品从开始进入市场,到最终退出市场的整个销售过程,与其他产品一样,传媒产品的生命周期要经过四个阶段:导入期、成长期、成熟期和衰退期。生命周期是一种传媒产品能够被消费者所接受而存在的时间,最终表现为市场对传媒产品需求的变化,以及由此所反映的传媒的经营状况和利润水平。决定传媒产品生命周期的因素是多方面的,主要有受众市场需求、传媒产品的技术创新、市场竞争,以及传媒产品的质量和功能等因素。传媒产品生命周期各个阶段具有不同营销特征,需要采取不同的营销策略。新华日报社20世纪80年代初期根据当时农村改革的形势,创办了以农村市场为对象的《致富报》,一开始该报的销量还比较好,但随着传媒市场的迅速变化,读者对报纸的兴趣也发生了转移,新华日报社及时停办了《致富报》,创办了《扬子晚报》,之后又创办了《服务导报》,形成了日报、晚报和服务报有机组合的报群,扩大了新华日报社的整体影响力,提高了经济实力(邵培仁,2002)。

最后,传媒产品的组合分析要结合传媒和传媒产品市场的竞争情况,扬长避短,在产品的组合中形成自己的特色和优势。每一个传媒都有自己的受众市场和销售渠道。在传媒产品的组合中,要充分利用已有的优势,并力求通过产品的组合形成新的优势。同时,尽量避开市场竞争的热点,慎重对待自身所不熟悉的领域,做到条件成熟一个开发一个,以减少市场风险。

二、价格策略

价格是传媒营销组合的第二个因素，价格决策是市场营销组合中的关键因素，也是传媒进行市场竞争的主要手段之一，它不仅影响到传媒产品的潜在市场的开发，而且影响传媒产品现有市场的巩固和提高。传媒的价格策略是传媒在市场营销过程中，通过对市场行情和产品状况等要素的分析，对传媒产品进行定价的系统思路和方法。影响传媒定价的因素主要有成本、预期利润、需求的价格弹性、竞争对手的价格及反应以及其他因素。合适的价格策略对传媒的生存和发展具有重要的意义。

传媒可以根据市场情况、自身优势和竞争者的表现作出价格决策，一是低价销售策略，二是高价销售策略。为了打入某一细分市场和开发新产品，可采取促销价；为了巩固已占有的市场和扩大销售额，可采取优惠价；为了保持产品的高品位和实现利润，可以提价；为了对抗竞争者和保住市场份额，可以降价。传媒价格策略总的目标，一是要提高产品的覆盖率，追求社会效益的最大化；二是要提高市场占有率，追求盈利的最大化；三是要适应不断变动的市场竞争需要；四是要严格遵从政策法规和职业道德规范。

默多克接手《泰晤士报》之后曾许诺在5年之内实现盈利，但是，直到1993年，这份报纸还处于亏损状态。自新闻集团摆脱1990年年底债务危机的阴影后，默多克便开始向自己的主要对手《每日电讯报》发起价格战。1993年9月，《泰晤士报》开始降价，把报纸价格从45便士降到30便士。1993年12月，《泰晤士报》的发行量上升了24%，达到43.9万份。1994年6月局面出现了新变化，自从1940年发行量上升到100万份以上从来没有再降下来的《每日电讯报》突然发现，他们的报纸销量落到了100万份以下，而此时的《泰晤士报》已经早早超过《卫报》和《独立报》，发行量攀升到了51.5万份。迫于《泰晤士报》的压力，《每日电讯报》在1994年6月23日开始降价，把报纸价格从48便士降到30便士。第二天，《泰晤士报》宣布继续降价，降到20便士。到1995年1月，双方价格都下降到5便士，相当于原来报价的1/9左右。《每日电讯报》发行量上升到102万份，而《泰晤士报》达到了57万份。

在达到初步的效果后，出于成本的考虑，1995年7月，《泰晤士报》把报价提高到25便士，《每日电讯报》随后也把报价提高到25便士。到1996年底的时候，两份报纸的价格又回到了价格竞争之前的水平。1997年《泰晤士报》发行量达到79.2万份，而《每日电讯报》则是109.8万份。《泰晤士报》通过价格战，牢牢把握了竞争的主动权，降低报价虽然使单份报纸发行收入减少，但是由于发行量翻番，发行总收入并没有减少很多。而且该报发行量的变化吸引了广告商的注意，广告投放量大增，广告收入也随之增长了约3倍，降价充分发挥了传媒资本的优势，达到了预期的目的。①

---

① 曹凯：《求变图存——〈泰晤士报〉的发展策略》，《传媒》2005年第10期。

三、分销渠道策略

分销渠道是指产品或服务从生产者向消费者转移过程中，所经过的、由各中间环节联结而成的路径，这些中间环节包括生产者自设的销售机构、批发商、零售商、代理商、中介机构等。传媒产品分销渠道的长短、宽窄是决定市场营销成功与否的重要因素，分销渠道主要有五个作用：一是提高销售效率，降低销售成本；二是疏通媒体与消费者之间的信息传达阻碍；三是规避市场风险；四是发挥协同作用，资源共享；五是企业的无形资产。

分销渠道代表了为使传媒产品能接近和适应消费者而采取的各种活动，如印刷传媒的发行渠道，是报刊从生产领域转向消费领域中所有权转移的环节和通道。广播电视的分销渠道虽然不如报刊那么明显，但也同样存在。互联网也成为传媒产品的分销渠道之一。通过分销渠道，产品从传媒"流向"受众，而有关产品的部分信息也会回"流"给传媒，这样，发行渠道承担着物流与信息流的双重运载任务。有效的发行渠道必须选择好组合的分销地点，而且渠道要按照"短"、"宽"结合的原则培植。"短"是为了使投递路线更为直接，以争取时效性；"宽"是为了达到应有的覆盖率，争取更多的受众。

四、促销策略

所谓促销，是指传媒为了培育和强化企业形象、激发消费者的购买欲望、影响他们的购买行为、扩大传媒产品或服务的销售而与传媒外部环境因素所进行的一系列沟通过程。这种沟通往往采取说明、利诱和鼓动的方式。除了传媒产品的自我促销外，传媒的促销手段主要有广告、销售促进、公共关系、人员销售和直销等。为了取得最佳的传播效果，促销手段乃至整个市场营销组合都必须有机地结合起来。传媒促销的对象，以受众和广告主为主。传媒促销的目的就是在短期内迅速提高收视率、收听率、发行量等，扩大市场占有率，以吸引潜在受众与广告主，保持现有的受众与广告主，促使目前的受众重复接触传媒或让广告主大量购买广告时间与空间，提升传媒品牌知名度，强化品牌形象。

（一）传媒产品的自我促销

传媒产品的自我促销，即传媒产品本身就包含了某些促销的信息，比如包括产品本身的内容、形状、色彩、价格，以及传媒组织的整体形象识别系统等，这些都会向受众传递某些促销的信息，"用产品本身说话"。

（二）广告宣传

这种促销方式是通过一定的传媒传播传媒产品信息。广告覆盖面广，渗透力强，其促销的效果比较明显，是极其有效的促销手段。传媒需要广告对促销的支持，运用广告手段来提高市场竞争力，扩大市场份额，开发潜在市场，同时也应注重广告效果。上海《青年报》专门拍摄了形象专题片及广告片，突出"早上好，《青年报》"的主题，在上海的东方卫视、生活时尚频道和炫动卡通频道滚动播出，极大地传播了其品牌形象，巩固了它在消费者心目中的地位。①

（三）人员销售

人员销售包括附赠品促销、直销等促销方式。附赠品促销是指在购买或使用某种传媒产品时，赠送给消费者一定的礼品的促销方式，如在报刊征订时，赠送洗衣粉之类的日常用品。直销也是有效的促销方式。《经济观察报》聘用一些大学生，在《经济观察报》销售较差的售点前等待竞争对手的读者到来。读者掏钱或询问的过程中，他们不会干扰，等读者成交后、离开报摊10米左右时追上他，问他还有一份新的报纸《经济观察报》是否看过，如果没有，就送他一份，希望他下次能购买。就这样，他们把竞争对手的一些核心读者据为己有。

（四）公关促销

这是通过在大众传媒或其他的传播媒体进行宣传所开展的促销活动。由于公共关系宣传常常以新闻或各种评论的形式出现，没有直接的商业色彩，所以能够被公众更好地接受和认同，往往比广告有更好的宣传促销效果，是广告所无法取代的。传媒一般都有自己的宣传渠道，或是与其他传媒有着良好的合作关系，这是传媒能够有效地开展公共关系宣传的特有优势。

第五节　传媒产品的生产

传媒产品的生产是整个生产营销过程中最具实质性的环节。传媒产品的生产大致要经历一个从构思创意、确定创作人员，到制订制作经费预算方案，再到生产制作（采访、拍摄、写作、编辑剪辑、制作等）的流程。

---

① 黄俊杰、袁静：《透析〈青年报〉的差异化品牌传播战略》，《传媒》2006年第10期。

一、报纸的运作方式

传媒产品的生产活动,首先是围绕着采编业务来展开的。采编业务是报纸生产的前期阶段,或者说印前阶段。由于报纸是新闻媒体,所以新闻采编在整个生产过程中具有特殊的重要地位。

在美国的报纸编辑部门,讲究运作效率,尽量减少中间环节。因此,由总编辑直接管理的部门多,在部门以下尽量不再另设机构。总编辑可就选题策划等业务直接与一线采编部门商量,听取意见,各部门主编亦可随时将想法上达编辑部最高层。这是一种"扁平式"管理模式。以美国北部最大报纸《芝加哥论坛报》为例,其生产流程如下:①

(1)回顾夜间新闻。早班新闻编辑阅读各类电讯稿,收看早间电视新闻,了解各类机构的重要活动,列出当天需跟踪或重点采访的清单交给各部主编。(8时)

(2)初定选题。报社记者,特别是负责罪案、险情及突发事件的记者,基本是全天候工作。他们将值得报道的事项写成提要,交给白班编辑或主编(10点半前),然后外出采访。

(3)编辑计划。各部白班主编或编辑审核记者的新闻提要和通讯社的电讯稿,与记者沟通,列出当天第一个菜单,并将一些特别报道任务或某分工领域记者难以完成的部分任务分给综合记者。

(4)第一次编前会。每天召开两次编前会,第一次通常在上午11时开始,为期半小时。总编辑、执行总编及各有关采编部门的负责人出席,讨论有关稿件的安排和篇幅。由于这时大多数稿件还在采访中,会议也会就某些新闻的采写角度及可能衍生出的新闻提出建议,由有关主编会后转达给有关记者。

(5)第一次截稿。下午记者在忙着赶稿,补充最新的情况;编辑及时处理写好的稿件,拟写各版的菜单,确定头版推荐稿件;副刊编辑下午5时之前将所有专版和副刊定版(包括审改大样)送交印刷厂。

(6)第二次编前会。最重要的一次编前会,民主气氛浓厚,通常在下午4时举行,正副总编、各部主编及当日要闻版面设计等参加,目的是确定次日头版稿件。与会前曾收到各部推荐上次日头版的稿件记录。助理执行总编主持,各部主编发言介绍推荐上一版的新闻及理由。接通华盛顿记者站电话,了解当日国会、白宫等国内重要事项。摄影主编展示新闻图片。讨论,确定头版新闻及排序。达成一致。每人写出自己建议的一版稿件次序。执行总编确定入选稿件。会后,一些报社的总编辑或执行总编还会和城市新闻主编、图片主编、版面设计等商量具体稿件在头版的安排。

---

① 辜晓进:《美国日报的编辑部管理》,《新闻记者》2002年第7期。

报纸新闻采编的流程管理要坚持效能的原则，尤其是一些设有分社、地方记者站或地方版的大报，要精简发稿的层次和环节。力求生产过程的科学化、一体化，也是知识经济发展对于采编部门提出的新要求。随着知识经济时代的来临，企业管理由支配员工做简单劳动，逐步转向高度信任个人做复杂劳动，组织结构由复杂变为简单。按照这个思路，各新闻单位的组织结构应当简化，新闻业务部门要精简人员，组建一支精干的采编队伍，和建立起以主持人、编辑策划为核心的业务运作流程。

编采合一与编采分离。编采合一，有时也称部版合一。实施编采合一制，能使编采人员彼此了解对方的特性与苦衷，可以减少一些摩擦。此外，稿件流程也能得到简化，编辑与记者对如何处理稿件的看法也能得到更多的交流，不致发生编辑对某则新闻认为只需轻描淡写、而记者却投入过多精力的情况，并可以避免有时对同一新闻重复发稿的现象。报纸编辑部门实施编采合一制，需要建立相应的组织体系，根据版面来配套编采力量。但是，编采合一也会带来一些弊端。对于日报来说，实施编采分离并辅之以编采交流也是可行之策。在实行编采分离的报社，常见的做法是实施责编制，建立"分管总编—责任编辑—记者、编辑"三级业务管理与指挥体制。在这种体制下，记者按领域分工"跑口"（去被采访的行业），编辑、责任编辑按版面分工组版、把关。责任编辑是版面的创意者、策划者、组织者和把关人，他们对编辑、记者有指挥权，编辑、记者则按责任编辑的意图采写稿件和组编版面。可见，责任编辑制比较容易适应出报周期短、时效快的要求。

二、广播的运作方式

在西方，一个中等规模的广播台会设有一个台长（总经理）和两个副台长（副总经理），由他们对电台的人、财、物和信息等资源进行全面协调和统筹。下设五个部门：节目部、新闻部、技术部、经营部、业务部，任命五位部主任或部门经理和若干副职。

广播节目管理通常有以下六个环节：① 一是制订节目计划。节目计划体现在广播节目的总体规划、选题计划、制作计划和播出计划中，各节目制作部门在节目的总体规划指导下制订节目选题计划，节目的制作和播出计划又以选题计划为依据。二是进行节目策划。节目策划是节目制作的蓝图，主要是根据节目的宗旨、任务、性质和所针对的听众群体来确定自己的风格、特色。三是确定节目的制作流程。广播节目的生产是通过采访和资料的收集、制作、编辑和播出一系列制作程序完成的，要由多个工种协同合作，因此，必须使节目制作部门、技术制作和支持系统与记者部门、编辑部门在广播台节目质量管理部门的有效管理下协调工作。四是进行节目审查。节目审查是对广播节目的政

---

① 李晓枫、柯柏龄：《电视传播实务管理》，新华出版社 2001 年版，第 138～139 页。

治思想内容、艺术水平和技术质量进行检验的重要环节。我国广播电视业在制作节目的初期，审查主要由负责人直接进行，后来逐渐采用分级审查制度，并制定了一系列审查标准和完整的审查制度。五是安排节目播出。这是节目系统中的输出环节，要进行节目的播出和宣传，并按总编室预先排定的节目表发送节目。广播节目的播出运行，通常是由播出磁带库、节目编排部门以及播控中心协调合作完成。六是收集反馈信息。收集反馈信息的目的是了解节目在听众中的反应，以便做好下一阶段的工作。听众来信、各种调查、收听率统计、传媒反应以及各种渠道的评论都是反馈信息的主要来源（参见图5-6）。

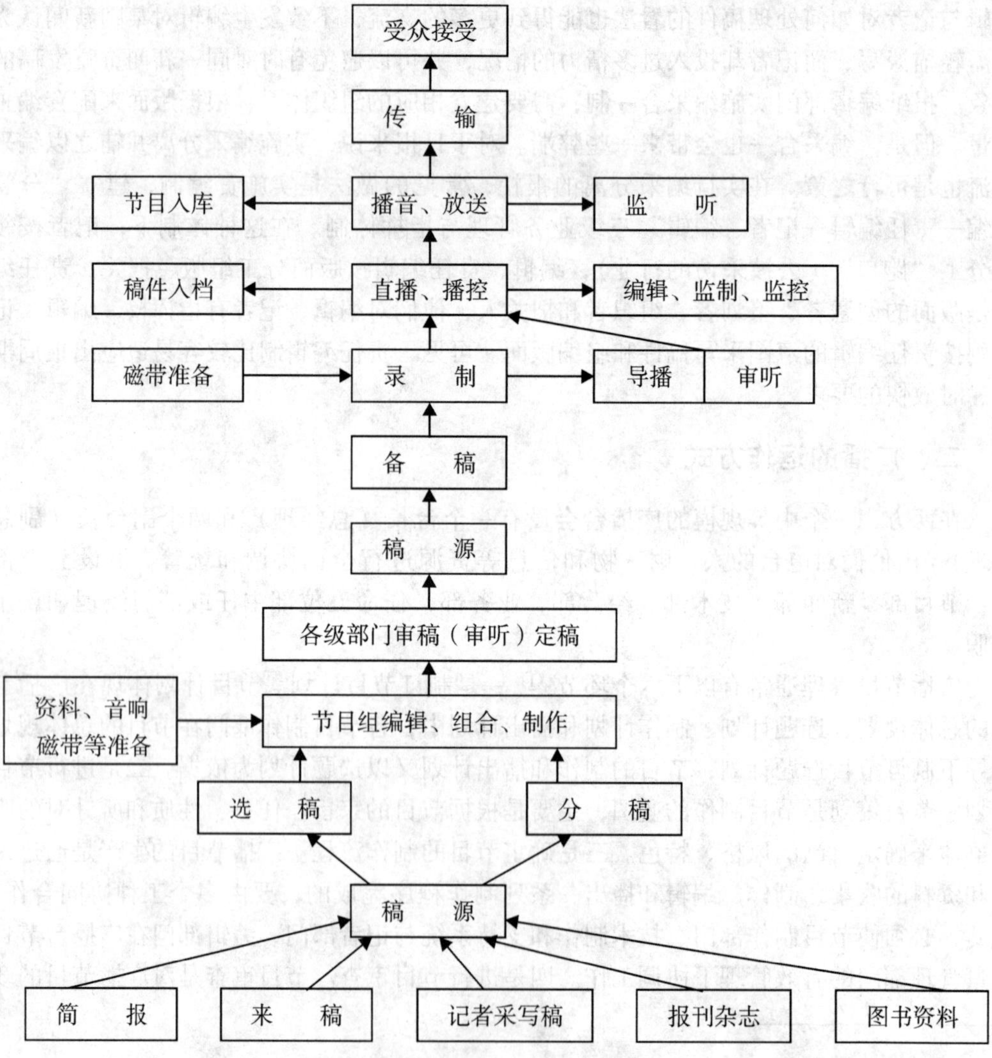

图5-6　广播节目制作和传输过程

三、电视节目制作的基本流程

就一般情况而言,电视节目可以分为新闻节目、专题节目、文艺节目、社交节目、服务节目等。由于节目的类型、内容、形式和时长的不同,其具体的制作流程也有所区别,但是,电视节目制作的基本流程还是一致的,这里主要介绍电视节目制作的一般流程,也就是基本流程。

(一)前期计划阶段

前期计划包括针对电视节目类型,进行主题策划、人员安排、资金安排和机器设备调度使用等方面的计划。只有将前期计划做得细致,后面的工作才能顺利进行。

(二)布置排演阶段

计划阶段完成以后,就进入布置排演阶段。布置排演阶段就是实地拍摄录制之前的准备工作阶段,因此也可称为前期准备阶段。在这个阶段,主要工作是健全摄制组,摄制组成员按各自的分工进行摄制的准备和布置工作。需要排演的节目要进行彩排。

(三)摄录阶段

前期准备工作结束就进入实地拍摄录制。这一阶段称为摄录阶段。录制节目一般是把一个完整的节目分成几段录制,甚至是分镜头录制。可以适当地重拍或拍备份镜头。这种节目需经过后期的编辑、加工才能成为一个完整的节目。与直播节目不同,录制节目是通过电视录像把图像和伴音信息记录下来,然后再进行剪辑编辑,合成为一个完整的电视节目。

(四)后期制作阶段

后期制作阶段主要是画面编辑、声音混配和节目的审定,是对原始的图像和声音素材进行鉴别、选择,并进行艺术化加工与处理,使之成为一个完整的节目形态等一系列工作,主要包括对所拍摄的内容(素材)进行编排;进行画面剪辑;配音、配乐合成;特技及字幕合成;等等。

(五)播出阶段

无论是现场直播节目还是录制节目,都必须重视播出阶段技术层面和经济层面的工作。现场直播节目,随着事件的开始而开始,随着事件的结束而结束,因此对播出时间无法进行选择,而转播的地点却是可以选择的。所以,要尽量扩增转播电视台,以期获得最大的收视效果。录制节目的播出,在时间地点上都有很大的选择余地,因此在首次播出时要尽可能选择最佳的时间、权威的电视台播出，然后再进一步辐射播出。

（六）播出后阶段

电视节目播出以后要进行调查，了解观众对节目的反应和意见，以便总结经验，改进制作工作。实际上，进行播出后调查，是电视节目制作工作的必然过程，是电视节目制作流程的必不可少的阶段。一般说来，播出后阶段的主要工作包括三个方面：一是调查节目收视率；二是摄制组集体研究观众对节目的反应和评价；三是总结节目制作过程中的经验和不足，以便今后发扬和改进。

电视节目实行制片人制。所谓制片人，主要是指一个节目或电视系列片在制作上的负责人，全面负责从预算到聘用人员和安排拍摄现场的设施等一切事务，并保证在规定的时间内将节目完整地播出。蔡念中（1996）根据我国制片人与电视台、传播公司的关系，将其分为三种：一是专职制片人。属于电视台节目制播系统的工作人员，专司节目制作。二是特约制片人。不属于电视台编制，是电视台从外单位临时聘请来的制片人，某一节目或某系列节目完成后即终止聘用合同。三是基本制片人。指被电视台长期聘用但编制又不在该台的制片人。

电视节目的编排要特别注意时段的选择和编排策略的选择。时段选择的要领主要是：要依循受众的"收视流向"，要清楚每个时段的受众是些什么人，有多少，这些受众可以"卖"给谁。时段的选择还要具有一点"天生的直觉"，最佳时段应有最佳剧目相配合。

节目的选择与编排除了要有收视率、开机率、人口统计和市场调查等资源作为依据外，还应灵活运用各种编排策略，主要有：一是反向策略。即在同一时段中安排与竞争对手完全不同的节目类型和特色节目。二是提前策略。即在某个强大竞争对手已在某一时段安排了与本台相同的节目时，将这个节目的播出时间提前一点。三是针锋相对策略。即在同一时段安排与对手相同的节目，以争夺同类受众和同类广告商。四是带状策略。即将同一节目在周一至周五的时间内作带状性的播出。五是西洋镜策略。在一周中，每天的节目在每个时段都不同。六是区间策略。就是将性质相同的节目安排在一个区间时段，以养成受众的阅听习惯。七是特别策略。即在正常的节目中，安排高知名度或特别节目来吸引受众。八是吊床策略。即在两个强势节目中，安排一个较弱的节目，使整段区间节目有张有弛、有起有伏。

案例分析：《今日美国》的市场营销策略

《今日美国》（*U. S. A. Today*）于 1982 年 9 月 15 日在华盛顿创刊，是美国最大的报业集团甘乃特有限公司的旗舰报,是一份成功的全国性大众趣味型报纸。该报内容简明,标题新颖,每周出5天,分为新闻、体育和娱乐三大部分,新闻版和体育版图文并茂,彩色印刷,新闻报道十分简洁,不注重深度报道和评论,也不登连环画、分类广告,但是,每天都有气象预报,读者对象主要是来去匆匆的商人和成千上万的旅游者。该报在全国出了许多分版,并在加拿大等国发行。《今日美国》在美国众多的报纸中后来居上,成为全国最畅销的报纸①;1987年7月9日美国西蒙斯市场调研局确认该报每天的读者人数达到550万,居全国第一②。该报在激烈的竞争中脱颖而出,是与甘乃特公司的市场营销战略分不开的。下面对《今日美国》的市场定位、营销策略等简要地作一分析。

一、与众不同的市场定位

《今日美国》作为美国第一家面向全国读者的报纸,是在一片争议声中诞生的,因为当时美国大众阅读的报纸都是地方发行的,甘乃特公司董事长努哈斯力排众议,将这份新报纸定位为面向全国发行,这在美国还没有成功的先例。1981年,努哈斯投入100万美元研究新项目的发展计划,成立了研发小组,用以评估和研究创办全国性日报以及建立全国性印刷配销系统的可行性。努哈斯详读所有当地的报纸,并对《华尔街日报》和《纽约日报》这两份声望极高的报纸作了分析。甘乃特公司针对创办一份全国性报纸是否可行作了一次深入广泛的市场调查研究,其结果是肯定的,公司董事会也同意给予财力支持。

《今日美国》把自己定位在通俗流行文化上,刻意与《纽约时报》、《华尔街日报》等高雅大报拉开距离。该报标榜个性和色彩,确定了短新闻、大图片、快餐化的编辑定位,大多数文章的重点都集中在娱乐、体育和流行文化方面,是一份"充满资讯性、娱乐性和趣味感"的大众趣味型报纸。版面色彩化、推行短新闻、全国卫星远程传版等都是《今日美国》的创新之处。

为了迎合自己的市场定位,《今日美国》成功地开发了新的读者群——被其他报纸所忽略的商务旅行者,如今旅行读者数量几乎占到该报全部读者的一半。旅行中的阅读需求催生了一个新的市场,《今日美国》这种全国性视角、消闲性报道特征,更容易符合他们的阅读需求。③

---

① 《美日报发行量排行榜公布,〈今日美国〉雄居榜首》,《参考消息》2003年5月9日。
② 辜晓进:《走进美国大报》,南方日报出版社2002年版,第127页。
③ 参见邵培仁、章东轶编著:《媒介管理学经典案例》,高等教育出版社2003年版。

二、颇具个性的营销组合

甘乃特公司特意为《今日美国》制订了一整套营销组合方案,从市场定位、产品、价格、销售渠道到促销等各个方面都予以科学的明确的规定,具体策略如下:①

(一)产品组合策略

《今日美国》的营销组合是以预定的目标市场和市场定位为基础而展开的。《今日美国》的核心内容是用简洁的语言及时报道国内信息。它的有形产品就是报纸本身,它在质量水平、特色栏目、报纸名称和包装发送四个方面都有自己的特色。

一是质量水平。《今日美国》在报纸内容上属中上水平,但在印刷质量上堪称报业之最,彩色印刷的精美程度大大高于一般报纸,甚至可以与杂志相媲美。

二是特色栏目。报纸共分为以下几个部分:①部分为新闻;②部分为金融;③部分为体育;④部分为生活,其中一部分为定期赠阅部分,主要刊登一些专题报道。报纸第1页上有标题索引。

三是报纸名称。报纸名称是《今日美国》,在名字的正上面写着"全国性报纸"(The Nation's Newspaper),意味着该报新闻内容涉及全美国。

四是包装发送。《今日美国》的自动售报机被称为无所不在的"电视机",独特的设计使它在众多的售报机中脱颖而出。大约有14.3万个这样的售报机被安置在全国各地,实际上也起到了广告牌的作用。

(二)销售渠道组合策略

《今日美国》是一个市场接一个市场地稳步推进,直至在全国铺开。它首先进入的市场是华盛顿—巴尔的摩地区、亚特兰大和匹兹堡。无论进入哪一个市场,自动售报机和报摊总是首选销售渠道,然后再通过计算机优化组合,形成最优销售网络。

《今日美国》最初的销售战略,重点在于零售,而把订购作为附属部分。但到1983年春天,公司开始逐渐重视订购和送报上门服务。1984年第一季度送报上门服务和邮局征订占全部发行量的29.8%,几乎是预计数字的两倍。销售战略转移的一个重要因素是广告商偏爱邮局征订而不是零售,因为邮局征订数可以让他们清楚地了解读者的层次和地理分布情况。另外,报纸发行审核局很难审核自动售报机售出的报纸数量,而这些数字与广告收入直接相关。到1985年,销售形势进一步变化,批量卖给旅馆、航空公司、出租汽车公司等的比例奇迹般上升至19%。

---

① 李志敏著:《跟大师学营销》,中国经济出版社2004年版。

（三）价格组合策略

《今日美国》在初入市场之际，采取了渗透性的价格战略。1982年9月15日至1984年8月26日，报纸单价为25美分，送报上门每周1.50美元，这种价格是可以与其他日报竞争的。到1984年8月27日，报纸单价上升到35美分，送报上门的价格每周为1.75美元。到1985年8月26日，该报每份单价增至50美分，送报上门每周定价为2.50美元。其实，从一开始，《今日美国》设定的价格就是50美分，每份25美分及35美分是一种创业时期的优惠，读者似乎也相信报纸价格就是50美分，因为在提价过程中，几乎没有读者中途撤出《今日美国》顾客的行列。

（四）促销组合策略

甘乃特公司为了促销《今日美国》，不惜花费数百万美元，采用了包括广告、人员推销、营业推广以及公众宣传等所有促销手段。报纸创刊初期，为了降低运作成本，尽可能使用免费或廉价的广告宣传，如酒会开幕、报纸杂志广播电视的报道以及数以千计的报纸贩卖机等。

1987年9月，《今日美国》创刊5周年之际，该公司开展了一场声势浩大的促销运动，使得该报在全国一下子受到瞩目。以艾伦·诺哈斯为首的一支记者和摄影师队伍举行了6个月的"大巴士游历"活动。这项活动动用一辆特别的印有"今日美国"字样的大巴士，共走访了50个州，收获是50个新栏目和不计其数的义务宣传。他们每到一处，即对当地政府首脑进行独家采访，来扩大其影响力。

《今日美国》致力于报道通俗文化，成为全美发行量最大的报纸，但在形象和格调上却被认为是一份不入流的"麦当劳报纸"。近年来，为了改变这种社会形象，《今日美国》开始刊登一些篇幅较长的严肃报道，希望也能赶超《纽约时报》、《华盛顿邮报》等著名大报。

从上述案例不难看出，《今日美国》的成功，归功于甘乃特公司制定的营销组合战略。传媒在进行市场营销组合决策时，应该从组合策略的目的性、整体性和动态性等特点出发，系统地进行，组合策略也应根据环境的不同而不断变化、调整，从而实现最优化组合，以实现其经济效益和社会效益。

（本案例综合相关资料编写而成）

学习思考题

1. 简述传媒市场营销及其特点。

2. 传媒的消费者主要指谁？怎样分析传媒的消费者行为？
3. 举例说明传媒应如何细分市场。
4. 传媒选择目标市场可采用哪些策略？
5. 传媒如何进行市场定位？
6. 传媒市场营销组合由哪些因素构成？
7. 简析《今日美国》的营销组合策略。

第六章 传媒的广告经营

　　传媒的广告经营涉及的是传媒与企业之间的关系。在市场经济条件下，营销对企业的作用至关重要，许多企业加大对广告的投入，传媒作为广告的主要渠道，能够满足企业推销商品和服务的需求，同时，源源不断的广告也为传媒业发展提供了动力。传媒经营方式的独特性，即通过把受众的"注意力资源"卖给广告商来盈利，决定了广告成为传媒的主要经济支柱，广告收入和市场份额直接关系到媒体的生存与发展。广告作为现代传媒不可或缺的有机组成部分，在传媒管理中的地位和作用举足轻重，从一定意义上说，传媒本身主要是通过广告运作实现自身的发展。在广告市场总体份额限定的情况下，随着传媒竞争日趋激烈，广告商从买方市场转入卖方市场，传媒与广告商（企业）的供求关系发生了质的变化，广告商有了更多的选择和自主权，对传媒来说，广告经营尤其是针对广告商营销的重要性凸显。当前我国传媒的广告竞争到了"贴身肉搏"的程度，存在一些不规范的现象，媒体上的不良广告更是屡见不鲜，种种问题的出现，说明传媒广告粗放式经营方式已经难以为继。传媒既要重视广告的数量，更要重视广告的质量，既要满足广告商的需求，又要照顾受众的利益，亦不能牺牲传媒的公信力。传媒广告的准确营销是必由之路，追求广告的效果才是最重要的。具体而言，传媒应通过品牌营销，为合适的广告商找到准确的目标消费者，真正实现媒体与广告商、受众的"三方共赢"。

第一节　传媒与广告

一、什么是广告

　　广告通常是指商品经营者或服务提供者（常称作广告商）承担费用，通过一定的媒体向大众传达某种观念、介绍或推销某种商品或服务的社会活动，目的在于使人们通过知晓广告的内容、接受广告的影响，进而促使人们采取相应的行动。狭义的广告通常指商业广告，即直接传播产品或服务以及塑造企业形象的广告，如美国哈佛《企业管理百科全书》认为，"广告是一项目销售信息，指向一群视听大众，为了付费广告主的利益去寻求经由说服来销售商品服务或观念"。除了商业广告外，还有介绍和宣传某一思想观点的广告，叫公益广告，如一些传播科学文化、提供社会信息服务等内容的非营利性广告，以及政府部门发布的某些信息等。

从以上定义可以看出，构成广告活动的要素有四：一是广告主体，即广告商和广告客户；二是广告媒介，既包括报纸和广播电视等大众传媒，也包括其他形式的载体，比如霓虹灯、路牌、灯箱、公交车、地铁站的广告等，传媒是广告最主要的媒介；三是广告代理；四是付费，即广告客户对其广告载体必须支付一定的费用。

一般来说，广告有三项作用：出售商品、出售服务和出售信息。"虽然每个广告商可以有所不同，但是广告的最后职能是出售商品、服务或信息。广告在完成这些任务的同时，为刊登广告的报纸、杂志或其他公众通讯工具带来收入"①。

二、传媒广告的功能与作用

广告是现代传媒重要的功能。以传播新闻为主的传媒，一般都要同时进行广告传播。广告对传媒的利用，是由现代商品经济的需要决定的。现代报业的出现与广告是相辅相成的。廉价报纸有了广告收入，才得以从政党报纸发展为商业报纸。"广告是新闻工具的主要收入，因而新闻工具的很大部分的内容是广告。不仅如此，全部新闻工具也必须利用广告来为它们自己吸引读者。如果不通过广告，几乎就无法出售书籍、杂志、报纸，无法为影片、广播节目吸引听众、观众。"② 传媒的广告功能，具体体现在四个方面：

（1）传媒是现代商业广告最重要的信息传递渠道。
（2）传媒可以对广告的内容起到过渡、筛选的作用。
（3）传播技术的进步和媒介形式的更新，促进了广告业的发展。
（4）传播业的规范化使得广告也不断规范。

一方面，传媒的发展为广告事业的开创和进步提供了前提条件，另一方面，广告业的发展也促进了传媒的进步和成长。广告对传媒的作用主要表现在以下几个方面。

（一）广告是传媒生存与发展最重要的经济支柱

传媒业具有不同于其他行业的独特盈利模式。与其他产品不同的是，受众一般不需要直接为自己消费的传媒产品付费。一个有趣的现象：传媒产品的定价低于成本，甚至是免费向受众提供产品。一叠印刷精美的报纸的价格，还比不上一个煎鸡蛋。这是因为

---

① 参见张隆栋、傅显明编著：《外国新闻事业史简编》，中国人民大学出版社1988年版，第312页。
② 同上书，第353页。

传媒业的盈利模式并不是建立在大量实物商品销售上,而是以尽量扩大传播范围及影响力,通过搭售商业广告的形式盈利。一般来说,广告收入占传媒业总体收入的3/4,可见,广告收入是媒体赖以生存和发展的经济支柱。

对于一个产业化运作的媒体而言,传媒的生产活动应该围绕着广告经营来开展。根据"二次销售"的规律,传媒通过传媒产品聚集了相关受众,再将这些受众资源销售给广告商。广告是商业广播电视最为看重的内容,因为经营商业广播电视的最终目的就是靠广告赚钱。商业性的电台、电视台的广告收入几乎是其全部收入。美国商业台的广告五花八门,次数频繁,播放时间约为全部时间的1/4~1/3,节目演播时时会被广告打断。

(二)广告是传媒发布的重要信息内容之一

广告是传媒信息服务的种类之一。广告信息是传媒发布信息的重要组成部分,包括生产消费性信息、政府公告和公益广告信息。在西方,广告在报纸版面多占到50%以上,有的甚至高达60%~70%。这些广告信息也有新闻价值,对受众同样具有吸引力。广告也是传媒广泛吸引受众的渠道之一,报刊、广播、电视常常因为发布的广告信息吸引了受众而提高了阅读率、收听率和收视率。

(三)广告是市场中介

广告是传媒与市场最佳的结合点(传媒—广告—市场),在传媒经营中具有联系媒介和市场的中介作用,通过广告可以将生产者和消费者紧紧地联系在一起。广告实际上是一种社会服务的形式,它是沟通社会间各种关系(生产者与消费者、传媒与受众、广告客户与传媒等)的桥梁和纽带。"严格地说,报纸刊登广告,并不是单纯为了一笔广告收入,它还负有为读者及工商业者服务的目的"①。

正是由于传媒广告具有上述重要作用,现代传媒都把广告经营管理放在经营管理工作的首要位置。

三、广告对传媒的负面影响

广告支撑了传媒的生存和发展,但广告对传媒来说是一柄双刃剑,始终是有利又有害的。广告对传媒不仅有积极作用,也有极大的不利影响。

(一)商业广告的消极作用

美国大众传播学者对商业广告的消极作用有所批评,主要表现在:①广告费日益高

---

① 刘一樵:《报业行政学》,大中国图书公司(台湾)1977年版,第130页。

昂，这对大企业有利，增加了它们吞并小企业、形成垄断的机会。②广告商控制了美国的电视、广播、报纸和杂志，这就减少了美国公民能够得到的娱乐、消息或观点的多样性。③广告给美国社会提倡了一种错误的价值观念——消费价值，引导人们去购买不需要的，并且时常是无力购买的物品。①

从受众的角度看，广告并不是他们所需要的。身体健康的人，每天要被迫看许多医疗广告，自然感觉厌恶。而且广告本身多少有点夸大的宣传，夸大就是不真实。

（二）广告影响传媒的编辑独立性

广告商作为媒体资金的重要来源，将会给传媒的编辑业务带来许多不良影响。美国大广告公司通过广告影响新闻传媒。以报纸为例，垄断资本及其工商企业可以通过广告商控制报纸的经济命脉，影响报纸的方针。美国新闻自由委员会的报告《自由与负责的新闻界》说："一个经常提出的批评是报纸被广告商所控制。"该报告认为广告商主要能支配经济力量薄弱的报纸，并举了一个实例："美国钢铁公司"在钢铁工人大罢工中，通过美国报刊联合会（4000家周报和小城日报的广告代理人）在1400家报刊刊登美国钢铁公司的反罢工广告，还要求刊登公司炮制的社论和消息。广告成了商业广播电视的经济命脉，必然影响广播电视的业务，大的广告商或明或暗地对广播电视施加压力，以影响节目的内容。例如CBS早期著名主持人默罗主持过的几个专题节目，由于触及了一些社会政治问题，受到来自广告商的强大压力，先后被公司停办。默罗认为电视已成为"赚钱机器"，于1961年愤然辞职。

在我国，随着传媒的市场化，一些媒体与广告商结盟，编辑围着广告转，只重视经济利益而忽视社会效益，为了谄媚广告商，这些媒体倾向于选择那些能吸引具有很强消费能力的受众群注意的新闻，而对社会弱势群体的知情权不屑一顾，使媒体丧失了公信力。

（三）广告与传播帝国主义

一般商业广告也可以被跨国公司在国际上用来影响外国，特别是发展中国家。传播帝国主义的广告的力量具体表现为：第一，在世界市场上，最大的几个广告公司是美国的广告公司；第二，相当多数的广告来自跨国公司（多数也是美国的）。还有，世界上许多国家的电视节目多从美国进口，因为价格低于自制节目的成本，甚至地方节目也时常由美国公司资助或采取"合制节目"的方式。无论是从美国进口的节目，还是"合

---

① 参见张隆栋、傅显明编著：《外国新闻事业史简编》，中国人民大学出版社1988年版，第362页。

制节目",都是适合美国市场需要的。①

四、传媒作为广告媒体的责任

由于广告对传媒的影响有利有弊,传媒对广告要运用得当,必须担负起传媒作为广告媒体的责任,这也是媒体社会责任的体现。传媒广告质量比数量更重要,在讨论广告问题时,重点不是如何多拉广告,而是如何保持传媒刊登广告的主动权,不让广告影响到传媒的编辑自主权等。广告竞争越激烈,传媒越应保持主动,始终掌握对广告的审核权。

和新闻报道一样,广告也要讲究公信力。广告商选择媒体做广告,看中的不仅是媒体的发行量或收听(视)率,更重要的是媒体在公众中的信任度,从这个意义上说,媒体刊登广告,实际上是在用自己的公信力作交换,所以媒体必须承担起审查广告合法性、真实性的责任。

由于广告所具有的社会意义和作用在急剧扩大,应该认识到刊登广告的责任不容低估,正如 W. 施拉姆指出的:"就像对新闻、报道或评论所负的社会责任一样,传播媒介对其广告的真实和正确也必须负有责任。"② 在利益的驱动下,一些媒体为了拉住广告客户,常常放弃自己的职责,放纵违法虚假广告出笼,因此,违法虚假广告的大量出现,作为广告发布的媒体,应当承担相应的责任。

为了做到准确无误,报社对广告要严格审稿。日本在报界成立了统一意志的自我制约机构——报纸广告审查协会。但是报纸所能审查的主要是事实与报道之间有无出入,内容过于专业化、语言晦涩难懂的情况仍然很多。因此,报社在对广告内容持有疑问的情况下,应拒绝刊登。传媒拥有是否刊登某一广告的权力,同时要对所刊登的广告负有责任。当然,广告所宣传的商品或服务是否能做到名副其实,责任在于广告客户。传媒的责任只是不要失信于读者,这点和新闻报道的情况完全相同。③

---

① (美)奥利佛·博伊德-巴雷特:《传播工具帝国主义》,见(英)詹姆士·柯伦等编:《大众传播与社会》,英国 1977 年版,第 126 页。

② 转引自(日)稻叶三千男、新井直之主编:《日本的报业理论与实践》,张国成等译,新华出版社 1985 年版,第 173～174 页。

③ (日)稻叶三千男、新井直之主编:《日本的报业理论与实践》,张国成等译,新华出版社 1985 年版,第 173～174 页。

第二节 传媒广告经营概述

一、什么是传媒的广告经营

传媒的广告经营，就是向广告公司和广告客户销售广告版面和时间。即使是兼营广告代理的传媒，其广告经营的重点同样是承揽广告刊播业务。从经济学角度看，传媒的最终产品是广告服务。传媒广告服务的使用价值，取决于传媒的社会影响力和市场影响力，其核心竞争力来自内容产品的质量和传播网络的效能。

传媒广告经营中存在三大利益实体：媒体、受众和广告商，三者在传媒经营过程中体现的需求完全不同：①媒体是媒体产品（如《开心辞典》栏目）的生产者和经营者。它要求媒体产品效益的实现，以便获得资金进行再生产。②受众是媒体信息的传播对象，是媒体产品消费者。他们要求的是高质量的媒体消费品与媒体服务。③广告商是在媒体投放广告的各类商品的生产者、经营者和广告中介机构。吸引广告商的是吸附于该媒体的受众，广告商的需求是通过在媒体投放广告，实现与目标消费者之间的沟通，以推销其产品。

广告经营是传媒经营的重点和取得经济效益的主要途径。广告目前已成为我国各大电视台最稳定和最主要的收入来源。传媒是广告的行为主体之一，在广告市场扮演着极为重要的角色。随着现代广告业的独立发展、广告经营机制的确立，传媒的广告经营经历了职能与角色的转换过程，即由集承揽、发布多种职能于一身，转向专门发布广告。

（一）报纸广告及其特点

在众多的广告媒介中，报纸素有"媒介之王"的称呼。在20世纪以前，报纸是唯一的大众传媒，在广告业中占有绝对地位。随着广播电视的兴起，报纸失去了新闻报道和广告传播的垄断权。对报纸进行分类处理是报纸广告经营的一项重要内容。国内和国外有不同的广告分类的标准。美国报业一般把报纸广告按形式分为三大类：①展示广告。如报纸上常见的大幅广告，带有文字和图片的整版、半版广告。②分类广告。即以主题归类、分栏刊登的零碎小广告。③插页广告。指夹带在报纸中的散页广告。中国报纸广告的分类有：①公益广告。如政府公告、公共服务性广告、企事业单位刊登的以建设社会主义精神文明为主要内容的广告等免费广告。②商业广告。商业广告是指工商企业商品促销广告，是广告收入的大头，一般占广告总收入的80％。③分类广告。是指按广告内容进行归类刊登的文字短小的广告。

对广告商来说，报纸广告的优势在于能够详细说明企业和产品。报纸覆盖面广且传播迅速，有很强的时间性，黑字白纸的存在形态也使其在详细介绍商品方面具备突出优势，再加上灵活的排印、发布和相对低廉的收费，报纸媒介的广告营业额一直在大众传媒中处于领先地位。具体来说，报纸作为广告媒介的优势有：①读者面广；②每千人成本低；③到达率高；④可以保存。报纸广告的劣势也很明显：①报纸广告的注意力不如电视；②报纸广告只能静态表现；③综合性报纸虽然发行量大、覆盖面广，但地区选择性差；④报纸的广告和新闻一样，是易碎品；⑤报纸对读者的文化要求较高。

（二）广播广告及其特点

广播广告是以广播作为媒体、通过语言和音响效果等听觉诉求方式来传递产品或劳务信息的广告。在电视没有发展普及之前，广播备受欢迎。电视的兴起，将大批广播广告客户拉走，但广播广告的影响力至今仍然很大，它的独特魅力有其他媒体无可比拟之处。

广播广告的特点主要有：

1. 接触的方便性。广播的优点在于信息传播迅速、及时，传播范围广泛，选择性较强，有较高灵活性，等等。

2. 价格的低廉性。广播广告的成本远远低于报纸和电视广告的成本价，所以价格低廉，而且广告回报比较高。

相较报纸广告、电视广告而言，广播广告存在传播手段相对单一及信息稍纵即逝、不能留存等不足。

（三）电视广告及其特点

与其他媒介相比，电视广告到达率最高，能迅速提高知名度，其优势在于：形象生动，感染力强，具有很强的表现力；深入家庭，影响面广；表现直观真实，能直观地传播信息。

具体而言，电视广告具有以下特点及功能：

1. 接触的强迫性。电视广告具有视听兼备的特点，不受年龄、职业、文化程度的限制；覆盖面广，收视率高；带有一定的"强制性"，因而穿透力强、到达率高。

2. 亲近感与说服力。电视广告以独特的技巧、形象魅力，综合了语言文字、人物、动作、画面、音乐声音、产品等艺术，给予人们美的享受，在短短几十秒时间内给人以强烈的印象。

3. 表现形式的多样性。目前电视广告表现形式有名人式、引证式、音乐舞蹈式、现场表现式、新闻式、故事式等，都是利用音乐、文字、画面、色彩、人物、舞蹈、特技制作而成。

相对于其他媒体广告，电视广告播出费比较昂贵，是以秒计算收费的。由于电视广

告的长度有限，只有播出次数多，才能留下深刻印象。

电视广告的类型有：①常规广告（插播广告）。包括电视栏目内广告（含特别节目广告）、时段广告。②提供专栏节目的广告（特约播映或有冠名的节目）。如特别节目广告、电视剧广告。

（四）网络媒体的广告经营

近年来，网络媒体已成为继传统四大媒体之后的又一重要广告发布媒体。网络广告以收费低、发布快、定位准、传播广等特点，在经历数年的艰难发展后迅速崛起。目前网络广告的类型主要有：

1. **文字链接**。这种广告是一种对浏览者干扰最少、却较为有效的网络广告形式。类似新闻，可信度高，性价比高。

2. **按钮广告（标版广告）**。由标志性的图案构成，常常是商标或是企业的广告标语，色彩鲜艳，对访客起到一定的吸引力和提示作用。它是一种价格低廉、适合长期推广的广告形式。

3. **浮标广告**。可以跟随访问者的鼠标移动的图片广告。无论浏览者阅读该广告所在页面的哪一屏，浮标广告一直在随浏览者的鼠标移动，保持在浏览者的视线范围之内。色彩鲜艳，引人注意。

4. **双耳广告**。出现在页面两侧的最上端，像过年时家门口贴的对联一样，深得广大浏览者的喜爱。该广告背景为白色，使广告本身更加突出。广告幅度大，吸引力大，适合重大活动推广。

5. **通栏广告**。占据主要页面宽度的图片广告，具有极强的视觉效果。性价比高，适合重大活动推广。

6. **弹出窗口**。可以是图片，也可以是图文介绍，在页面下载的时候同时弹出第二个迷你窗口，有强烈的视觉冲击力，可以被关闭。由于该广告是弹出来的，在页面之上，为"不得不看"的广告，但是可以被屏蔽。适合重大活动推广。

7. **全屏广告**。页面开始下载时出现，占据整个浏览器的幅面，停留几秒钟后自动消失。全屏广告拥有最强大的视觉冲击力。

与传统的广告媒介相比，网络广告有其自身的优势和特点：交互性和个性化。网络信息的交流是全球性的，网络广告形式更有利于发展国际知名品牌，开拓国际性市场；网络广告能组合电波媒介的视听组合感受，又具备平面媒介信息承载量大的特点，能够全方位地吸引受众的注意；网络的目标受众相对明确，大多数是知识结构、层次较高的人群，针对性的信息传达和沟通效率比传统媒介要高，所以更适合传达商品类别中高知识化、高价值和理性化的产品信息。就目前而言，网络广告也存在着覆盖率低、广告形式单一、点击率低等不足。

二、传媒广告的经营方式

（一）媒体自营

广告部门直接接受广告客户委托刊播广告。报社承接广告商主动送交的广告业务，报社根据广告商的情况，提供广告创意、广告设计以及广告编排和审查。分类广告适合这种方式。对于一些比较大的广告业务，一般由传媒广告业务员去洽谈业务，承揽广告。广告业务员和潜在的广告商进行联络和接触，开展相应的服务活动，按照有关规定办理手续，并与媒体广告部联系，编排、审查广告商的广告。这种方式对广告业务员的素质要求比较高，广告业务员不仅要洽谈业务，还要开展宣传工作，把推销媒体版面或时间和开展公关工作结合起来。

（二）广告代理制①

1. 广告代理制的内涵。 广告代理制是国际上成熟广告市场的通行机制。所谓广告代理制，即以广告公司作为中介方，为广告主代理实施广告传播计划，为传媒代理承揽广告业务。广告公司是广告代理制的主体，其代理的业务范围有全面代理的，比如为广告主代理从前期市场调研、目标消费群体的设定到广告发布后的效果监测等全部业务；有部分代理的，如广告传播计划中的一项或几项内容；等等。

2. 实施广告代理制对于传媒的意义。 是否实行广告代理制或广告代理制实行到什么程度，是衡量广告产业成熟与否的重要标志之一，广告主、传媒将广告传播计划和广告客户的承揽委托给专业的第二方代理，这样的分工是产业力发展的必然结果，分工导致运作的专业化并最终实现经济效益。

实行广告代理制对于传媒的意义主要体现在以下方面：

（1）增加广告投放量。因为专门有人承揽广告主。

（2）广告费用回收更加方便。不用传媒自己去向广告主要求，广告代理公司就可以负责了，广告主越多的传媒，使用广告代理公司就越方便。

（3）广告制作水平提高，可以提高传媒内容产品的质量。毕竟广告代理公司是专业化的公司，在创意、制作方面比传媒的水平肯定要高。

（4）传媒广告业务由广告代理公司代理。可以在一定程度上避免一些关系广告和来自广告主等方面的压力，保持传媒自身的公正性。

（5）节省时间、精力以及一些必要的交易费用，传媒可以专心于自己的主业。

3. 广告代理费用的基本形式。 在广告市场的运作中，广告代理公司为广告主与传

---

① 张辉锋著：《传媒经济学》，南方日报出版社2008年版，第171～173页。

媒实行双向代理，要收取一定的代理费，当前，广告市场代理费的基本形式主要有三种，即代理费、服务费、成果回报制度。

（1）代理费。即佣金。这是出现最早的一种费用形式，是传媒将广告主所付的广告费按一定比例支付给广告公司。1917年，美国报纸出版商协会确定了15%的广告代理费比率，后来成为国际通用数额沿用至今。我国国家工商行政管理总局1993年颁布试行的《关于进行广告代理制试点工作的若干规定》中，也明确规定我国广告代理费的收费标准为广告费总额的15%。

（2）服务费。目前在欧美地区比较广泛地采用，由广告主支付给广告公司，数额是由直接费用加间接费用，再乘以一定的利润系数。

直接费用是与某特定广告项目直接相关的工作人员费用的总和，即在某特定广告项目合同期内，直接参与者的薪酬以及与该项目有关的工作费用。

间接费用指广告公司在合同期内为维持公司正常运转而支付的各种费用，如房租、水电费等。

（3）成果回报制。即广告发布后根据广告成果的销售成绩提成。这种付费方式提成比率的确定很关键，主要看广告主与广告代理公司对广告效果的认同。

当然，在市场实践中，有时会根据实际情况采取更加灵活的收费方式，如在以上三种基本形式中进行不同的组合来支付费用，这主要看交易过程中双方的沟通。

传媒选择广告代理公司的标准是：与传媒业务相对应的代理能力，具有较好的代理声誉与业绩，具有充足的垫付资金和良好的信誉。传媒在争取广告代理公司的过程中，首先，要加强与广告代理公司的联系，及时将本媒介的特点、覆盖、节目内容、媒介优势、刊播价格、受众结构等方面的信息传递给它们，尤其是在节目有调整、内容有变化、栏目有变动的情况下，更要让广告代理公司及时知道；其次，要加强与广告代理公司 AE（Account Executive 的缩写，意为"业务执行"或"业务企划"）和媒体人员的联系；最后，要加强与广告客户方面的联系，还要对广告代理公司采取有效的激励。

（三）"自营"和"代理"双轨制

双轨制就是传媒在引入代理制的同时，还有一部分广告业务仍然保留在媒体内自营。同时采用代理制和自营方式经营广告业务，这是媒体迈向广告代理制的一种过渡形式。媒体采取双轨制，一个原因是广告代理公司实力不足，只能承担部分广告经营；另一个原因是媒体认为保留部分自营有利，一些电视台把自营的重点放在软广告或特约节目上，需要节目和主持人的配合。这种方式是媒体积极尝试广告代理制的一种阶段性表现，能够缓解媒体的经营压力，激活内部经营动力，但在某种程度上也使得媒体和广告公司处于一种相对竞争状态，如一些电视台自留黄金时段，而把棘手的广告时段交给代理公司经营，广告代理公司无法获得较好的发展条件。

三、传媒的广告营销策略

传媒的广告营销策略就是4P营销。Albarran（1997）在《电子媒介管理》（*Management of Electronic Media*）一书中提到媒体的4P营销策略：①产品。一个节目（即产品），是播出后经由视听众收视（听）率的使用，来评定成功或是受欢迎。②价格。价格直接冲击在产品的销售上，若两样产品十分相近，但其中之一价格偏高，客户（广告客户）将会购买另外一个。③渠道（通路）。通路会影响市场策略，对于内容市场，开路、闭路是不同的流通方式，对于广告市场，不同的代理制决定不同的流通方式。④促销。媒体为许多商业所需提供服务，经由广告销售给视听受众。总之，传媒的广告营销策略包括广告产品策略、广告价格策略、销售渠道策略以及推广促销策略。

（一）广告产品策略

广告产品策略是传媒广告营销策略的基础与出发点，广告客户的需求是广告信息有效传递并到达目标人群。这里以电视广告为例，频道与栏目的收视人群特征研究决定了什么样类型的客户会去选择本栏目的投放。电视广告是一种传媒产品，消费者是广告的受众，广告的受众是特定企业与商品的目标消费者，从观众收视消费的角度观察与分析媒体市场的特点、优势与竞争态势，是电视广告经营的首要工作。对于广告客户来说，判定选择投放的栏目或时段是否合理的重要依据就是：该栏目或时段的受众特征与广告产品的目标消费群特征是否吻合。受众作为媒体的消费对象和广告主产品的消费对象的双重身份，必然对媒体的广告经营产生根本性影响。了解传媒的特点、关注受众的特征是媒体经营策略制订的根本。

对于传媒广告产品要建立差异化的定位。任何单一栏目广告形式在整合营销传播中的作用都是有限的，只有通过专业的市场研究认清自身的传播特点，建立差异化的定位，才是建立自身营销优势的唯一方法。通过自身定位，才能有针对性地设计创新的广告产品销售组合，并确定有效的客户目标。

（二）广告价格策略

广告价格策略就是制定合适的广告价格。对广告的定价影响最大的三个方面的因素是：发行量或收听（视）率、媒介的权威性以及媒介的受众成分。相对于同一媒介，对广告的定价影响最大的三大因素是：时间、具体节目、版面、整售与零售，长期刊播与短期刊播，指定刊播与非指定刊播。具体而言，报刊广告价格制定的基本因素是报刊的发行量、报刊的权威性和读者成分；广播电视广告价格制定的基本因素有：电台、电视台的发射功率和覆盖面的大小，节目内容的优劣和收听率、收视率的高低，广告时间长短和广告段位以及电台、电视台所处的地理位置和整体经济环境。这里介绍两个重要

的相关的概念：发行量和收视率。

1. **发行量**。发行量的大小会直接影响到报刊的经济效益。一般而言，发行量越大，越容易吸引广告客户，经济效益就好，反过来就差。所以报刊之间的竞争实力的大小一般也体现在发行量上。浙江日报报业集团旗下的《钱江晚报》不断地在各媒体上发布消息，号称它的发行量是世界100强，浙江唯一，其目的之一也是为了争取更多的客户，在于获取更好的经济效益。

2. **收视率**。所谓收视率，是指在特定时段内，观看某节目的观众占特定地区电视人口的百分比。电视广告的收费通常以每分钟每千人多少元来计算，而每个节目的收看或收听人数则要根据该节目的收视率或收听率来测算。收视率在很大程度上反映了节目质量的好坏和观众对节目的喜爱程度。市场经济逐步发展起来以后，广告商为了追求更高的经济效益，对收视率的研究和选择越来越重视。越是收视率高的电视台（节目），广告商越愿意投入广告，广告价格也越高。美国有一些专门从事收视率调查的公司，它们通过抽样调查，定期公布各台每个节目的收视率或收听率，这就成为广告收费的依据。所以商业台的各个节目都要千方百计地提高收视率，以便吸引广告，增加广告收入。

（三）销售渠道策略

传媒广告销售的渠道可以分为：①媒介代理广告公司或媒介承包经营公司，承包媒介广告资源，代表媒介销售广告时段或版面；②媒介购买公司，从事媒介计划、购买、评估等专业的广告公司，它们能够通过其规模、谈判实力而获得竞争优势；③广告综合代理公司，提供传播策划、广告创意、制作和媒介等业务的综合的广告公司，以便企业的整合传播；④企业自办的广告公司，负责企业部分或全部的广告业务。

传媒在建立销售渠道时，可以把媒介代理广告公司视为批发商，把媒介购买公司当作大顾主，将综合代理公司和企业的广告公司按规模、地域、信用程度分类，建立销售网络。传媒的销售网络应有几个功能：①能将媒介的信息及时传递给广告主；②将媒介的信息加工，提供广告主组合的传播方案；③将广告主的需求反馈给媒介，并提出创意性策略建议；④按媒介的意图实现销售；⑤与媒介共同承担风险，分享利润。

对经销商的驱动最主要的是利益驱动，很多传媒十分重视保障代理商的利益，以高折扣和累积返点来保证代理商的利益。但相比于企业，传媒对自己代理商的管理则很薄弱，没有严格的资质考核和信誉管理，对数量的控制不严，使传媒的渠道不能和传媒一样有强势的品牌。近年来，一些传媒开始尝试非物质的激励方式。例如，让广告公司参与广告资源设置和价格制定，对广告代理公司进行专业培训；调整代理公司在地区和行业上的分布，扶持重点公司成为地区和行业的强势代理品牌；等等，这些措施对广告公司的长远发展是大有裨益的。

(四) 推广促销策略

广告促销策略，是指传媒向广告商及代理广告商广告业务的广告公司推销自己的广告版面位置或广告时间的手段、措施及活动，以及传媒在广告受众中树立自身广告业务活动的良好形象的手段、措施及活动。传媒面向广告商的推广方法有价格优惠、效果宣传、满足要求、出谋划策，面向受众的推广方法包括提高广告可信度、提供种类齐全的广告信息、提高广告艺术性。

加强自我宣传，是媒体推广促销的重要手段之一。对报纸、杂志，它们完全可以通过在其他媒体上做广告，印发宣传品，或发动、参与各种娱乐、文艺活动的方式来扩大自身的影响和知名度，赠阅也不失为一种好办法。相对而言，广播、电视媒体比较注重自我宣传，节目预告是它们最常用的一种宣传方式。凤凰卫视大力宣传自己，巧妙运用各种广告将节目切分成若干段落。凤凰卫视的自我宣传广告又可以分为节目广告、栏目广告和频道广告。在自我宣传广告中，有着丰富的种类，不同种类的自我宣传广告有着完全不同的功能。三类自我宣传广告中，节目宣传广告侧重于服务，类似于内地许多频道的节目导视，不过凤凰卫视做得比较花哨紧凑，能真正实现预告近期播出节目的具体内容，达到吸引观众注意力的目的，这类广告的周期和时效性相对较短，通常在节目播出后，广告随之结束。栏目宣传广告侧重于品牌栏目的塑造，不具体介绍某一日播出的节目内容，但介绍栏目的内容覆盖面。由于栏目播出时间相对固定，每次播出广告，目的在于提醒观众节目的播出时间和播出频道，培养观众的收视习惯，同时这类广告往往会出现栏目主持人的面孔，间接地起到了宣传主持人的目的。频道形象广告则侧重从整体上塑造频道形象，传递频道的文化理念，加深观众对频道的理性认识。①

(五) 传媒产品营销与广告营销的互动

传媒产品要实现效益的最大化，必须能够同时满足受众和广告商两类消费者的需要。传媒的产品营销与广告营销是相互依存、相辅相成的。广告经营必须依托媒体产品，否则就失去了广告经营的根本。传媒产品是营销的灵魂，没有好的产品，广告销售将失去依托；同样，广告营销反作用于产品，没有强有力的广告销售作保障，产品生产也将失去最根本的生存基础，这就要求传媒加强编辑部门与广告部门之间的良性互动，两者需要通力协作，形成合力，整体出击。报业应树立采编、发行、广告"三位一体"的经营理念。许多报纸都顺应市场需求的变化适时转变思想，使编辑部门与广告部门进行良好的合作，开辟各种专刊专版，抓住不同的受众，以拓展广告来源。如一些报纸使"车天车地"与汽车广告栏目相配合，"现代家居"与各种医疗服务广告相结合，等等，

---

① 《凤凰卫视：给自己做广告更重要》，中国广告网，2004年9月3日。

目的在于把广告信息和相关的版面、报道结合在一起,使之具有较强的可信度,同时又显得和谐、自然,取得了良好的广告效果和信息传播效果。

第三节 我国传媒的广告经营

一、我国传媒广告经营现状

我国传媒广告从20世纪70年代末期恢复以来,发展迅速。目前中国广告发展势头良好,中国广告市场规模跻身世界前列。2011年中国广告经营额达31255529万元,突破3000亿元,年增长率为33.54%,比2010年增加了18.87个百分点,为15年来的最大增幅。①

表6-1 2005—2011年中国媒体广告经营额

媒体经营额\年份	2005	2006	2007	2008	2009	2010	2011
报纸	256.1	312.6	322.2	342.7	370.5	439.0	491.68
期刊	24.9	24.1	26.5	31.0	30.4	30.8	35.51
广播	38.9	57.2	62.8	68.3	71.9	96.3	125.38
电视	355.3	404.2	442.9	501.8	536.2	616.6	702.31
网络	41.0	61.0	106.0	169.9	207.4	321.2	435.55

注:2005—2010年中国媒体广告经营额数据来源,见崔保国主编《中国传媒产业发展报告(2011)》,社会科学文献出版社2011年版。2011年数据是在2010年数据上依据昌营传播市场与媒体研究中心《2011年中国广告市场与媒体回顾》的媒体广告比例推算出的。网络广告数据不包括搜索引擎广告。

我国广告市场规模庞大,增值前景看好。随着广告需求的增长、广电政策的放宽以及2008年奥运会等事件的推动,中国广告市场步入快速发展期。国家工商行政管理总局2012年11月22日发布的数据显示,目前中国的广告经营单位已达到30万户、广告从业人员近200万人、广告年经营额超过3000亿元人民币,我国广告市场总规模已超过德国,跃居世界第三位,仅次于美国和日本。但不同媒介发展苦乐不均。从媒体表现来看,电视媒体在2012年仍然继续保持强势传统媒体的态势,广告投放以大份额占据绝对优势,整体表现稳定。据央视市场研究(CTR)的数据显示,电视媒体广告刊例花

---

① 王凤翔:《2011年中国网络广告发展报告》,见尹韵公主编:《中国新媒体发展报告(2012)》,社会科学文献出版社2012年版,第267页。

费增幅较2011年增长6.4%。电台媒体在2012年虽以同比增幅8.9%继续领涨传统媒体，但据CTR的数据显示，较2011年27.8%的迅猛增速，电台媒体也呈现大幅回落的态势。纸质媒体方面，据CTR的数据显示，受广告资源量减少17.2%，房地产、商业及服务性行业、交通行业广告投放低迷等因素的影响，报纸广告刊例花费较2011年跌幅达7.5%。① 随着消费者转向网络等新媒体的趋势，互联网广告将出现更高速增长。

由于资本参与传媒的经营，目前我国的广告经营模式大体分为这样两种主要的形式：一是代理式经营；二是买断式经营。代理式经营目前占绝大多数，其中又分为全面代理、内部代理与外部代理结合的方法。内部代理主要是原先的传媒广告部门从传媒剥离出来成立的经营公司。买断式经营指买断广告经营权，主要通过竞标来买断经营权。②

二、我国传媒广告经营中的问题

传媒广告经营存在的问题主要有虚假广告、广告掮客、新闻广告等，虚假广告问题尤为突出。广告作为企业宣传产品最有效的手段之一，真实性是其生命力。但现在的虚假广告数量之多、内容之杂，已经到了泛滥成灾的地步。媒体发布虚假广告，最集中、最突出的当属医疗广告、美容广告等。在经济利益的驱使下，不少媒体（甚至很多权威性的媒体）放弃应有的社会责任，即放弃了对广告的审查，只要交钱，就给登广告。市场管理部门在追究刊播虚假广告媒体责任的时候态度暧昧、缺乏力度，也使得虚假广告在媒体有了泛滥之势。虚假广告不仅损害了消费者的利益，也侵蚀着媒体的良好形象和社会公信力。

三、传媒治理广告问题的对策

（一）加强立法和执法，规范传媒发布广告的行为

针对媒体上不良广告泛滥的现状，政府有必要强化对媒体发布广告的监管，对违法发布广告者进行严厉制裁，必要时诉诸法律，坚决遏制违法发布广告的行为，推动媒体依法对广告合法性、真实性的认真审查。虽然我国《广告法》和《刑法》对虚假广告发布者有相关的处罚规定，但对发布虚假广告的法律责任认定比较模糊，因此通过立法制定出可操作的法律条文，对违反者依法进行从重处罚可以起到有效的震慑作用。

1992年法国政府颁布第92—280号政令规定，播发虚假广告是被法律所禁止的，其主要表现形式是通过音频或视频方式对某种商品的功效、服务、品牌、生产商等要素

---

① 《中国新闻出版报》2013年2月8日。
② 程士安：《在探索、革新中寻求媒介广告经营发展之路》，《新闻实践》2004年第4期。

进行不符合实际的宣传。法国视听委员会在认定某媒体播发虚假广告的事实后，可根据情况采取以下三种措施：向该媒介发出警告，使其今后不再播发虚假广告；通过法律手段强行终止某则虚假广告的播出；如果情节严重，则对传播媒体实施经济处罚。①

为了保证广告的真实性、合法性，维护消费者权益，我国《广告法》第二十七条规定："广告经营者、广告发布者依据法律、行政法规查验有关文件，核实广告内容。对广告内容不实或者证明文件不全的广告，广告经营者不得提供设计、制作、代理服务，广告发布者不得发布。"此处的广告发布者就包括传媒在内。依据《广告法》精神，广告发布者对广告审查主要在广告内容真实与否和证明文件是否齐全上；审查的方式是预审制，即发布前审查。

（二）传媒加强自律，建立健全广告审查管理制度

刊播媒体的严格审查和把关是制止虚假广告传播的有效手段。《纽约时报》创刊时，不仅提出"刊登一切适宜刊登的新闻"的办报理念，还提出了"拒绝一切虚假医疗广告"的自律准则。为杜绝虚假广告，媒体自身应建立健全广告审查和管理制度。传媒应建立严格的广告管理、监督、审查机制，对广告内容的真实性、社会影响问题从政治高度、社会影响入手，严格把关，认真审查、核实相关手续，摒弃垃圾广告，提高其艺术品位。传媒在注重广告经济效益的同时，更重要的是兼顾社会效益。不盲目追求广告所带来的经济利益，当经济利益与社会效益发生冲突时，经济利益必须服从社会效益。

（三）品牌营销是传媒广告经营的基础

传媒应增强品牌意识，不断提高媒介自身的品位，自觉抵制各种不良广告，不断实现社会效益和经济效益协调发展。传媒从"注意力经济"进入"品牌竞争"时代，更多的不是扩大发行量或提高收视率，而是实施分众化经营，适应受众的分众化需求，并为广告商提供精准营销的平台。传媒通过细分市场建设，吸引细分读者，并将细分读者群的准确特征提供给广告商。从商业角度来说，读者与广告商的客户价值是平面媒体商业价值的基础。因此，新加坡报业控股媒体细分的构成与发展，始终基于读者与广告主的双重客户价值细分，并在此基础上，综合考虑市场吸引力（市场容量与增量）、市场壁垒（政策、技术与资金）、集团核心能力扩张（媒体影响力、人力资源、设备设施）等因素，确定细分媒体的受众与市场定位。②

---

① 《国际金融报》2006年10月11日。

② 冀万林：《区域全覆盖与平面媒体细分——新加坡报业控股的案例与启示》，《今传媒》2007年第6期。

（四）传媒加强对受众和广告商的营销，实现"三方共赢"

媒体与受众、广告商已经形成相互依存的合作伙伴关系。广告既要让受众接受，又要使投放广告的广告商满意。传媒应树立以客户为中心的经营理念，尽力平衡受众和广告商的利益，让自己和他们都得到好处，以实现"三方共赢"。安徽卫视有8个剧场，观众数据研究表明，收看某一剧场的主体收视人群不仅在性别、年龄和文化程度上相近，在购买能力和消费重点上也有很多相同之处。这样，按照剧场的编排，广告中心也将观众和广告分成若干大类，在各剧场安排主体观众需要的广告。在广告形式创新上，安徽卫视开发出了很多引人注意的广告产品。在对观众营销的环节中，安徽卫视就悄悄加入了很多客户的广告。在2003年京、津、沪地区开展的大规模的入户拜访、送奖上门活动，安徽卫视就和太太口服液携手"走秀"了一回，在三大城市中吸引了多家媒体的关注，提升了频道和客户产品的知名度，而接受拜访的观众也得到了实惠，增加了对频道和产品的好感。

（五）传媒拓展非广告盈利渠道

传媒还应减少对广告的依赖，开发新的业务模式，以改变目前传媒盈利模式单一的状况。我国传媒业盈利模式比较单一，主要依靠向广告商出售注意力资源获得盈利，这种盈利模式风险太大，一旦广告经营滑坡，就会给媒体带来致命的影响。

案例分析：中央电视台的广告营销

一、黄金时段广告招标解析

在中国传媒业的广告经营中，中央电视台的广告招标是很受关注的一件事情，单次成交金额巨大，而且运作机制先进，反映了中国传媒广告经营的最前沿。① 中央电视台一套节目黄金时段招标开始于1995年。央视黄金时段（CCTV－1的19：00前后至22：00前后）由于覆盖全国范围，收视率为全国最高，加上国家电视台身份所带来的权威性等，尤其成为主攻全国市场企业的目标。央视欲以其在全国性广告媒体市场中的近乎垄断地位提高其广告收入，故1995年11月8日央视决定招标。

---

① 张辉锋著：《传媒经济学》，南方日报出版社2008年版，第178～180页。

表6-3 中央电视台历年广告招标额

单位：亿元

年份	1998	1999	2000	2001	2002	2003	2004	2005
全年广告收入	44.5	—	53.5	56.5	63.5	—	80.0	86.1
黄金段位招标	28	26.8	19.2	21.6	26.3	33	44.1	52.4

1. **招标原理**。市场交易的定价过程中，卖方最想知道的就是买方的最大支付意愿，如果处于卖方市场状态，则卖方完全可以利用优势地位达到该目的。招标就是使竞标企业尽量暴露其最大支付意愿的一种有效形式。

2. **标的物**。最初几年的招标标的物是央视一套时段，后来扩展到其他时段。表6-4中是2004年的黄金时段。

表6-4 中央一套2004年标的物

标的物名称	数目（条）	每条时长（秒）	播出位置及其他说明
新闻联播前广告（报时前广告）	2	15	18：59：55 报时前
19点报时	1	5	18：59：55—19：00：00
新闻联播后标版	13	5	新闻联播与天气预报之间
天气预报提示收看组合广告	1	5+7.5	天气预报中提示收看广告（5秒）+天气预报中广告（7.5秒）
天气预报1+1广告	1	7.5+15	天气预报中广告（7.5秒）+天气预报右侧翻版（15秒）
A特段	14	15	天气预报与焦点访谈间
A段指定正数位置	3	15	焦点访谈与晚间黄金剧场间
电视剧特约播映	上、下半年各1条	两集片头5秒"本剧由××特约播映"+中插15秒产品广告+片尾5秒"××提醒您收看下集预告"+下集预告中企业名称角标	全年共不少于660集……
21点档电视剧中插	上、下半年各4条	……	……

续上表

标的物名称	数目（条）	每条时长（秒）	播出位置及其他说明
上午黄金热播剧场冠名	上、下半年各1条	……	……
下午午后长片剧场冠名	上、下半年各1条	……	……

3．招标形式。同样以央视2004年的招标为例，其招标形式如下：

（1）一般以两个月为一个时间单元。

（2）为每一个标的物设置标底价，如A特段在一、二、五、六每单元每条1100万元人民币。

（3）A特段采取暗标入围、明标竞标形式。暗标入围即每个竞标者在参与招标时，先以保密形式投标以获取入围竞标的资格，暗标入围时，若最后一个入围资格出现几个竞标者价格相同的情况，央视将采取计算机随机选取数字的方式确定入围资格，所选数字大者入围。

（4）明标竞标采取增价方式，竞标单位出价不得低于每个标的物的底价，每次增价不得低于电视台设定幅度，如2004年设定幅度是20万元。在竞标过程中，竞标者每举牌一次表示增价一档，直至无人再出更高价格，则该标的物拍卖结束。

二、内容和服务增值

2003年央视加快了塑造精品栏目和名牌主持人的步伐，促进了节目质量的提高和收视率的上扬。数据表明，央视改版效果明显，《新闻联播》的收视份额在近几个月提升了2个百分点，同时在每晚20：00点档和22：00点档形成了两个新的收视高峰，黄金时段大大延长，观众忠诚度得到了提升。同时，央视的广告经营部门开始更加注重客户服务。中标A特段的企业，不仅能够在这个收视率极高的段位做15秒广告，还享有套播的种种优惠，在包括新闻频道和二、三、四套等收视良好频道及时段中都可以安排免费播出。A特段的黄金含量大大增加。黄金时段经营细分化。央视广告部主任郭振玺指出："黄金时段按季度甚至月份来招标，就没有了标王的称呼，每个企业根据自己的产品销售情况和产品的特点，来确定广告投放的情况。不存在谁是王的问题。"央视广告招标的进一步细化，使过去一年一次的局部时段招标发展到了现在的季度标和单元标。①

---

① 范亮：《央视卖广告：从"坐商"到"行商"》，《南风窗》2004年第11期。

三、"以客户为中心"整合出击

2001年6月开始,中央电视台广告经营实行"以客户为中心"的思路,广告部面向市场、面向客户,专业水准、创新能力、服务深度有了很大的进步,充分挖掘世界杯、亚运会广告资源,《同一首歌》、《经济信息联播》栏目广告招标,创新特殊广告形式、地区性推广、新兴重点行业的开发,这些成功举措得到了业界的广泛好评,也使中央电视台为众多客户所信赖。

广告部强调客户服务的重要性。对于服务,他们有四个层面的追求:一是准确,即客户要求播20次,绝不能只播19次;二是主动,主动与客户沟通,而不是坐等客户上门。从2002年以来,广告部在各地召开的各种研讨会、说明会、通气会超过此前3年总和的两倍。三是致力于与客户建立伙伴关系,而非仅仅满足于做一个媒体供应商。四是专业,即要能为客户提供专业性的建议和顾问服务,帮助企业制定科学的投入策略。事实上,央视的做法已经超越媒体应提供的服务,有些属于广告公司的服务范畴。2002年6月,广告部专门成立"大户室",为这些"财神爷"提供更具深度及个性化的服务。他们将最好的广告资源优先提供给大客户,免费提供一个高效的整合传播平台,并帮助大客户解决各种实际问题,使那些与央视长期合作的战略伙伴得到超值回报。

(本案例综合相关资料编写而成)

学习思考题

1. 什么是广告?
2. 如何看待传媒广告的作用(积极作用和消极作用)?
3. 什么是传媒的广告经营?
4. 传媒广告的经营方式有哪些?
5. 分析传媒广告的营销策略。
6. 报纸广告、广播广告、电视广告和网络广告各有什么特点?
7. 我国传媒广告经营中主要存在哪些问题?应该如何治理?
8. 中央电视台是如何开展广告营销的?
9. 观察并记录报纸某个新闻版面或者电视某个新闻时段6个月内具体的新闻信息与广告信息,并分析媒体广告与媒体内容之间的关系,如果有关联,思考媒体广告是如何影响媒体内容(主要是新闻报道)的。

第七章　传媒的财务管理

在现代企业制度下，传媒财务管理作为传媒经营管理的一个重要环节，是传媒经营者十分关注的问题。财务管理经济全球化进程的加快和传媒业市场化程度的提高，行业利润率增长速度的放缓，市场竞争，等等，都对财务管理工作提出了更高的要求。提高传媒企业财务管理水平，增强核心竞争能力，是我国传媒生存和发展的当务之急。与此同时，传媒业是一个资本密集的高投入行业，仅仅依靠自身积累必然制约其发展，资本运营是传媒业实现市场化经营、规模化发展、提升核心竞争力的有效途径。近年来，随着传媒业融资政策的进一步松动，越来越多的传媒开始接近资本市场，寻求规模扩张、融资获利的新渠道。我国传媒业要在短时间内做大做强，必须树立起资本运营的观念，提高融资能力，积极尝试吸纳资本、控股、收购、子公司重组上市等资本运营方式，同时也要规避其中的风险，真正实现资本增值和企业效益的增加。

第一节　传媒财务管理概述

一、传媒财务管理的内涵及作用

（一）什么是传媒财务管理

财务管理是对企业资金运动全过程进行决策、计划和控制的管理活动，其实质是以价值形式对企业的生产经营全过程进行综合性的管理。在市场经济条件下，尤其是在金融资本市场环境下，财务管理是企业管理的重要组成部分，财务管理主要运用价值形式，对企业资本活动实施管理，并通过价值形式这个纽带，把企业各项管理工作有机地协调起来，从财务的角度保证企业管理目标的实现。资金的运作是财务管理的重心。财务管理具有财务预算、财务控制和财务分析三项基本职能。财务管理从制订预算计划开始，根据预算计划组织企业的经营活动，并实施财务控制，最终根据预算计划的执行情况进行分析、考核，评价企业经营效果。

传媒财务管理是通过对资产和资金的有效组织与合理运用使之增值的过程，具体包括财务预算、投资核算、财务分析、成本控制等诸多环节。财务管理以资金管理为中心,其主要手段是对资金运转的合理分配与优化控制,即根据传媒经营的实际需要,实时地对资金进行合理调配和使用,为传媒经营提供可靠的资金保障,以提高资金的使用效率和经营运作的利润水平。

(二) 传媒财务管理的内容

当前我国传媒除了少数党报党刊等保留事业单位体制外,经营性媒体通过"事转企"成为企业法人。这里主要讨论作为企业法人的传媒财务管理的主要内容。

1. 资金筹集管理。筹资是传媒企业进行一系列活动的先决条件。筹资包括从所有者手中取得(权益资金)以及从债权人手中获得(债务资金),因而要加强筹资管理。

筹资管理的核心包括:合理确定资金需要量,既避免资金闲置浪费,也避免资金不足延误生产经营;合理选择筹资方式,不同的筹资方式所面临的筹资成本和筹资风险不同。筹资决策不仅要筹集到足够数额的资金,还要综合权衡筹资成本和风险,制定企业最佳的资金结构。

2. 投资管理。传媒有了资金以后,关键是有效地投入,因此要加强投资管理。广义的投资包括传媒内部使用资金的过程(如项目投资)以及对外投入资金的过程(证券投资)。

投资管理的核心包括确定比较合理的投资决策程序、建立科学的投资决策指标体系、建立科学的风险投资决策方法。

3. 营运资金管理。传媒在财务管理中,除进行筹资、投资等工作外,最多的是做营运资金管理工作。营运资金管理的目的是加速流动资金周转,因此其核心内容是流动资产管理,包括现金的管理、应收账款管理和存货管理。

4. 成本费用管理。成本费用管理是指对传媒生产经营过程中的各项成本费用进行预测、计划、控制、分析、考核,以便传媒合理安排和节约使用人力、物力和财力,降低成本,改善经营管理。

5. 收益与分配管理。传媒在经营过程中会产生利润,对外投资也可能分得利润,传媒的利润必须按照规定的程序进行分配。传媒的利润按照国家规定做相应的调整后,首先要依法缴纳所得税。缴纳所得税后的利润,要弥补以前的年度亏损,要提取法定公积金、公益金,还要向投资者分配利润。分配要体现积累与分配的最佳关系,既能保证有充足的资金进行生产,又能通过分配激励机制保证员工的积极性。

传媒财务管理是以资本运动为中心的,传媒筹资、投资或分配的财务活动,都是以资本为载体,围绕资本运动展开的。

(三) 传媒的财务关系

传媒的财务关系是传媒在组织和管理本单位财务活动的过程中与有关各方之间的经

济关系。这些财务关系是：①

1. **传媒与国家的财务关系**。传媒仍有部分资金由国家预算来供给，与国家之间存在预算资金及预算外资金的上缴下拨等资金分配关系。传媒应服从政府财政管理部门的管理和监督，按照国家的法律规定缴纳各种税款和各种费用。

2. **传媒与所有者的财务关系**。传媒的所有者（包括国家）把资金投向传媒，传媒应按出资比例，向其所有者支付投资报酬。

3. **传媒与债权人、债务人以及其他单位的财务关系**。传媒与其他企业往来结算频繁，投资关系错综复杂，必须合理调度资金，如期履行付款义务，同时要求债务人依法按时偿还债务。

4. **传媒与内部各单位的财务关系**。在实行内部经济核算制的条件下，传媒内部各单位之间也会进行内部计价结算，以明确各自的经济责任。

5. **传媒与职工的财务关系**。传媒应将自身的销售收入，根据按劳分配的原则向职工支付工资、津贴、奖金等劳动报酬。

（四）传媒财务管理的地位与作用

传媒经营的主要目的，就是在资产运营中实现资本的扩张和利润的提高。所以，财务管理是传媒管理的中心环节，关系到媒体的生存和发展，关系到传媒资本的增值，关系到传媒在市场中的地位，加强财务管理对于传媒业的发展具有十分重要的意义。传媒产品的市场调研、生产、发行、广告的任一环节都要付出成本、创造价值。财务管理最终的目标，就是要通过对资金的管理，来提高资金的使用率和效益，实现传媒利润最大化。

传媒应以利润最大化为目标，以财务为中心，全面提高经营管理水平。传媒必须根据市场需求，遵循市场规律，对传媒生产经营的全过程进行财务核算和监控，以不断降低成本，加速资金周转，提高利润水平，并通过有效的投资，扩张传媒的实力和规模，不断培育新的经济增长点，增强传媒的市场竞争力。

传媒越发展，财务管理越重要。在我国，随着传媒从事业单位转变为"事业性质，企业化管理"单位，传媒之间的竞争日趋激烈。与此同时，传媒规模日益扩张，传统的报刊、电台、电视台已从单纯的一张报纸或一家电台、电视台，发展到多种子报子刊、多种频道，经营范围从广告、印刷、发行扩大到房地产、证券投资、旅游、IT等行业。传统的事业单位财务管理体制、资金运作方式、监督控制手段等已经难以适应传媒（集团）复杂多变的财务活动，内部财务管理理念、管理模式、管理手段都面临着严峻的考验和挑战，财务管理工作更加艰巨。为使传媒达到整体有序的运行，有必要建

---

① 黄晓兰编著：《媒体财务管理》，中国传媒大学出版社2006年版，第2页。

立统一的财务管理制度，在传媒内部上下之间进行有效的信息沟通。

二、传媒财务管理的目标

传媒财务管理的目标，是在确保社会效益的基础上，使传媒价值最大化。1997年国务院发布《出版管理条例》，提出传媒的基本功能要"实现社会效益与经济效益的最佳结合"。传媒的目标与一般生产企业的目标相比，具有一定的特点。从媒体具有政治属性和经济属性来看，媒体财务管理的整体目标应当是，在充分发挥政府"喉舌"作用、宣传职能，确保社会效益的基础上，实现经济效益最大化。①

（一）媒体具有宣传目标、保证社会效益的目标

传媒具有重要的非经济效益目标，包括宣传某种思想、灌输某种意识形态、提倡某种信念、行使某种权利或扩大社会影响力等。在社会效益方面，传媒经营管理人员要了解如何以最小的成本、耗费最少的资源来实现同样的社会效益目标，或者以同样的成本来达到社会效益的最大化。

（二）媒体具有经营指标，就是提高经济效益

这是传媒财务管理的根本目标，因为，没有经济效益，就没有利润；没有利润，就没有资本保值与增值；没有资本保值，就没有资本保全，就不能保证各项事业的顺利开展。传媒管理者应切实加强财务管理工作，科学、合理地组织财务活动，提高传媒的利润水平，增加收益，使企业效益和利润协调增长，同时要正确处理与协调企业同各方面的财务关系，维护各方的合法利益。

三、传媒财务管理的相关概念

传媒财务管理的基本过程可以描述为：首先是筹集资金。传媒要用资金去购买设备和其他固定资产，如报社的印刷机械、电视台的发射装置等。同时，资金还需用来购买各种原材料和支付人员工资等费用。生产过程也需要资金的投入。其次，传媒需要把产品销售给用户，由此实现资金回笼。当资金全部回收以后，传媒在这个资金的周转过程中实现了资本的增值，即产生了一定的利润，从而拥有了更多的资金，于是可以进行新一轮的生产经营活动。从资金到传媒产品再到资金回收的过程，是传媒财务管理的完整过程。②

当传媒销售了所有的产品并实现资金回收时，超出产品的成本，并使资金在数量上

---

① 黄晓兰编著：《媒体财务管理》，中国传媒大学出版社2006年版，第4页。
② 参见邵培仁主编：《媒介管理学》，高等教育出版社2002年版。

增加的那一部分，我们称为利润。从资金的投入到利润的实现过程是比较复杂的，其中有许多可预见的和不可预见的因素，这些因素的变化都会影响到最终的利润实现，如市场风险因素、市场竞争因素、市场营销因素等。在上述财务管理过程中涉及了一系列的有关概念，下面对这些概念作必要的解释和说明。

（一）财务收入的相关概念

1. **流动收益（运作收入）**。即日常经营流水收入——传媒从日常的运作中所获得的收益。传媒的流动收益主要来源于两个渠道：一是广告收入，即传媒为广告商提供广告服务并由此获得的收入回报。这种收入是许多传媒收入最重要的来源。美国报业收入中有75%来自广告销售，而广播电视收入几乎全部来自广告。二是传媒产品销售收入。把报纸、杂志、书籍、电视、电影等传媒产品销售给受众，受众支付相应的费用，这就是传媒产品的销售收入。这是一些传媒的主要收入。

2. **流动开支（运作开支）**。即日常经营流水开支，是与流动收益相对应的概念。它是与传媒运作过程与运作方式直接联系着的各种成本和费用，如租金、工资、营销和促销费用、原材料、贷款利息等。传媒生产经营过程中的每一个环节都涉及成本的支出，这些成本支出是核算传媒产品价格的基础，也是核算利润水平的前提条件。

3. **运作资本**。即传媒用于日常运作的基本资金，是传媒财务管理的重要组成部分。运作资本指的是流动资产（现金、应收账和存货等）和现行负债（各种应付账、各种应付开支）。

4. **现金流通**。是指传媒可用全部现金，它可以用于传媒生产经营的全过程。现金流通是传媒有效组织传媒产品生产经营的基本资金保障。购买原材料、支付员工工资和各种费用，都需要流动资金。

5. **商誉资产**。商誉作为一项资产，常常使公司产生隐蔽性资产。波士顿的第五频道电视台在首次获得营业执照时，它很可能为获得必要的证件而支付25000美元，建电视塔可能花了100万美元，建播音室可能又花了100万～200万美元。该电视台创业时的全部家当在账面上可能只值250万美元，而且这250万美元还在不断贬值，到电视台出售时，售价却高达4.5亿美元，其出售前的隐蔽性资产高达4.475亿美元，甚至高于4.475亿美元。而作为买方，在其新的账簿就产生了4.475亿美元的商誉。

6. **开支**。是指传媒经营的各种支出。开支是财务管理中最需要控制的一个环节，也是最易失控的一个环节。在传媒生产经营中，有效地节约开支十分重要。节约开支需要财务管理部门的有力控制，还需要全体员工的共同参与。财务管理的任务就是要了解每一个环节所需要的开支额度，以便进行合理的管理和控制。

7. **提高利润的机会点**。传媒在生产经营中存在着若干个提高利润的机会点，其中两种最主要的途径就是增加效益和降低成本，这两种途径也是传媒盈利的最基本的手段。其他的机会点包括提高工效、增加有效的新的投资以获得更高的投资回报,提高员工的技能和素质以全面提高生产力。关键在于传媒要善于抓住适合自身情况的提高利润的机会点,不断扩大收益的渠道。

8. **投资回报**。即传媒在生产经营过程中所花费的资金而获得的利润。投资回报是判断传媒管理水平和绩效的主要指标,用一个简明的公式表达如下:

$$投资回报 = 利润 \div 投资$$

这个公式说明了投资回报的比率。投资回报率决定了利润水平。传媒投资主要用于项目、设备、人员工资以及其他方面的费用。使用投资回报率的概念主要用于考察一个机构、一个部门或一个项目、一种产品的利润水平。

9. **偿付**。是指在一定的时间内对投资的资金进行偿还支付。偿付能力和偿付速度是评价传媒投资效果的主要依据。偿付能力是传媒在一定的时期内偿还投资资金的能力水平。偿付速度是指偿还资金时间的长短。一般来说,偿付的速度越快,说明投资效益越好,投资回报率越高。偿付金额包括本金和利息。对偿付金额要通过核算得出。核算的根据是对年度的最初投资所得的收益的划分,包括增加的收益和降低的支出。

10. **资本投资**。主要是为全部设施和主要设备的投资。传媒的设施和设备是生产经营的基本条件,包括办公场所、技术设备和其他设备。技术设备的技术含量的高低决定着生产成本和产品的竞争能力。所以对于基本设施和技术设备的投资是不可缺少的。

11. **折旧**。是指所投资的设施、设备在每年的使用中都有一定程度的损耗而降低的价值,即设施设备的年度损耗和价值降低幅度。至于这些设施和设备要经过多长时间才完全失去价值,则取决于它的折旧率,即折旧速度。近年来,随着技术革命的发展,传媒产业中新的生产技术不断出现,许多技术设备的折旧周期大大缩短了。

(二)财务管理的其他概念

1. **借款**。是传媒组织对外暂时借用的资金。传媒在生产经营中很难完全依靠自有资金来进行扩大规模、加快发展速度,所以借款是难以避免的。借款必须有精确的财务分析、科学的决策方法,要从总体上权衡利弊,决定是否需要借款以及借多少数量的款,因为借款会对损益产生直接的影响。

2. **管理会计**。是指对传媒进行财务分析时,不是仅仅从财务方面去考虑问题,而是对改进和提高传媒的整体经营效益和运作效率提供有效的管理措施和手段。管理会计的主要内容有:收支合理性分析、预算的制定、资本投资回报分析、沟通信息。

3. **财务会计及其比率分析**。财务会计是由专职会计人员,通常由注册会计师和银行工作人员对传媒的财务健康状况分析时所展开的工作。这种分析主要运用传媒的收益表和资产负债表来描述说明传媒财务状况和执行情况的不同方面的收益比率,其中包括公司的稳定性、资产利用状况、盈利状况等。分析收益比率的内容主要有:①净值回报比率。反映企业盈利能力。②"酸性"比率。反映流动负债能力。③应收账成交额比率。反映企业的回款能力。

四、传媒财务管理制度的改革

在社会主义市场经济条件下，传媒企业必须适应公开、统一、竞争、有序的市场经济发展要求，财务管理必须由过去的核算为主向管理为主转变，树立以财务管理为核心的观念，明确财务管理目标，建立新的财务管理模式，财务部门要由过去事业单位"记账型"转为现代企业"算账型"，以强化财务内部管理，切实提高财务工作质量。

（一）健全财务规章制度

传媒要加强对经济活动的全范围财务管理，必须贯彻一系列规章制度才能体现。通过规章制度的施行，来规范对财务人员和财务工作的管理，规范对资金运动的管理，规范对物资的管理，规范对各项经营的管理，确保传媒资产的保值增值。这些制度包括会计工作基本规则、财务管理基本规则、关于申报费用开支计划的制度、对外投资制度、固定资产管理制度和内部审计制度等。此外，领导部门还要建立科学的投资决策机制。

（二）建立财务统一管理制度

传媒要管理好下属全资、联营的单位的资产和经营，必须通过建章立制加强对整个传媒包括下属机构的财务人员和财务工作的管理，推行"统一管理，二级核算"，最大限度地提高传媒及其下属机构各项资金的使用率，提高经济效益。一般情况下，传媒下属全资单位的财务部门应接受本单位负责人和媒体财务部门的双重领导，媒体财务部门要参与这些单位设置财务机构的研究，并决定财务主管的任免和进行业务审查。

传媒集团与下属单位之间在明确资产关系、推行独立核算以明确责任的同时，应加强财务上的统一管理，统一财务会计制度，统一委派会计主管，统一实施资金管理，统一进行资产管理，统一进行独立核算，统一进行目标考核，统一进行利润分配，统一制定发展规划。

（三）加强物资管理，盘活存量资产

从财务工作角度管理物资，除了购置时进行计划调控外，主要表现在提高设备利用率、进行存货控制、盘活物资存量三个方面。

（四）积极开展内部审计工作

要规范对传媒多种经营的管理，开展内部审计是一个行之有效的方法。目前，我国传媒大多缺乏专职的审计人员。开展内部审计，不仅要实施财务收支审计，对下属单位

经济活动的真实性、合法性进行必要的监督和评价，更要实施经济效益审计，对下属单位经济活动的合理性、有效性进行必要的监督和评价。通过经济效益审计，提出合理化建议，使传媒领导能及时深入地了解下属单位的经营情况，也有益于促进被审计单位改善管理，更好地开展经营。

（五）建立懂经营、善管理的高素质的财务管理队伍

传媒的财务管理人员既要熟练地掌握财务管理的专业知识，还要熟悉传媒产品的营销知识，因为财务管理的许多内容都与市场营销密切相关。传媒应重视对财务管理人员的培养和挑选，从理论素养的提高到实践经验的积累，为他们提供良好的条件。

第二节 传媒财务预算

一、财务预算的作用和要求

在传媒整个经营过程中，财务预算工作的好坏，不仅关系到财务管理工作本身的优劣，而且对传媒整体的经营活动都有着重大的影响。财务预算是传媒对一定时期的资金运作提出的计划性布置和安排，它反映了传媒在未来一个时期内对传媒经营的资金分配、使用的总体设想和筹划，反映了传媒重要的决策意图。预算过程要非常直接而明确地提出资金使用方案，对下一年的收益和支出情况进行总体性的安排。

建立全面预算控制体系，是传媒集团实施以财务为核心的关键环节。预算作为一种控制机制和制度化的程序，是传媒集团财务管理实施监督与控制、考核与审计的根本依据。西方传媒集团预算的执行与控制将直接影响其股票的市场价格。传媒集团的董事会中普遍成立了预算委员会，并设立专门的机构和人员从事预算的编制与管理，公司的各项经营活动都严格按股东大会批准的预算方案执行。

二、财务预算的步骤和方法

（一）首先提出预算目标

预算目标是对全年的各项收入和支出情况提出的总的方案。具体内容包括收益、运作开支、运作利润、非运作开支、净利润或净亏损。

我们通过假设某电台的财务预算来说明预算构成的样式（邵培仁，2002）。某电台财务预算见表7-1。

表7-1 某电台财务预算表（2001年11月30日）

收　　益	本年度	下年度（预算）
本地广告	6000000元	6300000元
全国广告	900000元	1000000元
合　　计	6900000元	7300000元
运作开支		
直接开支	400000元	480000元
技术开支	150000元	180000元
项目开支	300000元	320000元
新闻	60000元	65000元
销售	20000元	23000元
促销	12000元	15000元
交通	30000元	35000元
行政开支	500000元	550000元
总运作开支	1472000元	1668000元
运作利润	1210000元	1360000元
非运作性开支		
折旧	400000元	420000元
管理费	80000元	82000元
利息	100000元	110000元
非运作总开支	580000元	612000元
利润或亏损	630000元	748000元

（二）在制定预算的过程中先要落实各部门的预算

在制定预算过程中，财务管理部门先要落实各部门的预算，然后财务部门要根据传媒的总体要求，进行综合平衡，使之服从于全局的需要。同时，综合各部门预算中的合理内容，把各部门的决策意图与最高管理层的决策意图有机地统一起来，达到对资金分配与收支平衡的最优化控制。传媒财务预算的方法主要有两种，一是从上而下的预算，一是从下而上的预算。财务预算的制定一般具有超前性，一般要求在新的年度（或财

务年度）到来之前制定完毕。

制定财务预算最理想的方法是采用"零数基础预算法"，是指传媒在制定财务预算过程中提出一定的财务目标，而没有任何先前遗留的财务历史问题，亦即不受陈账影响的预算方法。采用零数基础预算法一般是在上一年的预算方案不成功的情况下，对下一年度的预算方案采取的一种新的管理思路，也就是说，要在预算方案中体现出新的市场营销观念和新的决策意图，在预算中要贯串新的经营理念和新的经营策略。

第三节 传媒财务控制

传媒制定了预算之后，就必须加强财务控制。只要预算没有得到控制，预算就没有实际意义。所以，财务管理应对传媒经营的收支等各方面实施有效的控制，以确保预算指标的完成。

一、建立传媒财务控制制度

传媒实施财务控制，必须首先建立起完善的财务控制制度，使财务控制工作能在组织机构、人事分工、岗位责任等方面得到保证。传媒应在各部门之间以及部门内部建立起一套行之有效的管理制度，使各部门、各岗位的工作人员既相互联系、相互协作，又相互监督、相互制约，预防舞弊等各种不正常行为的发生。

二、成本控制

传媒成本控制是指按照成本管理的有关规定和成本预算的要求，对成本形成的整个过程进行控制，以使企业的成本管理由被动的事后算账转为比较主动的预防性管理。成本是指为了实现一定目的而付出的用货币测量的价值牺牲。费用是指在获取收入的过程中，对企业所掌握或控制的资产的耗费，如报纸的采编费用、印刷费用等。传媒的成本主要由生产成本、管理成本和人力资源成本这三大部分组成。传媒成本控制主要有预算控制、主要消耗指标控制和标准成本控制三种基本方法。

成本效益核算是我国媒体长期以来模糊不清或不愿意弄清的问题。传媒经营管理者不愿正视或不敢正视效益、成本与收益比例的不协调，重视预算、核算会给管理者带来对生存危机的忧虑，会给媒体从业人员以清醒而强烈的震撼。同时，成本效益核算会让媒体中人真正了解媒体需要遵守的市场法则、需要把握的投入产出良性循环比率、需要追求的低成本高效益的发展目标，这样才能有效地监督经营者、管理者的经营行为，才能清醒地意识到自身面临的压力，才能明确地投入为媒体自身生存发展的工作中去。

三、盈亏临界点分析

传媒盈亏临界点也叫损益分歧点、损益平衡点或保本点，它是传媒营业收入和支出刚好相抵不亏不盈的分界点。传媒在一定时期业务量或营业额达到这个量或额以上就有盈利，低于这个量或额时就会亏损。盈亏临界点分析可以为传媒管理人员提供一种控制企业经营、了解情况的专门方法，它主要研究分析价格、业务量、成本和销售构成等因素之间的关系。盈亏临界点的计算分析，既是对经济效益的事前分析，也有助于传媒解决许多经营上的问题，如不同的销售水平下，可以获得多少利润，要获得一定的利润，销售需要达到什么水平，成本的变化将如何影响利润，等等。

第四节 传媒财务分析

传媒财务分析是对传媒预算的执行、经营状况及其未来发展趋势、传媒盈利能力、偿债能力等方面进行分析研究。

一、分析的步骤

一般而言，传媒财务分析可以按照准备材料、对比分析、研究改进三个步骤进行。

1. **准备材料**。财务分析是在对各项数据材料进行分析、计算的基础上进行的。传媒要进行财务分析，首先必须建立起企业内部完整的统计、会计核算体系，以收集传媒经营的各项数据材料。同时，传媒也应注重广泛地收集除此以外的其他有关资料，使之与传媒的财会、统计资料相结合。

2. **对比分析**。有了必要的数据材料，传媒就可以运用科学的方法，对这些材料进行具体的技术处理，以求测算出指标的差异和差异的原因，以便改进。

3. **研究改进**。通过分析，对经营中存在的问题提出合理、有效的改进措施和解决办法，以达到改善经营管理、提高经济效益的目的。

二、会计报表分析

会计报表是传媒企业在会计日常核算的基础上，运用一定的方法和标准，对企业的会计资料进行整理、分类、计算和汇总，以总括反映企业一定时期财务状况和经营成果的书面文件。传媒企业基本会计报表由三张主表和两张附表组成，三张主表是资产负债表、损益表和财务状况变动表，两张附表是利润分配表和营业收支明细表。

（一）资产负债表

资产负债表是反映企业某一时点资金状况的会计报表，它依据"资产＝负债＋所有者权益"这一会计等式，依照一定的分类标准和次序，将企业在某一时点的资产、负债和所有者权益项目适当排列，按照一定的要求编制而成，以反映企业月末、年末全部资产、负债和所有者权益的情况。

该报表着重说明了在某一特定时间，企业拥有哪些资源，同时按照对这些资源的求偿权和利益权，区分债权人和净资产所有者权益人，分别表示其所有的权利。分析资产负债表，应着重分析企业资金风险的大小、负债的多少和资金占用状况等。代表性指标是流动比率、速动比率、资产负债率和负债权益比率等。

以下是资产负债表的相关项目。

1. 流动资产。流动资产是传媒当前随时可以变现的资产，具有强大的支付功能，它的种类较多，包括现金、有价证券、银行存款、应收账和存货。

2. 固定资产。固定资产是指建筑、厂房、土地和折旧周期较长的设备。固定资产还包括传媒经营许可证的价值，作为传媒无形资产的商业信誉、商标、名号、技术秘密和营销网络的价值。无形资产的价值同有形资产同样重要，传媒应对无形资产作出准确而合理的评估。

3. 流动负债。流动负债是在资产负债表编制完成以后，最多在12个月内应当偿还的债务。它包括应付账、应付开支等项目。全部流动资产减去全部流动性负债，即为流动性资金，亦称净流动资产。传媒近期的购买项目和应付账都属于流动性负债，在本年度中应当偿还的长期性负债也属于流动负债。

4. 长期负债。需要较长时间偿还的债务称为长期负债，一般是指在资产负债表编制以后12个月以上需偿还的债务。长期性负债还需按期支付利息。抵押贷款和长期性银行借款，都属于长期负债。流动负债和长期负债的总和，构成了总负债。

5. 净值。净值是由传媒账面的库存价值和累计的零售收入（即传媒若干年累积的利润）相加而成的。将净值和流动性资产、长期性流动资产结合起来形成了总资产。净值反映了传媒的盈利状况和资产水平。

（二）损益表

损益是财务管理中的核心概念，它是指亏损与收益的合成。所谓损，指的是亏损，当收益少于开支或成本时，就产生了亏损。所谓益，指的是收益，即利润，当收益超出开支时就产生了利润。传媒获得收益后，主要用于支付各种运作开支，或作为投资的资本用于购置各种设备扩大生产，或偿还贷款，或作为投资回报的分红分给股东。盈利是传媒进行正常生产运作的基础。

损益表从其内容来看,反映了企业经营的最终财力成果,即反映企业在月份、年度内利润(亏损)的实际情况。它采用多步式计算,从营业收入出发,减去营业成本、营业费用和财务费用,计算出营业利润,再加上投资收益、营业外收入,减去营业外支出,最终计算出利润总额。

分析损益表,通常应分析营业利润率、资金利润率等指标。此外还应着重分析所有者权益的盈利能力,以反映所有者权益的盈利水平。

(三)财务状况变动表

财务状况变动表是依据企业一定时期内各项资产和权益项目的增减变化,分析反映资金的取得来源和流出用途,说明企业财务动态的报表,它反映了企业在年度内流动资金的来源和运用情况以及各项流动资金的增加或减少情况,是连接资产负债表和损益表的桥梁。通过分析财务状况变动表,可以了解企业的财务政策、理财能力和财务状况等有关情况。

三、传媒财务分析指标

(一)流动偿债比率指标

这类指标可反映传媒偿还短期债务能力,包括流动比率、速动比率。

1. 流动比率。流动比率用于衡量企业流动资产在短期债务到期以前可以变为现金用于偿还流动负债的能力。其计算公式为:

$$流动比率 = 流动资产 \div 流动负债 \times 100\%$$

流动比率高说明企业偿债能力强。一般认为企业流动比率以200%为最佳。如果该比率过低,企业在偿付流动负债时就会遇到困难。

2. 速动比率。速动比率用于衡量企业流动资产中可以立即用于偿付流动负债的能力。其计算公式为:

$$速动比率 = 速动资产 \div 流动负债 \times 100\%$$
$$速动资产 = 流动资产 - 存货$$

速动比率高,说明企业具有较强的清算能力。一般认为速动比率在100%或稍超一点为宜。

(二)长期偿债比率指标

这类指标反映传媒长期财务状况,即长期偿债能力。

1. 资产负债率。资产负债率用于衡量企业利用债权人提供资金进行经营活动的能力。其计算公式为:

$$资产负债率 = 负债总额 \div 资产净值总额 \times 100\%$$

2. 负债权益比率。负债权益比率是指负债总额对所有者权益总额的比率,即:

$$负债权益比率 = 负债总额 \div 所有者权益总额 \times 100\%$$

负债权益比率用以反映企业财务结构的强弱及负债人资本受到所有者权益保障的程度。

(三)营运能力指标

这类指标主要反映传媒经营管理水平的高低。

1. 应收账款周转率。应收账款周转率用于反映企业应收账款的流动程度。其计算公式为:

$$应收账款周转率 = 赊销收入净额 \div 应收账款平均余额 \times 100\%$$

$$赊销收入净额 = 营业收入 - 现销收入$$

通过应收账款周转率,传媒可进一步计算平均收款期指标,即:

$$应收账款平均收款期 = 365 \text{ 天} \div 应收账款周转率$$

2. 存货周转率。存货周转率用于衡量企业的存货是否过量,表示企业存货的周转速度。其计算公式为:

$$存货周转率 = 营业成本 \div 存货平均余额 \times 100\%$$

$$存货平均余额 = (期初存货 + 期末存货) \div 2$$

(四)盈利能力指标

传媒经营就是要以较少的耗费获取较大的收益,盈利能力的强弱、盈利的多少、今后的发展趋势,是衡量企业生存价值和管理水平的综合指标。

1. 资本金利润率。资本金利润率用于衡量投资者投入企业资本金的获利能力。其计算公式为:

$$资本金利润率 = 利润总额 \div 资本金总额 \times 100\%$$

2. 营业利润率。营业利润率用于衡量企业的盈利水平,反映了实现的利润在营业收入中所占的比重。其计算公式为:

$$营业利润率 = 利润总额 \div 营业收入净额 \times 100\%$$

3. 成本利润率。成本利润率用于反映企业成本费用与利润的关系。其计算公式为:

$$成本利润率 = 利润总额 \div 成本费用总额 \times 100\%$$

4. 资产报酬率。资产报酬率是投资收益率的一种表现形式,它是利润总额与平均资产总额的比率。其计算公式为:

$$资产报酬率 = 利润总额 \div 平均资产总额 \times 100\%$$

平均资产总额=（期初资产总额+期末资产总额）÷2

5. 所有者权益收益率。 所有者权益收益率是投资收益率的另一种表现形式，它是利润总额与所有者权益的比率。其计算公式为：

所有者权益收益率=利润总额÷所有者权益平均余额×100%

所有者权益平均余额=（所有者权益期初余额+所有者权益期末余额）÷2

对上述指标加以修正，可以得到所有者权益净收益率。其计算公式为：

所有者权益净收益率=净利润÷（实收资本平均余额+资本公积平均余额+
　　　　　　　　　　　　盈余公积期初余额+未分配利润期初余额）×100%

所有者权益收益率和所有者权益净收益率直接反映了传媒管理部门使用所有者资金的效率，这两项比率越高，说明企业盈利能力越强。

第五节　传媒资本运营概述

一、传媒资本运营的内涵

资本运营是指以资本增值最大化为根本目的，以价值管理为特征，对企业的全部资本与生产要素的优化配置和产业结构的动态调整，对企业的全部资本进行有效运营的一种经营方式。资本运营的特点是围绕资本保值增值进行经营管理，把资本收益作为管理的核心，实现资本盈利能力的最大化。

目前企业实际运用的资本运营方式，是以价值化、证券化的资本或可以按价值化、证券化操作的物化资本为基础，通过兼并、收购、战略联盟、股份回购、企业分立、资产剥离、资产重组、破产重组、债转股、租赁经营、托管经营等各种途径来提高资本运营效率和效益的经营管理活动。

资本运营的实现有赖于发达而完善的资本市场，包括股票市场、创业板和风险基金等。资本市场是现代市场经济的核心，兼具资金融通、体制培育和资产重组三大功能，而中国传媒业面临着资本缺乏、体制落后和资源配置不合理等问题，借助资本市场融通资金、转换体制、建立现代企业制度，提升竞争力是我国传媒的必然选择。

传媒的资本运营就是把传媒所拥有的可经营性资产，包括新闻业相关的新闻内容、广告、发行、印刷、节目制作、出版、信息服务等产业，通过流动、兼并、重组、参股、控股、交易、转让、租赁等途径进行优化配置，扩张资本规模，实现最大限度增值的一种经营管理方式。简单地讲，就是传媒在市场经济的条件下，获取资金、资源以求得自身保全及发展的活动。

资本运营是一种成效明显的经营手段，国际传媒集团非常重视资本运营，通过对传媒资本的运筹、策划和管理，以取得传媒资本增值的最大化。澳大利亚的默多克新闻集团由创建于1923年的一张小报纸发展起来，20世纪80年代以来，该集团运营资本，通过收购、兼并、风险投资等方式加速业务规模和资产规模的扩张，已成长为世界十大传媒集团之一。

二、资本运营对传媒的作用

（一）积极作用

1. 资本运营是传媒业参与全球化竞争的需要。 进入21世纪以来，网络信息技术正以前所未有的速度迅猛发展，经济全球化趋势也向纵深推进。我国的传媒不仅面临着国内同行的竞争，而且还要应付国际市场更加严酷激烈的竞争。在一些发达国家，传媒业经过几十年的发展，早已成为市场规模巨大、利润回报丰厚的产业，其国内的市场现已趋饱和状态。国外的传媒巨鳄必然会在全球范围内为其资本寻求新的增长点。而我国的传媒业刚走向产业化，尚属新兴产业，很自然地会成为国外传媒巨鳄的目标。① 面对西方发达国家和世界媒体巨头的舆论霸权和文化渗透，我国传媒业显得非常弱小。传媒业要在短时间内做大做强，需要大量资本的投入。对传媒业来说，资本运营也是适应经济全球化和国际舆论斗争、文化竞争的需要。

2. 资本运营是传媒发展的重要手段和竞争优势。 资本运营是传媒业实现规模发展、增强竞争力的必由之路。世界传媒业和其他产业的经验显示，并购重组等资本运营是强势传媒企业得以做强做大的重要手段和方式。世界传媒巨头的形成和迅速扩张几乎没有一家是自我长大的，它们通过收购兼并、重组资产和业务的方式来发展横向经营，扩大规模以增强竞争力，主要是通过股票市场的资本运营进行的。公司上市，在证券市场进行资本运作，可以使传媒获得扩大经营所需要的资金，公司上市后品牌知名度等无形资产得以增值，凭借上市公司的声誉及其机制，也可以调整业务结构，迅速扩展核心业务，带动其他经营。

3. 资本运营为传媒开拓了生存发展之路。 传媒是资本密集型行业，需要大量的资金投入，谁投入得多，坚持的时间长，谁才能立足、成长并最终胜出。随着市场化改革的深入，政府对传媒的财政补贴逐渐减少，传媒需要"自负盈亏、自我发展"，而激烈的竞争迫使传媒不断加大投入，所以媒体普遍面临着发展资金不足的困难。资本运营可以为传媒在短期内筹集到产业发展所需要的大量资金，形成灵活机动、可供长期投资使用的资本，用于传媒的迅速发展，壮大传媒的经济实力，为我国传媒集团的形成和发展找到一条新路子。资本的再投资使资金逐步流向效益好、有较远大发展前景的传媒，同

---

① 韩少茸、黄健民：《我国传媒业的资本运营》，《商业时代》2003年第18期。

时为发行者利用传媒市场进行资本扩张提供优良的运作环境，在客观上也促成全社会合理的资源配置。

4. 资本运营有利于促进传媒运营机制的转变。 资本运营不仅能够解决传媒发展所需要的资金，还可以推动传媒转换机制，建立完善的现代企业制度。传媒进入资本市场的最终目的，是要用"外钱"激活"内钱"，也就是引入现代企业运作方式与机制，提升竞争力。资本运营将促进传媒内部运行机制的改革，加强企业化管理，实现集约化经营，从而建立起完善的监督机制、财务机制，促进传媒真正实现采编部门与经营部门、采编人员与经营人员的两分开，杜绝新闻宣传和经营管理中的腐败行为，防止国有资产流失，建立相对完备的公司治理结构。上海新华传媒上市以后，在组织架构、人力资源、经营理念、营销策略、财务成本等方面进行了全面的调整，搭建了现代企业的组织架构，完善了与现代企业制度和目标控制体系相配套的考核和激励机制。

5. 资本运营是盘活传媒资产的重要手段。 资本运营可以盘活传媒的可经营性资产，激活媒体的无形资产，发挥媒体的品牌优势，使传媒整体资产增值。通过资本运营（发起设立、重组、兼并、联合等方式）能够将传媒集团创造利润的主营业务同非主营业务的资产有效结合起来，盘活不良资产，从整体上提升集团资产的运作效率。资本运营也可以把传媒集团重要的无形资产变成有形的资源，使传媒集团的这个"金字招牌"发挥出应有的效用。

6. 资本运营有助于改善传媒盈利结构，提高抗风险能力。 传媒通过资本运营可以大大提高抗风险能力。并购威胁是传媒业所面临的主要生存威胁，来自于资本层面上的并购威胁已经远远地超过了产品市场上的竞争威胁。大型传媒集团最终能否发展成为中国传媒业的王者，资本实力和资本运作能力的强弱是关键。

目前，我国众多传媒集团的产业结构单一，收入来源过于依赖广告。传媒利用资本运营手段可以促进报业结构调整，形成以传媒业为主的多元盈利模式，提高传媒的抗风险能力和竞争力，有助于克服传媒业结构单一、经营空间狭小、收入来源过于集中的经营缺陷。

（二）相关风险

传媒业和高科技产业一样，属于高风险、高智力、高投入、高回报的产业。虽然资本运营可以使传媒获得超常规发展，但资本运营本身是一柄双刃剑，它和任何一种经营手段一样，在理论上存在一定的风险。如果运营不善或监管不当，资本运营的负面影响也很明显。《南方日报》就曾因大量投资毫不熟悉的产业和地区而遭遇重创。对传媒业而言，资本运营不是唯一的经营手段，更不是运营就一定盈利，而只有选对适合自身发展的运营模式，认清传媒资本运营的双面性，才能有效地避免陷阱，真正使资本市场成为推动产业发展的助推器。传媒资本运营的风险主要在于：政策风险相当高，市场准入门槛较高，对传媒经营的特殊规律缺乏了解，资本运营带来多元化风险，资本可能影响传媒的独立性以及缺乏复合型媒体经营人才。《成都商报》的何华章曾经指出："资本界要投资媒体的时候，一定要考虑投资哪一部分，一定要考虑是否找到了合适的媒体经营的团队，如果缺少了这两者，我们的投资实际上最后是没有什么价值的。"①

三、传媒资本运营的基本模式

在我国，政治体制决定了新闻媒体是事业单位，是国有资产，必须坚持党的领导、党性原则。传媒资本运营的前提是所有权与经营权分离、事业与产业分离、舆论控制权与经营权分离，传媒通过出让部分经营权，实现资源优化配置。传媒资本运营的基本模式主要有：兼并经营、资本重组、直接上市、间接上市和联合经营。

（一）传媒资本的兼并经营

兼并与收购是以购买式、吸收式、控股式和承担债务方式收购较弱企业。传媒可以发挥自身在资金、市场、信息、机构、优势企业的社会形象等方面的优势，采取兼并手段，实施以小带大、以少控多的战略如兼并控股形式，实现集团资本规模快速扩张和资产结构与公司的产业结构的优化。

1. 兼并。兼并是传媒产业整合的一种方式，它是指在市场竞争机制的作用下，被兼并的媒体将其产权有偿让渡给兼并媒体，实现兼并媒体的资产一体化，并取消被兼并媒体的法人资格的一种经济行为。在市场经济条件下，传媒产业的发展常常是通过兼并实现的。兼并可以促使存量资本的流动，实现资源的最佳配置；兼并有利于扩大资本规模，可以在更大的范围内实现传媒产业经营的目的，进而提高传媒产业的市场竞争力。不过，兼并并非产权有偿转让的唯一形式，还有其他的产权有偿转让的方式，如租赁等。美国时代华纳于1996年兼并了大名鼎鼎的特纳传播公司，成为世界第一大媒体企业，它的成长过程即是传媒通过兼并扩张的典型。

传媒业兼并既可以在传媒产业部门间实行兼并（即横向兼并），又可以在不同产业领域内实行兼并（即混合兼并），或者实行纵向兼并的方式，对传媒产业群中某一销售部门、生产部门实行兼并。由于兼并是一种市场竞争中的优胜劣汰行为，经济实力比较强的传媒产业部门，如果认为兼并对其发展有益，各类兼并方法都可以使用。

并不是将各种不同的传媒类型合并做大就能成功，或者获得巨额回报。传媒兼并成功的关键在于，如何将现有的业务做得更好，而不是扩展新业务。哥伦比亚广播公司与维亚康姆公司在2000年合并后，仍紧紧抓住两大核心业务广播与电影，一直保持良好的发展态势，是大传媒集团并购中少有的几个成功范例之一。任何传媒在发展扩张的道

---

① 转引自钱晓文：《投资媒体的四大风险》，《国际金融报》2001年8月3日。

路上都会经历一个特殊的"点",根据每个企业的自身状况,当扩张超过某一特定范围时,合并便不会再达到预想的效果。

2. 收购。 传媒业的收购是传媒资本运营的一种方式,它是一家独立的传媒实体通过收购另一家传媒实体或其他实体的部分股份或全部股份,进而获取对被购买者控制权的一种产权交易行为。在公司制的前提下,传媒资本运营所采用的收购方式与一般企业是相同的,即经济实力比较强的传媒实体用收购其他传媒实体的全部或部分股份的形式获得对被收购者资源或资产的支配权,以实现传媒资本的增值。常用的收购方式主要有:

(1) 控股式。即通过收购股份成为传媒产业公司的最大股东,掌握控股权。

(2) 购买式。即通过对购买对象股份的全部购买,把购买对象变成隶属于自己的子公司,并对其拥有支配权。

(3) 吸收式。即购买者把购买对象的股份或净资产作为股金投入购买者的公司,使其成为购买者的一个股东;购买者在对购买对象的股份或资产进行购买时,既可以在传媒产业内部实行横向购买,也可以实行纵向购买,或者是混合购买,究竟采用哪一种方式实行购买,要根据购买者的实际而自行确定。

不管采取何种购买形式,传媒产业部门都应能通过收购方式实现传媒资源的有效配置,调整传媒产业的结构。

(二) 传媒资本的重组方式

除兼并、收购外,资本重组也是传媒资本运营的一种常用的手法。重组主要是指传媒公司产业结构和组织机构的重组,其内容包括资产重组、债务重组和机构重组。

搞好资本重组对于我国传媒业的发展具有重要意义。通过对传媒产业的重组,促进其结构更加合理化,有效地开发传媒产业结构的潜力;通过对传媒产业的重组,促进其资源的优化配置,进而提高传媒产业在市场竞争中的能力;通过传媒产业重组,改变目前传媒产业优势的分散化现象,以便集中强有力的优势,解决传媒系统带有宏观性的重大问题,使诸多优势形成合力,更有效地发挥传媒产业的作用。(周鸿铎,2003)

在传媒产业中,通过重组的方式可以把过去的事业性管理体制改变成为现代公司制。我国传媒业的生产要素的组合、资产结构、业务范畴、劳动组合、管理体制等都是按照传统的计划经济模式组建起来的,不适应市场经济条件下传媒产业发展的要求,需要对其分拆、整合,实现传媒产业内部的各构成要素的优化组合,充分发挥传媒资本运营的作用。目前,我国不少传媒集团都是在资产重组的前提下组建而成的。资产重组有效地实现了资本结构和债务结构的改善。为整合经营业务进行的资产重组,不仅仅是为优化企业资本,同时还为传媒集团进行资本运营奠定了基础。

不过,由于我国传媒业体制和机制方面的诸多束缚,传媒业重组不成功的例子时有发生，有的传媒资产重组后并未实现资本增值。

（三）传媒资本的直接上市

直接上市也叫股票直接上市。经国家批准公开发行股票募集闲散资金，这种方式是资本运营的高级形式。传媒产业实体从公开发行股票开始，到直接在股票交易所挂牌交易，不必与其他实体发生产权交易。这种方式的优点是成本较低而收益较高。纽约时报公司是一个家族式的公司，1969年纽约时报在纽约证券交易所直接上市，仅仅发行A股，到20世纪80年代开始发行B股，并且规定家族成员和公司享有B股的优先购买权，以保持其家族对传媒集团的绝对控股权。该公司的业绩表现一直不错。

在我国，已有一些传媒将优质的经营性资产剥离出来，加以整合重组，注册成立隶属于新闻传媒管理部门或新闻传媒的由国有资产控股的具有独立法人资格的股份制的子公司，然后申请成为上市公司，公开募集资金。如1994年上市的东方明珠，1997年上市的中视股份和1999年上市的电广传媒，2004年12月22日在香港上市的北青传媒股份有限公司，以及2007年5月在香港上市的四川新华文轩连锁股份有限公司，等等，都是通过这种方式成功上市的。2005年8月国务院颁布《关于非公有资本进入文化产业的若干决定》，首次明确传媒企业可以直接上市。随着文化产业的投资升温，预计会有更多传媒企业选择直接上市的方式。

直接上市给传媒带来了发展机遇，但也使传媒面临着一系列崭新的挑战。有的传媒将目光瞄准资本市场，只是作为融资的渠道选择。据报道，"传媒第一股"电广传媒成为第一家"以股抵债"的试点企业，上市公司背后的大股东把电广传媒当作了"圈钱"的口袋。

（四）传媒资本的间接上市

间接上市又称买壳上市。为了既充分利用资本市场，又规避国家政策的限制，通过各种方式与上市公司相互渗透，间接上市就成为传媒的优先选择。一方面是上市公司调整业务结构，介入传媒业的经营领域；另一方面是具备一定实力的传媒谋求参股或控股上市公司，继而参与资本市场的运作，从而达到在证券市场融资的目的。传媒间接上市包括买壳与借壳上市、分拆上市等行之有效的资本运营方式。

上市公司最大的优势是能在证券市场上大规模筹集资金，上市公司的上市资格已成为一种"稀有资源"，所谓"壳"就是指上市公司的上市资格。由于种种原因，有些上市公司机制转换不彻底，不善于经营管理，其业绩表现不尽如人意，丧失了在证券市场上进一步筹集资金的能力，形成"壳公司"。传媒业中一些颇具实力的实体却由于种种原因无法上市。如果传媒用自己的实力通过买壳与借壳上市，既可以提高上市公司的质量，又可以改变壳公司的困境，注入新的活力，还可以通过资产重组、资本运营的装壳、换壳解决传媒发展资金短缺的问题。买壳上市一般能带来业绩的提升，有的会产生脱胎换骨的变化。一般通过买壳上市后，壳公司在二级市场会被投资者重新认识，引起股价的上扬。买壳上市还可带来横向并购、纵向并购及混合并购，有利于电视产业实体的规模化、多元化发展。

新华传媒采用的就是"买壳上市"的办法。新华传媒的前身是上海新华发行集团，成立于2000年6月，从2004年起分三步走完成了企业改制，2006年4月剥离部分优质资产，并融进上海故事会传媒有限公司等4家企业的部分或全部股权，组建新华传媒股份有限公司。该公司在改制成功之后，通过资本运作成功借壳"华联超市"上市。2006年8月，上海新华传媒收购华联超市1.183亿股股份，占后者公司总股本的45.06%，成为公司第一大股东。根据公司的股权分置改革方案，新华传媒将采取"资产置换+现金对价"的组合方式向全体流通股股东执行对价安排。资产置换方案为：公司股权分置改革与重大资产重组相结合，即新华传媒与直接和间接持有100%股权的子公司上海新兴商务服务有限公司，将其合计持有的新华传媒100%股权与公司除尚未使用的募集资金以外的全部商业类资产（含负债）进行资产置换。经过资产置换，公司主营业务由原来的经营连锁超市业务变更为经营文化传媒业务，公司名称变更为新华传媒，其商业模式也发生相应改变，成为A股市场上第一只真正意义上的出版类传媒股票。新华传媒推出的"股权收购+资产置换+股改"这一具有创新意义并多方共赢的方案，通过资产重组与置换方式成功借壳上市。上市后的新华传媒定向并购整合解放日报报业集团经营性资产，已成为解放日报报业集团唯一的资本平台和A股市场上最具实力的平面媒体类上市公司之一。①

所谓借壳上市，是指已上市传媒的母公司（集团公司）通过将主要资产注入上市的传媒产业实体中，来实现母公司的上市。借壳与买壳上市的共同之处在于，都是一种对上市公司"壳"资源进行重新配置的活动，都是为了实现间接上市。它们的不同之处在于，买壳上市的传媒首先需要获得对一家上市公司的控制权，而借壳上市的传媒已经拥有了对上市公司的控制权。买壳是借壳的前提，未上市的传媒首先要买壳，然后才能借壳。

分拆上市是指已经在主板上市的传媒将其现有的资产分拆，或对其以风险投资形式控股的实体进行改造，实现在即将开设的二板市场上市的资本运作方式。与其他资本运营方式相比，分拆上市属于资本收缩范畴，将一个法人分拆为两个独立法人，是吸收合并的逆操作。主板上市公司的分拆上市是发达国家常用的一种资本运营方式。我国创业板市场已于2001年年底在深圳证券交易所推出，这为上市公司综合利用主板和二板市场的不同功能进行资本运营创造可能和条件。

---

① 钱晓文：《新华传媒：股权收购+资产置换+股改》，《青年记者》2010年10月上。

(五）传媒资本的联合经营

传媒产业的联合经营是指两个以上的传媒产业部门在平等、互利、自愿、自主的原则下，为了一个共同利益目标而建立起来的各自都具有独立性的产业组织。这种传媒产业的联合既可以是纵向联合，也可以是横向联合；既可以是地区内的联合，又可以是跨地区的联合；既可以是同一媒体之间的联合，又可以是不同媒体之间的联合。传媒产业联合的范围可以是局部的联合，也可以是整体联合，其目的都是为了实现资源的优化配置。例如维亚康姆公司下属的音乐电视频道与中央电视台联手制作的1999年和2000年"CCTV - MTV音乐盛典"电视颁奖晚会在国内外获得了很大成功。

传媒以合作方式吸纳业内资金通常见于报业，即出版单位以合作方式在全国新闻出版系统内融资。2004年9月21日，新闻出版总署批准《上海经济报》更名为《第一财经日报》，其主管单位由上海市工业经济联合会变更为上海文广新闻传媒集团，主办单位由上海市工业经济联合会变更为上海文广新闻传媒集团，与北京青年报社、广州日报报业集团合作，上海文广新闻传媒集团为主要主办单位。

目前，我国省市级以上的一些传媒已实现了"联合"，不过这种"联合"体多是通过行政干预的方式实现的，与传媒产业的发展规律相悖，因而在"联合"的起步阶段就已暴露了许多问题，成为影响传媒产业发展的障碍。

案例分析：新闻集团的财务管理

一、环环相扣掌控新闻集团

新闻集团子公司多，在52个国家有789家企业，新闻集团的大本营是在澳大利亚注册的"新闻有限公司"，默多克拥有该公司48%的股权，从而保证了他对该公司的绝对控股权。新闻集团在英国的资产全部属于总部设在伦敦的"新闻国际公司"，澳大利亚的"新闻有限公司"又控有该公司48%的股权；而"新闻国际公司"又拥有在纽约注册的"新闻美国出版有限公司"50%的股权，该公司是新闻集团在美国资产总量最大的公司。就这样，默多克通过环环相扣，牢牢掌控了新闻集团的整个运营权。

对财务部门在传媒集团的重要性，曾在新闻集团从事多年财务管理、现任星空传媒集团（中国）副总裁李映红有句话："在整个传媒集团的架构中，财务在哪里，总部就在哪里。"据介绍，新闻集团有两个总部：一个在悉尼，是新闻集团在澳大利亚上市公司的总部；另一个在纽约，是对全世界业务进行管理的总部。无论在哪，财务部门始终是总部的最主要组成部分，首席财务官始终是公司少数最高管理层成员之一。集团内有个管委会,相当于一般公司的总裁办,由集团董事长默多克、集团总裁、首席财务官和法律总顾问组成。下属子公司的最高管理层基本由总经理、总编辑或内容负责人和财务总监组成。无论集团还是子公司管理中,财务负责人始终受到充分重视。①

二、灵活、有效的资本运营策略②

资本市场是现代市场经济的核心,现代国际各大传媒企业纷纷采用多层次发展战略,通过兼并、收购等资本运作构筑综合性传媒产业集团,加速资本的积聚与集中,迅速扩大资产规模。默多克恰恰是通过并购构建了他的媒介王国。并购是新闻集团快速发展的一大法宝。从1954年到1997年间,默多克先后兼并或收购阿德莱德《星期日广告报》、澳大利亚《镜报》、英国《世界新闻报》和《太阳报》、美国《纽约晚报》、英国《泰晤士报》、20世纪FOX电影公司、香港卫视(Star TV)等数十家有世界影响的报纸、影视公司和通讯社。2003年,当美国休斯电子公司同意以66亿美元的股票及现金价格将其麾下的直接电视公司(Direct TV)出售给新闻集团时,世界传媒大亨默多克终于实现了其长达20年之久的卫星电视网覆盖全球的梦想。

新闻集团覆盖的国家多、子公司多,默多克却能够轻松把握这个总量庞大、结构复杂的资产,驾轻就熟地进行一系列成功的资本运作,其原因就在于他对集团的财务管理抓得极严,财务结构与制度都经过精心设计,采用了先进、科学的方法把握企业的财经脉络,具体的方法主要有"蓝皮书"制度和严密的预算制度。

默多克花费巨资聘请专业人员管理财务,所以新闻集团拥有一个强大而准确的财务汇总系统,并且其损益表汇总的精确快捷,为集团及时有效地防止决策失误提供了强有力的保证,成为默多克管理新闻集团不可缺少的工具。

新闻集团在世界各地不断进行大规模的投资和并购,在财务方面的压力是非常大的,通过建立严密的预算制度,默多克有效地解决了这一问题。默多克在公司运营上的任何一笔投资都是新闻集团严密预算的结果。在周密翔实的财务保证下,默多克进行任何一笔业务都显得游刃有余。

三、对财务报表高度重视

新闻集团的高层都知道,每周四上午,新闻集团在全世界的几个核心公司的财务总监会都会及时地把当地汇总的财务报表传真给默多克。拿到财务报表后,他会很快地看到几个大报、大台的业绩。如果某个地方出了问题,他会拿起电话不管时差立即跟当地的负责人联系。不管在世界的哪个角落,通过传真机收财务报表是他管理新闻集团的生

---

① 张志安、王建荣:《海外传媒集团的财务管理》,《新闻记者》2007年第3期。
② 袁爱中:《默多克的传媒产业化运营策略》,《当代传播》2005年第6期。

命线,这个习惯默多克永远都不会改变。

默多克的财务管理特色是每周检查一次集团的财务报表。新闻集团把财务情况做成损益表,并且包装上蓝色封面,每周向默多克汇报。这种财务周报又被称为"蓝皮书"。默多克的损益表的主要内容有本周经营预测、下周经营预测、本月经营报告、每月一次的全年经营预测和全年经营报告。更重要的是,每周的"蓝皮书"还要对本周的损益情况进行深入的分析,拿出相应的改进意见,为集团上层决策提供依据。

财务报表是财务部门劳动的主要成果,是总公司控制子公司及考核高级经理的最佳手段,也是高层管理者了解公司运营的"风云图"。海外传媒集团的财务报表按照不同周期,分成周报、月报、季报和年报,这些财务报表是新闻集团、纽约时报、华盛顿邮报等传媒巨头管理旗下报纸的主要手段和基础。世界上好几个传媒集团都把每周的损益表包装成蓝色封面,因而,其周报又常称为蓝皮书。

"蓝皮书"大致有五个特点:一是表格精美,讲究包装。财务表格的行高和列宽、语言定义、数字格式、计算方式等都有标准。二是财务汇总,精确快捷。传媒集团的会计师通常必须掌握世界上最先进的财务核算和数据库等技术,才能快速做出精确的财务报表。三是广告发行为收入支柱。蓝皮书中最重要的收入项目是广告和发行,其中,广告更是主要收入源泉。四是采编印刷为开销大户。传媒集团蓝皮书的开销主要包括采编和印刷两个部分,通常占总开支的3/4。五是统计数据为考核基础。光有漂亮的收入和利润还不够,还需要财务总监和首席财务官对财务报表做深入、细致的分类和分析。如本周发行收入很好,那么每天的发行量如何,竞争对手表现如何,等等。①

四、预算制度非常严密

默多克财务管理的有效手段之一,就是严密的预算制度。新闻集团每年要花半年时间做财务预算,一般的子公司每年圣诞节过后即开始准备其下一个财政年度的预算,从每个美元做起,一层一层地向上报批,该预算报告到达默多克手里时已经是三四月份。随后,又一层一层地从上而下地反馈意见,最终在6月中旬完成所有预算。对于新闻集团和默多克来说,预算是管理其全世界数百家企业的最好手段。

五、低成本运营减轻财政压力

一是通过跨媒介经营合作降低生产成本。默多克的新闻集团大规模地覆盖了全部媒体资源。新闻集团从报纸起家,现在已成为拥有包括电影、电视等诸多世界知名媒体的大型跨媒体集团。1999年1月新闻集团与Yahoo达成一项技术推广协议,新闻集团旗下的9家娱乐和新闻公司将和Yahoo在媒体、市场运作、节目制作等方面联合,以扩大

---

① 张志安、王建荣:《海外传媒集团的财务管理》,《新闻记者》2007年第3期。

用户群。二是通过并购降低扩张成本。并购作为一种低成本的企业扩张方式，成为新闻集团快速扩张的一大法宝。新闻集团的业务涵盖电视、广播、报纸杂志、卫星通讯以及网站，大多是通过并购完成的。

（本案例综合相关资料编写而成）

学习思考题

1. 什么是传媒财务管理？
2. 传媒财务管理的内容具体包括哪些方面？
3. 传媒财务管理的目标和原则是什么？
4. 财务预算对传媒管理有何作用？
5. 传媒为什么要实施成本控制？
6. 分析中视传媒的资产负债表。
7. 什么是传媒资本运营？
8. 资本运营对传媒业有哪些作用？为什么？
9. 传媒资本运营主要有哪些方式？每种方式的利弊如何？
10. 新闻集团是如何实行财务管理的？

第八章　传媒的人力资源管理

在传媒管理活动中，人力资源是最重要的管理对象之一。美国著名管理学家彼得·德鲁克说："企业或事业唯一的真正资源是人，管理就是充分开发人力资源以做好工作。"[①] 人才已经成为传媒发展的决定性因素和主要推动力。由于传媒业是一个人力资源极为集中的行业，传媒业的竞争最终必然体现为人才的竞争，其实质就是人力资源管理的竞争。在更趋激烈的新一轮传媒竞争中，人力资源利用、管理、开发的好坏直接影响着传媒的经济效益和社会效益，如何发现人才、培养人才、留住人才，成为我国传媒管理的当务之急。传媒应从战略高度来重视人力资源的开发、培养和使用，全面改进并不断创新媒体人力资源管理模式，尽快将潜在的人力资源优势转化为现实的人才优势，抢占人才资源开发的战略制高点，在人才竞争中赢得主动地位，为传媒业持续健康发展提供坚实的保障。

第一节　传媒人力资源管理及其原则

一、传媒人力资源的内涵及作用

传媒的人力资源，是指在传媒生产过程中所投入的人自身的力量，也就是人在传媒活动中运用的脑力和体力的总和。传媒人力资源管理就是传媒对人力资源进行计划、组织、利用、开发和调配的过程和方法，目的是使传媒的人力和物力保持最佳的结合，以发挥人的主观能动性来促进传媒的发展。

人才是一个企业发展的原动力。没有合适的人才，再好的硬件设备也是一堆破铜烂铁。优秀人才能推动一个企业在激烈的市场竞争中快速发展，企业要选择优秀的管理人才和专业人才。投入企业的人力资源又称为人力资本。在知识经济时代，相对于物质资本而言，人力资本是企业发展更为重要的资本。与其他资本不同，人力资本价值能够无限增值。人力资本是最宝贵的社会资源，也是能动性最强的生产力因素。一项全球性的

---

① 转引自刘争：《不会管理时间就不会管理一切》，《人才瞭望》2003 年第 7 期。

调查显示，人力资源对企业战略的影响力高达43%，几乎是其他任何因素影响力的两倍。

人力资源管理是传媒经营管理中极其重要的一个组成部分。在知识经济时代，人力资源成为传媒发展最根本的资源，并对其他要素产生重要影响与作用。人力资源管理的水平影响传媒生产管理、财务管理等活动，是生产管理、财务管理目标顺利实现的可靠保证。在传媒市场竞争中，对人力资源进行有效的投入和合理的配置，有助于传媒运行机制的运行和完善，对于传媒实现其经济效益和社会效益的最大化意义重大。传媒只有对人力资源进行科学而明智的投资，才能够获得巨大的收益。建立高素质的员工队伍成为传媒发展的重要选择。

二、传媒人力资源管理的基本原则

（一）德才兼备的原则

传媒工作的特殊性，要求传媒从业人员必须政治素质和业务素质兼顾，即政治强、业务精，"又红又专"。德和才是每一个传媒人才成长的基本要素，也是衡量员工的起码标准。所谓德，是指一个人的政治品德、职业道德、伦理道德和工作态度、工作作风等。所谓才，是指一个人拥有的文化知识、理论知识、专业知识和学习能力、表达能力、组织能力、思维能力、创造能力等。（邵培仁，2002）古人说，"才者，德之资也；德者，才之帅也"。有德无才，或有才无德，都不是传媒赢得竞争优势所需要的人才。

（二）以人为本的原则

"以人为本"是近年来国际最流行的人力资源管理理念，其效用已经在美国、日本等发达国家的企业管理中得到了证明和认可，尽管人们对"以人为本"的管理理念及其相应的管理法则的解释不同，但其主要内容一般包括这样几点：基于员工不同的需要实施激励，人力资本的开发和管理，以及为了激励员工和开发人力资本而设置的人事管理体制和各种人事管理制度。"以人为本"的核心是尊重人，尊重人的价值和需求，尊重人的"人权"。由于传媒从业人员所从事的工作是一种创造性很强的脑力和体力劳动，传媒有必要实行人性化的管理，在组织内部建立一种尊重人才的氛围，只有在宽松、自由的环境中，记者、编辑等从业人员的思想和智慧才能够活跃起来，潜能才能得到发挥。

（三）针对性原则

人力资源是"人人不同，各有长短"的，差异性明显。传媒选择的人必须有针对性，符合岗位、职责、专业的要求，简单地讲，就是用合适的人去做合适的事，这是传媒人力资源管理的基本要求。领导者应尊重员工的个性。科学地使用人才，用其所长，避其所短，充分发挥各类人才的作用。比如，适宜做记者的，应让他去跑外勤；适宜做编辑的，就让他去做编辑；适宜做管理的，就应放在管理岗位。传媒人力资源管理应打破"大锅饭"的习惯思维，承认人与人之间的能力差别、贡献差别、分配差别，重视并鼓励新闻从业者充分发挥能力、创造价值，做到"人尽其才，才尽其用，效率优先，兼顾公平"。

（四）分类管理的原则

传媒的人力资源大致可分专业型传媒人才、职业类管理人才和职业经理人才三种类型，每一种类型的人才都有自己的特点，所以人力资源管理不能采用"一刀切"的办法，而应针对不同人才类型的特点，实行分类管理的原则，具体如下：①

第一类是专业型传媒人才，即记者、编辑、主持人等传统意义上的一线采编人员，他们是传媒业的中坚力量，其专业能力直接决定着传媒产品的质量水平，决定着传媒组织的兴旺与荣誉。现代传媒对专业型人员的要求与从前有所不同，这些不同之处也正是传媒人才培养的重点：其一，人才不仅要"专"，还要"通"；其二，要重视"名"人、名牌人才——名记者、名主持的培养。

第二类是职能类管理人才，即市场、策划、发行、广告、人力资源管理、品牌运营等职能人员。重专业人员轻管理人员，这是传统体制影响的结果。当前的传媒人现状是：能搞新闻的人才多，能搞市场经营的人才少。

第三类是职业经理人才，即传媒业务经理人，传媒管理者的高层代表，包括电影、电视、广播节目制片人，报业传播业务项目经理，出版界项目负责人等。这类人才与职能人员、专业人员最大的区别在于其综合性，突出的职业特征是能够融媒体传播与经营管理的知识和能力为一体，是高层次的复合型人才。培养新型的传媒职业经理人，在行业内部形成一个职业经理人的阶层，正是当今传媒业人力资源开发与管理的重中之重。

（五）动态管理的原则

传媒人才的成长有一个生命周期，即从引入、成长、成熟到衰退的过程。在引入阶段，新手或大学毕业生经过训练或教育，逐渐熟悉传媒的工作。在成长阶段，人才逐渐成长，他们的创造性进入活跃期，领导者管理得法，可以使他们充分展示才华。到了成熟阶段，传媒人才有足够的工作经历和经验，专业知识和技能丰富，但面临着进一步发展的瓶颈，应当给予他们训练、进修"充电"、调职或晋升、提拔的机会。进入衰退期以后，传媒人才往往缺乏职业敏感和创新精神，缺乏工作积极性和主动性。为避免闲置

---

① 王永亮、王大庆：《传媒人才资源管理三层机制》，人民网，2007年3月28日。

人才或用人不当，造成人力资源不必要的浪费，传媒应针对人才生命周期问题，制定相应的管理对策，以保持人才的竞争优势。（邵培仁，2002）

（六）有效性原则

任何制度、体制和机制的建立，目的都是为了发挥其功用，实现其有效性。传媒开展人力资源管理，目的是推动传媒的可持续发展，不仅要抓好相关制度建设，而且还要抓好机制的有效性建设，只有这样才能充分发挥人力资源管理的作用，促进传媒的正常运转和良性循环。

第二节　传媒人力资源管理的运作机制

传媒基于以上基本原则建立人力资源管理的运作机制，以获得能够长期保持高绩效水平的员工。为了吸引、留住和有效使用人才，传媒需要构建人才脱颖而出的机制。传媒对选择、任用和培养人才，需要作长期的规划，包括选择、任用、评价、培训、晋升等过程。传媒人力资源管理的运作机制主要有人力资源的选用机制、人力资源的培训机制、人力资源的激励机制以及人力资源的考核机制。

一、传媒人力资源的选用机制

挑选合适的人才，是传媒人力资源管理一个关键的环节，选用人才素质的高低直接影响到后期人力资源的开发和管理的效益。传媒选择、聘用员工的方式主要有四种：

一是社会招聘。传媒根据工作需要向社会公开招聘工作人员。发布招聘启事，对应聘者进行考试或考核，择优录用，签订合同。选聘包括资格审查、笔试、实习、面视答辩等几个阶段。传媒如何才能招到合格的从业者？首先，根据传媒的发展战略目标来确定应聘人员的素质。其次，根据公开、公平、公正的原则招聘从业者。传媒只有公开招收、公平竞争、公正录用才能招聘到优秀的从业者。最后，扩大招聘的范围。我国传媒以往选用人才，常常局限于传媒内部、高等院校毕业生等范围。目前，越来越多的传媒面向全社会招聘优秀的人才，如电视台招聘主持人、高级管理人才等，已经远远超出了传统的行业和地域限制。

二是聘用兼职。传媒聘请社会上的传播和管理人才从事有偿的智力劳动，不求所有，但求所用。

三是高薪"挖角"，即用优厚的待遇和报酬去吸引那些可以挑大梁的、急需的高级人才，这种做法在鼓励人才流动的今天已经获得传媒界的认同。

四是毕业分配。传媒从高等院校招收大学毕业生，包括大专生、本科生、硕士和博

士等。至于传媒内部的人才选用，主要有两种办法：一是评议推荐；二是竞争上岗。

在人才的来源上，传媒应将市场化配置与自身培养结合起来，即"引进"与"培养"相结合。所谓"引进人才"，就是人力资源的市场化，从人才市场引进传媒所需要的人才，这是发挥人力资源市场的有效配置作用，但其弊端是人员流动性强。而传媒事业的发展需要有一支稳定的核心团队，这种骨干队伍的形成完全依赖市场配置是不可能的，必须靠传媒自己去培养。所以培养在传媒人才队伍建设中也非常重要，不容忽视。

二、传媒人力资源的培训

选用人才只是传媒人力资源管理流程的第一步，接下来的问题就是如何留住人才，尤其是高素质人才。这就需要传媒通过一系列的管理方法和管理手段，提高从业者的满意度和忠诚度。在西方，为了留住人才，企业管理者把雇员当作消费者对待，倡导内部营销的观念，即通过能够满足雇员需求的分批生产来吸引、发展、刺激、保留能够胜任工作的员工。这种观念强调员工及其需求，把员工等同于目标市场顾客，体现了在人力资源管理中的积极的相互协调，以内部的沟通、信任、协调来促成传媒外部任务的完成。只有真正理解人才的需求，才能驾驭和留住人才。(邵培仁，2002)

通过教育、培训提高员工素质，是传媒人力资源管理的重要内容。所谓培训，就是根据传媒发展的需要，对员工进行有目的、有计划、有组织的培养和训练，以提高他们的政治素质、知识水平、传播技能和职业道德水准。美国沃克信息中心和哈得逊研究院所做的1999年《员工关系报告》基准研究发现，对员工忠诚度影响最大的五个因素依次是：工作上的公平感、关心员工、满足日复一日的工作、相信员工和组织的声誉。从以上五个因素可以看出，提高员工忠诚度的措施是公司在对待员工方面的章程和政策的公平和公正，并且爱护和关心员工，在留住人才方面起决定作用的是培训、确保政策和惯例能够被平等地执行。①

培训是企业生存和发展、提高竞争力的重要途径。在传媒人力资源管理活动中，职业培训是重要一环，它与人力资源管理的其他环节紧密相连。一个媒体的员工培训工作，一般包括三个方面的内容：一是知识培训，包括基本知识、专业知识；二是技能培训，使员工掌握完成本职工作所必需的知识，特别是核心能力的培训；三是态度培训，树立传媒与员工之间的相互信任，培养员工应具备的价值观。培训是一种投资长、收益高、传媒和个人均受益的双赢性投资。

我国传媒的职业培训总的来说还跟不上行业发展的需求。有的传媒领导者也认识到培训的意义，但担心人才流动性较大，培养了需要的人员却留不住人才，所以不愿加大

---

① (美)史蒂夫·F.沃克、杰弗里·E.马尔著：《利益相关者权力》，赵宝华、刘彦平译，经济管理出版社2002年版，第168页。

培训投入。但是，一些有远见的报业集团着手从战略层面上考虑培养自己的经营人才。南方日报报业集团与中山大学合办 EMBA 课程培训班，培训了包括集团社长、总编辑、总经理在内的 40 多位报业集团中高层管理者。哈尔滨日报报业集团每年投入 100 万元，作为在岗员工继续教育专项基金。除正常的继续教育和岗位培训外，集团中层以上的干部目前全部参加哈尔滨工程大学的 MBA 培训，并把是否持有 MBA 结业证书作为干部聘任的一个附加条件。安徽日报报业集团与安徽大学成立新闻学院，就是为集团培养人才、建立人才战略储备的方略之一。

三、传媒人力资源的激励机制

从管理学角度看，激励是一种精神力量，能够起到加强、激发和推动作用，并引导行为指向目标。美国哈佛大学的管理学教授詹姆斯对人力资源的激励问题做过专题研究，其结论是：如果没有激励，一个人的能力发挥仅为 20%～30%；如果施以正确的激励，一个人的能力发挥将达 80%～90%。由此可见，如果激励得当、有效，"一个人可以顶四个同样的人使用"①。现代管理心理学认为，在知识经济时代，人们的需要和追求是多方面、多层次的，除物质需求外，更高、更深层次的需求大多体现在精神方面。管理学上的竞争激励手段对于传媒从业者也同样适用。传媒从业者一般都具有较高的文化水平，更多的是考虑其发展潜能和价值的实现。因此，可以结合传媒工作的特点，建立激励机制，有针对性地满足传媒从业者的需求，为他们提供充分的发展空间，不断挖掘其潜力，激发其工作的积极性、主动性和创造性。

激励本身是有规律可循的。现代管理学激励理论认为，具有普遍意义的激励活动的规律主要表现在以下几个方面：第一，激励必须考虑人的需求；第二，激励必须制度化，且相对稳定；第三，激励具有全员性，即必须针对全体成员，这样才能起示范作用；第四，激励应当公开、公平、公正。美国的知识管理专家玛汉·坦姆朴经过大量实证研究证明：激励知识型员工的四个因素依次为个体成长（约占总量的 34%）、工作自主（约占总量的 31%）、业务成就（约占总量的 28%）、金钱财富（约占总量的 7%）。② 与其他类型的员工相比，知识型员工更重视能够促进他们发展的、有挑战性的工作，他们对知识、对个体和事业的成长有着持续不断的追求。因此，传媒人力资源管理不仅要建立完善配套的激励机制，而且还要根据激励活动规律和传媒工作的特点，力求在激励手段的实效性和针对性上下工夫。

一般来说，有三种激励模式：物质激励模式、精神激励模式和感情激励模式。在 X 理论和经济人的假设前提下，物质性刺激是唯一或者是主要的激励手段。管理阶层用严

---

① 转引自林强、姜彦福：《高科技企业的人力资本制度》，《中国软科学》2001 年第 6 期。
② 安然：《关于员工激励制度的几点分析》，商易网。

格的规章制度来规范员工的行为,用物质刺激来引导他们的行为。但随着生活水平的提高、社会立法的完善、人对金钱的依赖减轻,物质不再是人唯一的需要,人类转而追求更高级、更丰富的需要。单纯的物质激励模式在现实中难以发挥巨大作用。根据Y理论及"自我实现人的假设",人是有智慧而且有责任心的,他们追求挑战性和有意义的工作。从事这些工作并取得成功将会产生内在的精神上的激励,极大地调动人们的积极性。因此,管理工作的重点应在于如何使工作变得更有意义,更富挑战性。管理者不再是一位激励者、指导者或控制者,而是一位起催化作用的媒介者,是创造和提供条件的人,他们创造条件让员工参与企业的决策过程。感情激励模式既不是以物质为刺激,也不是以精神理想为刺激,而是以个人与个人之间的感情联系为手段的激励模式。该模式通过感情沟通影响调节人的认知过程,协调社会交往和人际关系,使人处在信任、亲密的环境中,从而得到巨大满足。

激励的另一个层面的含义就是惩戒。也就是说,在奖励的同时,还要采取各种惩戒手段予以辅助,以教育那些与组织目标背道而驰或阻碍目标实现的个别人员。① 传媒应奖惩并举,就是对表现优秀的员工给予肯定和奖励,对违纪或失职的员工给予惩处、警戒,赏罚分明,这对鼓舞和激励人的斗志、预防错误的发生具有很大的作用。

四、传媒企业的业绩考核

业绩考核是指对传媒从业人员的政治觉悟、工作成绩、工作态度、工作能力、学识、品行、性格以及健康状况等进行综合考察和评价。业绩考核的目的在于全面、正确地评价传媒从业人员与其所从事的工作是否相称,是否还有潜在能力,是否要作出改进和调整,并以此决定对考核对象的任用及其应得的待遇(邵培仁,2002)。业绩考核是人事任免的基础,对于业绩突出的人员,要进行表彰奖励,符合条件的要提拔任用;对于不称职的、业绩差的人员,要进行批评教育,调整降职或免职。在市场经济条件下,传媒在考核员工时非常强调结果,坚持"以成败论英雄"的考核标准,因为商海很残酷。星空传媒集团给员工提供相应的资源,过程不重要,结果最重要,不管你工作多努力,只要你的工作结果比别人差,集团对你的评价还是没有别人高。从上到下,都是同样的标准,即靠数字说话,靠业绩说话。在我国,实行企业化管理的传媒也出现了这样的趋势。

业绩考核一般都与薪酬管理直接关联。薪酬是指员工在从事劳动、履行职责和完成任务后所获得的经济上的酬劳或回报。② 目前,薪酬已不是单一的工资,也不是纯粹的经济性报酬。从对员工的激励角度上讲,薪酬可以分为两类:一类是外在激励性因素,

---

① 杨文士、张雁主编:《管理学原理》,中国人民大学出版社2000年版,第348页。
② 黄维德主编:《人力资源管理》,高等教育出版社2000年版,第158页。

如工资、固定津贴、社会强制性福利、公司内部统一的福利项目等；另一类是内在激励性因素，如员工的个人成长、挑战性工作、工作环境、培训等。① 在我国，内部收入分配同考核挂钩，成为传媒单位的主要分配机制。分配制度改革所实行的岗位绩效工资制的"绩效"主要体现为"分配同考核挂钩、薪酬随业绩浮动"。主要做法包括分级考核、分配总量控制、部门二次分配、建立量化考核体系。比如，中国国际广播电台2002年1月起执行《中国国际广播电台节目等级考核暂行办法》，将节目考核分为五个等级，各类节目标准明确，节目经费与考核挂钩。

不过，新闻单位的业绩考核有其特殊性，仅仅用量化的办法是不够的。传媒产品是信息产品，有时很难从质量的好坏上对其加以区分，而且没有固定标准来衡量。在国外，新闻绩效考核制度相对模糊。英国报业的市场化程度很高，但它并不像中国报纸这样普遍实行为记者打分的考核体系。美国的报社一般没有规定记者固定的发稿定额，也不计算记者的发稿量。有的记者写的多，有的记者写的少，各人的能力和技术不同。不用发稿量来衡量记者是否称职，记者只是负责自己分工的领域。有时，主编也会审阅那些很重要的稿件。记者的工作表现有很多反馈的渠道。通过与其他记者的比较，个人收入就会受到影响。作为一个记者，你必须将你的发现告诉编辑，你要关注哪些事情已经发生，哪些事情还在进行之中。而主编也会问你这些情况。如果你出去跑了一圈，却一无所获，没有得到新闻，或者，在你分工的领域，别的新闻媒体报道的新闻你却没有报道，出现漏稿，就会被认为干得不好。主编就会找你谈话，然后再召集编辑们商量对策。

第三节　传媒人力资源管理模式创新

现代人力资源管理学理论认为，人才本身并非核心竞争力，只有对人才资源的有效管理才能转化为核心竞争力。传媒应建立起发现人才、培养人才和用好人才的机制，优化人力资源，改变人力资源管理方式。人才结构不合理是目前我国传媒发展的主要问题，传媒人力资源管理模式的创新尤为迫切，具体而言，就是要求传媒努力实现由传统人事管理向企业文化营造者和战略人力管理的角色转换，对传媒人才由身份管理转变为岗位管理，特别是要建立健全符合媒体发展要求的科学的人才评价、使用、激励等保障机制，并将以人为本的理念贯串于人力资源管理的全过程，为建设创新型传媒、提高传媒竞争力提供人力资源保障。

---

① 唐芬艳：《国外媒体的绩效考核与薪酬制度》，《青年记者》2007年1月上。

一、我国传媒业的"人才悖论"

随着传媒从计划经济向市场经济的转变,传统人事制度的改革势在必行,传媒实行人力资源管理的重要性和必要性越来越受到重视,从中央电视台到地方报纸,都在探索人力资源管理职业化、专业化、市场化的道路,出现了首席记者、首席主持人、传媒职业经理人等"新概念",聘任制在传媒界已不再陌生。

随着中国新闻事业的快速发展,新闻从业人员不断增加。到2012年11月,我国正式持有新闻记者证的有248101人,其中,报纸、期刊记者105942人,广播、电视、通讯社等媒体记者142159人,99%拥有大专以上学历。从性别比例看,男女比例为57∶43。从年龄结构看,中青年记者占了绝大多数,其中40岁以下的占52.1%。①

与此同时,传媒业人力资源出现结构性矛盾,决策性人才匮乏。传媒是需要创造力的行业,离不开创造型人才,特别是决策型人才。我国传媒业发展不缺资金缺人才,高端人才相对匮乏。所谓高端人才,是指那种复合型专业化人才,不同于一般岗位上的专业人才。据调查,目前国内总共有5000多家新闻媒体,从业人员达55万人,但懂得媒体经营管理的人不到1%,作为领军人物的媒体管理精英更是少之又少,但传统的新闻从业人员却严重供大于求。由于我国传媒市场发育程度低,市场化进程时间有限,尤其是市场开放程度低,加之体制障碍、政策壁垒及文化屏障,传媒的商业运作和市场化发展进展缓慢。当前中国的传媒运营管理人员大多数来自新闻业务岗位,他们熟悉传媒业务,但很少有人同时精通经营管理。市场化取向的传媒业对经营者的素质要求也越来越高,一名优秀的传媒人才必须是一位传媒职业经理人。随着传媒从生产型向经营型转变,目前传媒行业对传媒管理专业人才的需求空前高涨,已经远大于对新闻人才的需求。

此外,就目前传媒人力资源管理现状来看,许多媒体对人力资源开发重视不够,投入不足,与技术设备、采编业务以及营销乃至财务相比,传媒的人力资源管理是最薄弱的环节之一,传统的人事管理观念和模式仍然束缚着传媒的发展。传媒业还没有从人才管理的角度制定出符合传媒未来发展需要的系统的人力资源管理制度,形成一套科学的管理办法,对员工的培养和使用缺乏配套的激励机制与培养使用制度,因而难以有效地调动所有人员的积极性。

---

① 中国新闻出版网,2012年11月8日。

二、传媒须建立科学合理的人力资源管理模式

(一) 从传统的人事部门转变为现代人力资源管理体制

目前我国传媒仍在沿用计划经济时代的人事组织管理模式,特别是管理层的任命,与党政机关没有什么不同。随着传媒改革的深入,必须由传统的、简单的办事型人事管理向现代人力资源管理转变,建立起以合同管理为基础的新型人事管理体制,引入激励机制和竞争机制。加强对人力资源的战略设计、人力资源状况及人才需求特点的分析,建立起岗位分析的人力资源科学管理基础平台,加强对人力成本、人员流动率的控制。人事管理必须由身份管理向岗位管理转变。加强定岗定编、岗位分析工作,并以此作为绩效管理、薪酬管理、职业设计、培训管理等岗位科学化管理的基础依据。

为适应企业化管理的需要,传媒必须建立科学合理的人才选拔和培养机制。传媒人事制度改革的目标是实行全员聘任制、合同制;做到人人能上能下,能进能出;竞争上岗要坚持"公开、公平、公正"原则,做到"能者上,庸者下,优者奖",以最大限度地开发传媒人力资源。

(二) 建立一支复合型、专业化的核心团队

人力资本是传媒生存发展的第一资本。传媒必须重视人力资源的开发和管理,培养一批能够进行创新的人才,特别是领导人才、媒体创新人才和经营人才。同时做好优秀采编人才和经营管理人才的储备和开发。

目前我国传媒人才结构不合理,人才结构不适应传媒产业化、市场化需求。采编专业的人才相对过剩,而管理人员相对不足,懂技术、会经营、善管理的复合型人才短缺。从传媒的整体发展来实施传媒人力资源的结构调整战略,合理配置人才资源是当务之急。在日益加剧的传媒竞争中,建立一支充满活力而又相对稳定的核心团队是媒体形成核心竞争力的关键。所谓核心团队,是指根据"二八"法则,传媒企业中20%的核心人才主要是复合型、专业化人才。

我国传媒业急需培养复合型、专业化人才,如传媒企业家或职业经理人,这是传媒发展的领军力量,决定了事业的成功与否;其次是专业人才团队,包括资深采编人员、发行专家、营销专家、印务专家、传媒市场研究专家、信息管理和竞争情报专家等;此外还有管理及服务人才队伍,包括人力资源专家、财务专家、行政管理等专家队伍。北京青年报社社长张延平认为目前中国报业最需要三种人才:一是既能跑动又有学问的人才;二是既会管版又会管人的人才;三是既懂媒体又懂经营的人才。南方传媒集团前董事长范以锦说过,运作一张成功的报纸需要三种人才合力——懂得报业运营的复合型人才,会办报的人才,会经营的人才。未来传媒的发展需要一专多能的复合型人才,如具

有经营和塑造品牌能力的策划者和新闻人才。

人才专业化从某种程度上来说就是传媒人才职业化。传媒业传统的体制中，新闻从业人员的升迁类似于机关事业单位，稍有成就就可能被提拔调离，不利于传媒人才的职业化发展。近年来我国一些传媒开始推行"首席记者"、"首席主持人"制度，目的是提高记者的地位并使之职业化、专业化和制度化。

（三）以人为本，制定有效的人才激励机制

传媒要倡导以人为本的柔性管理，将传统的"以工作为组织的中心"转变为"以人为组织的中心"。柔性管理的关键是依靠人性解放、权利平等、民主管理，从员工的内心深处来激发员工的主动性和创造精神，给他们创造一个宽松的工作环境，使他们心情舒畅，以主人翁精神和对工作高度负责的态度为传媒的发展尽心尽力。

建立适当的激励机制是现代人力资源管理的关键。人是生产力要素中最活跃的部分，主观能动性强。因此，对人管理的重点应放在激励上，以调动人的主观能动性。马斯洛的需要层次理论提出，人有生理、安全、人际交往、获得尊重和自我实现五种逐级实现的需求①；赫茨伯格的双因素理论又进一步指出，生理、安全、人际交往的满足只能维持人的一般工作，只有获得尊重、自我实现这样较高层次需要的满足，才能起到激励作用。

近年来，许多传媒相继进行了人事制度和激励制度改革，让更多优秀的人才涌现。北京电台充分运用现代人力资源管理的激励机制，不断优化成才环境，给有出色表现的员工委以重任，给有发展潜力的员工树立目标，给有专长的员工安排对口工作，尝试让每位员工感受工作的快乐。1998年北京电台实行全员聘任制，所有员工无论职务和资历如何，一律竞聘上岗，从而扭转了原来无法避免的人员冗杂、论资排辈等现象，提高了工作质量和效率。2005年又进一步实行岗位首席制，包括首席编辑、首席记者、首席主持人、首席播音员等，经过个人申请、由台领导和专家组成的评选委员会评审、公示等一系列程序，每年举行一次首席评选，每届首席人员任期两年。首席制的实施，极大地激发和鼓舞了员工的工作热情和积极性，提升了他们的自豪感和荣誉感，对北京电台构筑良性的人力资源环境、优化人力资源配置、提高人力资源效率发挥了显著作用。

在分配制度方面，北京电台主张"效益优先、兼顾公平、责利对等、风险共担、节余奖励、亏损不补"。他们认为，合理的激励机制是保证节目质量、遏制运营中不良

---

① 马斯洛在1943年出版的《人类动机的理论》（*A Theory of Human Motivation Psychological Review*）一书中，提出了研究人的需要结构的需要层次论，他把人的需求归纳为五大类：①生理的需要；②安全的需要；③社交的需要；④尊重的需要；⑤自我实现的需要，并把这五大类需要像金字塔一样由低到高分成五个阶层，表明人由低到高的需求层次。

惯性和惰性的重要保障。考虑到创收的差距不仅取决于各频道经营水平，也与其硬件优劣和资源条件关系较大，加之各频道员工数量、节目成本等不尽相同，由此导致频道间员工报酬差异等不尽合理，北京电台于2005年采取措施，调整创收评价因素，将创收总额、利润指标、管理规模、节目收听率和市场占有率等一并纳入综合评价的范畴，根据各项指标的相应权重进行加权平均，根据最终得分，确定各频道的薪酬基数，使分配制度更为透明、更为合理。①

（四）加强职业道德教育

对市场化的传媒而言，新闻职业道德的制定与管理至关重要。新闻工作是一个有特权的行业，对于从事新闻工作的人来说，道德与精神方面的要求是比较严格的。品德低下、境界不高的人如果混进传媒，就不光是给消费者造成物质损失的问题了。因此，职业道德规范与约束，对于新闻单位来说是无比重要的。尽管这些年来有关方面也非常强调职业道德，而且出台了一系列规定，不过多少都有些虚，并没有被业内真正实施。世界各国的新闻职业道德核心内容是：诚实、可信、负责、有公益心、有廉耻感，同时，对新闻职业道德的任何违犯，都会受到同业的谴责与排斥。因此，在西方，一个从业人员只要出过一次新闻职业道德上的原则性错误，就会从此出局。②

（五）建设专业化的人力资源管理队伍

传媒业人力资源管理人员专业素质普遍较低。大多数传媒没有配备专职人力资源管理人员，即使有，大部分人员也没有接受过适当的人力资源管理方面专业知识的培训，依然是按照传统人事管理模式进行操作，管管档案、发发工资等。既懂理论又会实践的人力资源管理专门人才是实现从传统人事管理到现代人力资源管理转变的核心，他们担负着为传媒选才、育才、用才的重任，其自身必须具有较高的素质，为此必须抓好人力资源管理队伍的建设。

（六）塑造有特色的传媒企业文化

人力资源管理已成为现代企业管理的核心内容，而企业文化建设是人力资源管理的最高形式。企业文化是企业素质和竞争力持续提高的关键，是企业发展的动力和源泉，建设高水平的企业文化，对传媒的可持续发展同样是必不可少的。文化是企业的黏合剂，缺乏整体文化凝聚力的企业很难实现自己的目标。现代管理除了强调制度管理外，还特别强调以文化管理来弥补制度管理的不足。

---

① 张君昌：《探析北京电台的媒体经营之道》，传播学论坛，2007年5月28日。
② 曹鹏：《传媒人力资源管理观念期待更新》，《新闻记者》2005年第4期。

传媒企业通过文化进行管理，是人力资源管理发展的必然要求，也是传媒管理者追求的最高境界。传媒作为一种文化组织机构，企业文化建设主要体现在以下三个层面上：从物质层面看，企业文化体现在传媒的各种硬件建设上；就制度层面而言，企业文化体现在传媒各种规章制度的规范上，它是对人的行为的一种直接约束；就精神层面而言，企业文化体现为价值观念的统一和共同愿景的建立。社会系统学派切斯特巴纳德指出，共同目标是组织的最基本要素，没有共同的目标，成员的协作意图无从产生，也不可能有统一的决策和统一的行动。①

案例分析：新加坡报业控股的人力资源管理制度②

新加坡报业控股是亚洲经营比较成功的传媒集团之一。报业控股总结其成功秘诀为："高盈利的经营模式＋一流人才＋一流的产品服务"。据悉，报业控股在发展过程中非常重视人力资源管理，以吸引并挽留住高素质的人才，具体措施如下。

一、广招人才，重视培训

为保证从业人员素质，报业控股建立了一套完整的招聘和培训制度。公司对记者编辑的要求不断提高，新进的记者一般都是来自本地高等院校的新闻专业毕业生，同时也在国外新闻院校中广泛招聘人才。员工中有来自中国、欧美、印度、马来西亚等国家和地区的采编、行销与技术人才。为了培养优秀人才，设立了报业控股学者奖学金计划，资助优秀高中毕业生到本地和外国大学深造，毕业后必须为报业控股旗下报纸服务。编辑部人员加入公司之后，必须参加公司组织的系统培训项目。高级记者编辑有义务为新人授课。为了保证新聘员工质量，集团从发布招聘广告到面试到决定用人等环节都有章可循，还有严格的考核期和正式聘用手续。报业控股的招聘由集团人力资源部统一进行。报业控股的各部门每年都举办大量培训活动，提高员工的技能。培训分内外两种：内部培训主要通过培训课程、专家讲座进行；外部培训则通过遣派员工参加公司外部研讨会、培训班、海外考察、国际会议进行。

为控制人力成本，报业控股不实行终身雇佣制。公司与员工都有权在给予提前通知期后，终止服务。公司也可根据雇员的级别或年资，在支付提前通知解除聘用赔偿后，当即辞退员工。员工如要辞职，须根据职务高低或工作性质，提前两个星期至三个月通

---

① 王锦瑭等著：《美国现代大企业与美国社会》，武汉大学出版社1995年版，第344页。
② 资料来源：袁舟著：《媒体集团的经营与管理：新加坡报业控股的成功之道》，汕头大学出版社2003年版。

知公司，提前离开要按月薪比例赔偿。

二、以优厚薪酬留住人才

报业控股所付薪酬包括基本工资、奖金、职务津贴和股票认购权，具有相当高的市场竞争力。虽然成本较高，但优秀员工跳槽率则较低。在报业控股工作的大学毕业员工，起薪大约为每月2000多新元（约合人民币1万元）。报业控股把员工分为较低级的"可议薪"员工和执行级员工。执行级员工分作12级（不包括副总裁、总裁和执行主席）。其中，第一至第九级有工资最低限和最高限；第十级以上为公司执行副总裁和《联合早报》总编辑、《海峡时报》正副总编辑职位以上的高级职员，其薪水没有最低限和最高限。除优厚报酬外，公司也为有志于从事采编业务的人士提供同样的升迁机会。一个特别资深记者的行政级别可能和总编辑一样，而每个级别享受的优惠待遇也大致相同。

三、全面评估员工业绩

报业控股每年从财政年度最后一个月8月份开始内部评估，对员工进行业绩考核。部门主管会对可议薪员工该年的工作表现和来年的工作要求进行当面总结与讨论。对于执行级员工，他们还需在主管评估之前作出自我表现评估，然后执行级员工和主管才会讨论该年的工作表现和来年工作目标。主管评估员工的标准大致包括平时表现、工作能力、对业务熟练程度、对本部门乃至本报的贡献大小、获表彰次数等。平时主管对记者完成的每一篇稿件都有评定，年终可作为工作质与量的评议根据之一。但实际上，对记者编辑的表现评估使用数量分析并不多。上述评估结束后，年终业绩考核便进入关键阶段。各级主管将聚集在一起，根据本集团员工的总体表现情况，为每个员工进行"薪酬表现打分"，这是决定给予每个员工多少奖励的依据。各大报和集团的负责人纵观全局，给予每个员工公平合理的排名。评估低于3分者，如果在考核期，可不予转正；若是长期雇员，如果连续几年低于3分的评估，公司可以终止合同。

四、制定纪律约束员工

新闻工作是一个自主性和创造性强的行业，如记者、编辑每日的主要工作具有相当高的独立性。对这样一个"自由职业"的管理，报纸主要依靠员工的自律和对工作的较高的敬业态度。但这并不妨碍报业集团为维持必要的工作秩序和企业文化，制定出报业控股员工须遵守的工作纪律，包括采访以外人员须准时上班、及时请假等。根据媒体企业的特殊性，报业控股还制定出特殊的操守规定，员工必须遵守执行。如任何员工不可接受和公司有业务往来的个人或组织的馈赠或优惠待遇等。

学习思考题

1. 什么是传媒人力资源管理？它有哪些特点？
2. 传媒人力资源管理的基本原则是什么？
3. 传媒人力资源管理的主要内容是什么？
4. 在人才来源上，传媒如何处理"引进"与"培养"的关系？
5. 对新闻从业人员应如何进行业绩考核？
6. 目前我国传媒人力资源管理的现状如何？
7. 我国传媒如何建立科学合理的人力资源管理模式？
8. 什么是企业文化？传媒应如何构建企业文化？
9. 新加坡报业控股是如何开展人力资源管理的？

第九章 传媒的品牌管理

在同质化竞争越来越普遍的今天,"与众不同"的品牌成为传媒提升核心竞争力的重要手段,传媒进入了塑造品牌的时代,"内强素质、外树形象"成为传媒品牌建设的必然要求。美国学者凯文·曼尼在其《大媒体潮》中曾经预测,21 世纪的传媒之争将是品牌之争,无论是同类传媒品牌之间的市场争夺,还是新兴传媒品牌对传统品牌的资源侵占,都会使媒体市场之争愈加激烈。品牌建设是企业发展战略在品牌管理方面的集中表现。同人力资源管理、财务管理等一样,品牌管理是传媒若干管理工具中的一种,是管理者必须掌握的工具之一。传媒的品牌建设,就是在一个"品牌"与一个"消费者"或"受众"之间建立一段良好的关系。品牌是传媒竞争的一种重要工具,传媒应用品牌营销的原则来吸引受众,提高受众的忠诚度,以及抵御竞争对手的进攻。传媒的品牌建设在中国还是崭新的课题。当前我国正在进行公益性文化事业与经营性文化产业的剥离,传媒要想在未来的竞争中抢得先机,就必须在创新机制、打造品牌上下工夫,尤其是借鉴国外传媒在品牌建设方面的经验,寻找一条适合中国的传媒品牌建设之路。

第一节 传媒品牌管理的原理

一、传媒品牌的内涵及特征

(一) 品牌的基本含义

品牌是现代营销理论中的概念。美国市场营销协会定义委员会对"品牌"的定义是:品牌是一种产品或服务的名称、词语、符号、设计或这几个元素的综合,用以从竞争对手中识别和区分这种产品或服务。品牌名称传达一种人为设计的属性和意义,从而为该产品带来功能、价值之外的附加价值。塑造品牌的基本动因在于提供一种符号,以促进消费者对该产品或服务的快速识别并方便其重复购买。这个定义比较全面地概括了品牌的基本内涵。

品牌能对消费者形成视觉影响和效果,具有可感知性,并且能唤起消费者的联想,是企业市场定位的工具和手段。对于消费者来说,好的品牌意味着他可以从购买中得到附加价值,显示其个性化的消费形象,因此,品牌也是赢得顾客忠诚的手段。"三流企业卖产品,二流企业卖技术,一流企业卖品牌",品牌的重要性由此可见一斑。

(二)品牌与商标

品牌(brand)与商标(trade mark)是完全不同的概念。商标是产品文字名称、图案记号或两者相结合的一种设计,经向有关部门注册登记后,经批准享有其专用权的标志。

商标与品牌既有联系又有区别。它们的联系主要是两者都是无形资产,都具有一定的专有性,目的都是为了区别于竞争者,有助于消费者识别,因而商标与品牌经常被混淆使用。

商标与品牌的主要区别在于:品牌无需注册,一经注册,品牌就成为商标了。商标一般都要注册(我国也有未注册商标),它是受法律保护的一个品牌或品牌的一部分,其产权可以转让和买卖;品牌主要表明产品是生产和销售单位,而商标则是区别不同产品的标记。传媒品牌和商标可以是相同的,也可以不相同;品牌比商标有更广的内涵,品牌代表一定文化,有一定个性,而商标则是一个标记。

(三)什么是传媒品牌

传媒品牌是指媒体所提供的精神产品在受众中形成的特殊品质形象及其所具有的潜在商业价值。传媒品牌包含了媒体名称、标识、栏目风格和特色、内容、受众认同等有形、无形资产的总和。传媒品牌需要通过传媒产品如报纸的专栏作品、广播电视的频道栏目等来体现,传媒品牌的主体还包括传媒企业本身。传媒品牌面对的消费者主要来自两个方面:一是受众,二是广告客户。

以广播电视为例,传媒品牌应当是指广播电视机构用同一个名称来经营的媒体,这个媒体可能只有一个频道,但是它很强势,如凤凰电视卫星频道;也可能有多个频道,媒体机构可以用一个品牌来经营自己的媒体,也可以用不同的品牌来经营这些媒体,如湖南电视台;就报刊来讲,传媒品牌应该是指报刊的整体设计以及其整体价值取向,包括它的思想内容、语法修辞、版式栏目设计、图片效果、校对质量和读者服务等,如《南方周末》和《三联生活周刊》等都是高质量、高品位的有代表性的报刊。品牌不仅是一个名字或者标志,而且代表了一种实力、一种财富。

(四)传媒品牌的特征

品牌对于传媒而言,是重要的营销手段。其特征主要体现在以下几个方面:

1. 品牌是传媒的一种无形资产。品牌是有价值的。品牌的拥有者凭借品牌能够不断地获取利润,但品牌的价值是无形的,甚至是难以估量的。它不像传媒的其他有形资产那样能直接体现在资产负债表上,它必须通过一定的载体来表现自己,直接载体就是品牌元素，品牌载体则是品牌知名度和美誉度。品牌价值有时超过了传媒有形资产的价值。哈尔滨日报报业集团的无形资产评估价值高达39.2亿元，是有形资产的5.8倍。传媒品牌作为一种无形资产，为开展品牌经营奠定了良好的基础。不过，由于品牌是无形资产，其收益也具有不确定性。

2. **品牌具有个性和专有性**。一件产品可以被竞争者模仿，但品牌却是独一无二的。特定的品牌只和特定的产品或企业联系在一起，品牌具有排他性。品牌表达的理念和价值取向对具有相同理念和价值取向的消费者有"锁定效应"，当消费者在同种或同类产品中进行挑选时，对一种品牌的认同意味着对其他品牌的不认同。传媒品牌在其经营过程中，通过良好的质量、优质的服务建立良好的信誉，这种信誉一经消费者认可，就很容易形成品牌的忠诚，也强化了品牌的专有性。传媒在培育品牌的过程中，一定要注意品牌个性的塑造。传媒的内容越独特、越不可模仿，就越可能培养受众的忠诚度。

3. **品牌是以消费者为中心的**。品牌是一个以消费者为中心的概念，没有消费者，就没有品牌。品牌专家大卫·爱格认为，品牌就是产品、符号、人、企业与消费者之间的联结和沟通。所以品牌的价值体现在品牌与消费者的关系之中，品牌更多地被视为一种体验，一种消费者能亲身参与的更深层次的关系，一种与消费者进行理性和感性互动的总和。这种一般商业品牌传播中的"消费者导向"原则对传媒品牌同样适用。只有消费者才是评判传媒品牌优劣的权威。

4. **传媒品牌需要兼顾受众与广告商**。传媒品牌与其他商业品牌最大的不同是，传媒品牌既针对受众，也针对广告商。基于普通受众的品牌营销，目的是吸引更多的受众；由于广告商最终购买品牌并带来收入，传媒针对广告商的品牌营销同样重要。从理论上讲，针对这两种营销对象的品牌策略几乎没有什么共同点，比如能劝服受众的策略不一定能劝服广告商，因而传媒需要有一套策划周密的兼顾受众与广告商的整合品牌营销策略。现在，有的传媒把受众营销与广告商营销分属不同的部门，而部分传媒已经改变了做法，采用整合的传媒品牌管理策略，统归一个部门负责。传媒要追求客户利益与品牌利益的一致，实现客户需求和品牌价值的一致性。

5. **品牌是传媒竞争的一种重要工具**。一个深入人心的品牌常常是传媒最有力的竞争武器。在市场竞争日趋激烈的今天，品牌成为许多企业招徕顾客、留住顾客、排挤竞争对手的重要手段。如果一个媒体不善于培育品牌，不善于运用品牌进行竞争，就有可能陷入恶性的价格竞争泥淖不能自拔，或者被所有的竞争对手打败。

（五）传媒品牌的生命周期

产品的生命周期是指产品投入、成长、成熟和衰退四个阶段，其实品牌也会经历一个出生、成长、成熟和衰退的过程。品牌的生命周期比产品长得多，产品往往只是相对某个特定的需求时期而言的。

传媒品牌像其他产品品牌一样，有着自身的生命周期，即导入期、成长期、成熟期、衰退期。在不同阶段，传媒品牌管理重点各有不同。对于导入期的品牌，传媒应重在品牌的培育。进入成长期后，产品已有一定的知名度，品牌的影响力在逐渐加强，大量的新顾客开始购买，市场占有率提高，对于成长期的品牌重在品牌形象的加强。成熟期是品牌影响力最大的时期。传媒品牌在这个阶段具有很高的知名度和忠诚度，消费者一旦认可这种品牌就很少发生改变。这时期可采取品牌延伸策略等，尽量使这个时期品牌的影响力维持现有的地位。当品牌进入衰退期时，摆在传媒面前的决策只有两个：一是对品牌进行改造，如改变包装、视觉形象广告，推出新产品，赋予新价值，等等，使品牌保持活力和新鲜感；二是退出原有品牌，并转向新的品牌。

二、品牌经营对传媒发展的重要性

（一）什么是传媒的品牌经营

品牌经营是通过品牌实力的积累，塑造良好的品牌形象，从而建立消费者忠诚度，形成品牌优势；再通过品牌优势的维持与强化，最终实现创立品牌与发展品牌。中国逐渐步入资本角逐的市场，很多中国领先企业都面临市场变局——品牌重铸，必须从战略高度去看待品牌经营。没有品牌效应的话，许多企业的发展将举步维艰。知名度和品牌产品是企业赢得生存和发展的关键所在，品牌本身即是未来企业价值最大、重复利用率最高的特殊商品，是今后企业实现战略扩张的重要依托。

品牌经营与产品经营不同，产品经营主要是保证产品的品质与功能，提高消费者使用产品的满意度和价值感；而品牌经营是一种核心的信念，贯串于整个企业之中，形成企业文化的核心，它所经营的不仅仅是形象，还包括认同，这种认同反映了品牌的个性，体现了企业的实力。因此，品牌经营是企业竞争继单纯的产品竞争、价格竞争、技术竞争、服务竞争之后的高级阶段，是多种手段的综合。

传媒的品牌经营，既包括了整个媒介的品牌经营，也包括了媒介内部频道、专栏、节目等的品牌经营。总体而言，传媒品牌是媒介组织在目标受众心目中所需要确立的一种形象，体现的是一种"量身定做"的概念，是为目标受众群专门设计的、表现个性的经营姿态。既然是一种经营，必须涉及品牌的营销问题，因此，媒介也开始注重自身的宣传。媒介的品牌竞争，导致了广告投放的增加。关于媒介的广告，不仅在户外广告中，而且在广播电视节目中频繁出现。《计算机世界报》等报纸更是大搞整合营销传播，全方位出击。这完全是一种以信息消费者为买方市场的经营理念。①

Disney、HBO、CNN、Discovery、ESPN、MTV等都是家喻户晓的国际传媒品牌，这

---

① 邵培仁主编：《媒介管理学》，高等教育出版社2002年版，第238页。

些品牌的拥有者已经不再是销售一个产品、一个频道，而是在销售一个形象、一个信念和一个承诺。MTV音乐电视频道是目前全球最大的传媒娱乐集团之一维亚康姆属下的子公司MTV电视网络中的一个频道，它创立于1981年，是第一个24小时播放音乐的电视网络。MTV音乐频道已经从美国本土延伸到世界各地，一跃成为全球最大的电视网络，覆盖全球86个国家和地区的3.3亿户家庭，成为全球最著名的音乐电视频道及年轻人最喜爱的频道。MTV就是"音乐电视"，MTV音乐电视频道作为世界著名品牌，价值为100亿美元。

（二）品牌经营有助于提升传媒核心竞争力

随着市场经济的发展，消费需求差异化越来越明显。为迎合差异化的市场需求，企业只有注重差异化经营，生产出有特色的品牌产品，才能在激烈的市场竞争中取得成功。今天的市场已进入了品牌消费时代，市场的竞争已经转变成了品牌的竞争，那些富有个性化的产品最富有竞争力。传媒竞争从某种意义上来说就是品牌的竞争。品牌决定传媒影响力和竞争力。谁能运用恰当的品牌战略，谁就能赢得市场。以品牌来建立传媒产品在市场上的地位，树立传媒形象，是十分有效的传媒竞争手段，也是传媒市场战略的重要组成部分。中外传媒业发展的经验表明，品牌强则媒体兴，品牌弱则媒体衰。品牌战略是传媒在激烈的市场竞争中立于不败之地的必然选择。传媒竞争中引入品牌理念，对提升传媒核心竞争力具有重要作用。品牌是传媒核心竞争力的必要组成部分。品牌战略是培育企业核心竞争力的重要支撑，没有品牌战略，就难以形成持久的企业核心竞争力。一般竞争力的企业未必要有品牌战略，但没有核心竞争力的企业则必然是没有品牌战略的企业。品牌建设有助于我国传媒提高产业化经营水平、增强自身竞争力。

（三）品牌是传媒生存发展的根本所在

品牌是媒体与受众连接最有效、最忠诚的载体，是资本成本、时间成本、人力成本、智力成本打造的长期资本，是媒体运行的强力支撑点。美国沃尔特·麦克道尔、艾伦·巴滕在其《塑造电视品牌：原则与实践》中指出，品牌资产对传媒机构的重要性主要体现在：①成功的品牌更容易保持成功。②可以利用它来支持品牌拓展。品牌名称的附加值可以转化到新产品上，使消费者更易于接受，从而推动新产品的销售。③具有良好资产的消费品牌在宣传推广方面花费更少也更有效。④在大多数零售型消费品和电视节目中发现的"双重危险法则"（The Rule of Double Jeopardy）。研究人员证实，最受欢迎的品牌，享有市场最大份额，也培养最忠实的顾客。双重危险法影响的则是较小的品牌，它们不仅顾客少，而且这些顾客在重复购买上也不如领导品牌那么忠诚。即使在这个小众营销时代，"小而忠"的消费者基础（或受众基础）在现实世界也极为罕见。研究表明，最受欢迎的节目与不怎么受欢迎的节目相比，其忠实观众在数量上的差距是成倍的。

（四）品牌经营有助于开发和巩固传媒的受众资源

对于传媒来说，做传媒实际上就是做品牌。要建立和维持受众的忠诚度，就一定要通过做品牌来培养起一批忠诚度很高的受众。品牌对消费决策的意义在于：在消费品越来越大同小异的市场中，品牌管理增加了消费者选择特定品牌的可能性；强大的品牌还可以培养消费习惯。现在的受众和广告商面临着越来越多的选择，品牌可以帮助他们提高选择的效率。强大的品牌资产可以强化消费者的忠诚度，吸引新的顾客，保护产品免受竞争的冲击。传媒利用品牌管理的原则来吸引新的受众，提高受众的忠诚度。传媒是自由度和转换率最大的一个行业，不易形成依赖性，所以打造品牌对传媒来说更加重要，因为品牌是受众忠诚的维系度，也是受众或者广告客户选择传媒的驱动力。

（五）品牌是传媒广告经营的基础和依托

广告是传媒的经济命脉，而品牌与广告的关系密不可分、相辅相成。广告经营必须依托品牌、凭借品牌，否则就会失去广告经营的根本。在市场竞争条件下，谁拥有叫得响的品牌，谁就拥有广告经营的主动权，越是知名度高的品牌频道、品牌栏目，就越能给媒体本身带来更多的利益。品牌既是有形资产，更是无形资产，越是品牌含金量高的频道、栏目，插播的广告就越多，广告的价位就越高。中央电视台《新闻联播》与《焦点访谈》之间的广告时间近乎于天文数字的高价位竞卖成功，就是一个很好的例证。

三、品牌管理的相关概念①

（一）品牌塑造

品牌塑造（Branding）是指导命名产品或服务使其区别于同类竞争对手的过程。品牌塑造的目的在于将品牌名称变成消费者头脑中独一无二的、记忆深刻的、有价值的东西。例如，CNN的标识是一个蓝色的地球在不停地转动，寓意CNN国际频道"面向全球，关注世界"，而且近年来CNN的片花有了新的变化，更突出了它的全球定位。片花以极快的速度扫描世界各大洲的标志性建筑，如法国凯旋门、英国伦敦桥、印度泰姬陵、香港中银大厦、澳大利亚悉尼歌剧院等，很有观赏性。当然，真正的品牌塑造远远不是为产品或服务取个名字这样简单。

---

① 参见（美）沃尔特·麦克道尔、艾伦·巴滕：《塑造电视品牌：原则与实践》，马敏译，中国传媒大学出版社2006年版。

（二）品牌拓展

品牌拓展（Brand Extension）是指将一个知名品牌的名称使用到一个新类别的产品上助其成名的过程。这个知名品牌具备可以转化到新产品上的有价值的品牌资产，这样，消费者对原有产品所具有的积极想法和感觉就可能转移到新产品上。

英国《经济学家》（*The Economist*）周刊是经济学人集团的核心媒体，经济学人品牌经过百年经营，在全球政治、经济界高层享有很高的威望。为了充分挖掘品牌的潜在价值，将它凸显、放大、强化，使之成为品牌孵化器，集团决策者决定把这块品牌延伸、辐射开去，打造品牌系列。1946年于伦敦创立经济学家信息部，随后在美国建立分支机构；1955年在美国创办《点名》，1985年在美国创建《财务总监》国际家族系列。集团还借新技术带来的变化，积极利用新的传输手段，开拓新的增长点。

（三）品牌认知

品牌认知或品牌识别（Brand Awareness）指的是消费者对同类产品中某个品牌的熟悉程度（回忆或再忆），比如对电视台、节目名称、标志等的简单回忆或再认。同样的电视节目，观众会倾向于收看他们所喜欢的电视频道；同样的报道内容，观众会更相信某些电视频道，这就是观众对不同电视频道媒体品牌不同认知的结果。当许多品牌都令人满意的时候，优先认知在品牌营销中就显得重要了。实验研究证实，简单的品牌优先认知度很可能成为品牌选择过程中的决定性因素。

（四）品牌卷入度

品牌卷入度（Brand Involvement）是指消费者在购买决策过程中"消费者精力"的投入程度。在低卷入度的情况下，品牌意识极为重要，因为消费者并不愿意花费太多的时间和精力对所有品牌进行比较和评估。读报纸、看电视、听广播都是低卷入度的活动，受众从不为读哪份报纸、收看或收听哪个节目而费心，所以品牌的认知度就成为消费者选择时的一个关键因素。

（五）品牌形象

品牌形象（Brand Image）超越单纯的识别范畴，涉及品牌的意义和声望，它是品牌在受众心中感受和认知的综合表现，包括品牌的知名度、美誉度、满意度、忠诚度等。品牌形象是消费者形成的一系列想法和感觉，品牌研究人员称之为品牌联想。有的研究人员根据品牌的相对受欢迎度、强度和独特性来比较品牌联想。

（六）品牌态度

品牌态度（Brand Attitude）可以说是品牌形象的延伸，因为品牌态度不仅是关于品牌的联想，同时也是对品牌的评价，它直接关系到消费者反应（购买）意向。电视观众会对节目作出评价，并决定是否继续收看。电视节目的第一印象十分重要，头几次的节目一旦砸锅，就很难再重塑形象。"一次失败，永远失败"已经成为大多数传媒消费者根深蒂固的观念。

（七）品牌偏好

品牌偏好（Brand Preference）是积极的品牌态度，它是指在同一类商品中，消费者对某一种品牌具有偏好而指定购买，其原因主要是使用后的满足感。品牌偏好与消费者的生活方式和消费习惯也有关。包括电视节目在内的许多低卷入度的消费品，消费者都没有强烈的品牌偏好。在这种情况下，"品牌混淆"就成为普遍现象，也就是说，品牌选择的最后结果往往不是由显著的品牌声望而是由其他各种因素促成的，比如某个电视节目因为前导节目的高收视率而获得了大量的观众。当然，观众也会收看自己偏好的品牌节目。

（八）品牌定位

品牌定位（Brand Positioning）是所有品牌营销的核心，是指确定区别于市场竞争对手的品牌形象。品牌定位是戴维·阿克（David Aaker）创建强势品牌的十条准则之一。凯文·莱恩·凯勒就说过，每个品牌都有一个品牌定位，它能为沟通方案的实施提供清晰的指导。竞争性的品牌可以根据任何品牌联想来定位。研究人员经常运用量化的调查数据，绘制"感知定位图"来图示每一个竞争性品牌的相对位置。品牌定位应以消费者为中心，即最重要的是消费者对这个品牌的想法和感觉。

在竞争激烈的传媒行业，每一个媒体都必须寻找一个适合自己的定位，才能在这个市场中占有一席之地。如光线传播的品牌栏目《娱乐现场》就定位于中国最权威的娱乐资讯节目，主要报道中国大陆的明星娱乐动态，节目口号是"我们了解娱乐界"；《海外娱乐现场》节目主要报道国外娱乐界的风吹草动，口号是"娱乐无国界"；《娱乐中心》节目则定位于港台娱乐资讯节目，主要派记者深入港台娱乐前线，采集报道港台娱乐明星新闻，口号是"娱乐万象，总有中心"；而《娱乐人物周刊》则每周盘点当周突出的重要事件和重要人物，以专题形式给予详尽剖析，口号是"明星中的明星"。

（九）品牌尝试

品牌尝试或品牌抽样（Brand Trial）是指消费者对某个品牌的初次购买或体验。制造商会利用免费样品、价格打折、优惠券或竞赛等方式刺激消费者尝试新品牌。媒体也可以通过一系列的刺激手段来达到这个目标。有的电视台通过竞赛等促销手段刺激收视率迅速攀升。从塑造电视品牌的角度考虑，促销"刺激"应该鼓励品牌尝试，从而使这些新观众在刺激结束后继续收看该节目。国内流行的"有奖收视"等，可以看作传媒的品牌尝试。

（十）品牌选择

品牌选择（Brand Choice）是对竞争性节目市场中实际消费行为的测评，这种行为可能与品牌偏好有关，也可能无关。某个品牌或许因为是消费者唯一买得起的品牌而成为消费者的选择，这种唯一性对销售量和市场份额来说非常重要，但在考察真实的品牌偏好时却有可能造成误导。比如，某个电视节目被选择的原因可能仅仅因为它是特定时间段中唯一的某种类型节目，还有可能是因为刚好承接了前导节目的高收视率。就观众真实的品牌偏好而言，他们或许对一个频道毫无兴趣，仅仅出于惯性才停留在这个频道上。与此相反，由于收看条件的限制，或群体（家庭）要看其他节目的压力等冲突因素，观众可能很少选择偏爱的节目。

（十一）品牌忠诚

品牌忠诚（Brand Loyalty）一般是指结合心理与行为因素来测评消费者对品牌的忠实程度，包括消费者的态度与重复消费的行为。这里将行为与态度区别开来，品牌忠诚仅仅是对消费行为的测量，即不买其他品牌，只重复购买该品牌的程度。重复购买可能是也可能不是强烈的积极态度或偏好导致的结果。品牌忠诚也可能是强制性的，因为消费者没有其他选择，或者受营销组合因素的影响。

看电视可以说是一种重复性的习惯性行为。从消费行为的角度，可以把消费者解释为"物体"，把惯性解释为鼓励"抵抗改变"或鼓励习惯的各种营销因素。如果要让物体改变方向，就必须有足够的外力，比如一个竞争性的品牌。关于营销和大众传播的若干研究都提到惯性的概念。人们收看节目通常只取决于其前导节目，这种观众持续效应有时叫作"收视惯性"或"沿袭效应"，这意味着一个节目的忠诚度很大程度上是沿袭下来的，而不是争取到的。长期的收视习惯可能是各种因素综合作用的结果，不一定出于对这个传媒产品的真正喜爱。

（十二）品牌满意

品牌满意（Brand Satisfaction）直接与尝试以及使用相关，它是品牌体验的评估结果。满意是以"消费者的期望"这一观念为基础的，这也是品牌管理的核心。品牌满意涉及下面这个问题："这个品牌有承诺吗？"满意就会促成承诺，而承诺又会促成忠诚。

(十三) 品牌依赖

品牌依赖（Brand Commitment）是品牌塑造的心理基石，涉及品牌忠诚最根本的心理。如果说品牌忠诚是对消费行为的测量，那么品牌依赖就是受众在面对反向编排、前导节目、竞赛或其他各种诱使观众离开的竞争策略时，仍然锁定某个品牌的这种忠实程度的测量。比如，具有高度依赖的消费者愿意为他们认为真正优秀的品牌支付更高的费用。就电视而言，一个具有真正依赖的观众将会寻找特定的节目。品牌资产的根本动因就是依赖，而重复观看（忠诚）则是由此带来的理想结果。

(十四) 品牌资产

品牌资产（Brand Equity）是品牌名称的影响力，品牌名称为产品或服务带来的附加值促使消费者购买或观看。比如，电视品牌资产就是品牌名称对节目在观众反应上所产生的差异化效应。任何一个品牌资产理论的基本假设都是，如果你拿走了品牌名称，消费者的表现就会完全不同。试想一下，如果在所有的运动鞋中去掉"Nike"的名称和它独特的具有动感的弧形标志，零售业绩的表现会有什么不同？

品牌资产是品牌管理的圣杯。品牌资产使品牌超越了普通的产品类型，通过强调其持久声望而使它显得与众不同。不过，这种声望应该超越单纯的功能性特征而致力于消费者在更高层面的利益，因为在通常情况下，没有比功能性特征更容易让竞争者模仿的了。品牌资产的大敌是等值替代物，也就是几个竞争性品牌在消费者看来几乎同样令人满意。在这种没有明显品牌差异的情况下，行业就会陷入相互厮杀的营销战，如价格战、广告战等。

四、我国传媒进入塑造品牌时代

随着信息全球化的发展，中国的传媒业已经超越了简单的产品竞争，逐步进入品牌竞争时代。目前传媒发展的瓶颈不再是眼球效应，而是品牌文化。传媒开始从单纯的发行量/收视率和市场份额之争中突围。随着我国传媒业由卖方市场转入买方市场，打造传媒品牌，树立品牌形象，成为传媒市场竞争的关键。CIS（CIS 是 Corporate Identity System 的简称，通常译作"企业形象识别系统"或"企业形象战略"）引入大众传媒，成为传媒竞争的利器。

目前我国传媒业的品牌经营经过多年的发展，已形成了一个全国性的热潮。中国报业开始进入品牌竞争时代。2002 年《南方周末》进行了多项重要的改革，其中之一就是成立了专门从事该报品牌策划和营销的品牌工作室（后拓展为市场部），首开中国报纸品牌经营和品牌营销的先河。随后，《经济观察报》等也成立了功能相近的职能部门。南方日报报业集团前董事长范以锦从战略高度率先提出了报业集团的多品牌战略，指出："在激烈的报业市场竞争中，要牢固地维系媒体消费者的忠诚度，就要在消费者心中树立起品牌。"在电视领域，1999年中央电视台台长赵化勇提出了"频道专业化、栏目品牌化、节目精品化"的口号，开启了央视品牌化经营的历程。2006年6月5日，中央电视台新闻频道全新改版，标志着央视品牌化改革战略的启动。这次央视的"频道品牌化"战略是在"三化"改革基础上的发展和升华，最终目的是将央视的栏目和频道打造成知名品牌，使中央电视台成为国内乃至世界级传媒"航空母舰"。中央电视台、南方日报报业集团、"电视湘军"、《读者》、时尚杂志社以及上海文广新闻传媒集团等，都是这次品牌热衷的突出代表。

我国何以进入传媒品牌经营时代？

首先，随着改革开放的不断深入、中国社会阶层的进一步分化，受众分群的趋势也越来越明显；与此同时，传媒出现了从大众化向小众化转变，乃至进一步细化分众的特点。20世纪90年代中期以来媒体运作从单一重视广告收入到以收听（视）率或阅读率衡量节目或报道质量进而吸引受众，以及90年代后期全国各大报业集团、广电集团纷纷成立，就是在这样的背景下出现的。报刊的专业化程度越来越高，突出的是三大财经类报纸：《经济观察报》、《21世纪经济报道》、《中国经营报》，此外还有《财经》杂志，彼此细分市场，各自拥有特定的目标受众。在广播电视领域，从电视的制播分离，到数字电视的启动，频道专业化，也就是差异化竞争成为主流趋势。

其次，传媒市场竞争越来越激烈，低水平同质化竞争已严重威胁到传媒业的正常发展。与此同时，境外传媒看好中国极具潜力的市场前景，开始通过各种方式渗透中国国内市场。在这种内外夹击的形势下，传媒企业"品牌效应"就显得至关重要了。传媒从新闻战、价格战、发行战等低水平同质化的竞争开始转向核心竞争力的竞争，打造强势品牌就成为传媒在激烈的市场竞争中立于不败之地的必然选择。

最后，传媒产品是一种知识产品，属于经验产品的范畴，信息和知识对受众的价值与效用只有在他花时间使用之后才能判定，因此，传媒产品质量具有事后评价性。受众购买传媒产品的决策往往依赖传媒机构或传媒产品过去在其心目中建立的长久记忆。而要建立、维持与更新受众对传媒的良好记忆，最有效的方法就是创建强有力的传媒品牌。此外，新闻法规的不完善，导致竞争规则混乱，此时，品牌是传媒生存的基石。

目前我国传媒的品牌经营还处在初级阶段，传媒普遍缺乏品牌竞争优势。与国外媒体品牌相比，我国传媒不仅没有世界性品牌，连全国性品牌也很少。随着中国传媒业的市场化发展，品牌已经成为一家传媒生存与发展的重要基础。但统计显示，在中国的2700多份报纸中，除了天津的《今晚报》、上海的《申江服务导报》等少数报纸外，多数报纸都没有对自己的名称进行商标注册，中西部地区比东部地区尤甚。而在全国近8500多家期刊中，注册率也仅为18%。不仅如此，很多报纸和期刊名称还被他人抢注，其中上海、浙江、山东和河北的报纸名称抢注率居内地之首。全国品牌电视节目建设与发展的现状也难如人意。忽视商标价值以及由此带来的经济及社会效益，是我国媒体商标保护意识薄弱的关键。

第二节 传媒品牌管理的实践

传媒要在激烈的市场竞争中立于不败之地，就必须建立自己的品牌战略。《洛杉矶时报》的发行人马克·韦尔斯曾提出："要像管理企业一样管理报纸，要建立品牌，要以推销消费品那样的效率和冲劲来推销报纸，增强与读者接触的频率。"面对新闻传播全球化的趋势，面对国际传媒巨头成功的品牌建设，我国传媒需要通过实施品牌战略，对内整合价值观、凝聚力、战斗力，对外展示企业新形象、新实力、新潜力，构建鲜明的品牌特征，打造一批行业龙头品牌。传媒的品牌建设应借鉴国际上的成功经验，以提高内容质量为根本，以市场需求为目标，针对目标受众群的需求，生产提供导向正确、内容精良的传媒产品，打造知名品牌，增强核心竞争力。

一、传媒实施品牌管理战略

传媒如何创立自己的品牌战略呢？从动态的过程看，传媒实施品牌战略包括品牌的建立、维护和创新这样一系列的过程。传媒在创立品牌的过程中，既要树立起对品牌的正确认识，又要真正重视传媒的品牌管理。比如，在传媒品牌推出前，务必进行细致的市场调查、策划设计和组织准备；在品牌推出后，在其投入期和生长期，应严格实施精品战略、着力强化品牌传播，对品牌进行管理与维护；当品牌进入成熟期特别是衰退期的时候，创新就是必要的了。总之，品牌建设是一项系统的工程，传媒必须牢固树立品牌意识，搞好品牌经营，形成强势品牌，以达到提升竞争力的目的。

（一）树立品牌战略意识

传媒首先要树立现代品牌战略意识，从战略的高度重视品牌建设，这是传媒实施品牌战略的前提。品牌建设是媒体做大做强、持续发展的标志和保证，品牌做得好不好，能否不断创新，是传媒发展水平和管理水平的综合表现。在注意力经济、产品同质化的今天，"酒香不怕巷子深"的观念已经过时，优良的质量并不能保证产品的畅销。企业的成功经营靠品牌，媒体的成功经营同样依靠品牌。在新经济时代，品牌是媒体赖以生存和发展的"生命线"，因为传统的以产品为核心的管理体系在竞争激烈的市场前已显得无能为力了。以品牌来建立传媒产品在市场上的地位，树立传媒形象，是有效的传媒竞争手段。传媒管理层应看到品牌也和有形资产一样是传媒的宝贵财富。美国探索传播公司和迪斯尼频道公司的品牌节目遍布世界100多个国家，这两家公司专门设置了品牌管理开发部，负责公司的品牌打造、开发、推广及管理。

(二) 正确进行品牌定位

准确定位是创建品牌的关键。品牌定位是营销的灵魂，菲利特·科特勒指出："解决品牌定位问题能帮助公司解决营销组合的问题，营销组合——产品、价值、渠道，从本质上来讲是定位战略技术运用的结果。"品牌定位就是要根据目标消费者的需要来确定品牌的核心价值。正如品牌定位的创始人J. Trent和A. Ries所说，品牌定位是要显示和突出品牌之间的档次和风格区别，使之在消费者心目中占有一席之地。

定位对于传媒品牌来说尤为重要。为了使媒体在目标受众心目中相对于竞争对手的产品而言，占据清晰、特别和理想的位置，传媒应以受众为中心，准确定位，创建媒体品牌认知度。一个品牌如果没有与竞争品牌形成差别，就失去了存在的价值。MTV的经营者，在广大的受众群中，将自己的产品定位在13～35岁的年轻人中，对他们的心理、情感、喜好、受教育背景、家庭情况、生活习惯等诸多指标作了深入的分析和研究，然后针对目标受众策划制作不同的节目，只要这些年轻人想欣赏流行音乐，那么MTV就是最好的选择。

传媒怎样进行准确定位呢？

首先，要重视市场调查。依据受众市场调查，找准市场，找准对象受众，减少由于盲目带来的经营风险。这样，有利于决策层客观地认识媒体在市场中的态势，整体把握传媒发展战略，建立科学的传媒产品评估体系，推进管理的科学化、目标化，并准确评估一个传媒的资源价值。

其次，传媒品牌应具有鲜明的特色和个性。构建自己的特征，是新创品牌的关键所在。在传媒品牌定位中，个性化是不可忽视的重要内容。传媒品牌要获得成功，必须把握自身的优势，整合各种资源，凸显与众不同的个性，使自己的品牌在众多媒体品牌中脱颖而出。比如美国三大著名的广播公司哥伦比亚广播公司（CBS）、全国广播公司（NBC）和美国广播公司（ABC）的新闻报道就有明显的定位差异：CBS新闻以严肃新闻报道为主，节目风格和特性由最具影响力的主持人（或记者）的个性所决定；NBC新闻重视对新闻背景的分析、对新闻事件的评论；ABC新闻在报道事件上多是传统事件型的"硬新闻"，但在节目的技术性制作和包装上则敢于出新、出奇。①

(三) 打造传媒品牌形象

建立有特色、能体现自己媒体理念的品牌识别系统，对于树立媒体形象、赢得受众

---

① 吴麟：《现代电视传媒的品牌策略》，中华传媒网，2006年1月11日。

群至关重要。CIS即企业识别系统，是从以强调统一化的图形和文字符号形象来设计企业视觉识别效果的 CI 发展而来的。因为单纯的视觉差别已不能适应企业发展的需要，必须有一套系统的企业标识、商标、包装、理念等系列的、全方位的、多角度的经营方式。

传媒 CIS 的构成要素有三：传媒理念识别（MMI）、传媒行为识别（MBI）、传媒视觉识别（MVI）。传媒理念是为实现传媒目标而在整个传媒生产制作、传媒传播、经营管理活动中坚持的基本信念，是传媒形象塑造的核心内容，必须确立具有独特个性的传媒理念，要设计具有感召力的形象口号，就像中央电视台的"传承文化，开拓创新"所代表的独特价值追求一样；传媒行为识别系统一般包括仪表仪容的规范、员工素质与修养、岗位行为准则、工作规范等；传媒视觉识别系统主要是传媒识别标志，比如各个台的台标都代表了本台的理念和形象，而传媒标识语是从声音上形成自己独特的口号和形象，传媒识别色彩可以形成受众的记忆痕迹，引发联想，激发感情。

品牌形象推出以后，第一步就是提高传媒消费者对品牌的熟悉度。要在竞争中建立品牌认知，必须拥有足够多的潜在顾客。即使是最有说服力的品牌塑造信息，如果没有到达目标顾客的话，也没有多大作用。广告并不是到达目标受众的唯一途径，策划周密的公关活动甚至促销都可以成为到达受众的有效手段。

（四）以消费者为中心塑造品牌体验

现代最新的国际品牌理论都特别重视和强调品牌与消费者的关系。也就是说，品牌是一个全方位的架构，牵涉到消费者与品牌沟通的方方面面，品牌若不能与消费者结成亲密关系，就会丧失品牌的资格。品牌体验就是以消费者为中心打造强势品牌的一个重要途径。

英国广播公司 BBC 充分运用品牌体验的手法打造强势品牌，将体验注入品牌价值中。BBC 擅长塑造品牌体验。为了纪念 BBC 成立 75 周年，它特意开放了一个体验中心，其中让人印象深刻的是无线电报的相关展品，包括最早的无线电设备、从泰坦尼克号上发来的电报和相关照片等，都是第一次和公众见面的。马可尼是无线电技术的先锋，也是 BBC 的主要创始人之一。这个体验中心设在伦敦的摄政王公园，在这个地方，人们可以体会 BBC 的 75 年发展历程，了解在这么长的时间里，BBC 在英国的历史和文化中所扮演的重要角色，所以这个体验中心的目的是人为创造出一个用于体验的场所。在这个体验中心里面有一系列的互动展示项目让人们体验广播活动，这些互动节目有看电视短片、节目制作和 CD–ROM 的互动环节。这些节目制作得如此精美，以至于人们在观赏的时候会对这个品牌油然产生好感。很多关于历史、地理和新闻的节目都已经成为人类媒体业的经典作品。在 BBC 的体验中心里面，游客可以尝试导演热门电视节目，试着做做体育评论员，导演一个电台节目，当然，还可以读读天气预报。这都是让游客觉得兴味盎然的体验。

各种新的数字手段也被 BBC 用来塑造独特体验，比如博客技术。网络的传播形式早已受到传媒业巨头们的关注。2005 年 7 月，维亚康姆、ABC、ESPN 及《新闻周刊》等传统媒体大鳄，都陆续在其网站上推出了免费的博客服务。最大的 MP3 硬件厂商苹果也关注博客，并在其新版 iTunes 4.9 软件上全面支持博客，通过这一软件，用户可以轻松订阅超过 3000 家媒体提供的免费博客内容。BBC 也是较早推出博客节目的传统广播电台，一年中有 7 万人次下载 BBC 的《共享时刻》节目。

体验的形式是很多的。它们作为 BBC 影响人们心灵的载体，持续塑造着大众的生活方式，丰富着大众的品位和情趣。这些举动绝不仅仅是营销或者销售所能概括的，这是战略性的品牌思维。品牌体验深刻影响人们的心灵，BBC 不仅仅是提供一些具体的节目，而是提供能够影响大众品位的生活方式。

（五）传媒整合营销打造品牌

整合营销传播（Intergrated Marketing Communications，IMC）是一门新兴的营销理论。整合营销传播的核心是 4C，即顾客需求与欲望（customer needs and wants），对顾客的成本（cost to the customer）、便利（convenience）和沟通（communication）。整合营销传播以消费者为中心重组企业行为，综合协调地使用各种传播方式，在不同场合和不同时期传递统一、连续的品牌形象，实现与消费者的双向沟通，迅速树立品牌在消费者心目中的地位，建立品牌与消费者的长期密切关系，积累品牌资产，形成品牌优势，提高竞争力。整合营销传播使企业的营销过程成为一个整体，而且实施整合营销传播是品牌转化为企业核心竞争力的关键手段。

对于传媒来说，整合营销传播是其必经之路，也是其优势所在。传媒品牌的整合营销战略，是指围绕媒体及其产品品牌而展开的塑造媒介形象的所有规划活动。传媒运用公共关系、新闻策划、附属产品开发等一系列营销手段，策划有一定创意并能产生社会效应的活动，让受众获取对于同一媒体的品牌信息。传媒所属各个部门，必须在对目标受众清晰了解的基础上，建立起一致的传媒形象。分工合作比单兵作战能取得更高的系统效益，而这种协作必须建立在一致目标和有效管理的基础上。

凤凰卫视的整合营销传播堪称传媒中的经典案例。从 1996 年 3 月中文台开播以来，凤凰卫视已然成为全球颇有影响力的华人卫星电视台，内地一直以来都是凤凰卫视最大的收视市场。凤凰卫视的"明星主持"策略改变中国新闻播报一贯的风格，轻松诙谐中不乏睿智思辨的光芒，为其赢得了一批忠实观众。每个节目主持人作为栏目代言人，个个个性鲜明，主持风格各异，明星主持们也被誉为凤凰卫视的驰名商标。此外，凤凰卫视成立初期就策划了飞越黄河的活动，在社会上产生广泛影响，之后凤凰卫视组织了千禧之旅、欧洲之旅、穿越风沙线、寻找远去的家园、两极之旅等多个大型采访活动，这些举动都被称作华语传媒史上的壮举。凤凰卫视的典例证明，好的频道品牌并不是品牌节目的简单相加，而是需要整体营销策划，需要在宏观战略的指引下，再做具体细化节目的品牌策划。

（六）重视对忠实顾客的营销

品牌是一个以消费者为中心的概念，整合营销传播的根本目标也就是通过有效的双向沟通，强化品牌与消费者之间的关系。传媒在执行 IMC 的过程中，要以消费者为中心，发展顾客关系管理，即发现或培养一批核心顾客群，并建立顾客数据库，收集、分析和利用核心顾客各方面的情况，包括顾客的人口统计学信息、需要、偏好、收入状况以及个人生活方式等，然后据此提供有针对性的传播和服务。

品牌塑造不仅是为了吸引新的受众和广告商，维护和保持忠实顾客同样重要。赢得一位新顾客远比保留一位老顾客困难得多。研究表明，保持一个老顾客的费用仅为开发一个新顾客的 1/4，并且顾客忠诚度每增加 20%，将带来 80% 的利润增长。所以，重视对忠实顾客的营销对传媒具有重要意义。传媒应通过建构品牌的知名度和美誉度，培养受众对品牌的忠诚度。

（七）创新保持传媒品牌生命力

品牌建设不是一劳永逸的，只有不断创新才能保持品牌生命力。一个品牌历经 3～5 年，就可能要面临改造了。迪斯尼总裁就曾经宣称："每隔七年迪斯尼就会进行一次大调整。"因为品牌有着自己的生命周期。创新是品牌成长与规模化发展的永恒推动力。企业必须不断开发新技术，并能适时应用于新产品，才能使其品牌在市场上有持久的生命力；品牌构筑是一个动态的过程，必须不断对品牌内涵进行强化，使其具有深厚的文化底蕴，在适当的时候还要根据企业发展战略大胆创新，赋予品牌新的含义。

一个成功的传媒品牌必须在与忠实顾客保持紧密联系的情况下与时俱进，顾客期待并欣赏有创新意义的改变。对于处在稳定期和成长期的传媒品牌来说，创新是延长其生命力的有效措施之一。因为在品牌的成长过程中，环境在变，竞争对手在变，受众的价值取向也会悄然改变。中央电视台《焦点访谈》、《实话实说》在取得了成功后，人们对它的品牌新鲜感正在减退。只有对媒体内容架构不断进行动态调整并逐步优化品牌，才有可能建立起富有竞争力的强势传媒品牌，所以，有必要采取措施为之注入活力，有计划地导入新的内容以求品牌的再生。值得注意的是，品牌创新应建立在核心价值理念上。借鉴国内外知名品牌建设的经验，可以发现核心理念是成就产品和企业的核心。

不过，传媒品牌带有创新意义的改变也是有一定风险的，即在争取新的受众的过程中，可能会失去现有的部分忠诚受众。所以，对品牌管理而言，创新是一个棘手的挑战。盲目地为一个挣扎期的电视节目修修补补往往只能使节目变得更加糟糕，在这种情况下，转换品牌就不失为一种明智的选择。

（八）传媒品牌管理应注意的问题

一是传媒品牌不能等同于"包装"。国内传媒的品牌建设中，讲得比较多的是"包装"，在实践中，大多流于对品牌外观的人为处理。许多传媒机构都开展了轰轰烈烈的品牌创立活动和推广活动，却没有重视品牌本身素质的打造。事实上，"包装"只是品牌建设中比较肤浅的一小部分，不能简单地将品牌建设等同于"包装"。品牌建设背后凝聚的是优异的品质、不断创新的技术、周到体贴的服务、及时快速的响应以及严密精细的管理等诸多要素。二是传媒的品牌拓展应把握好"度"，过度的商业开发可能对原有的品牌造成损害。三是传媒应注意对品牌商标的保护。

必须指出的是，传媒开展品牌化策略未必就能保证经营上的成功。所谓品牌化策略，是指传媒为自己培育特有的、全新的品牌，也就是说，传媒愿意为自己起一个特有的名字、设计一个独特的标志、选择一个特殊的市场、确立一个长期的品牌化发展目标。但品牌化过程本身也是对传媒综合资源的挑战。从管理思想到组织结构和运作效率，从资金实力到人才优势，从企业内部文化到外部环境，都可能对品牌化策略的实施构成各种限制或障碍。也就是说，建立、维持和保护品牌也要付出巨大的成本。

二、传媒品牌与质量管理

随着我国传媒业开始进入品牌竞争时代，激烈的竞争使得媒体品牌的可持续发展变得尤为重要。加强质量管理是可持续发展的基础。质量是传媒品牌创立、发展的根本，是传媒公信力的最直接体现，更是传媒竞争和影响力的外在表现。近年来传媒界"新闻造假"现象屡见不鲜，部分传媒制造的假新闻给社会和谐发展带来冲击，如何提高媒体质量再次受到全社会的普遍关注。

为了提升公信力，向国际先进管理看齐，我国传媒业开始建立全面的质量管理体系。2002年以来，国内电视界悄然兴起ISO 9000族质量管理体系认证热。2002年8月中央电视台新闻节目中心新闻评论部首开先河，通过ISO 9001质量管理体系认证。2003年厦门电视台、黑龙江电视台分别成为全国第一家通过ISO 9001认证的市级、省级电视台。此后，上海文广集团旗下的新闻娱乐、生活时尚、体育等频道先后获得了有关机构的认证。2005年辽宁电视台经济节目中心、山东潍坊电视台广告信息中心通过认证。认证工作在无锡广播影视集团、扬州市广电局等单位亦悄然展开。北京人民广播电台及其所属的七个专业台于2003年11月23日获得GB/T19001-2000质量管理体系认证证书。通过质量管理认证，是传媒加强科学管理的一个新起点。

ISO 9000质量管理体系是一个在各个领域通用、被全球各个国家普遍认同的质量管理体系标准。传媒产品和其他企业生产的产品一样，都有一个产生、形成和实现的过程。传媒导入质量管理对于规范传媒的管理，打造品牌，提高传媒的核心竞争力具有重要意义。传媒作为一种特殊的商品，对它的质量要求又有着特定的内容。比如报纸的质量，从新闻出版总署对报纸质量检查的内容来看，应包括政治质量、编校质量、设计质量和印刷质量四个方面。只有提供的传媒产品和服务超出受众的期望，才能有效地建立传媒品牌。路透社注重新闻产品与新闻传播的质量，在国际新闻界享有很高的信誉和影响。它采取的策略是：靠着及时、准确、客观而充分的新闻报道去吸引客户，创出品牌，进而逐渐扩大其他产品的销路，提高综合经营的效益。为了自身发展和通讯社信誉的需要，路透社坚持按其价值观标准，尽量注意维护新闻报道的准确和客观，以提高新闻报道的质量。

为了实现质量目标，传媒必须综合应用各种先进的管理方法和技术手段，善于学习和引进先进的管理经验，不断改进传媒的业务流程和工作方法，不断提高组织成员的质量意识和质量技能。《纽约时报》20世纪50年代开始建立着眼长远的质量体系。加强媒体质量，维护品牌发展，可从以下几个方面入手：第一，注重人、财、物等硬件部分的投入。第二，重视服务质量。服务质量关系到品牌的声誉。全方位提高服务质量，一方面是针对广大受众，要以受众需求为目标，为受众提供满意的服务；另一方面则是针对广告客户，为其提供专业化、高质量的服务。第三，提高专业化水平。专业化水平制约着媒体质量，专业化水平差是我国媒体目前的一个巨大缺陷。媒体节目的创建必须形成统一的生产模式以确定稳定的制作标准、技术和艺术风格。没有专业分工，就没有标准化生产的品牌。①

三、传媒品牌与公共关系

（一）传媒的公共关系

公共关系（Public Relations，PR）就是组织为了协调自身的利益和社会利益，以良好的组织形象为核心目标，围绕着科学的计划，通过各种传播手段来建立和维系组织与社会公众之间的相互了解、相互信任、相互适应和相互合作的关系，协调组织内外的各种矛盾，进而创造组织活动的最佳环境。

公共关系能树立品牌，有助于增强企业的竞争力。公共关系作为产业实体经营管理的重要环节，对企业（机构、组织）的兴衰成败发挥着越来越大的作用。而从世界范围看，广告业的市场分量在降低，靠直接销售和公共事业的份额在上升，这已经成为趋势。曾改变广告界发展方向的美国营销大师艾·赖斯在他的著作《广告的衰落与公关

---

① 袁冲、黄丹：《论媒体品牌的可持续发展要素》，《华中科技大学学报（社会科学版）》2004年第4期。

的崛起》中称:"广告能够保护你的品牌免受来自竞争者的攻击,广告是用来支付维持品牌在消费者心目中位置的费用。广告用来保牌,而不是创牌。"美国营销大师科特勒将公共关系称为营销组合4P之外的第5个P。他说,过去企业的竞争力主要靠的是高科技、高质量,而现在却要强调高服务和高关系。所谓高服务和高关系,就是指企业在竞争生存中的公共关系,以及蕴涵在公共关系中的企业形象的树立和维护、品牌的打造和管理、政府关系的协调、媒体公共传播,以及企业的危机管理,等等。

作为公共关系中介的传媒,同样需要进行公关宣传。对于传媒来说,公共关系活动主要分为两类:一种是媒体自己策划组织的活动,一种是大型的会展。比如中国(上海)传媒业博览会、广电博览会、报刊征订发行会、读者节等活动。长期以来,媒体非常注重新闻舆论宣传,但对媒体公共关系却不够重视。改革开放以来,随着公共关系成为一个行业,媒体一直被当成公关对象与目标,其实,在企业化市场化运作的环境中,传媒机构自身也应积极主动地搞好公共关系,有必要从公关的对象,转换角色成为公关的主体,通过建设良好的公共关系来赢得更佳的社会效益与经济效益。①

(二) 传媒为什么需要公共关系

1. 传媒的产业竞争迫使其树立公共关系意识。改革开放以来,由于方针、政策的调整,我国大众传播业发展迅猛,新闻机构数量激增、规模扩大、结构变化。在激烈的竞争中,媒体形象是赢得市场、赢得受众的关键,注重形象至关重要。当前,许多媒体已经意识到公关活动对于媒体的重要,逐渐树立起公关意识并开展了具体行动。比如2003年在北京创刊的《新京报》重视搞好公关工作,吸引公众,沟通关系,在创办之初不惜花巨资进行宣传,开展各种促销活动,为报纸发展创造良好的条件和环境,取得了一定的成效。

2. 传媒开展公共关系是知识经济的要求。知识经济带来的一大特征是竞争日趋激烈,对社会组织的管理要求科学化、信息化。其中一个重要方面就是加强"沟通",做好沟通,也就是为了与有各种利害关系的人们构筑良好联系而开展信息交流活动。而公关正是社会组织运用传播手段与其公众进行双向沟通的活动,旨在协调其公众关系。

3. 公共关系是传媒塑造形象的重要手段。在传媒竞争日益激烈的今天,打造一个有活力、有亲和力、有竞争力的传媒品牌,公共关系已成为整合营销传播时代中不可忽视的重要工具。

公共关系的最终目标是树立组织形象,在媒体竞争中必须将公关活动作为塑造形象的重要手段。媒体形象是一个多维立体的概念,涵盖面很广,意味着媒体公关是多方位的全员公关。必须针对媒体的产品形象、服务形象、人员形象、环境形象、文化形象、

---

① 曹鹏:《传媒机构的公关策略与艺术》,《新闻记者》2004年第9期。

标识形象等各方面开展公关活动。这就要求上至管理层，下至普通工作人员都必须具备公关意识，从塑造媒体形象出发开展全员公关活动。

（三）传媒开展公共关系的策略

1. 树立品牌意识，创办媒体的名牌产品。树立媒体良好形象，可以从创办名牌栏目入手。企业经营主要靠品牌、靠名牌产品，媒体经营同样要靠品牌。对媒体而言，品牌意味着特性和品质，名牌栏目（版面）能带动媒体整体形象的提升。从某种意义上讲，品牌就是形象，媒体只要有了自己的知名品牌就等于有了良好形象，有了竞争能力。创办名牌栏目不仅可以树立媒体形象，还会带来良好的经济效益，推动媒体良性滚动发展。要办好名牌栏目，关键是提高新闻作品的质量。

2. 注重媒体形象包装。媒体形象是指社会公众对媒体的总体看法和评价，它是媒体强大的无形资产。媒体形象一般可分为内在形象和外在形象。所谓内在形象，首要指媒体成员形象，也就是媒体成员的素质；外在形象是视觉可见的形象，首要指的是媒体产品形象，也就是媒体的节目、栏目、版面的内容及其形式。媒体产品是反映媒体综合素质的镜子，注重媒体产品形象的包装，对于树立媒体形象、赢得受众群至关重要。

3. 积极参加各种社会公益活动。公共关系的目的在于树立组织形象，有两个指标：知名度和美誉度。参与公众事业和公益活动是媒体增强知名度和美誉度的有效方式。媒体是社会的成员，在充当社会活动的传播者和报道者的同时，也应参与其中，努力扮演参加者和组织者的角色。

4. 开展必要的广告宣传活动。广告是告知公众的一种非常有效的手段。媒体作为广告载体也应用广告来宣传自己。媒体是不同于企业的社会组织，其广告异于一般的商业广告，广告目的不在于对产品的自夸，而是旨在树立媒体形象，所以应该选择公关广告。所谓公关广告，是将公关与广告紧密结合，主题始终围绕如何树立组织的良好公众形象来进行，符合媒体开展广告活动的目的。

案例分析：湖南卫视打造全国性娱乐品牌

从《超级女声》到《大长今》，从《快乐大本营》到《玫瑰之约》，从《晚间新闻》到《背后的故事》，湖南卫视打造了一个又一个的娱乐品牌。湖南卫视把自己定位为"快乐中国，打造最具影响力的娱乐品牌"，它的《超级女声》更是风靡全国，创下收视奇迹。湖南卫视的成功在于其精确的市场定位和品牌意识，它的每一个品牌栏目都是在市场预测和总结经验的基础上敲定的，品牌形成后又不失时机地通过市场运作进行品牌延伸，创造出更多的经济效益。

一、省级卫视锁定全国 打造"最具活力的电视娱乐品牌"

从 2002 年开始,湖南卫视就明确了"立足湖南、面向全国"的定位。这是湖南卫视突破省级卫视发展制约的一个创举。2004 年起,湖南卫视在国内电视媒体中率先对自身品牌进行清晰定位与形象区隔,致力于打造"中国最具活力的电视娱乐品牌"。与中央电视台目标客户群不同,湖南卫视的目标客户是 20 世纪 80 年代的年轻人、13 亿人中的普通老百姓。湖南卫视的战略定位就是"锁定全国、锁定娱乐、锁定年轻"。锁定娱乐是内容上的定位,锁定年轻是观众的定位,锁定全国是市场区域上的定位。这三个锁定,是湖南卫视的系统定位原则,也是品牌战略的基本内涵和发展方向。

湖南卫视为什么要专心打造娱乐品牌?湖南电视台台长欧阳常林分析说,湖南卫视上星将近 6 年,是不得天时,不得地利,只有做出强势品牌,才能做成有真正品牌的频道。湖南卫视在全国省级卫视上星是第三批,当时山东卫视和浙江卫视已经有了一定的影响。湖南卫视面临三方面的竞争和挤压:一是中央电视台。它是权威性品牌,在全国对省级卫视和地方频道形成了强大的优势地位。二是省级卫视和境外卫视形成了强大的竞争,而且形成了缺少品牌的竞争局面。三是面临上星频道之外的省级地面频道,包括城市频道市场份额的强占和挤压。在这种情况下,湖南卫视选择了"全国性的娱乐品牌"的定位,锁定娱乐、锁定年轻、锁定全国。

湖南卫视自办节目主打"娱乐牌"、"创新牌",如《快乐大本营》、《玫瑰之约》、《金鹰之星》、《音乐不断歌友会》、《真情》、《背后的故事》、《天下女人》等,经过不懈的努力,湖南卫视已成长为"最具活力的电视娱乐品牌"。据欧阳常林介绍,《2006 中国 500 最具价值品牌》的排行榜中,湖南卫视在媒体品牌里面排第三位,除央视外,湖南卫视的集聚力最高,是省级媒体平均集聚力的 27 倍,收视份额是其他省级卫视收视份额的 10 倍。

二、《超级女声》品牌营销的秘诀

2006 年前后湖南卫视《超级女声》的成功,是这一节目在产品创新上的成功,更是在营销推广上的成功,是整合营销传播理论在媒体领域的实践。①

1. **超级女声节目的定位。** "快乐中国·超级女声"是一档具有独特品质、以音乐选秀为外壳的大众娱乐性节目。整个节目自动剥离了电视艺术暧昧的包装,紧贴大众性和亲民性两大主题理念,倡导"想唱就唱"和"以唱为本"。几乎无门槛的大众参与方式和大众投票决定选手去留的淘汰方式,将一切权力交给了大众,张扬一种"全民快乐"的感觉。

---

① 李振勇著:《商业模式——企业竞争的最高形态》,新华出版社 2006 年版,第 110～113 页。

参与者的定位：只要喜爱唱歌的女性，不分唱法、不计年龄、不论外形、不问地域，均可免费报名参加，并通过层层淘汰选拔，甄选出真正代表观众意愿的优秀女声。

2. 广告受众定位。超级女声的定位非常准确，即与参与者重合。无论是它的传播载体，还是它的参与主体，甚至是它的广告受众，都达到了高度和谐的统一。

超级女声在一步步走向成功的实践中，无不体现着品牌塑造的痕迹：

第一，全民参与。不分唱法、不计年龄、不论外型、不问地域，只要喜爱唱歌并年满16周岁的女性（没有年龄上限），均可报名参加。

第二，电视海选。与报名同步进行，最后产生50名进入淘汰赛。超级女声的海选部分，就是所有报名参加比赛的选手初选的过程。如果以传统电视节目制作理念来衡量，初选部分充其量只能是一种原始素材，难登大雅之堂，但是湖南卫视却一反常规地把这个过程展现给观众看。

第三，淘汰赛。海选产生的50名选手经过一段时间的培训后，进入淘汰赛，"50进20"，"20进10"制有所修改，全部现场公布结果，"10进7"、"7进5"（2006年赛制）现场淘汰。超级女声在晋级比赛中采取淘汰制的方式，一次次的"决定"、"PK"、"投票"，将比赛的残酷性无比放大，加大了比赛的激烈程度，增强了节目的观赏性。

第四，电视直播。通过对海选及比赛的直播，中国观众第一次感受到一种没有经过任何修饰的原生态的表演。娱乐的主角从明星变成了平民，给观众耳目一新的感觉。超级女声成功的关键因素恰恰在于大时段、超海量、持续性的节目直播。

第五，短信投票。从十强赛开始，评委就没有太多用处了。按照节目制定的规则，"10进7"采取淘汰赛制，被淘汰的3名选手中，有2名是因为得到的场外观众短信投票数量少，而被千百万"短信评委"淘汰；另外1名选手是在现场被31位大众评审淘汰掉的，客观上会让观众产生一种参与的成就感——我可以决定谁赢，也可以决定谁输。

第六，优胜者。主办方会进行投资包装，让其出唱片、出演电视剧。

第七，娱乐营销与产品营销互动，明星制造和产品促销互动，运营商、湖南卫视（CP）、掌上灵通（SP）的互动，无不为超级女声品牌塑造增色。

第八，随着比赛的进程，一个个性格各异、形象各异的选手脱颖而出，如潇洒帅气的李宇春、活泼可爱的何洁、执着自我的张靓颖、中性率真的周笔畅、单纯透明的黄雅莉、美艳动人的叶一茜、朴实诚恳的易慧、成熟沧桑的纪敏佳，每个人后面又带动着一大批不同层次、不同年龄、不同性格的"粉丝"，使得超级女声避免了众口难调的商业尴尬；再挑剔的人也很容易在其中找到自己的最爱，风格迥异的选手使得超级女声在注意力的争夺之中鲜有盲区。据统计，超级女声不仅赢得了15万报名选手，更有超过2000万的观众每周热切关注。"玉米"、"凉粉"、"盒饭"，从这些亲切可人的称呼中可以体会到歌迷对选手的喜爱之情，体会出选手们的魅力所在。

就是这样一步步地在参与者、关注者的不断揪心、不断关注中，把超级女声的知名度、信赖度和美誉度建立起来，并通过一个个平民歌星的成长过程，把超级女声品牌形象也树立起来了。超级女声是个想唱就唱，能展示自我、实现自我，能帮平民圆明星梦的地方；是个普通人能参与、能体现自己意向并决定谁是明星的地方；是个能给我们带来梦想快乐、愉悦心情的地方。

这样的节目能不大受欢迎，能不大把赚钱吗？蒙牛集团的节目冠名权就有1000多万元，短信收入也不下几百万元；从票数来看，超级女声每一场决赛有300万～500万条的短信发送量。超级女声给湖南卫视带来了收视率和广告额的双双飙升。由于超级女声的播出时间绝大部分设置在中午或下午，使这个时段的收视率大幅提高，直接提升了湖南卫视白天时段的广告价格……通过超级女声节目，湖南卫视突破了省级卫视频道比央视低的广告心理价位。

（本案例综合相关资料编写而成）

学习思考题

1. 传媒品牌的内涵及特征是什么？
2. 为什么说品牌对传媒发展具有重要意义？
3. 简述品牌管理的相关概念。
4. 传媒怎样实施品牌管理战略？
5. 简述质量管理对传媒品牌的重要性。
6. 传媒如何开展公共关系活动？
7. 传媒品牌管理中应注意的问题主要有哪些？
8. 湖南卫视是怎样打造全国性娱乐品牌的？

第十章 传媒的数字化战略

科技之于传媒，犹如鸟之双翼。一方面，大众传播的各种形态是科技发展的产物。近代报刊是在近代印刷术基础上产生的，电报技术加速了通讯社的发展，无线通讯技术促进了广播的诞生，电视的出现也离不开电视技术的发明。到了今天，互联网技术又催生了网络等新媒介。另一方面，新科技对传媒的影响和冲击是革命性的。当前，数字技术的发展已经波及和渗透到人类生活的各个方面，深刻地改变着人们的工作和生活方式。进入 21 世纪，以数字压缩技术、存储、传输等为代表的高新技术，对当代传媒业的结构形态产生着重要影响。数字技术不断打破信息传播的时间和空间限制，传统媒体与数字技术的融合是必然趋势。面对新技术的挑战，传统媒体开始转变观念，推动新技术在传媒领域的应用，并制定数字化发展战略，大力发展以数字化为主要特征的新媒体，以寻找蓝海。传统媒体与新媒体从博弈、竞争到整合，将逐渐形成良性互补、共同发展的新局面，势必成为数字革命的主导者。

第一节 传媒数字化战略概述

一、传媒数字化与内容产业

（一）什么是传媒数字化

传媒数字化不能简单地理解为传媒内容资源的数字化。传媒数字化的实质是各种传媒产品在网络上直接创作、编辑、生产制作以及传播，其最大的特点是把文字、声音、图像融为一体，打破图书、报纸、期刊等纸质媒体，电影、电视等形象媒体，广播、数码音乐等媒体之间的壁垒，消融了媒体的物理介质之间，地域、行政之间，乃至传播者与接受者之间的界限，从而彻底改变传媒业的终极形态，催生出比传统传媒业面更广、规模更大的新产业——数字内容产业。

1998 年 1 月 31 日，美国副总统戈尔发表了一篇题为《数字地球——21 世纪认识地球的方式》的报告，提出了"数字地球"的概念。此后，数字化概念突破了狭隘的技术层面而被全世界普遍接受，被视为"数字革命"。数字化是指信息（计算机）领域的数字技术向人类生活各个领域全面推进的过程，包括通信领域、大众传播领域内的传播技术手段以数字制式全面替代传统模拟制式的转变过程。传媒领域在数字化时代的发展，有两个显著的特点：一是各类传统媒体的数字化步伐加快，如电视正全面迈向数字高清晰度电视及数字压缩卫星直播电视。二是基于数字技术的新媒体、新传播工具层出不穷。在数字化时代，数字化传媒正在成为传媒主流，如报纸的网络出版、网络广播、网络电视、手机媒体化等。①

传媒数字化经营的实质，是计算机、互联网与各种内容服务的结合。数字化在传媒领域引起的变革远远超出技术范畴，涉及政策法规、体制机制、生产方式、服务方式、盈利方式、管理方式等各方面。数字化将重新定义传媒产业，形成所谓数字传媒产业，即以数字化技术为背景，融合了电脑通信、广播电视、电影、报纸杂志以及出版等多种类型的传播形态，将其整合为一体而传递有关信息的综合性传播产业。

（二）数字内容产业

内容产业是数字技术等不断成熟的产物。"内容产业"一词源自西方工业化国家，一般特指以数字技术为基础，依托互联网等媒介，通过创意制作、内容运营，生产文化产品及其服务（图、文、影、音效果），以满足广大视听受众消费需求的产业，也称为网络文化产业、数字创意产业，在我国使用较多的是"数字内容产业"这一称谓。

数字内容产业一般包括数字娱乐、数字出版、数字学习、数字商务、数字信息服务等多个方面，它几乎囊括了文化产业及信息产业的所有领域。在人们生活方式泛网络化的今天，数字内容产业在工业化国家的产业布局中，已开始占据越来越重要的位置。美国、欧盟、韩国、日本等国家和组织发展数字内容产业较早，有些已完成了信息技术与传统文化产业的整合。这一过程实际上是完成新旧产业以及跨行业、多部门之间的重组，最终形成一个新兴的数字内容研发、制作、销售、服务的完整产业链。目前，全球数字内容产业的产值以近30%的幅度迅速增长，成为新的财富源。随着文化产业的逐渐形成、数字网络技术的发展，我国的数字内容产业将会迅速崛起，成为国民经济中新的领跑者。

（三）传媒向综合内容服务商转型

传媒数字化最终的发展方向是数字内容产业，也就是说，数字内容产业将代替传统的传媒业，成为传媒业未来的发展方向。在数字化时代，传媒向综合内容服务商转型是必然的趋势。依靠数字化技术真正形成数字内容产业，是我国传媒发展的目标。

随着数字化的冲击，广播、电视、报纸、杂志、网络等传统媒体的界限日趋模糊。

---

① 张猛：《传媒数字化发展及其运营现状分析》，《青年记者》2006年10月下。

面对多媒体竞争的时代，传统媒体需要重新寻找自己的位置，改变既有的传播形态，抓住数字技术发展带来的机遇，充分利用新科技，开展多媒体经营，创造出新的服务，或是组成策略联盟、开创商机，对传媒内容资源进行全方位、深层次的开发利用，促进各种传播形式与内容资源的紧密结合，将传媒业打造成为多种媒体形态共存，集内容创新、制造、推广、服务于一体，具有中国特色和国际竞争力的现代内容产业。

传统媒体的数字化转型，按照自身的发展战略，不仅要做内容提供商，而且要做数字内容产业中的主体。提供内容和价值是传媒的核心能力，传媒应成为数字内容产业核心价值的提供者。传媒提供新闻、信息与娱乐的方式，将包括各种各样的选择，如报纸型的、电视型的、网络型的、手机型的或者其他的传播形态，以满足数字化时代消费者多种多样的需求，获得整合传播效应，这也是传媒数字化战略的出发点和归宿点。

二、传媒数字化的必要性与可行性

（一）互联网对传统媒体构成挑战

互联网的出现使大众传媒的基本模式和理论面临着挑战。互联网作为一种媒介技术，其结构和功能极大地冲击了传统媒体。近年来，网络以极快的速度普及开来，中国互联网信息中心（CNNIC）2013年1月发布的统计报告显示，截至2012年年底，我国网民人数达5.64亿，互联网普及率为42.1%，其中，手机网民数量为4.2亿，微博用户达3.09亿。随着互联网的崛起，网络媒体逐渐成为继报纸、广播、电视之后最具影响力的新兴媒体。网络已发展成为传统媒体一个强有力的竞争对手，对传统媒体构成了严峻的挑战。以互联网为基础的新媒体崛起及其替代效应，对传统媒体以及媒介生态构成了破坏性创新甚至颠覆，越来越多的受众和广告商从电视机转向网络、手机等移动终端。从媒体发展的远景来看，网络的冲击其实才刚刚开始。

互联网对传统媒体的冲击导致传统媒体受众分流、广告减少，传统媒体出现明显"衰退"的迹象。首先，网络媒体对受众尤其是年轻人的影响力如日中天。在美国年轻的一代中，网络媒体逐渐成为他们获取信息的主要来源之一。其次，从广告的角度看，网络广告在经历数年的艰难发展后迅速崛起，成为与电视、报刊等传统媒体并列的广告媒体。在线视频广告具有很大的增长潜力。广告主逐渐削减传统媒体的营销费用，将其投向新媒体，随着新媒体营销价值的提高，还将继续分流传统媒体的广告收入。

（二）互联网给传统媒体发展带来机遇

传统媒体在面临数字技术发展所带来的严峻挑战的同时，也迎来了新的发展机遇和增长点。传统媒体融入互联网是未来传媒的发展方向，数字化整合是难以逆转的趋势。网络作为新的信息传播和营销渠道，为传统媒体提供了更先进和更多样性的手段，也为传统媒体进一步发展开拓了新空间。传统媒体纷纷抢滩网络，开辟新的传播渠道，并广泛借助新媒体加强互动性，从而有效地吸引受众。新闻集团的掌门人默多克认为："采用新科技是唯一的方法，通过与新科技结合，我们传媒力量才能得到加强，以向消费者创造和传播更具时代动感，更令人感兴趣的媒体内容。这个转变是巨大的，报业需要通过多种资讯平台如网站、iPods、手机和笔记本电脑向读者提供感兴趣的新闻资讯。"

1. **数字技术加速传媒整合趋势**。1996年美国传媒学者托马斯·鲍得斯在《大汇流：整合媒介、信息与传媒》一书中预言：21世纪网络信息时代发展的趋势就是包括电视、报刊、电影、广播、网络的传播媒介与包括新闻、影视音乐制作、游戏在内的信息源的大汇流与合作，最终统一于全方位的宽带信息网络服务，形成能够充分满足人们多方位信息需求的大传媒。从传媒业发展看，大传媒是最新的趋势。所谓大传媒，是指以IT、通讯技术为纽带，以不同的介质为载体的媒体新革命。在数字时代，传统媒体与新媒体之间的界限日渐消融。随着社会经济的发展，各种多媒体技术的推动，以及媒体应用途径的愈加宽泛，单一媒体之间的融合和渗透引起彼此之间的交叉换位，同时由于媒体与其他社会各阶层之间强烈的互动，媒体的定位开始变得复杂而模糊。从报纸杂志、广播电视、娱乐出版、电话传真、卫星光碟，到各种线上线下的信息服务，相互整合的趋势愈来愈明显，你中有我，我中有你。

互联网的兴起导致新旧媒体的融合趋势加速，将大大改变传媒业的面貌。由于互联网技术使信息传播成本大大降低，现代化的数字压缩技术使网络传输系统兼容了文字、图片、声音、影像等传统媒体传播手段，超强的加载能力使新旧媒体之间的融合成为未来传媒发展的主要趋势。信息时代的传统媒体在网络的冲击下，通过自身的调整，以其独特的功能和价值，在相当长的时间内将与互联网共存，并将形成新的传播媒体。传统媒体不会消亡，更可能的前景是，传统媒体在融合了网络媒体后转型为新型媒体，获得新的生机，仍然是主流。

2. **传统媒体与网络媒体各具优势**。传统媒体与网络媒体互有长短，传统媒体的优势在内容，而网络媒体拥有渠道优势，不仅彼此难以相互替代，而且更应相互优势互补，各展所长，实现内容与渠道的优势互补，共同创造更大的市场。新旧媒体之间只有实现彼此融合，形成打造市场的合力，才能弥补单一媒体自身存在的缺陷。网络媒体与传统媒体之间越来越显现出强烈的互补性，两者合作将在激烈的市场竞争中获得"多赢"的成果。

3. **适应数字时代消费者的多元化需求**。网络时代的消费者拥有更多选择权，媒体的权力正从新闻从业者手中转移到普通的消费者手中，受众在媒介传播过程中的地位和作用越来越突出。随着受众主权时代到来，传统的大众传媒不得不以受众需求为导向，融入新媒体中来。由于科技的进步，未来的市场将是一个真正由消费者主导的市场。消费者不仅成为市场信息的掌握者，同时更将成为企业获取顾客需求、市场环境、产品改良、经营变革等决策信息的中心地。在未来市场中,信息传播将会呈现出前所未有的开放性和互动性,市场权力将由消费者掌握。例如,网民不仅仅是新闻的接受者,同时也是新闻的生产者,他们参与新闻的采编过程是必然的趋势,"旧时王谢堂前燕,飞入寻常百姓家",曾经被传统媒体垄断的新闻传播权力逐渐转移到受众手中,新闻传统的采集方式与传播模式将发生革命性的变化。

由于受众需求个性化和综合化趋势,市场日趋碎片化,传媒无法仅用一种旗舰节目或出版物来获得大批受众。要获得大批受众,必须通过一个遍布一系列传媒工具的组合,不同工具针对不同的群体。因此,传媒必须多样化经营各种媒体,并在内容提供上采取组合途径,才能重新集结受众,从而满足广告客户的需求。美国传媒咨询专家迈克尔·J. 沃尔夫认为:"业界领先企业意识到,规模至关重要,必须进入很多业务领域,以便满足消费者的需求……如果它们是电视广播公司,那它们再也不能只做电视了。它们必须有个网站,可能还需要有份平面杂志,或者要有个DVD战略;如果它们是报纸,那就不能只在报摊上出现,或被扔在家家户户的门口。只要客户需要,它们就必须随时随地出现,不管是以小报而非大张报纸的形式出现,还是在便携式电脑或无线设备上出现。"①

(三) 传统媒体与网络媒体相互整合

传统媒体在与网络媒体竞争对抗的同时,已认识到媒体发展的大趋势并不是互相抗争,而是要相互融合,取长补短。因此,近年来传统媒体积极融入互联网,再次掀起了拥抱新媒体的高潮,网络媒体和传统媒体的整合日益紧密。

一方面,传统媒体通过与网络媒体的合作,可以将自己的内容扩展到互联网,互联网给传统媒体带来了更多受众,以及获得收入的新方式。2006年4月中央电视台专门成立了以CCTV.com为核心的央视国际部,整合旗下相关互联网资产后,重新上路。互联网对于弥补传统媒体用户人数下降,扼制广告收入下降至关重要。美国报纸协会发布的调查数据显示,2006年上半年,尽管美国一些大型报纸的用户人数有所下降,但读者每月访问报纸网站的平均人数增长了近1/3。该协会的首席执行官John Kimball 称:"新闻网站成为平面媒体的重要辅助手段,可以吸引更多的用户群体。"②

另一方面,网络媒体也开始进军传统媒体领域,以弥补自身不足。最有代表性的是谷歌进军传统媒体广告市场。2006年谷歌开始向互联网以外的领域大举进军,它的目标是报纸和电台等传统媒体的广告版面。谷歌透露,自2005年以来,它已为广告客户在3家杂志及《芝加哥太阳时报》上投放了广告。谷歌进军非网络媒体战略的核心想

---

① 转引自钱晓文《网络电视对传媒运作方式的潜在影响》,《新闻记者》2006年第5期。
② http://tech. sina. com. cn/i/2006 – 10 – 05/0906117456. shtml.

法是，尽管近年来网络市场的地盘日渐扩大，报纸、电视和电台等传统媒体仍拥有更庞大的市场。

第二节　国际传媒业多媒体整合趋势

近年来，国际传媒界出现多媒体整合的趋势。传媒集团通过长期创业发展，逐步建立起跨越多种媒体的经营平台，实现了传统媒体之间或者传统媒体与新媒体的整合。传统媒体进军网络媒体，不仅提供了新的市场，而且内容也可以交叉使用，形成"一鱼多吃"的共享效应和你中有我、我中有你的互动效应。同时，网络和传统媒体的结合扩大了经营规模，使多媒体运作和市场推广更加有效，双方优势更为突出。

一、什么是"多媒体整合"

多媒体整合是国际传媒大整合的一种新兴模式，是实现资源共享、优势互补、取长补短，以生产多种形式的内容产品并通过互动平台传播给受众的传媒集合形式。多媒体整合是将报纸、电视台、电台和互联网站的采编作业结合起来，资源共享，集中处理，衍生出不同形式的信息产品，然后通过不同的平台，传播给受众（读者、观众、听众、网民、手机用户等）。例如，美国佛罗里达州坦帕市（Tampa）的"媒体综合集团"（Media General）将它旗下的报纸（《坦帕论坛报》，*Tampa Tribune*）、电视台（WFLA-TV）和互联网站（坦帕湾网站，Tampa Bay Online）全部集中在同一座建筑物中，在同一屋檐下有一个专为多媒体作业设计的新闻室。各种媒体的采访人员互相配合、协调，合作采访新闻，共享新闻，甚至由同一名记者同时采访报纸和电视新闻，以及电子版的实时新闻。① 走在多媒体整合前列的还有纽约时报、BBC等。英国广播公司（BBC）电视台、网站、广播电台和电视文字广播等新闻工作者都互相在交叉领域工作。中国广播电影电视集团公司以及各地广播影视集团的成立，标志着国内的传媒业已进入了多媒体整合时代。

多媒体整合这种新的媒体作业模式已逐渐成为国际传媒业的新潮流。互联网的兴起使网络媒体诞生了，而互联网的迅速发展则促成了传统媒体和网络媒体的融合。在内容方面，这种融合起初是体现在报纸所办的电子版上面，也就是印刷媒体和网络媒体的融合；随着宽带网的日益普遍、互动功能的日渐圆熟，电台和电视台也加入了媒体融合的行列，也就是广播媒体与网络媒体的融合。在传播手段方面，传媒硬件的日新月异，无

---

① 林任君：《摸着石头过河——新加坡华文报走向"多媒体整合"》，新加坡《联合早报》2001年9月30日第4版。

线传播技术发展的一日千里，则使得传播平台更多样化和更为先进，计算机、电视、电话和手机已经逐渐融为一体，将多媒体整合向前推进了一大步。

二、多媒体经营打造传媒集团

在互联网诞生之前，国际上已经出现了传媒的混业经营。传媒公司之间通过收购、兼并等手段，进行产权、营运、产品上的整合，形成了规模庞大的综合性媒体集团，从事具有规模效益的多媒体业务。例如，美国在线（AOL）收购了时代华纳（Time Warner)，成为一家巨大的多媒体集团，利用集团所拥有的庞大用户网络和各种平台的优势，采取多种媒体互相促销的方式，以多样化、内容丰富的信息及娱乐产品，占据了很大的市场。

如图10-1所示，媒体围绕内容创意可以衍生出大量的产品与服务，既包括了传统媒体部分，也渗透进了其他传统行业。这种衍生效益吸引了传统媒体业和其他传统产业纷纷纵向或横向扩展其业务领域，实施多元化战略，实现跨媒体、跨行业和跨地域经营，其中有些迅速发展成特大型跨国集团，时代华纳、迪斯尼等早已跨入《财富》全球500强就是最好的证明。

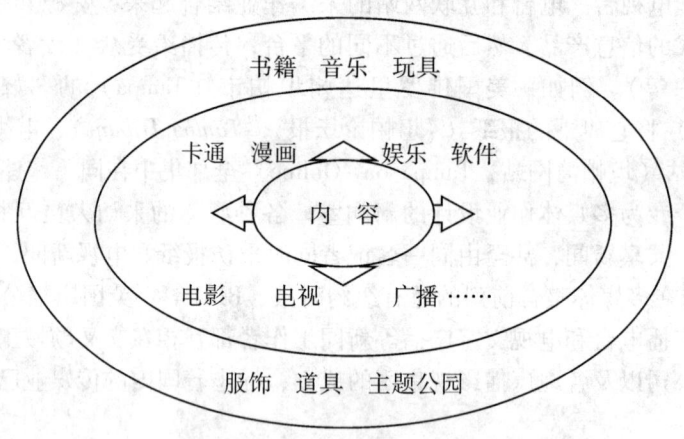

图10-1 战略管理过程

除了混业经营外，多媒体整合的另一个层面就是在同一集团内进行不同媒体的内容互动和整合，使媒体资源用途多样化，同样的信息通过不同的形式包装成适合不同媒体的产品，一物多用，扩大了市场，以相对节省的成本获取较大的收益，产生了经济效益。美国的芝加哥论坛报公司早在1993年就开始朝这个方向发展，公司控制着1家电视台、4家广播公司、4家日报，同时也控制了芝加哥棒球队25%的电缆电视网，掌握了美国在线的线上服务商的股份。公司利用同一批编辑人员制作各种印刷品、电视和广播节目以及网上出版物等,它以属下的报纸作为主要的信息内容处理场,供应产品给本集团的各家网站、电视台、电台和电缆新闻网等。(林任君,2001)

三、传媒内容与通道的数字化整合

美国在线和时代华纳的合并,标志着新旧媒体整合进入新阶段。在数字信息时代,媒体的混业经营进入内容与信道重新整合的新阶段,并将与IT业深入融合。在内容与通道的重新整合中,内容是核心。所有媒体企业的核心资源是各种各样的"内容",信息技术和通讯设施是第二位的,它只是影响到内容存在的形式,以及处理、传播、服务这些内容的途径和方法。作为ISP的网络媒体AOL,其优势在于"信道",而传统媒体时代华纳的优势是"内容"(ICP),两者的结合将重塑媒体市场。借助于跨媒体平台,AOL与时代华纳发挥各自在网络媒体与传统媒体的优势,相互整合各自的内容、客户关系、销售渠道和技术,创建了一个融影视、杂志和网络服务为一体的超级媒体帝国。拥有内容的传媒业与拥有通道资源的网络业进行合并是出自双方共同的需要,这种合并在新环境下体现了资源合理配置,从而提高了双方的竞争能力和获利前景。

在内容方面,数字化技术可以将文字、图片、影视和音响等各种形态的信息都整合为形式单一的数字信号,用同样的方式进行处理、传递和服务,一举打破了过去不同类型媒体之间的壁垒,使相关各媒体种类从合作走向融合。在信道方面,随着网络信息技术的发展,特别是电话网、有线电视网、互联网"三网合一"技术的发展,高速、互动、多媒体的宽带网将逐步成为新闻、信息、娱乐的主流传播媒介。国际超大型媒体集团正在从原有的多种媒体混业经营,开始向多种媒体与信息技术、通讯网络融合的跨媒体经营发展。全球前五大综合性媒体集团目前都已经以各种方式进入了新媒体领域。有迹象表明,下一阶段全球可能会出现传媒业与通讯业的更广泛与深入的合作趋势。① 美国在线与传统媒体巨头时代华纳的"世纪合并",宣告了网络时代多媒体整合的开始。世界传媒业格局发生了较大的变化。为了抢占未来传媒新高地,新闻集团、维旺迪集团(Vivendi)、维亚康姆集团、贝塔斯曼等国际传媒巨头不甘落后,纷纷通过并购、合作等措施,打造新时代的跨媒体平台。

数字化时代多媒体整合的实质,在于整合内容与渠道资源,发挥以互联网为基础的"协同效应"(synergy),从而取得最大的效益。技术的进步,新媒介的出现,不仅为媒体带来巨大的商机,而且使最大限度地重新整合内容与渠道资源成为可能。整合新旧媒体的目的,就是为了充分发挥传统媒体和网络媒体在各自领域的优势,削减运营成本以及进行多媒体运作,达到协同作战的目的。多媒体整合的最大优势,是不同媒体之间的关联性和协同效应,即"1+1+1>3",即通过各种媒体之间的协作、互动,达到互相

---

① 陈超、钱晓文:《关于跨媒体集团建设策略的思考》,《新闻实践》2002年第5期。

造势和增值的作用；同时在规模化优势下，各种媒体在自己的领域发挥优势，以取得最大的效益。电影《哈利·波特》成功显示了多媒体整合的威力。电影成功的秘诀在于AOL时代华纳的交互推广模式，即利用不同媒介推广电影，同时电影也反过来推动其他媒介发展。多媒体整合借助互联网的力量进行市场开发和渠道分销，而电影制作的方法没有任何改变。影片《哈利·波特》放映前，宣传攻势铺天盖地。AOL时代华纳整合线上线下的资源，不遗余力地吊足公众对哈利·波特的胃口。AOL网站负责在线宣传。网站专门建立了一个叫"巫术之屋"的分站点，吸引儿童用户订票，作为回报，网站吸引了无数年轻的用户。电子票务也大行其道。多媒体渠道与大型广告客户合作，捆绑销售热火朝天。产品热销反过来又将刺激原著小说的发行。

四、多媒体整合引发的争议

多媒体整合具有广阔的前景，同时也有很高的风险，因为它是立足于未来的投资。传统媒体进军新媒体以寻找新的增长点，但从短期来看新媒体并不意味着盈利或增长，相反，可能是巨额的债务危机，因为传媒的数字化需要巨大的投入，无论是传统媒体的数字化改造，还是数字传媒的建设，都将对资本、技术、人才、信息各类要素有非常高的要求。而且，新旧媒体的整合并不都是成功的，美国在线与时代华纳的整合就被认为是其中最失败的案例。这场"世纪并购"失败的一个重要原因，是没有为投资人带来应有的"回报"，由于网络泡沫的破灭，新旧媒体融合的理念也未能实现。

经济业绩表现不佳同样是新加坡报业控股的多媒体整合遭挫的主要原因。该集团下属的《联合早报》等3家华文报记者编辑开办的优频道电视新闻取得了成功，而依托集团成立的亚洲网有限公司，却因业绩不佳而被迫在当地股市上摘牌。2001年下半年起，该集团开始重新调整多媒体整合策略，包括紧缩电视投资、解散亚洲网公司和推出《海峡时报》的网上版与印刷版等。新加坡报业控股重返报纸核心业务，以追求报业利润为核心的保守的传统价值观得到了进一步的加强。从这里也可看出传统组织形式转型的复杂与困难。尽管多媒体整合符合新加坡报业控股的长远发展利益，而且，集团也有足够的资源创办电视台、电台和网络媒体，但在这个庞大、分工精细的报业集团进行重新组合时，由于各方利益不尽相同，在执行过程中也会产生人与人之间、部门与部门之间的矛盾。虽然集团起初能够有条不紊地推行多媒体整合，但由于外部经济形势恶化，投资收效慢，最终只好紧缩规模、以退为进。集团的根深蒂固的保守、求稳的传统价值观念甚至得到了加强。①

多媒体整合引起的最大争议是平面记者应否同时为电视、网络媒体服务。有的专家

---

① 袁舟：《媒体集团的经营与管理：新加坡报业控股的成功之道》，汕头大学出版社2003年版，第228～229页。

认为这有违专业原则,会影响内容的质量、报道的深度,媒体公司不应为了商业利益而牺牲读者、观众的利益。世界最大的新闻从业员组织,代表106个国家的45万新闻从业员的国际新闻从业员联合会,就对这种派同一名记者去同时为视听媒体和印刷媒体采访新闻的做法提出严厉批评。(林任君,2001)

从记者编辑等员工角度来看,多媒体整合对每个人的影响是很不同的。原来的文字记者兼任电视记者之后,马上发现两者原来是如此不相同,写文章和在电视镜头前以标准华语作报道和评述完全是两回事。拍摄报纸新闻照片和为电视新闻摄像是两种不同的技能,报纸的摄影画面是静止的,电视上的画面是连续运动着的。拍摄报纸照片讲究角度,拍摄电视画面则要考虑编辑剪辑,需要抓到较多画面。要一名摄影员也兼任摄像员,背着两台不同的拍摄机器,在静态照片和动态画面之间发挥自如,也绝非易事。(袁舟,2003)

人们还担心传媒在网络上的所得是否能真正弥补他们在传统业务上的所失。一方面传媒上网将面对网络的竞争,谷歌、雅虎这些网络巨头在互联网广告方面已经占尽先机。2006年谷歌搜索的阅读量增加了90%,而纽约时报网站的阅读量却下跌了23%。由此可见,传统媒体上网若仅局限于内容的重复,那么竞争力依旧有限。另一方面,传媒实施数字化发展战略的同时,又将如何面对传统的核心业务?经历过电视、广播的冲击后,美国许多报纸出版集团也同时经营电台和电视业务。不过,报纸依旧有独立于电视、电台之外的明显优势。如今,出版商们又纷纷把目光投向网络,核心出版业务正面临着实实在在的压力。

第三节 传媒数字化的现状与走向

数字化生存已成为传统媒体自我突破的战略选择。面对数字技术带来的变革与挑战,传统媒体要在激烈的市场竞争中立于不败之地,充当主导角色,就必须在不断强化自身优势的同时,融合网络媒体的优势,"取人之长,补己之短",以更好地发展和壮大自己。传统媒体一方面对网络媒体开始反击,另一方面又开始大规模进入网络媒体领域,开始了自我转型。

一、发展现状概述

(一)报刊数字化现状

随着数字化技术的发展,传统报业正在进行史无前例的思想和技术革命,实现报业全面数字化战略目标。1987年美国《圣何塞信使报》首次将该报的内容送入初创阶段的因特网,成为世界上第一家基于 Internet 的电子报纸,以此为标志开创了电子报刊和网络媒体的新纪元。20 世纪 90 年代中期报刊上网形成浪潮,如《纽约时报》、《华盛顿邮报》、《华尔街日报》、《洛杉矶时报》、《芝加哥论坛报》、《时代周刊》、《新闻周刊》等。美国 60% 的期刊推出在线期刊,欧美的一些报刊在数字化的风潮下已决定停出印刷版。2009 年 3 月至 8 月,美国宣布正式停止出版印刷报纸、只发行网络报纸的有《西雅图邮报》、《基督教科学箴言报》、《塔克森市民报》、《安阿伯新闻报》等。

从 20 世纪 90 年代开始,我国报业积极应对网络化发展趋势,利用数字化、网络技术发展自己,从传播手段与传播方式两个方面进行突破,实现了报业的现代化传播。第一阶段,各大媒体纷纷"触网",进军网络传播领域,在互联网上建立报纸网站,以报纸网络版方式实现报纸新闻信息的网络化传播。第二阶段是在报业集团建立以后,各大新闻媒体集团提升网络经营理念,在集团内部或外部整合资源,以报业新闻信息资源优势,建立大型网络传播平台,实现由"网络版"、"电子版"向"网"的转变,建立综合性门户网站。这一时期,中央级主要新闻媒体加大投入力度,纷纷改版改网,新华社网站于 1999 年 7 月 12 日全面改版,正式定名为新华网;人民日报网络版于 2001 年改称人民网;四川新闻网则由四川省内 9 家综合性报纸、42 家专业性报纸、16 家杂志、21 家广播电台电视台,共 86 家媒体共同组建。① 2006 年 8 月 5 日,国家新闻出版总署启动了"数字报业实验室计划"和"创新型人才培养计划",这一举动意味着数字化转型已成为我国报业发展的宏观思路之一。成都日报报业集团推出 Digjoy 聚合传媒,旗下有《Digjoy 报》等 4 份多媒体杂志和 6 本电子书籍;南方报业通过打造"南方新闻数码港",打破报纸对新闻传播的时空限制,通过信息定位功能、信息搜索功能,为客户提供个性化的需求。

(二) 广电数字化现状

当今时代已进入全面运用数字技术的数字化信息化时代,广播电视是进入数字化最快的一个领域。数字化涉及地面电视、有线电视和卫星电视三大领域,其中尤以地面电视的数字化难度最大。20 世纪 90 年代以来,欧美发达国家都在积极发展数字电视。1997 年 4 月,美国联邦通讯委员会发布了数字电视实施进程表,计划到 2006 年淘汰模拟电视,全面转为数字电视。我国政府已经开始以有线电视为切入点,按照"三步走"的发展战略,大力推进广播电视数字化。2003 年全面推进有线数字电视;2005 年开展数字电视直播业务,开始地面数字电视试验,有线电视数字用户达到 3000 万;2008 年利用北京奥运会转播之机,全面推广地面数字电视和高清晰电视。在完成三个发展阶段后,我国的数字广播电视可以通过有线、卫星、无线三种方式实现对全国的覆盖。我国

---

① 刘海贵主编:《中国报业发展战略》,上海人民出版社 2006 年版,第 172～173 页。

有线电视向数字化过渡,按照东部、中部和西部三个区域推进,分2005年、2008年、2010年和2015年四个阶段全面实现有线电视数字化。到2015年,我国将停止模拟电视播出。

目前,我国大部分广播电台、电视台在节目采制、播出、传输环节基本实现了数字化,只有接收环节即用户的电视机是模拟的,这已成为广播电视全面实现数字化的"瓶颈"。只要在用户的电视机上加装一个数字机顶盒,就可以把其转换为数字用户,实现有线电视的数字化。我国正在全面推进有线电视从模拟向数字的整体转换,有线数字电视用户将可以收听收看到更加丰富多彩的广播电视节目。随着数字技术的进一步推广运用,我国广播电视由过去只能提供公共服务的时代,开始步入既提供公共服务、又为受众提供个性化服务的新时代。

二、面临的主要问题

(一) 经营机制不活,商业模式面临危机

随着互联网的崛起,传统媒体"老树发新枝",纷纷进军新媒体领域,如《人民日报》与人民网,《新民晚报》与新民网,《南方都市报》与奥一网等。报网融合发展至今,已从报网互动发展到全媒体阶段,即打造包括新闻网站、视频网站、网络游戏、BBS、博客、微博等在内的全媒体格局,并伴随着移动互联网的兴起而出现布局移动媒体的趋势,报纸媒体基本实现了全媒体形态的转型,比如报纸发行量的统计已经不限于印刷报纸,还包括网络报纸、iPad报纸、手机报纸等数字化报纸的阅读量。但从运营模式看,报纸的全媒体运作基本上是以传播者为中心,内容为王,也就是按照传统媒体的理念来整合新媒体,而忽视了新媒体本身的特性,报纸融合新媒体基本上停留在技术融合、形态融合的层面,导致只有传统报纸与新媒体的简单相加与捏合,两者"貌合神离",难以实现多功能一体化融合的目标。就国内来看,传统媒体创办新媒体成功者寥寥,除了少数报纸的新媒体产品已取得一定的经济回报外,包括人民网等已经上市的新闻网站在内,绝大多数报纸的新媒体仍处在探索合适的盈利模式之中。①

目前我国传媒向数字化转型,需要科学的市场运行机制,经营理念有待提升。相对于商业网站而言,媒体网站的主要瓶颈在于机制。绝大多数媒体网站还需要依靠传统媒体来扶持,缺乏竞争力。国内媒体长期以来属于官办行政事业单位,没有建立起按市场规律运作的现代企业制度,既缺乏市场运作的经验,缺乏有丰富管理经验的人才,也没有足够的资金涌入。虽然有不少传统媒体在生存竞争中自发地按照市场要求进行了改

---

① 钱晓文:《报网融合运营模式需要创新》,《传媒》2012年第11期。

革,却难有根本性的变化,其体制上的弱点仍极为明显。① 面对竞争大潮,传媒网站首先要扭转运行机制,在正确舆论的引导下,尽可能地实现有效的商业化运作。传统的商业模式已不适应形势的变化,传媒数字化必须着眼于深层次的模式变革。对于当前广播电视业的商业运营模式,国家广电总局设计院院长黄勇指出,目前,内容提供商、网络运营商和设备制造商还没有找到有效的运营模式,三者没有形成良性的利益链接,致使产业链尚未完全形成,从而阻碍了产业的良性循环。②

(二) 盗版现象严重,内容是制约数字化的瓶颈

由于技术的发展,相关法规的不完善,传媒的版权保护变得更加困难,版权问题因而成为制约传媒数字化发展的一大障碍,整个内容行业都面临危机。《南方周末》曾刊文指出,现有地方上的市场化综合性报纸都是区域性的,商业门户网站悄然成为"全国性的市场化综合日报"的替代品,这是中国报业形态发展不成熟和版权意识淡薄所致。

在数字化时代,版权将成为传媒的核心竞争力。近年来传统媒体指控网络侵权的事件屡见不鲜,2006年10月《新京报》状告TOM网站未获授权擅自转载、使用原告作品,这是我国传统媒体首次以大批量擅自转载新闻产品、侵犯知识产权为由将商业网站推上被告席。美联社、法新社和东京的时事社指控谷歌在未经授权的情况下使用其新闻内容,维亚康姆要求YouTube删除其电视节目视频。在网络时代,媒体的主导者仍然将是内容而不是技术。作为媒体的新闻网站,其影响力主要取决于信息的数量和质量。

内容是传媒数字化经营的盈利之本。传媒进入数字化时代,最重要的还是内容。传统媒体有一支素质较高的采编队伍,具有丰富的信息资源,拥有无可比拟的公信力和社会影响力。传媒应发挥在新闻和原创内容方面的优势,抢占内容产业的制高点。数字化时代的传媒应通过内容来吸引消费者,建立以消费者为中心的商业模式,即在满足受众需求的基础上找到行之有效的盈利模式。数字化时代的内容涵盖了内容的发行、销售、推广等问题,需要一套完善的运行体制与之相适应。目前,网站新闻没有采访权,内容基本是传统媒体的翻版,原创信息少,内容质量不高,公信力有待提高。媒体网站转型以及其他新媒体业务的开发有待加强。

(三) 相关政策的制定和标准的出台较为滞后

在数字电视方面,相关政策制定的滞后使得目前各地数字电视试验或者市场推广在初期都没有章法可循。在很多环节如节目审查、系统外资金准入条件等方面都模棱两

---

① 詹冬龙:《网络对传统媒体的冲击与挑战》,《军事记者》2002年第4期。
② 朱金玉、巢立明著:《中国广播电视业发展战略》,上海人民出版社2006年版,第270页。

可，隐含着很多危机。由于经营形态的变化使原有的产业管制失效，现有的经营形态已经不是传统的产业管制所能涵盖的，所以，主管部门与相关部门必须加快制定出相应的管理条例和引导策略。

技术标准是数字电视产业政策中的核心部分，标准的不确定性对于运营者而言存在一定的政策风险，在正式标准出台前，广电媒介数字化进程将大打折扣。目前，中国数字电视标准严重滞后的问题，已成为全国数字电视产业化中比较突出的矛盾。（朱金玉、巢立明，2006）

（四）缺乏复合型专业化人才

美国前总统卡特的顾问兹比格涅夫·布热津斯基指出："在炮舰时代及商业金融时代之后，技术通讯网代表了第三代支配世界的力量。"随着科技的发展，新闻从业者需要更新观念，把握不断前进和变化的信息技术，用新科技武装自己，学会运用各种先进的技术和设备，只有这样才能与时俱进，并创造出代表先进文化发展方向的精神产品。① 传媒的多媒体经营离不开复合型、专业化人才。传媒需要为传媒数字化建设进行领导人才、媒体创新人才和经营人才的储备，也要为这方面做好机制上的准备。

三、传统媒体如何构筑数字化战略

（一）商业模式

传媒数字化战略能否成功，关键在于能否寻找到合适的商业模式。传统的商业模式已不适应传媒市场的变革，新技术为传媒发展提供了契机，传媒必须积极探索数字传播时代新型商业模式，使传媒业的传统优势与新技术、新市场紧密结合，利用新技术来满足消费者的需求，促进从传统媒体向数字媒体的转型。数字化不仅仅是新技术的应用，它更是传媒的一种运营模式。一方面，传媒核心业务的数字化、网络化是传媒业全面信息化的基础，如建立多媒体的新闻采集、多渠道的新闻发布、跨媒体的技术平台等以满足传媒未来发展的需要；另一方面，传媒业应充分利用自身信息生产、制作、传播的优势，在互联网中拓展网络传播与生存的空间，使传统媒体的制作能力、内容能力、行销能力在新媒体这个平台上得到进一步发挥。

面对新媒体的挑战，传统媒体应加强与互联网的有效整合，优势互补，发挥协同效应，加快向数字内容提供商转型，以保持传媒在数字化时代的影响力和主导地位。传媒数字化转型应着眼于战略高度，与集团化、产业化、全球化放在一起考虑，不能为数

---

① 张晓锋：《中国新闻传媒业面临的挑战与应对策略》，《西南民族大学学报（人文社会科学版）》2006年第11期。

化而数字化。传媒"触网",不仅仅是对传统媒体的补充,而是要找到与新兴媒体结合的模式。传统媒体与网络媒体的协同发展至关重要,包括内容融合、传播通路融化、资源整合、组织整合等。

"资源整合"是传媒数字化生存之道。传媒作为信息资源的整合者,不仅要对新旧媒体之间进行整合,比如建设新闻采编的信息化管理系统、开发传统媒体与新媒体的互动,以扩大影响力,争取潜在受众群,而且需要与广告业、IT业、通信业等其他行业寻求广泛的合作,把传媒业打造成为立体化的传媒集团。与此同时,传媒数字化也为传媒市场的拓展提供了新的增长源。传统媒体的盈利模式比较单一,主要依赖广告收入,新媒体的盈利方式则呈现出多元化的方式,如网络广告、网络游戏、电子商务、无线增值收入等。传媒数字化经营,有助于拓宽收入来源,作为信息服务产业的传媒业,可以在内容产品方面多投入精力,充分利用新技术带来的便利发掘内容产品的深层价值,借助新媒体形态,增加增值服务,形成成熟的盈利模式。在美国,绝大多数报纸建立了自己的网站,电子版及其他服务成为报业新的经济增长点,并为报业未来发展搭建了平台。比如《华尔街日报》电子版实行会员制收费阅读,年创收3亿美元。①

传媒数字化商业模式创新的关键是从传统媒体的内容为王向互联网时代的受众为王转变。传媒需要以受众或用户为中心,借助内容与品牌构建新媒体优势,把品牌延伸到互联网上,这种"延伸"不是简单的内容复制,不是像许多报纸网站那样把母报的内容移植到各种新媒体渠道上。不同的新媒体有不同的特性与受众需求,这就要求按照新媒体的特点生产更适合用户需求的内容产品,即提供个性化的、对用户有独特价值的内容产品和服务。② 传媒在数字化转型的过程中,如何在提高效益的同时保持新闻品质,重新赢回读者,将是未来传媒业面临的一大挑战。报纸真正的危机并非来自经营,而是来自读者的信任。报业作为独立新闻业的核心价值与基本目标,应是致力于服务公众利益,而不仅仅是经济回报,近年来兴起于美国的公众新闻业运动和"新传统主义运动"就代表了这种趋势。报网融合的优势就在于利用新科技加强与读者的交流与沟通,并让读者参与到新闻报道中来,以提升新闻品质,恢复读者对报纸的信心。③ 受众本位,即按照受众的需求来决定新闻传播的内容与形式是传媒数字化发展的趋势和必然要求。

(二)资本支撑

传媒的数字化需要资本的大力扶持,数字化巨大的投入仅仅靠传媒自我积累是远远不够的。目前传媒急需资金,又缺乏较高的市场运作能力,资金短缺问题已影响到传媒

---

① 刘海贵主编:《中国报业发展战略》,上海人民出版社2006年版,第117页。
② 钱晓文:《报网融合运营模式需要创新》,《传媒》2012年第11期。
③ 钱晓文:《报网融合:美国探索报业发展新模式》,《新传媒》2009年第11期。

数字化建设的进程。在国外，新旧媒体的整合主要是以资本运作的方式，通过强强联手来实现的，那些综合性的媒体集团几乎没有一家是自我成长的。1995年9月，时代华纳公司宣布以67亿美元收购拥有有线电视新闻网（CNN）的特纳广播公司，时代华纳1997年的营业收入约250亿美元，其业务包括报刊、杂志、书籍出版、电影生产发行、电视节目和网络、音像娱乐产品等，几乎遍及每一种媒介类型和媒介内容。资本运作包括现金收购、换股收购、合并和风险投资等方式，它的实现有赖于发达而完善的资本市场，包括股票市场、创业板和风险基金等。随着文化体制改革的进一步推进，我国对传媒业的投资政策将继续放开，将会有更多的业外资本进入传媒领域。

（三）政策推进

政府在任何产业发展过程中的作用都是无法忽视的，传媒的数字化也离不开政府的政策推进。目前，不少国家和地区的政府都在积极推进其新型媒体产业的发展。美国等发达国家政府主要通过以政策与制度环境的建设为主的措施取得了新型媒体产业的巨大成功。美国政府在1997年对原有的工业分类标准作了重大修改，新设立名为"信息"的一个产业类别，首次将出版、影视、一部分软件等归为一类，确认了媒体产业融合的现实，同时也为新型媒体业的发展铺平道路。美国计算机协会1995年发表研究报告，呼吁计算机通讯业和娱乐产业加强融合，"以提高美国计算机产业的竞争力"；欧洲联盟提出了"欧洲2000"计划，其中包含了重点发展媒体内容产业的重大政策导向；由发达国家政府组成的经济合作与发展组织1996年发表"内容产业作为一个成长的产业"，全面阐述了如何发展这个以媒体内容为核心的新兴产业。[1]

新媒体的发展在国家未来的建设和发展中具有十分重要的地位，政府对媒体的数字化、网络化创新和发展非常重视，传媒数字化战略已经确定为文化发展重要战略目标，国家科学和技术"十一五"发展规划以及文化"十一五"时期的发展规划纲要，都提到要推进数字出版和创新，特别是支持鼓励新兴媒体的发展。文化发展战略纲要提出要大力推进数字技术、互联网技术为核心的文化产业和传播的新兴媒体，说明传媒数字化已被提到国家发展重大战略的高度。

（四）人才储备

人才复合化、专业化是多媒体整合发展的核心，需要一专多能的复合型高级人才，如具有经营和塑造品牌能力的策划者和新闻人才。可以预见，未来多媒体新闻要求新闻工作者是以新闻栏目主持人为核心工作的多面手，记者编辑将由幕后走向前台，为受众

---

[1] 许志彪、黄海东：《世界新媒体集团的发展现状及趋势分析》，《世界经济情况》2001年第5期。

提供直接的、互动的、个性化的新闻服务。未来编辑所要承当的不仅是报道的组织、版面的安排、记者的指挥等，还有新闻成本的核算，姑且称之为"编辑经理"。资料员应该成为"信息主管"或者叫"知识主管"，他不仅要负责资料库（信息中心）的建立、使用、维护，发挥其最佳效益，还应负责人才的培训、技术的创新，一句话，应是技术型、管理型、经营型的多面手。在新经济时代，这种通过知识、科技、管理和系统功能提高效率，实现"一人同时执行多种职务"的现象将日趋普遍。①

（五）版权保护

加强版权保护，避免恶意竞争。传统媒体通过与网络媒体的规范化合作，使传统媒体在合作中赢得一个合理地位。2007年3月腾讯网和《重庆商报》共同投资建设区域性门户网站"大渝网"，并利用报纸内容供应和QQ传播渠道上的各自优势，探索一种"利益均沾"的新的商业门户模式。传统媒体同互联网这种资源共享的合作模式，是解决版权问题的一种很好的方式，但这需要传统媒体从业者改变思维，而互联网也要能够为传统媒体带来真实而合理的收益。随着互联网网络监管和相关政策的出台，特别是数字版权保护技术的发展，传媒的知识产权保护问题将得到很好的解决。

案例分析：纽约时报公司的数字化转型

纽约时报公司的数字化建设是作为一项发展战略进行的，目的是促进时报公司从以印刷媒体为中心的经营模式，向以多媒体为平台的内容供应商转型。这一战略已初见成效。网络媒介的品牌已经赶上历史悠久的印刷媒体，吸引了新的读者和广告商。"内容为王"的理念在传媒界已被广泛接受，传媒将进入真正以内容为中心的多媒体服务时代。公司总裁亚瑟·苏兹伯格表示，时报要做"内容供应者"的领袖，至于是做印刷版或电子版，只是传输手段的不同而已。纽约时报公司以报业为主业，组建多媒体平台。目前公司已建立了印刷媒体、网络媒体和广播电视媒体的综合平台，期望成为新闻、广告服务的领袖、龙头。

一、数字化转型的三个阶段②

第一个阶段是新媒体的探索性发展过程，主要是建立报纸网站，尝试各种数字化业务。1996年《纽约时报》在美国主流媒体中较早推出网络版，同时，公司鼓励旗下报

---

① 陈超、钱晓文：《关于跨媒体集团建设策略的思考》，《新闻实践》2002年第5期。
② 潘新红：《报业数字化发展解析——以纽约时报为例》，《青年记者》2013年6月上。

纸成立各自的网站,与报纸内容融合发展新媒体。其中,纽约时报新闻网站（NYtimes.com）和波士顿环球报网站（Boston.com）在众多媒体网站中很快脱颖而出。

表10-1 纽约时报公司目前拥有的网络业务①

传统媒体网络版	NYTimes.com,1996年1月创办
	The International Herald Tribune（iht.com）
	Worcester Telegram & Gazetle（telegram.com）
	Golf Digest.com,Wine Today.com
	所有报纸、广播、电视的网站
消费者信息网	About.com
其他	Newyorktoday.com,1998年6月创办,网上城市指南
	The New York Times Syndicate,向世界200多媒体客户发送新闻
	Computer News Daily
	Your Health Daily
	Entertainment News Daily
	The New York Times News Service,向世界650家客户供稿
	Times Digest,向订户每日提供8页的纽约时报新闻摘要
	Subscriber Services,向订户提供服务信息
	The New York Times College Program,提供大学学习研究资料
部分投资	Indeed,14.0%,Day Life,13.3%,News Stand,8.2% Wide Orbit,8.0%；FM Publishing,3.3%；Root Markets,2.1%
与其他媒体合作	Classfied Ventures,由美国8家领先的媒体公司合作,专门提供分类广告的目录、资料和服务信息

第二个阶段主要是探索新媒体运作模式。1999年纽约时报公司将数字化业务从公司各个子报的传统业务中剥离出来整合到一个平台,成立了数字媒体公司——"数字

---

① 陈昌凤:《纽约时报公司的E化模式》,《网络传播》2006年第11期。

纽约时报",建立独立的采编队伍,独立经营核算。NYTimes.com 独立运作,不再由《纽约时报》直接主管,不只依靠母公司提供新闻源和网站内容,它还有单独的采编队伍、独立核算、独立经营。波士顿环球报网站(Boston.com)也不再由《波士顿环球报》主管,它接受"数字纽约时报"这个有自主权的子公司管理,子公司直接向总裁和首席执行官负责。"数字纽约时报"代表了一种全新的组织结构,它的口号是用更低成本创造出更高质量的产品与服务,其经营策略的核心是网上网下互助(见表10-2)。①

表10-2 纽约时报公司组织结构

	2003年子集团/媒体	2006年子集团/媒体
报纸	纽约时报	纽约时报传媒集团 纽约时报 国际先驱论坛报 两家纽约电台
	国际先驱论坛报	
	新英格兰报业集团	新英格兰传媒集团 波士顿环球报 伍塞斯特电讯报 Boston.com
	地区报业集团 (东南部和加州)	地区传媒集团 15家地方报纸
杂志	期刊集团 (已出售)	广电传媒集团 9家电视台
	附属于报纸的杂志	About, Inc. About.com
广播电视	探索频道	新收购 Calone-Count.com
	广电集团	Joint Venture Discovery Times Channel,50% Donohue Malbaie lnc.,49%
网络	数字纽约时报	Madison Paper Industries,40% Metro Boston,49% New England Sports Ventures, LLC,17%
	其他	

---

① 陈昌凤:《纽约时报公司的E化模式》,《网络传播》2006年第11期。

续上表

	2003 年子集团/媒体	2006 年子集团/媒体
网络	与其他媒体合作	其他投资 Indeed, 14.0% Day Life, 13.3% News Stand, 8.2% Wide Orbit, 8.0% FM Publishing, 3.3% Root Markets, 2.1%

第三个阶段主要是报纸传统业务和新媒体业务深度融合成为有机整体，平台之间无缝发展，并形成品牌效应。在这一阶段，数字媒体公司并入由报纸组成的集团中，同时将数字媒体公司中的报纸网站重新与各自报纸绑定，报网深度融合发展，形成紧密联盟。纽约时报公司明晰了包括内容生产、聚合，内容销售以及信息服务在内的新媒体产业链，肯定了内容的核心价值，明确了"内容＋广告＋服务"的运作模式。

在具体运作中，纽约时报公司一方面加大内容建设，充实网站频道内容，形成了若干具有较大影响力的垂直子网站，如学习网、电影网等；另一方面，通过自己创建和购并等手段，增加网站的信息服务功能。2005 年斥资 4.1 亿美元购买了 Primedia 杂志出版社旗下的在线消费者信息网 About.com，同时收购了一系列特定领域消费服务信息及信息搜索网站，以夯实网站的生活服务信息功能。2006 年又以 3900 万美元收购服务于电影和电视产业的在线数据库——基线影音系统（Baseline Studio Systems）。纽约时报公司以加强内容建设和信息服务功能为基础，确立了在信息消费市场上大信息服务商的角色，即不但提供新闻阅览，而且提供影院、图书市场等资讯服务，为影迷、书迷打造社交平台，提供网上购票和买书等功能性服务。

纽约时报公司经过16年的新媒体发展历程，业务重心已经从报纸、杂志和广播电视转向围绕报业的线下和线上双平台共赢发展。线下业务虽呈疲态，但对其线上业务的支持和孵化起着关键作用，线上业务在线下业务的带动下，已经成为纽约时报公司未来发展的核心。

二、成功探索在线收费模式

纽约时报公司 2012 年第二季度的财务报表显示，该季度公司的广告营收持续下降 6.6%，降到 2.2 亿美元；而订阅收益持续上涨 8.3%，达到 2.33 亿美元。《纽约时报》的主要收入来源第一次从广告主变成了订户，其中大部分订户来自网络。这意味着，在未来媒体有可能摆脱长久以来对广告的依赖。该报董事会主席兼首席执行官亚瑟·苏兹贝格表示："我们过去一年中在增加订户方面获得了显著进步，我们也将在未来进一步巩固纽约时报作为多平台媒体的地位……我们将进一步把我们的盈利手段多样化，加强电子版业务，并探索有利于扩张品牌价值的新方法。我们认为只有这样才能赢得未来。"

《纽约时报》从2011年3月开始设置付费门槛，一年之内其在线订阅用户数量就超过了纸质订阅用户。而随着数字化进程不断推进，在2012年第二季度，订户数量又上涨12%，超过了50万。2012年《纽约时报》调整了其在线免费阅读文章数量，从每月20篇降到10篇。也就是说，在线读者在一个月内在纽约时报网站上阅读超过10篇文章，网站就不再允许你继续免费阅读，而会提示你付费订阅。如果《纽约时报》向其6700万在线读者中最忠实的1%每月收取15美元，它的收入就可以弥补广告收入的损失。而如果这个人群扩大到2%，它就足以依靠读者订阅获得盈利。尽管电子版每月15美元的订阅费相对于纸质版每月30美元少了许多，但因为电子版的成本远低于纸质报纸，两者获得的收益基本相同。① 受经济危机的影响，媒体广告收入的持续下降是促使《纽约时报》另辟蹊径的原因之一。此前，《纽约时报》也曾经试图稳定广告业务收入，但一直收效甚微，反倒是近年来在线订阅用户数量持续增长。《纽约时报》因此调整策略，加强了数字化订阅业务，并带来了这个历史性时刻。

（本案例综合相关资料编写而成）

学习思考题

1. 什么是传媒数字化？
2. 什么是数字内容产业？
3. 互联网对传统媒体构成了怎样的挑战？
4. 为什么说互联网为传统媒体发展带来了机遇？
5. 国际传媒业发展的趋势是什么？
6. 什么是"多媒体整合"？
7. 如何看待多媒体整合？
8. 我国传媒数字化经营的现状如何？问题何在？
9. 传统媒体如何构筑数字化战略？
10. 纽约时报公司是如何进行数字化转型的？

---

① 夏文韬：《〈纽约时报〉的订阅收费新路》，《网络传播》2012年第9期。

第十一章 传媒的全球化管理

随着我国经济实力等的快速增长,中国对国际社会的影响力、对国外民众的吸引力也在不断增强,但我国的软实力尤其是传媒的对外传播能力却与硬实力的发展不相适应。加强国际传播能力建设、推动中华文化走向世界,是我国传媒面临的挑战与重大任务。全球化战略是在世界信息化和经济一体化时代企业发展的必然选择。诺基亚集团董事长兼首席执行官约玛奥里拉说:"以全球化思维为核心的经营模式的创新是在新的经济环境下获取或保持竞争优势的法宝。"① 数字技术革命带来了更加开放的市场,面对扑面而来的全球化浪潮,为了扩大市场影响力,适应信息时代的需求,传媒全球化发展成为不可逆转的趋势,全球媒体在西方迅速崛起。全球化对传媒业的影响较为复杂,既有正面的机遇,也有负面的冲击。跨国传媒是全球化的推动者和受益者,它们在全球化管理的过程中,面临着全球化趋势与本土化需要之间的矛盾,因此一般都采取本土化营销策略。面对传媒全球化竞争的新形势,我国传媒应利用自身优势加速全球化,善于学习和借鉴国际经验,增强本国传媒的竞争力,抵御外来传媒的冲击,并提高本国传媒对外扩张能力,以便在全球传播市场中发挥与中国国际地位相适应的作用与影响力。

第一节 传媒全球化概述

一、传媒全球化的含义

(一) 全球化及其影响

1. 什么是全球化。 20 世纪七八十年代以来在经济领域中首先出现了全球化趋势,这一趋势随后逐渐扩展到政治和文化领域。全球化是指"当代人类社会生活跨越国家和地区界限,在全球范围内展现全方位的沟通、联系、相互影响的客观历史进程与趋

---

① 转引自陆地:《中国电视产业发展战略研究》,新华出版社 1999 年版,第 276 页。

势"①。技术力量和经济力量是推动全球化的首要因素，跨国公司在全球化过程中扮演着主要角色。全球化突出表现为全球经济的一体化。在全球经济一体化的基础上，政治全球化和文化全球化的进程也在加快。

全球化趋势对各国政治、经济和文化领域产生重要而深远的影响。在全球化的背景下，一方面，世界各国之间的影响、合作、互动日益增强，各国相互依存、共同发展；另一方面，政治、经济、文化、科技等原来壁垒分明的领域，开始出现彼此融合、相互渗透的趋势，你中有我，我中有你，如文化经济化、文化高科技化、经济文化化等。

2. 企业管理全球化。从企业管理的角度看，全球化对企业的重要影响，就是推动企业经营国际化。在国内市场已经饱和的情况下，发达国家的企业为了获得超额利润，冲破原来的国家界限，向全世界扩张。跨国公司在全球范围内组织生产和销售，为了获得价廉物美的产品或将风险外化，跨国公司利用不同的地区竞争优势，通过订立转包合同、战略联盟、合资、合作和其他契约形式，使它的生产越来越地方化和中小企业化，然后通过跨国公司控制的销售网络在全球市场上销售，从而使世界各国经济越来越具有联动和一体的性质。跨国公司在贸易、金融、技术和消费文化全球化中发挥着重要的作用。

企业管理全球化使竞争的领域发生了变化，全球化经济是知识经济，竞争的重点领域由生产转向技术创新。企业管理全球化使竞争的模式发生了变化，过去开发一项新技术，需要按照研究—设计—制造的顺序，现在这三者是盘旋式的研究开发流程，形成了新产品、新技术的快速全面商品化同步推进，全方位推进，以便领先市场。企业管理全球化使竞争的方式发生了变化。价格战一直是企业市场竞争的主要手段，低水平的同质化竞争严重，企业难以为继。企业实行全球化管理，不再以市场占有率为核心，而是强调价值创新，通过寻求新的边界业务，进入尚未开拓的市场空间、尚未创造的需求和领域，去发现更宽广的更有价值的发展空间。总之，全球化使企业面临着来自国内外的竞争，要求企业必须打造核心竞争力，提高企业所有要素的效益，而不能仅仅依靠降低成本、创造盈利的方式了。

（二）传媒全球化趋势

1870年法国哈瓦斯社、德国沃尔夫社和英国路透社订立"联环同盟"协定，这一通讯社同业联盟的组建，旨在瓜分国际通讯市场，谋求超额垄断利润，可以说是传媒国际化发展的开端。近年来，随着世界媒体并购愈演愈烈、传媒市场竞争日趋激烈以及传媒数字化趋势加强，传媒业越来越体现出全球化趋势。传媒全球化是指一种对传媒经营

---

① 蔡拓：《全球化与当代国际关系》，转引自俞可平主编：《全球化的悖论》，中央编译出版社1998年版，第75页。

活动进行全球性的而非只局限于本地范围内的认识及其活动过程，具体表现为传媒生产、销售和传播的全球化，以及媒介管理、法规和影响的全球化。① 比如，路透社是一家总部设在英国的全球化公司，目前，路透社信息产品营销及相关服务开展所及的范围已遍布世界130多个国家和地区，其经营收入中80％左右来自海外。传媒企业进入国际市场一般要经过从产品出口阶段、国外生产阶段到跨国企业经营三个阶段；传媒通常是先进入毗邻地区的市场，然后进入国际市场。

传媒全球化趋势，既是国际社会政治、经济、文化等全球化进程的组成部分，也是为后者服务的。许多传播学者认为，传播的全球化主要是通过传媒全球化体现出来的，而传播的全球化推动了世界的全球化趋势；传播的全球化既是全球性政治经济结构大改变的一个结果，又是推进全球政治经济结构进一步大变动的动力。一般来说，传媒的全球化趋势主要体现在三个方面：

1. **传媒开放程度更高**。各国传媒政策松动、传媒机构出现商业化、私有化等，跨国媒体在发展，媒体控制呈集中化趋势，传媒产品的跨国输出加大。

2. **传媒商业化趋势显著**。全球化导致文化经济化，传媒商业化是全球化发展的必然结果。世界各地的市场基本成为国际市场的一部分，全球化带来的竞争，基本以商业化为主，传媒垄断程度进一步提高。传媒全球化最重要的结果，是商业化媒体的广泛发展，其支配地位日益增长逐渐积累，公共媒体逐渐被削弱，这是商业化本性及其必然要求所带来的后果。一旦出现商业化，紧接着就会出现全球经济的进一步融合，更大的媒体、广告商和广泛的企业渗透。

3. **全球传媒体系形成**。传媒合并和大媒体公司垄断传媒业，是传媒全球化进程的显著特点。传媒全球化使传媒市场逐渐整合成巨大的全球市场。20世纪90年代以来世界媒体兼并重组，导致媒体愈来愈集中为少数巨型跨国媒体集团。随着全球性消费市场的形成（包括传媒消费）以及跨国性或全球性传媒及文化产品制造业的形成，出现了全球性的传媒体系，各国的传媒系统开始陆续融入这一全球性的传媒体系。②

（三）传媒的全球化管理

伴随着经营的国际化和产权的集中化，跨国传媒采取全球化策略和运营模式。所谓全球化运营模式，是指国际媒体集团在跨国经营活动中，面对世界各国或地区的环境、因素和市场竞争态势，对所拥有的有限资源在全球范围内进行最优配置，以获取最佳整体利益和实现战略目标的战略。

---

① 邵培仁：《媒介管理学》，高等教育出版社2002年版，第42页。
② 洪浚浩：《在全球化趋势下台湾传媒演变的政治、经济动因及问题与前景》，《当代中国研究》2000年第1期。

瑞士卢加诺大学的 Benedetta Prario 和瑞典延雪平大学国际商学院的 Cinzia Dal Zotto 指出,全球性传媒公司(Global Media Firm)在逐渐转向跨国实体传媒组织(Transnational Virtual Media Organization),具体表现为:传媒产品在国外进行制造,战略决策在国外进行,公司对自己的资源分配以效率为原则,与之相适应,跨国传媒组织将不同的业务分包给各国的承包商,从而进行产业价值链的整合,最终实现整个价值链的跨国管理。相对于以往只是产品出口的国际战略而言,跨国战略是以市场为导向的,也就是说,在不同的国家,产品的制造都要充分考虑当地偏好和需求。这也是对传媒发展全球化与多样性关系的一种平衡。

二、传媒全球化形成的必然性

世界传媒业近年来迅速发展的全球化趋势,是在经济全球化、技术发展、管制放松和政府推动等条件下产生的。

(一)经济全球化必然要求传媒全球化

全球商业媒体的发展对全球市场的发展至关重要。全球媒体的兴起,一定程度上反映了市场经济走向全球化。全球媒体作为全球资本主义的必要组成部分和显著特色,一方面扮演着中心经济的角色,为非传媒公司提供全球性基础设施,方便其开展业务;另一方面充当公司播放广告、出售商品的主要媒介,从而有利于公司企业向新国家、新地区、新市场扩张。

在一些发达国家,传媒市场或是已经达到饱和,或是业内竞争环境恶劣,必然对那些仍有市场潜力的国家和地区充满了投资欲望,这也是发达国家传媒进行全球扩张的一个重要动因。近年来,美国广播电视业的全球化趋势日益明显。随着传媒集团规模和业务的迅速膨胀,美国国内市场的盈利空间日益缩小,在美国本土,尽管 1998 年四大联播网的总盈利增加了 14%,达到 247 亿美元,而且广播电视的广告投入仍然相当高,但四大联播网的营业额收入只增加了 3%。已经充分发育的美国国内广电市场要想进一步扩大规模也只能是一项长期缓慢的工程,于是,海外市场成为各大传媒集团争夺的对象。它们一方面通过兼并,购买其他国家的广播电视业及其他信息传播产业,进入全球市场;另一方面,通过信息技术如卫星电视、互联网直接进入其他国家,而迪斯尼等美国传媒巨头的海外业务已经十分可观。正如维亚康姆的首席执行官雷石东所言:"各大公司正在瞄准其他能带来最高收益的市场——而这些市场只可能在海外。"

(二)传媒管制放松促进传媒全球化

自 20 世纪 80 年代后期以来,传媒的全球化趋势推动了许多国家的政府开始放松对传媒的控制,政府或者减少了对传媒机构的直接拥有权,或者在政策上放宽。这样,传媒开始有了更多的政治和经济独立，私营传媒得到发展，市场竞争机制进入了传媒业，各国之间文化传媒产品的交流日益增加，公众对信息和文化的需求得到满足。管制放松不仅刺激着全球媒体的扩张，而且为媒体公司的合并浪潮提供了基础，使它们能够在全球迅速扩张。

（三）技术进步加速传媒全球化

科技是全球化过程的重要动力，技术的发展与进步为传媒的全球性扩张提供了便利条件。20世纪80年代，卫星电视、录像机、光纤电缆和光纤电话等科技变化促使媒体向全球扩张。新技术结合着私有化和管制放松，也为电视频道的大量增加打下基础，而这些频道都在追求商业广告和商业性节目。结果，在20世纪80年代，全球媒体的扩张达到史无前例的程度。近年来，数字化成为传媒发展的重要趋势，也是传媒业全球化和多样性发展的技术基础。

（四）政府推动传媒全球化

西方政府对媒体进行了渗透和影响，从而利用它们推进经济和文化全球化的进程。跨国公司系统的增长并不是盲目的市场力量造成的，强大的跨国公司及其所属国政府，尤其是美国和英国政府，都在坚定不移地推动跨国公司发展。国际货币基金组织和世界银行从一开始就为跨国公司的需要服务。世界贸易组织（WTO）成功地确定了要保护知识产权和国外直接投资，以版权保护出现的知识产权对全球跨国媒体公司的利润增长至关重要。

三、传媒全球化的影响

传媒全球化这一过程的影响是复杂的、多样的，比如，促进传媒商业化，传媒的国际竞争与合作加强，还带来传媒人才、技术、经验的国际流动，而且对不同地区、国家的影响也不相同。值得关注的是，传媒全球化本身是一把双刃剑，既促进了经济、政治、社会和文化的进步，同时也带来一系列的问题和挑战。

（一）正面影响

1. **经济作用**。传媒的全球化给这个行业带来了规模经济、范围经济以及分散风险的益处。一个全球公司在超出一个国家的市场经营时，在其成本和声誉上，比纯粹立足国内的公司拥有人力和文化资源、生产成本、后勤、营销和财务上更多的优势。传媒企业全球化经营的实质是企业生产、研发、运营、营销的全球化。跨国媒体集团能够创造规模经济和范围经济，更合理地利用资源，降低成本，提高效率，强化媒体产品制作的本地化策略，在集中力量生产和分配全球流行的媒体产品的同时，积极促进适合当地文化趣味的媒体产品的生产和分配，或者以切合实际的方式变通和推广全球流行的媒体产品。

2. **政治作用**。全球媒体是全球资本主义的"新传教士"，它以盈利为动力，靠广告支持媒体企业和节目，连续不断地推销商业主义和市场的美德。由于传媒的商业化和集中化，随着传媒对信息流动的支配权力日益扩大，其政治影响力随着商业化而日益扩张，其确定媒介政治议程的能力日益增强。由于传媒全球化的政治作用巨大，近年来世界各国纷纷开播国际新闻台，对全球舆论话语权的争夺愈演愈烈。目前美国的CNN和英国的BBC掌握了国际新闻的主导权。为了打破西方的话语权垄断，中东的半岛电视台，还有法国、俄罗斯、中国、日本等相继开播了24小时的英语国际新闻频道，传播各自的价值观，扩大全球影响力。

3. **文化作用**。一个国家的软实力包括多方面内容，其核心是文化传统、文化价值观、文化创造和文化时尚的吸引力和影响力等。经济全球化不仅带来全球经济市场的一体化趋势，也使文化产品、文化资源、文化消费、文化市场日趋国际化，各国之间文化价值观、文化时尚、文化趣味的相互融合和碰撞越来越剧烈。传媒全球化使诞生于商业中心的流行文化迅速传播到全球各个角落。流行文化走向全球，扩大了各国人民的联系，出现了某种全球文化，同时出现了向文化中心的逆向流动和向一个地区内的横向流动，这就可能开辟新的前景，加强主要国家间对不同文化的理解。

4. **社会作用**。全球化使得人们与世界各地的联系加强，扩大了人们的视野和对国外信息的需求。个人主义、对权威的怀疑主义、女权和少数民族权利等西方基本价值观都得以跨国传播。此外，逐渐全球化的媒体会扩大受众的选择，新技术和新频道保持并增加着节目的多样性，引发非中心化趋势，地方和全国媒体在挑选全球媒体节目时，仍会保持自己的地方特点，公共广播系统在缓慢衰退的同时，还会在很大程度上保留为大众服务的特征和质量。

（二）负面影响

有学者指出，全球化并不以公平的方式发展，它带来的结果绝对不是完全良性的。这同样适用于传媒业，全球化也会给传媒业带来一定的弊端和损害。

1. **国际传媒发展的不平衡性**。全球化造成"新的鸿沟"，西方发达国家及跨国传媒集团在传媒全球化进程中处于主导地位，而广大发展中国家一直处于被动地位。对不同的国家来说，传媒全球化产生的影响是不同的。对西方发达国家来说，传媒全球化带来的更多的是机遇，不仅是全球的市场、全球的消费者，而且是全球的资源和空间。而对发展中国家来说，面临着全球化的冲击，实际上更多的是挑战。发展中国家作为后来者，一方面没有太多的资金投入，其制作的传媒产品很难与跨国传媒公司竞争，结果它们不得不依靠进口国外产品来满足国内受众的需求；另一方面，发展中国家的传媒产品很难打入国际市场,在这种情况下,国内的传媒市场很容易被跨国公司的产品所渗透。尽管发展中国家可以利用贸易保护条款限制跨国传媒公司的产品进口配额,为国内的传媒业提供保护,但这只是给国内的传媒业发展争取了时间。

2. **强势文化对弱势文化的侵蚀**。经济全球化容易使民族文化受到威胁。随着科技的发展、全球化程度的深入,世界传媒业的"鸿沟"不但没有缩小,反而加深了。少数几个国家如美国,将是文化产品的强大净出口国,而大多数国家是净进口国。批评者认为,美国和西方其他主要国家的媒体与文化制品的经济和文化实力使它们控制、过度影响着经济欠发达国家的媒体和文化,使之处于一种依赖关系状态。世界文化交流不平衡,其中美国是出口为主、进口为辅,输出电影、流行音乐、电视节目、新闻、书籍、杂志、广告以及相关的生活方式和价值观念。在一些发展中国家,传媒开放后媒体对西方国家传媒文化产品的依赖日益加深,本国的相对独立而又先进的传媒业不易迅速成长。

3. **传媒垄断限制新闻自由**。传媒被一味追求经济利益的少数人和公司所控制,妨碍了传媒表达多样化的观点,传统的新闻自由也难以实现。传媒巨头强大的文化经济实力不利于独立媒体的发展,其他弱小的媒体很难生存,或被迫成为巨头的附庸。经济垄断导致传媒的多元化受到了限制,对政府的社会监督作用削弱甚至消失。传媒的权力集中化会对市民参与公共事务、了解公众问题构成威胁,因而也对有效实施民主构成威胁。

集中化和全球化的商业媒体利用了保守的政治力量,媒体本身就是公司团体的一员,它和广告公司以及公司团体关系密切。因此媒体支持为其自身利益和通常跨国公司利益服务的新自由主义经济政策,但这一政策却损害了社会民主选择。在对付第三世界时,西方主要媒体自然地和大国以及跨国公司的利益与观点结为联盟。

4. **商业价值侵蚀公共利益**。传媒商业化的消极影响,是商业价值侵蚀传统的公共利益。公共广播的相对重要性和标准适用性都明显下降。全球化显示着大国和传媒为之服务的跨国公司的力量,向传媒注入了商业模式。传媒商业化倾向于侵蚀公共领域,并创建一种与民主秩序不相容的"娱乐文化"。商业媒体属于私有性质,依赖广告的支持。传媒产品商业化,传媒产品的目的是为市场,而不是为市民服务的。

公共领域以娱乐代替,传媒内容趋同。传媒通过利用各种娱乐活动占据人们的时间,从而使他们无暇顾及与他们相关的重要事件,而这些娱乐活动中还有一些是有害无益的。媒体专家罗伯特·麦克·切尼说:"今天,虽然美国人在自己的国家中能够接触到成千上万个广播、电视和报刊,但却是世界上最闭塞的人民。"广告公司和主流媒体以不会引起争论的节目吸引观众,这样一来,有深度的硬新闻、公共事务分析评论和纪录片都倾向于在广播的黄金收视时间消失。娱乐形式也渗透到了公共领域的剩余成分中,这些娱乐方式在美国叫作"欢乐新闻"、"娱乐消息"、"事实新闻"和"脱口秀"

以及强调个性、冲突和小规模揭露轻微犯罪的"新闻杂志"。犯罪、性、暴力、间谍故事、西部电影和有关发迹与罗曼史的戏剧受到偏爱并且到处如此。①

第二节 全球化整合，本土化经营

传媒的全球化进程中还包含了本土化过程。随着世界经济一体化进程的加快，更多的传媒企业走向了跨国经营的道路。同在本国经营相比，跨国经营企业面临着更加复杂的经营环境，包括经济环境、政治环境、法律环境、社会环境、文化环境等。为了更好地适应一个与母国有着极大差异的市场和管理环境，更好地适应地方受众的需求，国际媒体需要实施本土化策略。如何平衡全球化趋势与本地化需要之间的关系，成为传媒全球化过程中最复杂的问题。

一、传媒的本土化策略

（一）什么是本土化策略

本土化是现代营销观念的反映，它的核心是：企业一切经营活动以消费者为核心，而不是以商家的喜好、习惯为准绳，企业规范必须随地区性变化引起的顾客变化而改变。本土化的实质是跨国公司将生产、营销、管理、人事等全方位融入东道国经济中的过程。传媒的本土化战略是指国际传媒集团在某地区开展业务时，选择本土经营者作为合作伙伴，以图在最短的时间里熟悉对方国家的人文环境，适应其经济运行模式，解除语言障碍问题，了解其市场需求、消费心理和消费水平等。本土化战略还有利于避开或化解经营所在国中许多针对外国资本和经营者的限制性或歧视性法规和市场壁垒，可以在一定程度上消除所在国政府或同行业的戒备心理或敌意，还可以借助于区位优势使经营内容和手段入乡随俗。②

本土化策略是全球化传媒企业公司进军各国市场时的必然选择。国际传媒公司采取因地制宜的本土化策略。例如，MTV（音乐电视网）是美国维亚康姆公司旗下的专业频道，MTV 的本土化经营在欧洲非常成功。虽然欧洲市场有一定的共性，但不同民族还是有不同的消费心理。MTV 营销公司在地方特色方面狠下了一番工夫，采取不同的

---

① 参见（美）爱德华·赫尔曼著：《全球媒体：全球资本主义的新传教士》，天津人民出版社 2001 年版。

② 胡凌霞：《跨国传媒集团的全球化传播战略——兼析贝塔斯曼的实战案例》，《传媒》2005 年第 3 期。

节目营销战略取悦消费者。在德国，MTV 节目说德语，安排德国音乐节目，节目风格更具攻击性和进取性；在英国，MTV 播出的节目的地域风格随着微妙的地域差异而截然不同；在意大利，MTV 节目呈现的是几乎有些色情和性感的风格。新闻集团在英国的报纸和在美国的就很不一样。当新闻集团的亚洲下属公司 Star TV 在印度开展卫星电视业务时，很少观众收看以北印度语配音的《达拉斯》和《勇敢的与美丽的》等节目。只有在雇用了有制作印度节目经验的管理者来负责制作印度肥皂剧，以及由一家印度生产商来负责制作新闻和时事节目时，Star TV 才在印度取得了成功。

（二）国际传媒为什么需要本土化

国际传媒公司之所以实施本土化策略，原因很多，但主要有以下几个方面：一是消费者需求的压力，二是树立起良好企业形象，三是融入当地文化，四是降低综合性生产成本，五是适应企业市场环境的需要。

（三）国际传媒本土化的具体策略

1. **产品本土化**。国际传媒集团经过多年的市场运作发现，自己的文化产品要想在目标市场上生根、发芽、开花、结果，其产品本身必须本土化。在新闻节目上，虽然 CNN 在全球落地，但各国以及一个国家的地方新闻节目都以本国、本地的新闻为主。迪斯尼的一位经理说："对于所有的儿童来说，迪斯尼的人物都是当地人物。这一点至关重要。迪斯尼的人物总是讲当地语言……"①

2. **市场本土化**。跨国公司并非简单地把国外的先进产品移植到海外市场，而是注重开发能够满足当地消费者需求的适销对路的产品。ESPN 虽说是美国文化的一部分，但它在进行海外扩张时，本土化策略运用也非常成功。ESPN 在向其他国家输出节目时，并不是一味使用家喻户晓的美国明星，而是有针对性地推出当地人才，增加与当地人才的接近性。例如，在南美国家，ESPN 邀请阿根廷的网球明星乔斯·路易斯·克拉克和秘鲁的汽车赛车专家乔其·基奇兰担任主持人，从而使观众感到 ESPN 更友好、更可信。

3. **经营方式本土化**。新闻集团大亨默多克在欧美积极参加政治活动，不断支持不同的政客，而在中国地区则不问政治，新闻内容也都较迎合政府的意思，这种差异归根到底是因为对利润最大化的追求。他在英国参与政治，支持撒切尔夫人，最终获得她的支持，赢得了《太阳报》的采用计算机印刷的权利，降低了成本，也使报纸的质量大大提高，而在中国香港和内地的迎合态度则使他更好地逐步开拓着中国新市场。

---

① 胡凌霞：《跨国传媒集团的全球化传播战略——兼析贝塔斯曼的实战案例》，《传媒》2005 年第 3 期。

4. **人力资源本土化**。路透社是一家由英国报联社、英国报业主联合会(各占有40.5%的股权)、澳大利亚报联社和新西兰报联社(共占15%的股权)及国内外2万多名个人股权者所共同拥有的国际性通讯社。在员工的聘用上,除了在董事会中有包括澳大利亚报联社和新西兰报联社代表在内的外籍成员外,路透社还根据工作需要,聘用了大批外籍员工担任记者、编辑、译员、技术人员和推销人员,该社现有的万余名员工就来自40个国家和地区,几乎每个部门和分社都有外籍员工。这种员工的国际化既有利于开展工作(国外分社聘用当地员工没有语言障碍,又熟悉本国情况),又有助于节约开支(国外分社聘用当地人,支付的工资及其他费用一般都低于英国人),同时也有利于维护通讯社的独立性(外籍员工更便于抵制来自英国政府施加的压力和影响)。

5. **研究开发的本土化**。在研究和开发方面,跨国公司不仅把世界先进技术带入当地,而且十分重视与当地的研发机构和人员加强合作,积极推进技术研发的本地化。

二、传媒全球化与本土化的结合

(一)全球化与本土化结合的必要性

全球化与本土化是世界传媒业发展过程中并行不悖的两大趋势。有学者认为,全球化事实上加强了而不是削弱了本土化。全球化不一定消解各个地方文化的差异,实际上在很多方面反而促成了多元倾向和地方化。本土化的实质是文化的民族性、区域性问题。文化是一个国家、一个民族存在的基础,它总是要顽强地保持着自己的历史延续性,传媒全球化必须与本土文化相结合,才能被当地消费者所接受,这也是在全球化浪潮出现的同时出现本土化浪潮的重要原因。

全球化与本土化战略是互相协调、共同促进的,全球化与本土化结合已成为各跨国传媒集团经营发展的普遍策略,比如迪斯尼提出"全球化思维、本地化行动"。传媒发展的全球化必须以本土化为基础,尊重本土文化的特质和市场需求,才能构建核心竞争力。国际文化资本进入其他国家参与该国的文化企业的生产,采取本土化的生产方式,就地整合资源、就地生产、就地出售产品,这是国际传媒企业通常采取的一种商业模式,也就是全球化思维与本土化操作的融合。它们能够充分汲取不同地区的优秀文化资源,将之包装为适合全球化市场的产品。

(二)传媒企业的国际竞争战略

传媒企业国际竞争的战略措施包括:确定竞争对手;树立产品整体观念,积极研制新产品;建立畅销的销售渠道;有针对性地实施促销活动;掌握及时可靠的信息;运用电子商务;等等。

在国际营销中,由于各种条件的局限,决策显得比国内营销更为重要。如果仅从生存难易程度来说,传媒集团当然愿意选择本国市场,既简单又安全,无需面对外国政治、经济和法律中种种不确定的因素,不必承担由此而带来的风险;同时也无须绞尽脑汁地迎合不同消费者的需求和兴趣。但是,当国内市场竞争环境恶化,或者国外市场有更大的利润诱惑,或是想通过扩大市场来规避只依赖一个市场而带来的风险,或是希望通过全球扩张实现规模经济和规模效益时,传媒集团就要权衡利弊,充分考虑未来的各项风险,进而作出决策。国际营销中的主要决策包括:关于是否进入国外市场的决策;关于进入哪些市场的决策;关于如何进入该市场的决策;关于营销计划以及关于营销组织的决策;等等。

(三) 内容经营的本土化与全球化融合

经营内容的本土化是跨国传媒集团全球发展的核心。一方面,国际传媒公司实施市场本土化的营销策略,是在充分理解本土文化特征、消费心理和情感需求的基础上,以保持强势国际品牌形象的原有特色为前提,把洋品牌做"土",以克服消费文化的隔阂,满足本地消费者的需求。例如,英国《经济学家》周刊在全球6个国家同时印刷,分为欧洲版、亚太版和北美版。该周刊通过以下处理方式来突出内容的地方性:首先,前后几页以及中间部分的广告实行本地化。如亚洲的读者一打开周刊,就看到亚洲文化风格的商品广告。其次,把里面的栏目分为"亚洲"、"美国"、"英国"、"欧洲"、"中东和非洲"几个板块,除聚焦性的"特别报道"等少数几个小栏目外,亚太版就把亚洲的报道放在前面(重要内容做"特别报道"提前),美国版把"美国"板块提前,有时把里面重要的内容放入前面的"特别报道",把其他版的"特别报道"提出来,在封面文章中突出。因此,同一期的"特别报道"不同,每个版本的封面文章各异,有时各版本的封面也不一样。美国版常以美国新闻做封面,欧洲和英国版也是如此。有时还会在期刊里夹入当地新闻的插页,不同风格的地方版本就这样被创造出来。另一方面,国际传媒集团在传播本土化内容的同时也在传播从世界各地精选出的普适性、趣味性的内容,实现了全球传媒信息的共享,增进了世界各国间的沟通与了解。

(四) 销售领域的本土化与全球化融合

贝塔斯曼在中国的传媒事业完全是按照全球经营中总结出的模式,利用全球的资源,使用本土的人才,制作符合本地人消费口味的本土化内容。在销售领域,它表现为全球化的营销经验和本地现有媒介资源的融合,运用成熟的全球营销经验整合本地传播资源,以达到"双赢"的目的。贝塔斯曼最初进入中国传媒市场从中国的出版社进书时,出版社把滞销的书批给它们。它接手这些书后,运用丰富的全球营销经验对这些书重新进行整理,并结合本地受众的文化消费需求以全新的方式推向市场,从而获得了较好的市场反馈。①

(五) 人员管理的本土化与全球化融合

在全球化背景下,企业的人员管理模式越来越带有全球化的色彩。贝塔斯曼的人员管理模式是由集团第五代接班人——莱因哈德·莫恩创立的,体现的是"以人为本、人性制胜"的企业文化,且一直沿用至今。它在顾及员工与公司两者利益的基础上提倡相对独立、彼此信任、参与交流、共同决策。与此同时,由于重用华人精英,使不少国际传媒集团在中国市场上的业绩明显上升,而且本土的专业人才相对更为了解本土市场的运作,于是由华人任经理人员代替外籍人员管理中国市场,已成为当前国际传媒集团在华企业高级管理人员结构变化的一个重要趋势。时任贝塔斯曼上海信息技术有限公司执行总裁的柯子范称:"在中国工作的贝塔斯曼员工,外籍人士仅占1%,属决策层的岗位如:总经理、首席代表、销售经理等均由年轻精干的中国人担任。"②

第三节 我国传媒国际竞争战略

我国已全面参与全球化进程,我国经济的发展与世界市场经济体系全面接轨,传媒的国际化进程必将加快。我国传媒面临着国际竞争的发展机遇与全新挑战,全球化对传媒的影响正逐渐显现。从长远来看,只有在国际竞争中找到自己的立足点,争取自己的生存空间,掌握在全球传播中的话语权,传媒才不至于被全球化浪潮所淹没。对于我国传媒而言,主动适应并服务于经济全球化和传媒全球化,在国内积极发展的同时走出国界,扩大影响力,增强竞争实力,做大做强以应对外资传媒巨头的挑战,无疑具有重要的战略意义。

一、全球化对我国传媒业的影响

全球化对我国传媒业的影响是多方面的、复杂的、深远的。就我国"入世"达成的协议中,对传媒业并没有涉及,我国传媒业基本上属于完全不开放的领域,但从长远来看,依据世贸组织的贸易自由化原则、国民待遇原则、无歧视贸易待遇原则等若干原则,传媒市场在某种程度上逐渐开放是必然的趋势,传媒业将会从各个方面感受到市场环境的变化。随着市场的不断开放,我国的传媒将与民主政治和市场经济一道成为社

---

① 胡凌霞:《跨国传媒集团的全球化传播战略——兼析贝塔斯曼的实战案例》,《传媒》2005年第3期。

② 同上。

发展的三大支柱。①

（一）挑战

1. **文化价值的冲击**。随着我国更加对外开放，特别是外国文化产品的不断涌入，一方面可以带来西方积极的进步的思想、观念和精神文明，另一方面，西方一些不健康的价值观念、生活方式和文化垃圾也会纷至沓来，腐蚀人们的思想。传媒业作为思想文化建设的重要阵地，在社会主义市场经济条件下，应积极适应经济全球化趋势要求，但又不能丧失在思想文化领域的主导地位和主动权，应防止传媒帝国主义对我国文化和意识形态的侵蚀。面对新闻传播全球化的挑战，传媒在意识形态领域的舆论战将更加激烈，必须承认，我国的国际传播实力比较弱，无论是舆论影响力还是经济实力等，我国传媒还无法与西方传媒巨头相抗衡，所以面临的挑战也是非常严峻的。

2. **信息资源的争夺**。信息资源的经营管理，包括对信息的获取、取得信息的渠道或途径、信息的处理与储存、信息的发布、信息技术的提高与更新等。随着经济全球化的进程，信息传播全球化日益明显，其中互联网是最突出、最核心的问题。正在进入互联网的中国传媒业，不可避免地将与外来传媒展开信息资源争夺战。（甘亚平，2002）

3. **受众市场的竞争**。有学者认为，我国加入 WTO 以后，大众传媒可能将面临梯次性的挑战和冲击。根据 WTO 的国民待遇原则，从原则上讲，国外的大众传媒也将逐渐享受与国内传媒相同的待遇。国外传媒将逐步直接进入我国受众消费市场，我国的传播环境将发生很大的变化，不但受众对信息需求的口味会更高，而且选择的余地也更大，因此传媒业的竞争，更直接体现为受众市场的竞争。

4. **广告市场的影响**。我国已承诺对外资开放广告市场，国外广告业进入中国，将对现有的广告市场产生强大的冲击。广告是现代传媒的命脉，广告对传媒的影响是巨大的。国外大型广告公司进军中国市场，国内广告公司就将面临生存的危机，对于国内的媒体来说，原有的广告客户关系将发生变化，传统的广告理念和操作规程也将面临与国际接轨的问题，这种转型成功与否，直接影响媒体未来的生存。外资在国内办文化传播公司、广告公司，它们可以通过各种合法的经济行为，在实际上控制某些媒体。

5. **人才市场的冲击**。传媒业属于知识密集型行业，在吸引和培养高素质人才方面，我国传媒业面临着外资传媒巨头的挑战。外资传媒机构进入我国市场后，在经营管理与技术人才的吸收上也将与我国传媒机构形成竞争。这是因为，一方面，外资传媒机构在挺进中国市场的过程中，需要熟悉本地文化、本地语言和本地法律制度的专业人才；另一方面，外资传媒机构拥有一整套完善的人力资源管理经验、高薪与高福利的优厚待遇以及在全球范围内的人力资源培训，主观需求与客观条件都将直接冲击中资传媒

---

① 甘亚平主编：《入世中国各大行业发展问题分析》，中国商业出版社2002年版，第227页。

机构的人才资源管理。

(二) 机遇

1. **促进我国传媒学习国外发展经验和先进技术**。全球化对中国传媒的影响,既有严峻的挑战,也有难得的机遇。随着全球化的发展,我国传媒市场将面临国内外所有媒体的资源竞争、市场竞争,这种竞争提高了我国传媒业的危机感,并将促使我国传媒学习西方传媒先进的理念和技术,包括它们的商业模式,以推进中国传媒业的现代化进程,加快我国传媒与国际接轨的步伐,提升我国传媒竞争力。湖南卫视"超级女声"节目吸收国外先进经验,并融入本土化特色,取得了成功,从一定程度上讲,这也是我国传媒在"全球化"影响下孕育的一个产物。当前我国走红的电视娱乐节目,有不少是对西方同类电视节目的学习和借鉴,如中央电视台的"开心辞典",上海东方卫视的"我型我秀"等,难能可贵的是,它们在学习国外娱乐节目的同时也有不同程度的文化创新。

2. **我国传媒在全球化进程中具有一定的优势**。传媒是国家综合发展水平的体现,它的发展取决于经济、政治、科技、文化等社会发展的诸多重要因素。我国经济的持续发展、综合国力的进一步增强和人民生活水平的不断提高,为我国传媒进一步发展创造了重要的基础条件。

我国拥有丰富的媒体资源,包括规模巨大的受众市场、低廉巨量的智力资源、层次分明的传媒体系、潜力无限的广告市场以及较为先进的传媒硬件设施等(邵培仁,2002)。传媒业在改革开放后20年左右的时间里实现了快速追赶,在反映传媒实力的各项总量指标中,我国在多数指标上位于世界前列,2000年我国的传媒实力位居世界第二位,已成为一个名副其实的传媒大国。①

表 11-1 中国与各国传媒实力比较

国 别	传播基础相对美国比重(%)	国内传播相对美国比重(%)	国际传播相对美国比重(%)	传媒经济相对美国比重(%)	传媒实力相对加权指数(%)
美国	100.00	100.00	100.00	100.00	100.00
中国	55.57	88.72	14.43	6.45	47.46
日本	36.37	65.01	19.10	25.63	39.84
英国	25.30	21.78	37.79	13.22	27.68

---

① 张晓群:《世界传播新格局下中国传媒面临的机遇与挑战》,http://www.cjr.com.cn,2005年3月17日。

续上表

国 别	传播基础相对美国比重（%）	国内传播相对美国比重（%）	国际传播相对美国比重（%）	传媒经济相对美国比重（%）	传媒实力相对加权指数（%）
印度	43.59	44.01	7.06	22.85	27.07
德国	25.70	27.40	25.20	13.45	24.95
意大利	21.01	11.13	16.94	5.76	13.91
俄罗斯	13.68	17.29	13.80	0.91	13.90
法国	14.36	14.15	14.15	7.34	13.49
西班牙	11.14	6.80	12.46	4.32	9.25
加拿大	11.59	9.66	8.11	3.51	8.62
墨西哥	8.33	9.46	4.12	3.57	6.63
澳大利亚	6.34	7.27	4.32	3.47	5.62
荷兰	5.29	4.99	4.90	2.60	4.75

资料来源：胡鞍钢、张晓群《中国传媒迅速追赶的实证分析》，《战略与管理》2004年第3期。

如何抓住传媒产业目前的发展机遇，快速壮大自身实力，迎接世界传媒巨头的挑战，已成为我国传媒产业发展的当务之急。

二、我国传媒面临的国际竞争形势

进入WTO以后，全球化是我国传媒难以回避的趋势。事实上，全球化对我国传媒业的影响已经显现：一方面，尽管我国还没有开放传媒市场，外资传媒巨头还是以各种形式对我国市场进行渗透，它们凭借其资本、品牌、内容方面的资源及机制等优势对我国传媒形成了严峻挑战。另一方面，我国传媒必须"立足本土，走向世界"，在稳固国内市场的同时，加入国际竞争行列，形成与国际传媒竞争的实力。我国已有不少传媒开始介入国际市场，积极探索参与国际竞争的途径和方法。可以说，我国传媒的国际竞争呈现出国际传媒的本土化和本土传媒的国际化这样一个相互影响、双向交流的过程。

（一）外资传媒进入中国

随着我国改革开放的不断深入，外资传媒已通过或正通过各种各样的直接和间接的手段向国内渗透。美国出版商国际数据集团（IDG）是最早进入我国市场的外资传媒集团，1980年它在我国合作出版了"IT第一张报"——《计算机世界》。此后，外资媒体纷纷抢滩我国市场。据统计，现在每年进口的外国电影超过40部，有30多个境外频道在中国落地，60多个境外传媒企业在我国设立办事处，排名前10位的杂志半数以上有外资股份。① 一般而言，外资传媒对我国市场的渗透大致有兼并收购式、投资控股式、参股式、品牌合作、节目交换、直接进入、外围渗透等几种方式。②

由于制度因素，外资传媒集团进入我国仍将受到严格约束。目前尚没有充分的证据证明中国"入世"之后将放开传媒产业的管制，我国政府也并未承诺放开新闻传播行业；相反，传媒有关意识形态的核心内容仍将处于政府严格管制之下，"入世"在媒体类别（杂志、报纸、广播、电视）、内容（娱乐、知识、财经、时政）、产业链（发行、广告、编辑）上的影响都将呈现出渐进的基本特征。（李良荣等，2001）

（二）中国传媒"走出去"战略

我国经济的持续发展为中国传媒业走向世界提供了巨大动力，也为我国传媒业的国际化奠定了坚实的基础。目前我国传媒业对外开放受到一定的保护，但随着全球化进程的加快，我国传媒业融入世界潮流已是大势所趋。中共中央办公厅、国务院办公厅发布的《国家"十一五"时期文化发展规划纲要》，是新中国成立以来第一个专门部署文化建设的中长期发展规划，其中对新闻传播业在今后五年的发展提出了明确的指导思想与目标任务，特别是对我国新闻传播业如何"走出去"作出了重大的战略部署。在这样的背景下，大量中国电影在全球销售；很多报刊出版海外版；对外电台和对外电视频道的落地等在逐步推进；图书已经开始较多地输出版权，参与国际市场的竞争；单纯电视产品也有北京电视台和海外电视台的节目交换；等等。近年来在政策包括大量资金等支持下，传媒参与国际竞争成效显著，这些都为我们讨论我国传媒的国际化战略提供了实践性基础。

1. 报业走向国际市场。 国内已有不少报业集团迈开了国际化的步伐，它们利用固有的品牌优势和读者资源，开拓海外华文市场。上海《新民晚报》从1996年开始，在美国出版《新民晚报·美国版》，在澳大利亚出版《新民晚报·澳洲专版》，在华侨中有一定影响力。羊城晚报报业集团与侨鑫集团合作创办《澳洲新快报》，打入澳大利亚华文报纸市场。2006年天津日报报业集团的上星，仅两分钟时间，欧洲的华文读者即可在本地读到两分钟前刚出版的《天津日报》。此外，《今晚报》、《云南日报》、《浙江日报》等也纷纷走出国门，以各种方式抢滩国外的华文媒体市场。目前，经由中图输出的报纸已经有300多种，杂志有5000多种。我国的一些品牌报刊如《读者》、《女友》等，都在开拓海外华人市场方面取得了一定的成果。据不完全统计，目前我国新闻出版企业已在境外投资或设立分支机构459个，其中，从事期刊出版业务的分支机构14个，报刊及新闻采编分支机构275个，数字出版子公司15个，出版物发行网点65个

---

① 赵小兵：《准备好了吗？外资进入传媒市场大幕拉开》，http://www.sina.com.cn。
② 钱晓文：《外资传媒在华经营模式及其影响》，《新闻记者》2001年第9期。

（包括网络书店4个），出版教育、培训、版权、信息服务机构7个。另外，通过收购或参股建立的海外网点有10个。①

2. 广播电视拓展海外空间。 随着我国日益提高的国际地位和日渐增长的国际影响力，我国广播电视跨国传播、向海外进军目前取得了突破性进展。中国国际广播电台通过"本土化"落地模式，已成功实现了在芬兰、法国、瑞典和丹麦等西方国家的节目落地，使国际台对北欧广播达到了芬兰语、瑞典语和丹麦语等三种语言。由中央电视台牵头，与国内10家电视台共同组建的"中国长城卫星电视平台"，自2004年10月1日正式成立以来，相继在北美、亚洲、欧洲实现开播，2006年又在加拿大落地播出，长城平台的用户数量不断上升，在全球的影响力逐渐增强。该平台由17个电视频道组成，包括中央电视台第4台中文国际频道、第9台英文国际频道、西班牙语和法语频道、戏曲频道、娱乐频道和中国电影频道、北京电视台、上海东方卫视台、广东南方电视台、江苏电视台国际频道、福建东南台、湖南卫视、中国黄河电视台、凤凰卫视美洲台、凤凰卫视资讯台、亚洲电视本港台（美洲）和华夏电视台。长城平台的宗旨是，为华侨华人观众服务，满足他们的收视需求，并且为英语、西班牙语和法语观众打开一扇了解中国的窗口（参见图11-1）。

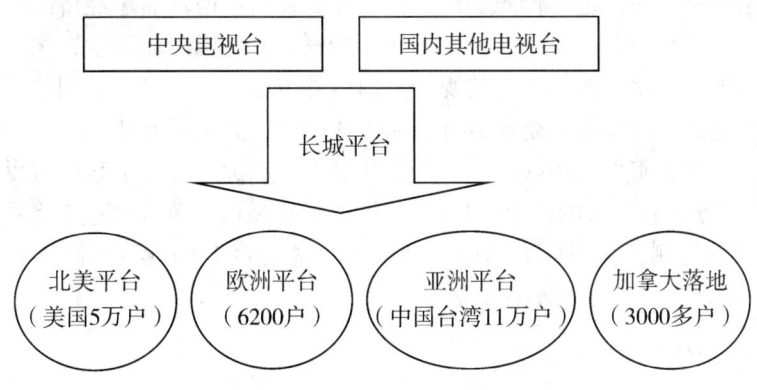

图11-1 我国电视台境外收视用户

中央电视台国际频道的信号已基本覆盖全球，中文频道、英语频道、西法语频道目前已在120个国家和地区实现落地，境外收视用户达7000万。2007年1月1日，中文国际频道又实现了亚洲、欧洲、美洲分别播出，2007年10月还实现了西班牙语频道和法语频道的分频道播出。② 2012年1月和2月，中央电视台非洲分台和北美分台开播，

---

① 毕磊、钱晓文：《我国报刊"走出去"的现状与策略》，《传媒》2012年第4期。
② 《中国新闻出版报》2007年6月12日。

其中北美分台节目通过卫星和有线网络进入美国家庭等。① 可以预见，伴随着我国综合国力的进一步增强，对外开放的进一步扩大，我国电视将加快"走出去"步伐。

三、我国传媒国际竞争存在的问题

就目前来看，我国传媒国际化发展虽然迈出了积极的一步，但是还处于初级阶段，与西方媒体巨头相比，无论是在传播对象全球化、传媒组织全球化还是传媒影响力全球化等方面，仍然存在不小的差距。比起发达国家的传媒巨头，我国传媒面临着多重任务，既要产业化，又要全球化、数字化，任重而道远。由于我国传媒在国际传播方面不属于强势媒体，缺乏足够强大的话语权。与国际大型传媒集团相比，我国"走出去"报刊的整体经济规模、经营管理水平、内在结构、市场化运作等均存在相当大的差距，在国际市场上的国际化运作还处于起步阶段。因而，我国报刊开拓国际市场、吸收国际资源、参与国际竞争的能力还远远没有发挥出来，对世界传媒格局改变没能产生足够大的影响力。②

（一）国际化程度低

我国既是传媒大国，也是传媒弱国，传媒业的发展不但落后于经济的发展，而且国际化程度低，难以与外资传媒巨头抗衡。所谓传媒企业的国际化程度，主要包括国际扩张能力、利用国际文化资源能力与传媒产品国内外市场占有率等。我国传媒企业大多数规模小，竞争力低。国际传媒企业如好莱坞、迪斯尼，无论是专业化水平，还是科技手段、人才素质、资本实力、传媒质量、产业化经营，都远远超过了我国传媒企业。根据1995年CNN财务报表公布的数字，CNN当年国际贸易收入4.45亿美元，占年度总收入的13%。按此比例，我国最大的电视企业中央电视台1997年43亿总收入中，应有5.6亿元来自国外，但实际上不到1亿元。

（二）对外传播能力不足

随着经济实力的快速增强，我国对国际社会的影响力、对国外民众的吸引力也在不断增强，但传媒业的对外传播能力却与此不相适应。我国对外传播与国外的文化输入处于不对等状态。比如，我国目前每年进口出版物至少花去外汇1.5亿美元，创造的外汇却不到2000万美元；其中图书的引进和出口外汇比值达到10∶1，在美国市场甚至达到了100∶1。从文化产业发展的角度来看，我国传媒开拓国际市场、吸收国际资源、参与国际竞争的能力还远远不足，这也成为制约传媒文化传播能力的关键因素。我国

---

① 《21世纪经济报道》2013年1月8日。
② 毕磊、钱晓文：《我国报刊"走出去"的现状与策略》，《传媒》2012年第4期。

"走出去"的期刊市场盈利能力较低,多数还只是针对华语市场,影响力也很有限。就作为新闻纸的报纸而言,真正建立起国际市场营销体系的还很少,因此其新闻报道在国际范围内的舆论影响力也很有限。

(三) 整体缺乏创新能力

增强创新能力是解决传媒企业跨国经营问题的关键。与发达国家相比,我国的传媒创新还很落后,"同质性严重,低效率运行"是普遍存在的现象,这也导致我国传媒缺乏"走出去"的经济实力和国际经营能力。与发达国家相比,我国传媒业的整体经济规模、经营管理水平、产业内在结构、市场完善程度等均存在巨大的差距,在国际市场上的发展还处于非常初级的阶段。由于国际市场上竞争对手的实力都很强大,特别是在外语传媒市场上,我们的竞争能力先天不足,再加上我国传媒企业的整体经济实力和国际经营能力比较弱,因此大大增加了开拓海外市场的难度。就传媒自身实力而言,具备走出国门发展能力的只是少数。

(四) 对海外受众市场的了解和开发不够

由于我国传媒对海外受众的价值观念、欣赏趣味,对海外传媒的运作环境、基本规律缺乏切身的体会和深入的研究,所以在"走出去"过程中缺乏本土化的编辑、准确的定位和有针对性的市场开拓,往往不能够引发海外受众的兴趣,难以进入海外主流媒体圈,缺乏真正的话语权力,更难以打开主流受众市场。传媒应加强对境外市场的研究,提高国际市场运作能力。

四、我国传媒国际竞争的主要途径

我国应积极参与传媒产业的全球化进程,从而在开放中增强实力,在参与中争取权益。为了把握机遇、迎接挑战,我国传媒业正在进行产业化探索、集团化改革,做大做强是中国传媒业应对全球化挑战的重要措施。近年来,我国在推动传媒业改革方面,借鉴了国际大型传媒集团的成功经验。在经济全球化的背景下,我国传媒业要进一步加强与国际传媒集团的交流与合作,以国际视野谋划传媒产业的发展,探索出适合我国的国际化发展模式和保障机制。

(一) 立足国内市场,提高传媒综合竞争力

与境外传媒集团相比,本土化是我国传媒的"先发优势"。当前我国传媒发展的市场空间主要在国内,传媒机构的主要精力用在应对国内市场、深化改革谋求发展上。我国传媒的根本任务是服务于中国社会和谐良性发展,中国传媒的命脉应掌握在中国人手里,传媒发展不仅要考虑产业发展,更要考虑中国人价值观念的重新塑造。

调整传媒业结构，改革传媒体制，增强传媒集团的竞争实力。一是按照市场发展规律，整合资源，培育具有竞争实力的市场主体——传媒集团；二是加强传媒体制改革，培育传媒业竞争与发展机制。通过市场机制来整合传媒业内外资源，增强传媒集团内部活力，走内涵式发展之路，是解决我国传媒业在全球化发展过程中遇到的问题，推动我国传媒业全球化发展的必由之路。

（二）逐步推进"三步走"战略

我国融入传媒全球化潮流，必须采取步步为营、循序渐进的策略。可以采取"三步走"的国际化战略：第一步是短边策略，即利用国际资源提升效率，多元化地利用资源，用全球资源做大做强本土市场；第二步是长边策略，即进行传媒的区域性市场拓展及品牌创建，以发挥本土优势做好国际市场；第三步是全球化策略，即在全球范围内进行生产、营销和品牌创建，以全球资源应对全球市场，以在全球范围内开发市场和产品为目标，增强传媒业综合竞争力。应该说，目前的"走出去"只是传媒全球化的第一步。

（三）利用国际资源开拓国际市场

加强与国际传媒集团合作，共同开拓国际市场。利用国际资源，包括通过各种融资与合作途径，利用国外的资金、技术和管理经验、渠道等。比如，与国外传媒集团共同投资，在世界各地市场收购当地传媒。与国外传媒集团成立合资公司销售中国传媒产品，这种模式主要是借助外国成熟的销售渠道，为我国传媒走向世界打开通道。还可以由中国媒体集团直接投资国外媒体，与其共同扩展海外市场。

（四）处理好开放市场与保护本国文化的关系

在政府层面，行政与国际惯例全面接轨的同时，应处理好开放市场与保护本国文化的关系。中国参与并融入传媒全球化的进程，是以发展中国家的身份参与传媒公平竞争和参与游戏规则的讨论和制订，应利用WTO的规则和国际惯例保护自己的传媒市场和传媒产业，维护传媒市场的秩序和国家的整体利益，减少西方国家对我国随意的单边歧视性限制，促进传媒产业的健康发展，分享传媒全球化的收益。（邵培仁，2002）

（五）加强培养国际化人才

传媒跨国经营特别需要国际化人才，一方面，可以直接利用海外市场的本土人才资源，"借船出海"，另一方面，有必要培养一批国际性的传媒人才。在经济全球化、我国传媒业已经逐渐迈出海外扩张步伐的背景下，应加快培养那种既具有深厚中华文化底蕴，熟悉本土传媒市场，又深谙国际传媒市场运作，具有全球化视野的高级媒体管理、经营人才，为未来参与全球的传媒行业竞争打下坚实的基础。

（六）充分利用新的传播手段

互联网的出现为我国媒体全球化提供了前所未有的契机。我国传媒应利用数字化等新技术开拓海外市场，加强与世界传媒业的交流与合作。在中国出版对外贸易总公司与荷兰卫星报纸公司采取销售提成方式进行的合作项目中，已经有《中国日报》、《上海日报》、《商业周刊》、《天津日报》等报刊实现了超越传统邮寄发行的越洋输出（卫星传输），2005 年下半年试售的一个季度里，《中国日报》销售了 268 份，《上海日报》售出了 583 份，虽然数量很少，但新技术对于报刊内容传输的巨大作用已经得到了初步体现。

（七）境外上市"借船出海"

借助境外资本市场，是中国传媒进入国际市场的必然选择。《北京青年报》在香港市场上市，为我国报业走向国际市场、参与国际竞争积累了经验。

案例分析：Discovery 的全球化运营[①]

Discovery 公司创办于 1985 年，是美国第一家专门提供纪实节目的有线电视网。该公司已从其核心资产探索频道扩张成为在全球 165 个国家和地区拥有逾 12 亿订户的媒体巨头，年营业收入高达 24 亿美元。目前，Discovery 传播公司拥有 65 个不同节目的电视网，涵盖 21 个娱乐频道，还包括 Discovery.com 等数家网站和 120 家 Discovery 探索频道零售专卖店。Discovery 从一家美国本土的传媒企业发展成为在全球各大城市设有 30 多个办事处的国际化企业。下面对 Discovery 公司的全球化经营手段做一分析。

一、提出合理的业务战略

业务战略对全球性传媒企业非常重要。Discovery 能够正确判断现实和分析未来，提出合理的业务战略，而且给出了切合实际且可行的实施方法。该公司的业务战略包括：第一，建立并保持作为全球领先的纪实类节目内容提供商的实力。第二，全球范围内高达 30 亿美元的优质节目投入。第三，适时调整节目内容，以吸引并留住至关重要的用户。Discovery 作为一个纪实类节目的供应商，其最重要的客户就是广告主，因此

---

① 资料来源：吴强《从 Discovery 公司看美国文化企业的全球化经营手段》，《对外文化交流通讯》2005 年第 6 期。

留住广告客户就是公司的业务重点。第四，不断充实现有业务平台并关注新兴业务平台。对已开展的业务项目不断用新的内容予以充实，同时不断激励员工跟踪新技术发展趋势，开发新的业务和市场，进一步壮大公司在全球的影响力和实力。第五，杠杆运用在全球的基础设施，保持旺盛的国际增长。

二、建设强大的世界级品牌

Discovery公司成立相关机构支持品牌建设，利用多种手段开展品牌推广活动，斥巨资进行品牌建设。公司每收购或开发一个新的频道，就会建立一个Discovery的子品牌。目前，公司在美国拥有探索频道、学习频道、动物星球频道、健康频道、儿童频道及旅游频道等14个优质品牌。在美国公认的20个顶尖电视频道品牌中，Discovery美国电视网就占了8个。除此之外，Discovery还在全球拥有10个电视网品牌。这些子品牌都有醒目的图标。优质的子品牌有效地扩大了Discovery品牌的外延，增强了总品牌的价值。现在，Discovery品牌已在超过165个国家和地区树立起来，并与观众建立起了强大的关系。Discovery公司在2004年6月宣布，为了进一步延伸Discovery品牌，公司将在全球斥巨资推出生活时尚网品牌，以超越其核心的纪实传统。该品牌节目在开播后将由三大全球电视网组成，到达82个国家和地区的7000万订户。

三、通过资本运作快速扩张

在Discovery成为全球性传媒企业的发展过程中，十几年前举公司之力成立英国区域公司是其实现跳跃性发展的最关键一环，使公司发展成为以33种语言在165个国家和地区播出节目的国际性公司。英国区域公司经营的大获成功，不但为公司带来了丰厚的利润，而且为公司积累了全球运作的经验。目前，仅英国区域公司就有8100万累计订户，拥有9个电视品牌，并有12个节目传送卫星信号。此外，1996年公司重点推出的动物星球频道和1999年推出的Discovery健康频道也都极大地推动了公司的发展。

Discovery通过对已有的传媒企业进行收购并加以改造，不断在电视、高级媒体、网络和其他业务上取得骄人业绩。Discovery公司与《纽约时报》成立合资公司，以联营的方式推出了《Discovery时报》频道，一举开拓了新闻电视市场。Discovery还与英国BBC公司组成全球联盟关系，2003年两家联合出品的特别专辑《与洞穴人同行》，平均收视观众高达480万，并利用BBC的网络在全球发行。

四、实施本地化发展模式

Discovery公司能够在很短的时间内发展成为在全球160多个不同文化背景和基础设施的国家和地区拥有订户的国际性文化企业，其有效的本地化发展模式发挥了重要作用。主要表现在：第一，坚持当地语言为重的原则。Discovery目前用33种语言向全球订户输送节目。第二，坚持节目内容的中立性。一个中立性的文化产品更有亲和力，更易得到当地政府和客户的认可。第三，积极利用和挖掘本地文化资源。Discovery 利用埃及文化资源推出的特别专辑《再现埃及王后纳芙蒂蒂》在美国市场首映时，观众人数高达 1000 多万，在全球市场推出后也大受欢迎。第四，坚持本地化经营和节目编排方式。Discovery 认为全球各个市场的容量不同，每个市场都有其文化和经营特点，而本地人对此最为了解。在开发新的市场时，Discovery 都会尽量雇用本地人，由本地人士管理的节目编排更能适应市场的文化需要。第五，注重政府攻关和宣传。Discovery 设有专门的政府公关部门，负责与驻在国政府及其使馆打交道。

五、合理布局，杠杆运用全球资源

经过十几年的努力，Discovery 的基础设施已横跨六大洲，其在伦敦、新加坡、新德里和迈阿密设有 4 个地区级运营中心，分别管理在世界各大城市设立的 30 个办事处。合理的布局使得 Discovery 的产品能够有效到达全球 12 亿订户。Discovery 在选择运营中心和办事处地点时非常慎重，公司会专门评估驻在国的政经社情，分析市场的前景，以确保新设点的成功和布局的合理。Discovery 作为一个全球性的文化企业，其优势还在于可以杠杆运用全球资源。一部在美国拍摄的一个小时的高清专题节目的成本常常高达 100 万美元，它仅在美国市场发行无法取得高额的回报，如果运用公司在全球的营销网络和发行渠道，就可以达到有效降低成本、增加利润的目的。

六、从全球视角培养潜在观众

Discovery 除了在全球范围内利用各种媒体开展面向观众的宣传活动外，还通过网站、大量的邮购目录和特许经营店等多种方式吸引潜在的观众。Discovery 的特许经营产品目前已遍及全球 100 多个国家和地区，有效地扩大了 Discovery 的观众群。Discovery 把目光重点投向青少年，其教育部门拥有 Discovery 教育网站、K-12 健康教育节目等多项为青少年量身订制的节目。Discovery 与全美 9 万多所学校有合作，优质的教育节目在学生中大受欢迎。Discovery 还把目光投向世界，1997 年推出探索频道全球教育合作计划，1999 年成立了全球教育合作基金，向非洲、拉丁美洲和东欧等欠发达地区的学生提供免费的教育节目。目前，Discovery 向 19 个国家的 15000 所学校提供节目。此举不但有利于在这些地区宣传公司的正面形象，为公司拓展业务打下良好的基础，更重要的是把目光投向青少年，为培养潜在的观众做准备。

七、重视运用新技术

公司认为，重视新技术的运用对公司的发展至关重要，并把它列为公司在全球的业务战略。从某种程度上说，Discovery 快速发展的过程就是不断利用新技术建立和发展新的业务平台的过程。Discovery 是美国第一个开播高清电视和提供视频点播服务的有线电视制片商。Discovery 探索频道被美国观众评为最有效率的频道，就是因为其不断运用新技术推出高速互联网和交互电视等新产品。Discovery 目前正高度重视开发新媒体业务，其旗下的美国电视网新媒体业务已占其业务总量的 7%，据分析，几年后这一比例将会达到 25%。

学习思考题

1. 什么是全球化？全球化对企业管理有什么影响？
2. 什么是传媒的全球化发展趋势？
3. 什么是传媒的全球化管理？
4. 怎样理解传媒全球化的影响？
5. 什么是传媒的本土化策略？
6. 国际传媒如何推行全球化与本土化的融合？
7. 全球化对我国传媒业产生怎样的影响？
8. 外资传媒是如何渗透中国市场的？
9. 简析中国传媒"走出去"的现状、问题与对策。
10. 美国 Discovery 公司是如何开展全球化经营的？

第十二章 传媒的监管体制

传媒监管问题，涉及的是政府与传媒之间的关系。政策、市场和技术是决定传媒发展的三大力量，其中又以政府的作用最为突出，因为政治体制决定着传媒的性质与作用。一个国家的传媒是否具有竞争力，很大程度上取决于该国政府对传媒采取的经营管理制度，其核心问题就在于政府与传媒的关系。传媒乃"国之利器"，政府对传媒放任不管是不可能的；为了保障新闻自由，防止对新闻自由的滥用，任何政府都会对传媒采取必要的管制措施。无论东方还是西方各国，政府对传媒的干预只是程度不同而已，或者说政府控制传媒的手段和方式有差异。许多国家还实行强制性新闻监管，主要包括两个方面：一是政府对新闻的管理和对新闻自由的限制；二是新闻职业团体对新闻单位及其从业人员的监督。政府和市场作用的范围和领域都应该有有效边界，一旦超出范围，政府干预和市场机制都会带来低效率。那么，政府应该怎样保护传媒作为信息传播工具和社会公器的原则，同时维持传媒作为产业的市场运作，等等，这些都是本章需要分析与探讨的重要问题。

第一节 政府对传媒的管理

一、传媒管制及其必要性

（一）什么是政府管制

政府管制就是政府行政机构依据法律授权，通过制定规章、设定许可、监督检查、行政处罚和行政裁决等行政处理行为，对构成特定社会的个人和构成特定经济的经济主体的活动进行限制和控制的行为。政府管制的一个根本特征，就是依法管制，即通常所说的依法行政。经济学上把政府管制分为经济性管制和社会性管制两类。

1. **经济性管制**。经济管制是指对价格、市场进入和退出条件、特殊行业服务标准的控制。一般来说，是对某一个特定行业、特定产业进行的一种纵向性管制。这些行业往往具有一些特点，如自然垄断性。如对电台、电视台等媒体的管制就属于经济管制。

2. **社会性管制**。社会管制主要用来保护环境以及劳工和消费者的健康和安全，主要针对外部不经济和内部不经济。前者是市场交易双方在交易时，会产生一种由第三方或社会全体支付的成本，如环境污染、自然资源的掠夺性和枯竭性开采等，政府因此必须对交易主体进行准入、设定标准和收费等方面的管制。后者是交易双方在交易过程中，一方控制信息但不向另一方完全公开，由此造成的非合约成本由信息不足方承担，如假劣药品的制售、隐瞒工作场所的安全卫生隐患等。所以，政府要进行准入、标准以及信息披露方面的管制。

西方发达国家政府管制建立在市场经济基础上，市场经济得到充分的发展，随着资本主义从自由竞争进入垄断时代后出现一些"市场失灵"现象，政府才开始逐步加强对经济行为的管制。但是，我国政府管制形成于计划经济时代，由于没有经过市场经济充分发展的阶段，因此，我国政府管制的成因与西方经典管制理论中的分析有很大不同。西方政府管制的出发点是维护市场秩序，而我国的计划经济从一开始就是立足于取消市场，在当时的我国经济生活中到处存在着管制。

随着市场经济的建立和垄断性行业向竞争性行业转变，新的管制环境已经发生了很大变化，因此，如果不对我国现有的政府管制制度进行彻底的改革，政府管制不但不能发挥治理失灵市场的作用，反而会阻碍市场经济体制和竞争秩序的建立和完善。

（二）传媒管制的途径与原因

美国传播学者希伯特认为，政府和大众传媒的关系有限制、管理、协助与参与四种，政府通过这四种关系对大众传播进行控制。政府对大众传播的控制主要表现在大众传播媒介的所有权上。新闻调控是政府对传媒进行监督与管理的重要方式。所谓新闻调控，主要指国家政党、社会集团和行业组织利用政策法规、物质支持、新闻纪律和伦理准则等手段，对新闻信息传播的环节、质量、流向、流量和导向等给予的监管调节和约束。一般而言，各国进行新闻调控的主要途径有：①政府调控；②法律调控；③政党或集团调控；④行业自律。

来自于政府的控制是传媒所受到的控制力量中最主要的部分，这些控制主要包括：对传媒组织的所有制形式予以规定，这构成了政治控制的主要内容和主要手段，是传播体制确立的前提条件；采用法制和行政手段对传播媒介的活动进行管理；对某些传播内容实行强力限制或禁止；对大众传播事业从总体上进行规划，或以国家援助的形式给予扶持。实际上，政府实施的这些调控不外乎硬性调控和软性调控两大类，硬性调控是政府以司法行政权强制实行的调控，如法律控制就是政府直接制定法令控制传媒的新闻自由，甚至收购有关传媒；软性调控是政府通过其他渠道实行的非强制性调控，比如通过软力量去沟通、联系，或提供庞大广告费作为支持，等等。依法管理是政府对传媒管制的重要特点。

政府介入传媒市场运作的主要目的有两个：一是维护公众获取正当信息的权利。欧洲国家比较强调这一点。二是保护传媒市场，维持正常市场秩序，反垄断和反不正当竞争。这在美国比较突出。政府介入和管制的方式主要有两个方面：一是控制传媒的经济行为；二是对传媒内容进行审查管理。政府管制的方式主要有三种：一是直接控制传媒的所有权，即建立国有传媒；二是颁布法律法规，限制传媒行为；三是成立管理委员会，进行频率分配、人员任命、内容审查等管理行为。（胡正荣，2003）

比起其他行业，政府对传媒进行较多管制的原因，除了保护新闻自由这个因素外，主要还有以下几个方面的因素考虑：

（1）传媒这个行业天然具有文化内涵和意识形态要素，不仅关系到经济的繁荣，而且对政府的统治和主流文化的兴盛有重要影响。世界上任何一个国家的政府都不可能对传媒完全放任自流，这从美国政府在反恐战争中对CNN等私有媒体施加压力就可窥见一斑。从这个意义上讲，我国政府出于国情和国家利益的考虑对传媒传播的内容进行一定程度的监管是完全正当而且必要的。

美国传播学者施拉姆和波特认为："不管是什么样的广播体系，人们一般都会受到一些控制，至少是在频率分配、保护听众和观众不受诽谤性或亵渎性材料之害的法律、保护材料所有者的版权不受侵犯的法律以及保护政府不受煽动性广播之害的法律等方面。除频率分配而外，报纸不论在什么样的制度下也都受到同样的控制。这就是说，所有的制度都必须在某种程度上对他们的媒介加以控制和管理。"①

（2）传媒的技术特征与传播特征是其被政府作为基础性资源实施管制的基础依据。首先，传媒是一种特殊的技术，通过传输物质的中介作用能使信号在传播者和接受者之间得以交流；其次，传媒是一种特殊的传播形式，具有传播速度快、传播范围广、传播影响力大等传播特征，因此传媒的应用关系到政府的政策法令能否得以顺利传达，关系到政府和民意的沟通是否顺畅无阻，使之成为政府管制的特殊领域。（纪宁，2001）

（3）许多传媒部门，如广播、电视等，资源是有限的，与电信、采矿、交通等行业同样属于自然垄断行业，虽然由于新技术的应用，这种资源限制已经大大减少，但传媒行业的垄断性并没有从根本上得到改变。

（三）传媒的管理体制

所谓"体制"，这里有两层含义：就媒体机构本身而言，指它的所有制和经营管理机制；就整个国家而言，指全国传媒的格局以及国家进行法律和行政管理的方式。从世界范围看，传媒管理体制大致可分为三种类型：①私营管理制度。传媒以私人方式经营，以盈利为目的，以广告收入为资金来源，以市场为导向配置资源，迎合受众，依靠垄断财团，相对独立于政府。如美国传媒多是由个人、公司、财团、社会团体控制，根

---

① （美）施拉姆、波特：《传播学概论》，何道宽译，新华出版社1984年版，第14页。

本上属于私营性质。②公共管理制度。传媒作为公共事业，不受政府直接控制管理，内容传播具有相对独立性，通过销售或捐款获得一定资金，不以盈利为目的，强调公众服务性、独立性和社会责任。如英国 BBC 实行的就是公共广播制度。③国营管理制度。传媒由国家投资、经营，靠国家拨款，不以盈利为目的，受政府部门管理，是国家政府的宣传机构，宣传政府的纲领、方针。如中国的传媒。①

施拉姆认为，世界各国的新闻传播制度与其社会政治制度是一脉相承的。根据不同政治体制下政府控制传媒的理论，他在《报刊的四种理论》（1956）中，将世界传媒体制划分为集权主义、自由主义、社会责任感和苏维埃极权主义四种，并由此形成了四种理论。

1. **集权主义理论**。这种理论认为，传媒（报刊）属于国家，必须对当权者负责；大众传媒统一步调，国家才能顺利地为公众的利益服务。所以，对传媒应严加控制和审查，对违反有关规则的应加重处罚。这一理论本身在当今的大多数国家已经被摈弃了。

2. **自由主义理论**。这种理论强调个人的重要性，主张言论和出版自由，进而形成"观点的公开市场"。在此市场中，最好的思想总会得到承认，而最劣的思想则会失去作用。因此，这一理论反对任何对传媒的控制或压制，比如要求报刊出版必须事先领取执照，对传播内容进行审查，对触犯或批评当局的内容处以罚金，对信息采集与报道横加干涉，等等。但报刊自由被认为是"是含糊的，不确定的，而且有时是不一致的"。

3. **社会责任理论**。这种理论是对自由主义理论的修正。鉴于自由报刊对社会造成一定危害并招致许多批评的现状，社会责任论主张：传媒对社会有着种种义务，要不负公众的信任；传媒要"供给真实的、概括的、明智的关于当天事件的记述，它要能说明事件的意义"；它应当成为"一个交换评论和批评的论坛"；要能描绘出"社会各个成员集团的典型图画"；要负责介绍和阐明社会的目标和美德；要使人们"便于获得当天的消息"。作为真正的职业传播者，还应当遵循公认的道德准则和职业标准，不会为金钱而去做某些事，切实关心公众利益和国家利益。现代西方国家基本上属于自由主义和社会责任感的交叉体，既要秉承"观点的自由市场"，又要履行社会道义和责任，提供公共服务。

4. **苏维埃理论**。这一理论认为，在苏维埃国家，大众传播媒介与组织传播媒介不可分割，大众传媒是作为国家和党的工具来使用的，并作为党实现统一的工具、发布"指示"的工具；它们几乎是专用于宣传和鼓动；传播者被强制性地要求承担严格的宣传责任；它们由国家经营和控制；传播者的自由和责任也不可分地连在一起。这一理论被认为是集权主义的变体。

---

① 李沁沁、才让卓玛：《媒介管理之前世今生》，www.hexun.com，2005 年 4 月 15 日。

二、政府对传媒的软调控

在现代政治生活中，政府离不开传媒。传媒对政府的作用主要表现在：①发布政治信息，追踪政府动态；②解释政府纲领和决策，以利其顺利推行；③提供方方面面的意见，供决策者参考；④塑造政界人物形象，提高各种政界人物的知名度。①

美国政府与传媒的基本关系是一种共生关系，软性调控是美国政府经常采用的管理方式。美国经济主体是私有制，政治上实行"三权分立"。美国新闻界奉行客观公正的新闻报道和新闻评论方针，在很大程度上不受政府和政党的直接操控。事实上，美国政府在和平时期没有实施新闻检查的权力。然而，政府是传媒活动的中心，并且都是为资本主义服务的，因此也相互利用、相互协调。美国政府建立了一个包括美国新闻署在内的庞大新闻传播体系，通过各种手段对传媒进行宏观调控，如资源配置、税收等，使传媒为其服务，其宏观管理更加强调"危机把握"。并且，在特殊情况下（如战争），政府可以对传媒进行控制。海湾战争时，美国传媒的战争报道就要经过军方的审核同意。新闻界十分忌讳传媒充当政府的传声筒，却往往不能摆脱政府消息来源的软性摆布。正如哈佛大学教授罗杰·希尔斯曼所言："他们想当政府的批评者。他们竭尽全力避免成为政府的工具，但他们明白，白宫、国会议员和行政官员在利用他们，而他们对此无能为力。官员是他们的消息来源，反过来官员又利用他们的语言把这些消息公之于众。"②

英国在控制传媒方面有极严厉的法律，但以柔性控制为主。英国政府一般不直接干涉新闻媒体的行动，而是通过发布新闻、左右舆论和责令媒体自我管理等办法进行间接控制。政府的头面人物，特别是首相，一般都通过新闻媒介向外透露各种信息。能经常接触英国政界人物的记者主要是"议会记者"，"议会记者"享有许多其他记者所不能享有的特权：能在下院休息厅与议员交谈，能参加首相、议会首脑人物、反对党领袖定期举行的记者"吹风会"，甚至能比普通议员更早得到禁止复制的官方文件。因此，这些记者发表的文章、专论必然更引人注目。此外，经济杠杆也是政府控制新闻单位的特殊手段，某家新闻单位盈利太多，政府就课以特别税；如果亏本太多，便能得到政府的特别补助金。③ 这种柔性间接控制方式的好处是，可以避免给人以政府在明显地干涉新闻传媒业的印象，因为在西方自由主义的传统理念中，新闻业的独立性被置于一种至高无上的地位。

此外，美英等国政府还利用传媒作为其政策放大器和操纵国际舆论的工具。全世界

---

① 转引自曹小为：《中西媒体与政府的关系简述》，《新闻前哨》2005年第4期。
② 同上。
③ 中国社会科学院新闻研究所主编：《七国新闻传播事业》，重庆出版社1988年版，第379～380页。

每天传播的国际新闻中有80%来自四家国际通讯社,即美联社、国际合众社、路透社、法新社,而其他国家的报纸杂志、广播电视还纷纷利用上述渠道的消息。在美伊战争中,美英当局清楚地意识到赢得国际舆论的重要性,它们让记者随军行动,战争的每一个环节都是在人们的注视中完成,这是对世界传媒的导向和控制最有效的方法。

三、新闻发言人制度

新闻发言人、新闻发布会是政府控制新闻传播的手段,也是政府通过新闻界和公众进行沟通的方式。以美国为例,新闻发言人制度最早可以追溯到总统新闻发言人。19世纪20年代,美国普通民众获得了选举权;30年代,便士报诞生。新闻发言人正是诞生在这样一个政治改革、经济增长、传媒大众化的年代。安德鲁·杰克逊是最早聘用总统新闻发言人的美国总统,白宫的记者招待会和美国新闻发言人制度密切相关,塔夫脱是第一个安排每周两次定期记者招待会的总统。从此,虽然有反复,定期的记者招待会还是维持下来,于是白宫的新闻发言人制度也就相对固定了。新闻发言人成为一种制度普遍在美国各地建立起来,除了政府对新闻传播控制的需要外,还得益于两个因素的影响:一个是现代公共关系理论的应用从企业界向政府部门渗透,另一个是新闻媒介积极争取知情权的斗争也促使了美国新闻发言人制度的建立。从西方国家的实践来看,新闻发言人制度就是一种有限的信息源,作为一种润滑油,协调政府和媒体以及公众之间的关系。同时,在此基础上隐蔽地引导舆论。

我国已初步建立了新闻发言人制度。1983年4月23日,中国记协首次向中外记者介绍国务院各部委和人民团体的新闻发言人,正式宣布我国建立新闻发言人制度,不仅中央一级人民政府,而且全国地方政府也先后建立了新闻发言人制度。各级政府通过新闻发言人向传媒,并通过传媒向公众介绍政府的政策,通报某个事件的真实情况,说明就某个事件、某个问题政府所持的立场和采取的措施,并回答传媒的提问。这与以往有些地方对公共信息的封闭堵塞、对传媒所持的回避做法相比,无疑是开放进步的体现。①

四、世界各国传媒监管的趋势

20世纪末期,新自由主义经济思潮重新兴起,"小政府、大市场"的观念影响到世界经济的各个方面,同样对传媒业的管制产生巨大影响。随着经济全球化的发展,在全球媒介汇流的形势下,为了促进传媒业发展,政府放松对传媒的管制是世界性趋势。世界传媒管理体制正在发生面向市场经济的历史性转型。传媒政策法规体制环境发生了重大结构性转型:受自由市场规则引导,一方面,各国程度不一地或快或慢地放松对媒体

---

① 曹越:《新闻发言人制度的历史与现状》,《新闻记者》2003年第7期。

的管制，拓宽传媒集团跨行业、跨区域、跨国经营的空间，允许传媒集团进一步扩大市场占有率；另一方面，世界性和区域性经济组织在规范成员国文化政策法规和政府行政调控中发挥着日益重要的有约束力的作用，与此同时，成员国及其世界性与区域性经济组织加强了对国际文化经贸的监管力度（如市场准入、透明度、知识产权保护等），以此维护市场规则，刺激国内媒体的发展壮大，推动国际文化生产、消费、贸易、投资的自由化。

政府管制从直接的行政手段走向间接调节，发挥市场作用。在西方以国营、公营传媒为主的国家，政府从20世纪70年代中期开始，对传媒放松管制。放松管制是指西方国家为了改变传媒产业组织，特别是国有产业部门的低效率状况，改变法律规范、改变资源配置方式，将行政配置改为市场配置，放开市场，鼓励竞争。

美国从20世纪80年代以来不断放松对媒体并购的限制，逐步引导传媒产业朝跨媒体整合及产业集中化发展。美国联邦通讯委员会（FCC）1985年开始放宽电视台的市场规模。《1990年联邦电信法》的颁布标志着新一轮管制放松。该法规的基本点是顺应当代社会经济、政治、技术、文化、社会的新变化，减少政府对电信、广播电视等电子信息传播产业的限制，扩大市场准入，减少产权限制，允许扩大经营，强化竞争，让市场更多地调节文化产业，鼓励拓展市场占有率，其主要内容是修改《1934年联邦通讯法》，取消对一家公司在全国范围内拥有电台和电视台数量的限制，另外准备放宽一家公司在同一城市只能拥有一家报纸和一座广播连锁台的限制。1999年8月5日FCC关于允许一家电视网在同一市场经营和拥有两家电视台的新政策，直接导致维亚康姆兼并哥伦比亚广播公司。近年来，FCC进一步放松对传媒所有权的限制，美国因而成为全球放松政府对传媒管制的领头羊。与此同时，对媒体管制甚严的新加坡近年来也开始放宽媒体管制，包括放松新闻媒体审查、成立媒体发展局等措施，通过吸引私有资本进入媒体业，进一步增强新加坡传媒业的实力，以顺应信息科技迅速发展的全球化潮流。

放松管制并非指政府撒手不管，而是转化了政府介入的形式和领域。政府开始减少对传媒内容的审查，取消事先的严格审查而代之以事后追惩制，强调法律的威慑作用。许多国家，如法国，把原来的国有传媒私有化了。在经济行为的介入上，变直接的命令为对市场的调节。这种放松管制大大促进了传媒的合并和规模扩大，提高了传媒业的竞争力，也引发了要进行"重新规制"的讨论。

对于跨国传媒集团来说，不停兼并和开设新的分支以扩展规模是生存的必然选择，而政府则担心这样是否会造成舆论的集中、信息来源的单一化以及传媒市场的垄断。2000年美国在线和时代华纳宣布合并后，就遭到来自美国司法部、联邦贸易委员会和联邦通讯委员会以及欧盟的反垄断调查。但总体而言，目前欧美国家的普遍倾向是管制的放松。

第二节 我国传媒管理体制改革

西方政府对传媒的管制建立在充分的市场经济的基础上，由于市场"失灵"导致政府对传媒市场进行干预。而我国政府对传媒的管制是在特定的历史条件下形成的。新中国成立之初应对复杂的国际政治形势，有统一对外和对内宣传的需要，后来的社会主义建设的思想整齐性和利益主体单一性的现实社会政治经济环境，同样是在宣传"工具和喉舌"的传媒保障下实现的。到社会主义改革时期，传媒更肩负着为"政治稳定"和"经济建设"服务的政策目标任务，这样在特定的环境以及现实需求下，政府对于传媒的管制是一种历史必然。（纪宁，2001）

一、我国传媒管理体制现状

（一）我国传媒管理的法律政策

1. **宪法**。我国《宪法》有些条款是直接规范新闻传播活动的。比如《宪法》第二十二条关于新闻出版广播电视事业为人民服务、为社会主义服务的方向的规定；第三十五条关于公民有言论、出版自由的规定；第四十一条关于公民对任何国家机关及其工作人员批评和建议的权利的规定；第四十七条关于公民进行科学研究、文艺创作和其他文化活动的自由的规定；等等。

2. **法律**。在我国，法律特指由全国人民代表大会及其常务委员会制定、颁布的规范性文件，由国家主席签署主席令公布。比如《广告法》、《著作权法》等。

3. **行政法规**。行政法规是国务院根据宪法和法律制定的领导和管理国家各项行政工作的各种规范性文件的总称，由国务院总理签署、国务院令公布，其效力和地位低于宪法和法律，由于我国还没有专门的新闻传播法或媒介法，行政规章是我国目前管理媒介的具有可操作性的最高规范。比如《出版管理条例》、《印刷业管理条例》、《广播电视管理条例》等。

4. **地方性法规、自治条例和单行条例**。各省、自治区、直辖市也颁布了大量有关媒体管理的地方性法规和政府规章，如《北京市图书、报纸、期刊、电子出版物管理条例》、《天津市书报刊管理条例》、《天津市电子出版物管理条例》、《上海市图书报刊市场管理条例》、《河北省新闻工作管理条例》等等。

5. **规章和规范性文件**。规章主要指的是部门规章，是指国务院所属部委和具有行政管理职能的直属机构，根据法律和国务院的行政法规、决定、命令，在本部门的权限内，制定的规定、办法、实施细则、规则等规范性文件。

我国的新闻传播规章有以下几类：一是对行政法规所管理的大众传媒再分类制定管理规则。如《报纸管理暂行规定》。二是对法律、法规有关规定再制定操作性的细则。如《关于文化体制改革试点工作的意见》（中办发〔2003〕21号）。三是对法律、行政法规未涉及的具体事项制定规则。

（二）我国传媒的行政管理

我国传媒属于社会主义市场经济条件下国有国营传媒体制，以社会效益和经济效益"双效益"为宗旨。媒体作为党的宣传舆论工具，属于意识形态领域，国家对媒体的行政管理非常严格。传媒业实行党委领导下的政府行政管理模式。按照"党管媒体"的原则，中共中央宣传部及各级地方宣传部门是新闻传媒的最高领导机关，报刊、广播电视、互联网站等必须接受党委宣传部门的领导和指导。从政府行政管理角度，报纸、期刊由新闻出版署及各级新闻出版署主管，广播电视的主管机关是广电总局及各级广电局，新闻网站则由国务院新闻办及各级地方新闻办管理。随着社会主义市场经济体制的逐步确立，传媒行业行政管理部门不断加强对媒体的直接把关和领导，以确保实现传媒的政治功能。

（三）我国媒体的基本管理制度

1. 媒体的创办和登记制度。世界各国对媒体的创办制度包括：保证金制、审查批准制、注册登记制和无需登记的追查制等。在我国创办报纸实行的是审查批准制，这是我国报刊管理的基本制度之一。我国《出版管理条例》规定：报纸、期刊、图书、音像制品和电子出版物等应当由出版单位出版。国务院出版行政部门制定全国出版单位总量、结构、布局的规划，并指导、协调出版事业发展。设立出版单位，必须具备一定的条件，即：有出版单位的名称和章程；有符合国务院出版行政部门认定的主办单位及其必要的上级主管机关；有确定的业务范围；有30万元人民币以上的注册资本；有固定的工作场所；有适应业务需要的组织机构及符合国家规定的资格条件的编辑出版专业人员。这几个条件缺一不可。（宋建武，2006）

我国《广播电视管理条例》第十八条规定："国务院广播电视行政部门负责指配广播电视专用频段的频率，并核发频率专用指配证明。"第十九条规定："设立广播电视发射台、转播台、微波站、卫星上行站，应当按照国家有关规定，持国务院广播电视行政部门核发的频率专用指配证明，向国家的或者省、自治区、直辖市的无线电管理机构办理审批手续，领取无线电台执照。"这两条规定意味着我国的广播电视频谱资源由国家所有、管理，对频谱的分配采取执照制。同时，第二十条规定："广播电视发射台、转播台经核准使用的频率、频段不得出租、转让，已经批准的各项技术参数不得擅自变更。"也就是说我国广播电视频谱资源不具有可转让性。

2. 主管、主办单位制度。新闻出版署1993年《关于出版单位的主办单位和主管单位职责的暂行规定》（新出政801号）对这一制度进行了比较详细的规定，明确指出了新闻出版单位和主办单位、主管单位的关系："主办单位是出版单位的上级领导部门"；"主管单位是指出版单位创办时的申请者，并是该出版单位的主办单位的上级主管部门"；"主管单位、主办单位与出版单位之间必须是领导与被领导的关系，不能是挂靠与被挂靠的关系"。

（四）我国对传媒内容的监管

传媒对社会产生巨大的社会影响既有积极的一面，也有消极的一面。为了尽量避免消极的影响，对于大众传播的内容进行一定的管制也是世界各国的通例。通过管制，净化了传播环境，保护了国家、社会、个人的长远利益，这是对国家、社会、个人负责任的一种表现。

对传媒内容进行管制的原则主要有以下几点：①维护国家安全。诸如禁止煽动危害国家的言论，禁止泄露国家秘密。②维护社会正常秩序。诸如禁止淫秽、色情的内容，禁止宣扬邪教、迷信和其他危害社会的内容，禁止传播宣扬民族歧视、破坏民族团结的内容。③保护公民、法人的权利。

媒体在进行传播活动过程中，其传播内容应严格遵守法律法规的相关标准规定。若违背标准，给国家、社会或其他个人和法人造成了不良的后果，则应该承担相应的法律责任。具体包括行政责任、刑事责任和民事责任。

（1）行政责任。行政处罚主要适用于新闻单位传播了法律禁载的内容，但尚不构成犯罪的行为。主要包括警告、罚款、没收违法所得、没收非法财物、责令停产停业、暂扣或者吊销许可证、暂扣或者吊销执照、行政拘留等。

（2）刑事责任。若新闻单位传播了法律禁载的内容，而且情节严重，给国家、社会或公民法人造成了严重危害，已经触犯刑法，则应该承担刑事责任。

（3）民事责任。除了行政责任和刑事责任外，如果媒体的传播内容侵犯了公民法人的私权利，如人格权，则应该承担相应的民事责任。

二、我国传媒监管的特点与问题

（一）我国传媒管制的必然性

我国传媒业作为意识形态领域的一部分，一直受到政府的控制和保护，在行业特点上具有国家垄断的特点。新中国成立以来，传媒在一个很长的时期内主要被视为党政机关的一个部门，基本上不是一种独立的社会行业。改革开放以前，政治上以阶级斗争为纲，经济上坚持公有制，实行中央集权、级别分明，与此相适应，传媒实行完全的公有制，发行与资产都由党委管理。

改革开放以来，经济建设取代阶级斗争成为全国的工作中心，经济体制从完全的计划经济逐步转向社会主义市场经济。传媒的制度环境发生重要变化，政治因素在保证对传媒制度起主导作用的前提下，根据传媒发展的实际需要进行适度调整和放宽。传媒从单纯的党政机关的一个部门，转变为同时也是一个个具体的利益单元。报纸的功能发生转变，不仅是"党和政府的喉舌"，而且是"舆论的载体，反映民意的机关，信息传播的工具"。与此同时，以经济制度改革为标志的经济因素也加快推动传媒内部运营制度的变革。

在社会主义市场经济的发展阶段，我国的传媒虽然进入了市场，政治因素的色彩在淡化，但其决定性影响没有弱化。传媒性质和基本功能没有改变，传媒的国有属性和由党管理的政策没有改变。传媒作为党和政府的喉舌，其首要任务还是宣传党的政策方针。1986年国家新闻出版署成立，各省、市、自治区的新闻出版局相继挂牌，传媒的管理体制由原先党委宣传部"大权独揽"变为"双渠道、集中、分级"。由于这个原因，我国传媒产业的主流是国有传媒，政府的行为比市场的力量在传媒发展中起到更重要的作用。可以说，政策空间有多大，传媒产业的发展空间就有多大。

（二）政策与市场博弈：谁主沉浮

1. 体制转型产生的监管危机。改革开放以来，我国从计划经济体制逐渐向社会主义市场经济过渡。目前传媒"事业单位、企业管理"的性质，是计划经济和市场经济双轨制并行的特殊的管制机制。随着传媒的产业化进程，传媒在市场经济格局中实际上形成了相对垄断的利益，这将形成权力垄断基础上的利益扩张，还是公平自由的市场竞争？传统的传媒监管体系显然无法适应形势发展的需求。

我国政府对传媒管制有两种倾向。过去是一种"钳制"倾向，由于实际运作中依循旧的计划经济体制，传媒被赋予了"喉舌与工具"的性质，过度强调传媒的宣传功能而忽视了传媒提供娱乐和沟通信息的功能，于是传媒在政府行政资源保护下过着"做一天和尚撞一天钟"的舒适日子，管制似乎是某种意义上的钳制。现在是另一种"双轨制"倾向。管制又在宏观计划经济体制与市场体制间"游移"，而对于传媒"事业单位、企业管理"的定性就是这种"游移"思想的产物，把传媒一只手紧紧拉向行政的怀抱，让传媒肩负其社会效益的职能，又把传媒一只脚踢向市场的海洋，让传媒实现其经济效益的价值，双轨制造成的矛盾和其追求的平衡性目标是冲突的。总之，政府管制不管是过去行政性垄断的"钳制"，还是现行"事业单位、企业管理"的双轨制管制原则，都带有浓厚的非市场经济操作特征，忽视了传媒本性上的经济功能，导致传媒的市场环境脉络不清，市场竞争缺乏行为规则，局面无序，而其市场行为的延展又出现明显的资金和人才缺口等。① 在这样的监管体制下，传媒既肩负着政策宣传的责任，又承担着经营的压力，而管制原则也没有就这样的双重身份作出明确而具体的分化，于是"官商两面性"角色游移导致传媒经营理念模糊、经营行为冲动，必然与市场经济体制的运作要求发生冲突，因此需要通过改革使传媒运作适应建设社会主义市场经济体制的要求。

  2. **我国传媒管制改革的必要性**。政府对传媒的管制是在一定历史条件下形成的，随着政治影响、经济变化、技术发展等条件的改变，就要求对原有的传媒监管体制进行必要的改革，以提高监管的效率，并促进传媒业的发展。我国传媒管制改革的必要性，除了上述体制转型带来的监管危机外，还有另外两个方面的原因。

  一方面是技术进步。制度经济学派代表人物 C. E. 艾尔斯认为："技术进步的本质不在于个人技艺的提高或个人精神的某种表现，而在于工具的变革以及由此引起的制度方面的变化。"随着技术条件和物质条件的变化，传播技术的发展使人们超越了正常的知觉和视觉的限制，大众传媒对整个社会的介入程度越来越深。新技术对传媒的影响愈来愈大，如数字化技术、互联网技术的发展，导致传媒从传播内容到传播方式、乃至经营方式等都发生了巨大的变化。20 世纪末网络等新媒体的崛起给政府提出了研究的新课题。政府原有的对传媒的管制出现了许多不合时宜之处，需要通过改革或调整来应对技术进步给传媒带来的变化。政府必须完善对大众传媒的监控，尤其是规范新媒体的运作，并且研究如何充分利用新媒体进行宣传。

  另一方面是全球化和融合化的冲击。传媒领域的全球化和融合化是一个国际潮流。国际传媒巨头集传媒内容生产和传媒传输通道控制于一身，集传统纸质媒体、电子媒体和网络媒体服务于一身，并且在融合化的支持下，传媒集团的经营开始了全球化扩张，经营的地域范围向全球各个角落渗透。加入 WTO 以后，这一国际潮流对我国传媒业的发展开始产生重要影响。政府应该如何制定新的政策法规和管制方式，才能使本国传媒走向世界，使本国的受众获得更多的信息，从而使自己融入全球新闻和信息传播的共同潮流，又能维护本国的利益，应成为政府传媒管理部门研究的新课题。

  3. **我国传媒管制改革的实质**。我国传媒体制改革，不是要不要管制的问题，而是如何对传媒进行有效管制的问题。与发达国家传媒业面临的增长问题不同，我国的传媒业市场还在发育和完善之中，制约发展的主要是经济结构问题。传媒产业结构失衡，处于低度水准，仅靠市场调节无法解决结构性矛盾，因此政府需要实行必要的干预。但在社会主义市场经济条件下，作为市场机制补充的政府干预必须有一定之规，不能无限度。

  我国在传媒领域进行政府管制改革的实质，就是放松政府管制，建立社会主义市场

---

① 纪宁：《媒介新动向》，沈阳出版社 2001 年版，第 95 页。

经济体制，开放传媒领域属于市场的部分，引进和强化有效竞争机制，使传媒发展兼顾效益与公平。传统政府对传媒管制的制度逻辑建立在非市场经济体制的基础上，主要偏重传媒的宣传功能，防止国民意识形态领域的各种非社会主义的思潮侵袭，使宣传服从于国家和社会的"政治稳定"和"经济建设"。当前和未来政府对传媒管制的逻辑建立在社会主义市场经济体制基础上，管制的目的是通过经济和法规的手段，一方面调整传媒市场出现的无序竞争，另一方面继续实现传媒为"政治稳定"和"经济建设"服务的政策目标，使传媒的社会效益和政治效益都取得充分发展。具体来说有两个特点：一是管制的着眼点是规范市场秩序而不是干预市场操作，传媒市场的无序竞争将得到控制；二是政府管制的手段不再是行政手段，而是经济和法规手段。（纪宁，2001）总之，我国传媒管制改革的目标，就是在发挥政府和产业两方面积极性的基础上，努力使传媒成为党所代表的先进文化的重要传播渠道，成为国民经济实力的重要体现，成为主流文化建设的主要阵地。

政府在保证意识形态管束的前提下，对传媒经营方面将实行比较宽松的政策。从发展趋势看，我国传媒产业的市场规则将在政府管制和市场主体活动的相互博弈下形成，政策仍是影响传媒产业最重大的因素，政策将从市场准入、税收等方面直接调控传媒产业，在内容、结构、资本等方面实行管制，从而影响市场主体，但市场主体将比以前更有与之对话的资本，传媒产业化发展的趋势已经不可逆转。

我国传媒体制改革已经取得初步成功，基本完成政企之间的分离。在管理方式层面上，已经改变了过去管办不分的方式，初步实现了管办分离的管理体制。随着媒体集团化和竞争格局的日趋完善、政府宏观调控政策和法规体系的逐步确立、投资形态的更加开放与多元化，管办分离的管理体制开始真正向大社会小政府方向演进。

传媒监管的特殊性在于，既要促进市场开放，又要加强内容控制，即在产业发展与文化安全之间取得平衡。一方面，由于经济全球化和新技术革命，开放市场是传媒业发展的必然要求。近年来西方发达国家传媒监管发生重要转变，就是放松对传媒业的管制。针对市场环境的巨大变化，各国政府进一步开放传媒市场，放宽了对传媒资金来源、业务范围、经营地域等方面的管制措施，积极推动传媒集团跨媒体、跨行业经营，旨在推动产业发展。传媒产业需要政策扶持，如引入业外资本，培育市场，提高竞争力。当前我国加大对传媒投融资体制改革的力度，就是适应了传媒业全球化、商业化、市场化趋势。另一方面，传媒具有意识形态属性和舆论导向功能，涉及文化安全，必须从我国国情和国家利益出发加以适当的管制。为此，有必要建立起一套新型又适合我国国情的传媒监管体系，实现从行政管理到法规监管、从分业监管到宏观调控转变，重视内控制度建设，强调市场机制的作用，以实现安全与效益并重的监管目标。①

---

① 钱晓文：《网络电视对传媒运作方式的潜在影响》，《新闻记者》2005年第6期。

三、创新监管体制，促进传媒业发展

体制是主导传媒业经营机制、市场化程度和产品结构的决定性因素，从体制入手是传媒业改革的必然要求。近年来，包括传媒业改革在内的文化体制改革取得了重要进展。根据将公益性文化事业与经营性文化产业分开的原则，作为文化产业核心的传媒业"一手抓改革，一手抓发展；一手抓管理，一手抓繁荣"，已经初步建立起党委领导、政府管理、行业自律、企事业单位依法运营的文化管理体制和富有活力的文化产品生产经营机制，打造出一批产业集团和优势品牌，为事业产业发展夯实了基础。与此同时，传媒改革还面临许多问题，主要表现在管理体制落后、经营机制不适应市场需求、传媒市场分割以及结构不合理等四个方面，因此，要把体制改革作为传媒业改革的突破口。转变政府职能，规范权力与市场的关系，提高监管效能，为传媒业的进一步发展创造良好的体制环境，是我国传媒监管的当务之急。

（一）转变政府职能，实现管理创新

要完成传媒体制和机制上的转变，完成传媒宏观市场的建设和法制规约，首先，需要党和政府的主导、政策上的扶持。在此过程中要坚持党管媒体，坚持党管干部，坚持正确的舆论导向，始终确保党和人民喉舌的性质。

其次，政府要转变职能，政府职能与企业职能分开。对现有管理方法进行调整，过去政府对传媒的管理基本上使用行政管理办法，在市场经济条件下，应逐步转向采用经济、行政、法律等综合方法，实现在传媒领域的管理创新。根据《关于深化文化体制改革的若干意见》，切实转变政府职能，实现政事、政企和管办分开；加强对文化事业单位实行分类、指导、管理和扶持；深化对传媒事业单位的内部改革，实现资源的优化配置，增强发展活力；拓宽筹资、融资渠道，努力提升现有传媒集团的综合竞争力。适时调整各种管理手段的主次位置，尽快从以行政手段为主向以法律、经济手段为主，并辅之以必要的行政手段、舆论监督手段。改革和完善行政决策机制，发挥社会咨询机构在政府决策中的作用。

随着经济的全球化以及科技的发展，传媒跨行业经营是世界性发展趋势，传媒从过去的分业经营向混业经营转变，大大改变了传媒业的面貌，也对我国现行传媒监管体制提出了挑战。传统的分业监管体制已不适应市场要求，建立对混业经营有效监管、统一的综合监管模式是必然选择。英国的电讯广播监管局（Ofcom）就是"一揽子监管"的管理机构，它由原来的 ITC、BSC、电台管理局、电信办公室以及无线传播管理署等五家监管机构合并而成，监管范围是从电子邮件到电视、电台广播乃至互联网等所有的电子媒体。我国需要一个类似英国 Ofcom 的统一机构负责对电信和广电等行业进行监管。网络电视从技术上融合了"三大网络"（电视网、电信网、互联网），专家认为，要打

破行业壁垒还需从体制上整合,解决之道是成立"电信监管委员会",信监会将同时监管固定电信商、有线与无线电视商、移动通信商的技术运作。①

2013年3月22日,新组建的国家新闻出版广电总局正式挂牌,其主要职责是,统筹规划新闻出版广播电影电视事业产业发展,监督管理新闻出版广播影视机构和业务以及出版物、广播影视节目的内容和质量,负责著作权管理,等等。分析人士指出,国家新闻出版总署与国家广播电视电影总局的整合为一,意味着文化领域的行业分割问题将显著弱化,图书、报纸、有线电视网、影视等文化子行业实现统一监管后,各子行业间的相互渗透将显著增加,文化公司业务有望实现多元化,综合性的文化集团或将出现。②

(二)培育市场主体,调整政府与传媒的关系

建立和健全现代传媒市场,就是要政府把该管的管起来,把不该管的交给市场去运行。目前阻碍传媒发展的因素主要是以行政区划和行政级别作为市场分割的依据、各地媒体借助行政力量垄断本地媒体市场、城市媒体高密度发展恶性竞争,农村市场被搁置、优质资源在传媒市场无法自由流动,无法进行最佳的配置。《关于深化文化体制改革的若干意见》中提出,"形成统一、开放、竞争、有序的现代文化市场体系,更大程度地发挥市场在文化资源配置中的基础性作用"。这同样是建设传媒市场的指导原则。

促使权力进一步退出传媒经营,逐步建立以市场为主导的资源配置方式,但这并不意味着可以放弃或者削弱党对传媒的领导,党管媒体的原则不能变,要在改革中努力探索适应新形势的党管媒体的实现形式,探索对传媒业实行分类管理。培育和重塑新型的传媒市场主体。做好市场主体的权益保护,对依法经营者提供保护,对违法经营者进行惩戒。打破行业和区域壁垒,推动传媒跨地区、跨媒体经营。大力培育、发展和规范行业协会和具有一定社会文化管理职能的中介组织。文化要素分配和文化资源配置,除必须由政府直接掌握的以外,要逐步转移给市场。

产权制度是现代企业集团的基础,也是现代传媒集团的核心。与国有企业改革类似,我国传媒也存在产权不清的问题。在产权不明晰的情况下,传媒很难按照现代产权制度和企业制度要求进行市场化运营。我国传媒仍属于国有经济性质,要提高效率、适应转向市场经济体制的要求,就必须理顺产权关系,解决产权不清问题,即推动法人治理结构的建立健全,实行所有权、法人财产权和经营权的分离。

---

① 钱晓文:《网络电视对传媒运作方式的潜在影响》,《新闻记者》2005年第6期。
② 《中国证券报》2013年3月21日A12版。

（三）加强法制建设，依法管理传媒

法制管理是我国传媒管理体制改革的方向。现代社会是法治社会，法是协调社会关系、维护社会公正最重要的力量。政府需要依靠法律规范进行管理，我国传媒业发展的相关政策法规必须调整和完善。政府在把握传媒导向时，不能完全依赖原有行政手段，也不能过多采用意识形态和政治手段，而必须将党和政府的意志通过合理的政策法规正确予以体现。我国传媒的发展必须得到政策法规层面的支持：用法规支持调整传媒产业布局和结构；用法规明确国家必须控制的媒体行业和领域；用法规建立传媒产业风险控制机制。针对我国国情、传媒和社会发展目标及其可能的实现途径，政府应推进传媒政策法制化，包括清理与评估现行媒介法律、法规和政策，逐步实现"红头文件"向法律框架转化，以适应"依法治国，建设社会主义法治国家"的法治建设目标。

新兴媒介技术和产业形态迅速发展，必须用政策法规加以规范。20世纪90年代以来，随着新技术在传媒领域的广泛应用，文化产业在世界范围内迅速发展，各种新型的文化业态层出不穷。在新的发展形势面前，特别是跨越式发展条件下，传媒市场中会形成阶段性政策法规的真空地带。一些新的对象不能够准确使用政策法规，导致出现某些政策法规的缝隙，这些缝隙既能成为各种新型文化经济形态的新的生长点，也能让不健康因素寻找到新的栖息地。传媒领域是比较敏感和特殊的领域，不健康的因素一旦进入媒体领域，会产生显著的放大效应。

（四）实行行业管理，加强传媒自律

政府有关行政部门对传媒实行行业管理，因而，应尽快启动传媒行业管理全面规范化建设。行业的促进作用和制约作用更直接、更有效、更符合媒体的管理特点。

政府要在传媒管制中真正有所作为，首要的就是要让传媒真正意识到自我管理的重要性。在我国，政府对传媒的管制主要体现在党委宣传部和组织部的管理职能，如人事任免等，属于党管新闻、党管宣传的概念。政府的许多职能可以转移到媒体自我管理上，而其他的管制则可以大的透过法律、小的透过职业的专门委员会来管理。

成立媒体投诉委员会之类的机构，以加强媒体的道德规范和纪律约束。这一组织除了规定一些新闻工作中必须遵守的细则并强化监督机制外，还可以对媒体的职业道德建设进行监督和评比，最后落实到评级、评奖、评比等与利益相关的活动中。

案例分析：日本的传媒管理体制[①]

日本通过行政、法律、政策、规章、行业自律等多种手段，对新闻传媒的采编、经营活动实施调控，强化对新闻传媒的管理和约束，使其在一定范围内活动，从而实现社会各方面利益的平衡。具体而言，日本对新闻传播的调控主要有以下五方面。

一、行政调控

日本政府主管新闻事业的机构是外务省情报文化局，其下属的国内广报科负责起草和实施有关国际形势、外交问题的对国内宣传报道计划，以及收集和研究与此有关的必要情报；海外广报科负责起草和实施有关日本情况和外交政策的对国外宣传报道计划。日本政府虽标榜"新闻自由"，承认新闻界和政权的相互独立关系，并竭力作出尊重新闻舆论的姿态，但却通过各种途径和手段对新闻传媒进行管理和控制。比如政府通过有关的法律条款对新闻报道加以必要的限制，政府通过记者俱乐部操纵舆论，等等。

二、法律调控

第二次世界大战后，日本《宪法》第二十一条规定："报纸除有害于公共利益和法律禁止的场合外，享有报道、评论的完全自由，其中包括对禁止令批判的自由。"该条款明文禁止了新闻检查，政府不得以行政手段来干涉和限制传播媒介的言论。新闻自由在法律上得到充分的肯定。日本现今没有制定成文的专门新闻法规，对新闻自由的保障和限制主要分散在《宪法》、《民法》、《刑法》等有关条款中。法律对采访报道作了限制，首先是对法庭采访的限制，根据《民事诉讼规则》第十一条，把摄影、录音、广播等作为由法院决定是否允许采访报道的项目，还有关于法庭维持秩序、有权对不遵从《刑事诉讼规则》（第二百一十五条）及法庭指挥的行为予以制裁的法律。在经营方面，《禁止垄断法》规定要"防止不正当竞争、要进行公平交易"。

三、政党调控

日本各政党大都拥有自己的报纸，作为自己的喉舌，宣传自己的方针和政策，如自由党的《自由新报》、社会党的《社会新报》、公明党的《公明新闻》、共产党的《赤旗报》。同时，各政党对其他新闻媒体也采取各种手段，尽可能地加以利用和控制。日本各政党总部设有记者俱乐部，具有同政府的记者俱乐部一样的作用。各政党还通过各

[①] 资料来源：张玉《日本新闻传播调控机制管窥》，《青年记者》2007年2月上。

报的政治部记者施加影响。此外，各政党还可以通过意见广告的形式在媒体上宣传自己的主张，扩大影响。

四、资本集团的调控

日本的新闻媒体大部分属于商业媒体，以盈利为目的，这就决定了它们对资本集团的依附关系。首先，大财团直接出资创办新闻媒体。从时事通讯社到日本五大报纸，无一不在财团的控制之下。例如，《朝日新闻》现在的股东有村山美知子、上野淳一、村山於藤、村山富美子等报业资本家，报社与金融垄断资本住友银行、三井银行关系密切。其次，日本的大小报社，几乎没有一家不向银行贷款。最后，垄断资本家大企业还通过广告来牵制报纸。今天日本报纸的经营，在很大程度上取决于刊登广告情况的好坏，广告收入占报社总收入的50%～60%。报社大宗广告来自大企业、财团，本身也是资本主义企业的日本报业，被牢牢地控制在垄断资本的掌心里。

五、行业调控

日本新闻界还依靠自身的力量，通过成立新闻自律组织、制定新闻道德规范和审查新闻报道等手段，对新闻媒体和新闻工作者进行约束和管理。日本的新闻自律组织主要是日本新闻协会，它成立于1946年7月，其宗旨是"提高全国新闻、通讯、广播的理论水平，维护共同利益"。1947年7月，该协会制定了《新闻道德纲领》，作为日本新闻界共同遵守的行为准则。《纲领》包括：新闻自由；报道与评论的界限；评论的态度；公正；宽容；指导、责任、荣誉；品格；等等7项内容。对新闻报道伦理作了规范，并在全体新闻从业人员中提倡作为其基础的自由、责任、公正、高尚等精神。日本新闻协会还通过发表"统一见解"、"对应措施方针"或"意见"的方式，对现实新闻活动中发生的各种问题，表明新闻界的态度或协调新闻界各单位之间的关系。日本新闻协会本着《新闻道德纲领》的精神，早在1947年就通过了《报纸广告净化要则》。这一要则于1958年由《报纸广告道德纲领》所取代，1976年5月又作了全面修改，制定了《报纸广告刊登准则》。

新闻媒介自律包括对新闻报道的审查。报纸的审查由各报社和新闻协会两方面进行。审查的重点包括报道内容的正确程度、价值标准是否恰当，此外，还要考虑人权及版面质量等问题，审查结果通过每日召开的各部部长会议或日报表、周报表等反馈到第一线，尽可能在报纸上收到立竿见影的效果。日本新闻协会的事务局设有审查室，负责审查各成员每天出版的报纸，其衡量标准是国家各项法律规定或本协会各项伦理纲领。如发现问题，则将意见反映给该协会的编辑委员会及理事会。经过讨论决定后采取相应措施，或向有关会员单位提出警告，或予以通报，直至要求退会。广播电视的审查由其机构内部的审议委员会负责。

学习思考题

1. 什么是政府管制？什么是新闻调控？
2. 政府为什么必须对传媒实行管制？
3. 传媒管理体制可以分为哪几种类型？
4. 举例说明政府对传媒的作用。
5. 什么是新闻发言人制度？
6. 世界各国传媒监管的趋势是什么？为什么？
7. 我国传媒监管的现状如何？存在哪些问题？应如何解决？
8. 日本对新闻传媒是如何进行管理的？

第十三章　传媒与核心竞争力

随着文化体制改革的深入、政策的逐步放开，我国传媒逐渐被推上日趋激烈的市场竞争的大舞台。传媒企业之间的竞争已从早期产品的竞争发展到核心能力的竞争。面对全球竞争的到来，我国传媒必须通过建立核心竞争力来获得持续竞争优势。核心竞争力作为传媒获得持续竞争优势的源泉，对于传媒发展具有战略性意义。实践证明，核心竞争力直接影响传媒的社会效益和经济效益，缺乏核心能力或核心能力较弱的传媒就有在竞争中被淘汰的危险。随着经济全球化进程的加快以及信息技术的飞速发展，在更加复杂、激烈的竞争环境中如何培育和提高核心竞争力，将成为我国传媒面临的最大挑战。

第一节　传媒核心竞争力的内涵及意义

企业核心竞争力的概念在20世纪90年代初提出后，迅速得到关注和强化。企业核心竞争力理论是一种代表未来知识经济特征的先进的管理理念，国外许多成功的企业把核心竞争力放在首位，创造了丰富的经验。

一、传媒核心竞争力的理论基础

传媒竞争的理论基础就是企业竞争战略理论。企业竞争战略，主要是指企业产品和服务参与市场竞争的方向、目标、方针及其策略，一般来说，包括三个方面内容：竞争方向（市场及市场的细分）、竞争对象（竞争对手及其产品和服务）、竞争目标及其实现途径（如何获取竞争优势）。伴随着企业竞争由传统的要素竞争转向企业运营能力的竞争，西方企业竞争战略理论经历了从SWOT分析框架、波特竞争战略理论到核心能力理论的演变。人们把研究的视角从企业外部投向了企业内部，认为核心竞争才是企业成败的关键。

（一）SWOT分析框架

安德鲁斯构想了企业竞争战略的理论框架。他在《企业战略概念》一书中提出了SWOT分析框架（有时也称之为"道斯矩阵"），即要认清企业内部的优势和弱势，以迎接外部的机会和挑战。S 是指企业的强项（strengths），W 是指企业的弱项（weakness），O 是指环境向企业提供的机遇（opportunity），T 是指环境对企业造成的威胁（threat）。SWOT 的战略理论及其分析框架是企业竞争战略的理论滥觞。但是怎样识别和分析这一框架中的"优势"、"弱势"、"机会"、"威胁"，SWOT 没有现成的答案。

（二）波特竞争战略理论

20 世纪 80 年代，美国战略学家迈克尔·波特（Michael Porter）提出的竞争战略理论，以产业为研究对象。波特认为，企业战略的关键是确立竞争优势。在决定企业获利能力的因素中，市场结构起着最重要的作用，企业如何在各种竞争力量中确定合适的定位，是取得优良业绩的关键。根据这一观点，波特提出了制定竞争战略的基本过程：

首先，决定企业的首要因素是"产业吸引力"，企业在拟定竞争战略时，必须深入了解决定产业吸引力的竞争法则。竞争法则可以用五种竞争力来具体分析，这五种竞争力包括新加入者的威胁、客户的议价能力、替代品或服务的威胁、供货商的议价能力及既有竞争者。波特的"五力模型"为 SWOT 提供了一个普遍适用的框架，解决了其中"机会"、"威胁"这一对外部因素的分析方法。

其次，识别并选择适合的竞争战略。一般而言，有三种基本战略：总成本领先战略（低成本运作）；差异化战略；专一化战略（聚焦战略）。

1. **总成本领先战略（低成本运作）**。要求企业必须建立起高效、规模化的生产设施，全力以赴地降低成本，严格控制成本、管理费用及研发、服务、推销、广告等方面的成本费用。为了达到这些目标，企业需要在管理方面对成本给予高度的重视，确保总成本低于竞争对手。

2. **差异化战略**。是将公司提供的产品或服务差异化，树立起一些全产业范围中具有独特性的东西。实现差异化战略可以有许多方式，如设计名牌形象，保持技术、性能特点、顾客服务、商业网络及其他方面的独特性等。最理想的状况是公司在几个方面都具有差异化的特点。缺点是成本太高。

3. **专一化战略（聚焦战略）**。是主攻某个特殊的顾客群、某产品线的一个细分区段或某一地区市场。低成本与差异化战略都是要在全产业范围内实现其目标，专一化战略的前提思想是：公司业务的专一化能够以较高的效率、更好的效果为某一狭窄的战略对象服务，从而超过在较广阔范围内竞争的对手。公司或者通过满足特殊对象的需要而实现了差异化，或者在为这一对象服务时实现了低成本，或者二者兼得。专一化战略中包括了总成本领先战略、差异化战略，三大战略实际上只有这两大战略。

最后是实施所选定的战略。

（三）核心竞争力理论

企业核心竞争力（Core Competence，也译为核心能力）理论是20世纪90年代西方企业管理界兴起的一种企业战略新理论。

核心竞争力理论是企业竞争战略理论的延伸与发展，是对波特竞争战略理论的局限性的弥补。按照波特的理论，竞争优势是从企业外部获得的。事实上，竞争优势应该从企业的内部去寻找。战略应是一个企业"能够做的"（即组织的强项和弱项）和"可能做的"（即环境的机会和威胁）之间的有机组合，波特的理论从产业结构入手对一个企业"可能做的"方面进行了透彻的分析和说明，但对企业"能够做的"方面却语焉不详。

1990年，普拉哈拉德（Prahalad）和哈默尔（Hamel）在《哈佛商业评论》发表了具有标志性的文章《公司核心竞争力》（The Core Competence of the Corporation），引入"核心竞争力"的概念，提出核心竞争力是企业持续竞争优势根源的观点。随后，核心竞争力成为企业资源学派研究的热点，在全世界范围内得到广泛而普遍的探讨。在企业实际运作中，人们也逐渐认识到，只有当企业形成了自己的核心竞争力，企业才能获得持续的竞争优势。

目前对核心竞争力的理解有三种观点：一是资源观。即核心竞争力主要体现在资源的利用上。二是技术观。即核心竞争力主要体现在核心技术上。三是知识观。即核心竞争力主要是组织独具特色的知识体系。总而言之，无论是基于资源还是基于技术的核心竞争力，本质上都是组织利用技术或资源的独特能力，单是技术或资源都不足以成为核心竞争力的载体。

核心竞争力理论弥补了波特理论的不足，使得SWOT这一概念性框架在"内"、"外"两个方面得到完善。迄今为止，战略分析的思路还是依据SWOT来分析自身的优势与劣势，找到机会与挑战。其中，机会与挑战是以"五力模型"作为重要的分析工具，优势与劣势的分析则借重于核心能力学说等。

表13-1 战略分析

SWOT分析框架 （"道斯矩阵"）	核心能力理论（Core Competence）		企业内部
	优势 strengths	劣势 weakness	
	机会 opportunity	威胁 threat	企业外部
	竞争战略理论（五力模型 三种战略）		

(四)竞争优势与核心竞争力的关系

企业竞争优势最终来源于成本领先和产品差异化两个方面。比较优势与差异化能力是识别和培育企业核心竞争力的基础。核心竞争力是一般企业竞争优势的联结、深化和升华,反过来,核心竞争力的形成又会成为企业持续竞争优势的源泉。

企业在谋求竞争优势的过程中,通过技术研发、市场营销、服务创新等途径逐步培育自身的核心竞争力。同时,在激烈的市场竞争中,企业的很多竞争优势都是难以持久的,组织的一些缄默知识可能会通过日常的观察和交流而暴露出来,如新型产品与技术、营销手段、服务创新、经营模式、信息系统乃至企业文化等都可以通过"标杆学习"等方式被其他企业所模仿,但核心竞争力的形成则有助于企业获取独特而长期的竞争优势。

二、企业核心竞争力的内涵及必要性

为了理解核心竞争力的内涵,我们先看看什么不是核心竞争力。

第一,品牌是不是核心竞争力?广告是中国经济界的传奇人物史玉柱成功的法宝,撇开产品品质不说,人们几乎公认:从当年的汉卡到后来的保健品,史玉柱最拿手的便是巨额的广告轰炸。虽然社会舆论褒贬不一,但漫天广告确实带来了实实在在的经济效益。善用广告是史玉柱或史式企业的竞争力,但这是否是核心竞争力?

第二,制造概念是不是核心竞争力?恒基伟业凭"商务通"一鸣惊人,"商务通"实际上就是传统的PDA。PDA在中国市场上问世多年而一直乏人问津,直到摇身变成"商务通"后,才在国内大行其道,连许多代理商也跟着大发其财。从传统的PDA到"商务通",并没有多少根本性的技术创新,其最大的成功之处便在于制造了一个时尚概念:"呼机、手机、商务通,一个都不能少",将"商务通"与成功人士之间建立起一种紧密的联系。制造概念是恒基伟业的竞争力,但这是否是核心竞争力?

第三,服务是不是核心竞争力?"海尔"是中国本土企业崛起的一个典型,它从一个默默无闻的国有电器小厂,十几年间发展成为中国规模最大、产品线最宽、最受尊重且在世界家电市场占有一席之地的家电业巨鳄。在"海尔"的功劳簿上,"服务"、"文化"所占位置最重,其中尤以"服务"的影响力最大。服务是竞争力,但它是否是核心竞争力?

如果我们不去深究隐藏在企业一时成功背后的真正原因,只是不断复制曾经带来成功的各种行为,一味放大并歌颂上述所谓的竞争力,昨日的成功之花,也许会孕育明日失败的种子。那么,如何评价这些企业的这些竞争力?什么才是企业真正的核心竞争力?

核心竞争力也叫核心能力。根据美国管理学家哈默尔和普拉哈拉德1990年在《哈佛商业评论》上提出的定义，所谓核心竞争力，就是"组织中的积累性学识，特别是关于如何协调不同生产技能和有机结合多种技术流派的学识"。核心竞争力是一群技能与科技的组合，能使公司为顾客提供某种特殊的利益，是某一组织内部一系列的技能和知识的结合，它具有使一项或多项业务达到竞争领域一流水平的能力。这样的竞争力具有独特性、优异性、延展性和不可仿效性，是企业独有的特殊资源，蕴藏于企业组织内部。

企业的核心竞争力主要有三大特点：①核心竞争力能实现用户所看重的核心价值。企业核心竞争力能为用户提供超过其他企业的更多的使用价值，能够更好地、更全面地满足用户需要；同时能使企业比竞争对手有更高的劳动效率、更低的产品成本，从而取得更高而且长期的经济效益，实现企业价值最大化。②在竞争方式上，企业的核心竞争力具有独特性，难以模仿和超越。③从企业未来成长的角度看，核心竞争力具有延展性。企业能够从某种核心竞争力衍生出一系列产品与服务，从而打开多种产品潜在市场、拓展新的行业领域。

核心竞争力强调的是企业具有的独一无二的参与市场竞争的能力。企业一旦拥有了这种能力，就能够依托这一竞争优势迅速占领目标市场，赢得客户的信任，形成自己独特的消费群体。它不仅仅是对消费者现时需求的满足，更重要的是它能引导消费者，激发新的消费需求。企业核心竞争力的形成是企业所有资源充分整合的结果，是企业驾驭内外环境的能力体系。企业的核心竞争力可能产生于某些具体的要素，但它的功能会渗入企业拥有的全部资源之中，体现在企业经营的一切方面。核心竞争力在企业创造价值和降低成本方面具有核心地位，能显著提高企业的运营效率。核心竞争力对企业、顾客具有独特的价值，对企业赢得和保持竞争优势具有特殊的贡献。

总之，核心竞争力是企业持续竞争优势的源泉，对企业的长期发展至关重要。一个企业如果没有核心竞争力，就像无根之木，很快就会干枯。国内的巨人集团一开始把软件技术这个核心竞争力作为根本战略来构建，取得空前成功，后来企业进入房地产和保健品产业等其他行业，削弱了核心竞争力，最终导致"巨人"轰然倒塌。

三、传媒核心竞争力的内涵及作用

（一）传媒核心竞争力研究

作为实行企业化管理的传媒，在经营发展中同样面临核心竞争力的问题。传媒在激烈的市场竞争中，为确保其生存和可持续发展，就必须拥有自己独特的核心竞争力。明确自己的核心竞争力，提高这种核心竞争力已是摆在传媒面前的重要课题。

传媒和其他企业相比较，在经营管理方面既有其共性，也有其本身的个性。从上文有关核心竞争力的阐释中，结合传媒行业的特点，我们可以对传媒核心竞争力作出如下解释：从经济学角度来看，传媒核心竞争力就是以最低的成本使效益最大化为目标，以内容的生产与开发利用为核心，媒体集团通过整合内容与渠道资源从而产生"协同效应"并转化为竞争优势的能力。我国传媒在培育核心能力或竞争力上，要认识到好的制度比技术或品牌更重要。因为核心竞争力不是品牌或技术，而是一种对媒体优势资源"运用之妙，存乎一心"的能力。[1]

传媒核心竞争力应具备三个基本特点：

1. **价值性**。核心竞争力有助于传媒为受众创造价值，能为受众带来相对长期的利益，最终得到受众的心理认同，并形成自己的品牌，如《北京青年报》。客户价值（包括受众价值和广告商价值）是核心竞争力的基础，是核心竞争力其他特性的前提：如何创造受众价值，这就是独特性、难以替代性，延展性是核心竞争力向其他领域延伸，为更多消费者创造价值。[2]

2. **难以替代性**。一个企业的核心竞争力应该是难以被竞争对手所模仿和复制的。如果某项竞争优势已普及或者极易被竞争对手模仿，也就不再是核心竞争力。核心竞争力具有独特性，没有别的等价物可以替代，因为它可能拥有特别的知识和资源，或者拥有受众信任为基础的权威。

3. **延展性**。核心竞争力对拥有它的新闻传媒的作用是多方面的，在核心竞争力所在领域的优势会延伸到其他领域，核心竞争力会对传媒的发展起到良性互动的效果。例如，迪斯尼公司围绕提供一揽子家庭娱乐解决方案，充分利用动画人物形象，不仅经营媒体，而且进军旅游业、零售业等，使迪斯尼王国的资产获得最大限度的增值。迪斯尼公司的业务包括电影、主题公园、主题公园饭店、录像片、零售店及版权转让等。

（二）创新是传媒核心竞争力的精髓

关于传媒的核心竞争力，国内有很多说法，仁者见仁，智者见智。有的认为内容是传媒的核心竞争力。内容创新是提高传媒核心竞争力的关键，但内容本身不是核心竞争力。核心竞争力是传媒不断生产和销售好的内容的能力。靠拳头产品起家的传媒容易失去竞争优势，这种昙花一现的现象在传媒竞争中不在少数。可见，内容是竞争力，但不是传媒的核心竞争力。技术、品牌等都是如此。

在网络时代，传媒最有价值的不再是获得资源、设备和资本，而是创新。江泽民同志说："创新是一个民族的灵魂，是一个国家兴旺发达的不竭动力。"持续不断的创新才是核心竞争力的精髓，是保证其生存发展、立于不败之地的永恒的竞争力。那些曾经叱咤风云的传媒企业，如果年复一年地没有创新，就会惨遭市场淘汰；相反，一个传媒

---

[1] 钱晓文：《我国传媒打造核心竞争力的策略》，《新闻记者》2004年第2期。
[2] 王立群：《浅析报纸的核心竞争力》，《军事记者》2002年第3期。

企业如果能随时创新，月月创新，年年创新，就可以傲视群雄，立于不败之地。所谓创新，美国经济学家熊彼特提出"经济创新"的概念，认为"创新"是指"企业家实行对生产要素的新的结合"，它包括五种情况：①引入一种新的产品或提供一种产品的新质量；②采用一种新的生产方法；③开辟一个新的市场；④获得一种原料或半成品的新的供给来源；⑤实行一种新的企业组织形式，如建立一种垄断地位或打破垄断地位。对一个企业来说，创新涵盖了制度创新、组织创新、管理创新、技术创新和市场创新等方面。

第二节 传媒进入核心竞争力时代

传媒核心竞争力问题的提出，是我国传媒业本身长期改革发展的结果，这种改革迫切要求中国传媒业切实增强自身的竞争实力、尽快做大做强，以迎接外资传媒巨头的挑战，取得经济效益和社会效益的"双丰收"。

一、传媒竞争与核心竞争力的提出

（一）传媒竞争的两个特征

1979年上海《解放日报》刊登了"文革"后内地第一则广告，这是传媒市场化进程的一个重要标志。20世纪80年代以来，传媒面向市场，国家的资助和政策性扶持逐渐减少，由事业管理改革为企业化管理，逐步走上了健康的发展道路。市场化改革使传媒这一过去的事业型单位被推上了市场。

传媒竞争是由市场经济机制在新闻传播业中发挥作用而产生的。在市场经济条件下，传媒竞争已成为传媒业运作的基本生存格局。随着文化体制改革的深入，传媒产业化进程的加快，传媒之间的竞争加剧，甚至到了白热化的程度。报业大战、电视大战、发行大战早已不再是新闻了。传媒竞争主要有两方面特征：

1. **买方市场**。所谓买方市场，就是买方占主导的市场，是消费者而不是生产者占主导地位的市场。改革开放以来，我国已进入相对过剩经济时代，商业部门的调查表明：自1998年起，我国供不应求的商品几乎不存在。与其他行业一样，传媒产业也已走入相对过剩的时代。随着传媒市场改革持续深化，传媒市场已从过去的卖方市场进入买方市场，市场供求关系发生重大变化。媒体数量急剧膨胀，传媒市场竞争激烈、明显饱和且相对过剩。一个中心城市的受众平均可以接触到几十家电视台、十几套广播电台、几十种报纸和杂志，受众的选择余地越来越大，所以传媒那种"唯我独尊"的好日子已经一去不复返了。

2. **受众本位**。传媒竞争的另一个特征，就是受众本位。目前，传媒业已经由过去的"短缺传播时代"进入了"相对过剩的传播时代"。在传播过程中，逐渐从传播者主导传播向受众主导传播转变。传媒竞争日趋激烈，市场成为传媒竞争的决定力量，传媒市场的竞争归根结底就是对受众的竞争。

（二）传媒竞争的三个阶段

一般而言，随着传媒改革的深入，我国传媒竞争从早期的产品数量竞争阶段、产品质量竞争阶段，发展到现在的品牌竞争阶段，也就是核心竞争力的时期。可以说，我国传媒竞争已进入以品牌为标志的核心竞争力竞争的新时期。

1. **第一阶段：产品数量的竞争**。改革开放初期，随着经济的恢复和发展，企业对广告的需求迅速增长。传媒不断增加新闻信息容量，增强可读性，以满足受众不断增长的信息需求，并适应经济发展对广告的需求。报刊扩大发行数量，广播增加频率，电视扩充频道。我国的报业竞争是在20世纪80年代经过持续不断的办报热潮之后开始出现的。90年代各报纷纷扩版和创办周末版，随即在全国汇成汹涌澎湃的扩版与周末版热潮，从此报纸进入厚报时代。然后广播电视参照报刊改革的成果，出现了广电媒体的扩充频道和上星覆盖率之争。

这一阶段传媒竞争的特点是产品数量的竞争，采取粗放式经营方式。不管是扩版热、发行大战，还是价格大战，媒体竞争的策略是相同的，拼命扩军，只要有报纸，只要有版面或频道，就不愁没有广告。随着经济的发展、传媒数量的增加，受众的选择性增强了，广告商对传媒的要求也提高了，产品数量竞争也暴露了局限性：不再信息饥渴的受众需要的是信息的质量。如果没有适销对路的传媒产品，仅仅增加新闻信息数量，或者打价格战，并不能有效地吸引受众，从而影响到广告的传播效果。因此，传媒竞争逐渐转入了产品质量竞争的阶段。

2. **第二阶段：产品质量的竞争（"一招鲜"阶段）**。传媒凭借独特的拳头产品取胜："一招鲜，吃遍天"，具有代表性的有《南方周末》、中央电视台《焦点访谈》等。例如，《南方周末》在激烈的报业竞争中异军突起，靠的就是舆论监督和批评性报道。该报1982年创刊时只是一份娱乐型和煽情型小报，追求的主要是猎奇趣味。20世纪80年代中后期《南方周末》开始转型，紧扣中国现实和民众焦点，扛起舆论监督的大旗，以"反腐"和"弱势关怀"为诉求，从而成为"反映社会、服务改革、贴近生活、激浊扬清"的有全国影响的综合型大报。《南方周末》常常报道一些敏感的新闻题材，以致不少报道被"封杀"，高层领导也几易其位。如今的《南方周末》舆论监督的力度明显减弱了，影响也不如从前了。这说明，一旦没有了独特的内容，该报也逐渐失去了竞争优势。

"一招鲜"竞争容易导致跟风严重，比如某电视台播娱乐节目走红，其他电视媒体

一哄而上,争相仿效,结果陷入两败俱伤的同质化竞争中。所以,媒体靠拳头产品能够取得一时的成功,但"成也萧何,败也萧何",如果不能不断推出有吸引力的产品和服务,成功便只能昙花一现。这就是产品质量竞争的缺陷。

3. **第三阶段:核心能力竞争**。随着传媒的集团化,尤其是传媒集团的综合化,即向跨媒体、跨地域、跨行业方向发展,使得中国传媒的竞争,已经不再是价格、质量等层面上的竞争,而是以品牌竞争为特点的企业核心竞争力的竞争,这也是未来我国传媒业竞争的趋势。在这一阶段,传媒竞争从依赖外部资源,转向依赖"内力",比拼"内力",依靠核心竞争力,以取得差异化优势,塑造自己的品牌。

集团化经营,标志着我国传媒开始告别单纯的发行量、收视率和市场份额之争,从"跑马圈地"到"精耕细作",传媒开始打响品牌之战。标志性事件主要有:湖南卫视从《玫瑰之约》、《快乐大本营》到《超级女声》等,"快乐中国"取得了成功,从一个地方电视台一跃而成为全国性娱乐电视品牌。上海文广新闻传媒集团(SMG)塑造《第一财经》品牌,可以说是打造 SMG 的核心能力的可贵尝试。还有中央电视台正在进行的品牌化改革。报刊的专业化程度越来越高,突出的是三大财经类报纸:《经济观察报》、《21 世纪经济报道》、《中国经营报》,和《财经》杂志彼此细分市场,各自拥有特定的目标受众。打造强势品牌是传媒在激烈的市场竞争中立于不败之地的必然选择,差异化竞争成为主流趋势。传媒竞争进入品牌竞争,其实质是基于核心能力的竞争。

二、我国传媒培育核心竞争力的迫切性

在全球化时代,传媒面临的是来自国内外的竞争,特别是跨国传媒巨头的挑战,这就要求传媒企业必须关注企业的核心竞争力,仅仅关注"成本—收益"、致力于降低成本和增加收益是不够的。传媒企业应在生产、经营、投资、研究开发等方面不断进步,不仅要努力提高资本、劳动等要素的生产率,而且要提高"全要素生产率",加强技术研发,增强发展后劲。所以,未来传媒的竞争是企业核心竞争力的竞争,这是传媒企业取得持续竞争优势的动力源。那些没有核心竞争力或者核心竞争力不能长期保持的传媒企业不可能具有国际竞争力,将成为下一轮竞争中的被淘汰者。

培育核心竞争力对我国传媒业具有重要的现实意义。目前我国传媒同质化竞争严重,说明传媒需要培育核心能力,因为只有核心能力才是不可复制的、难以替代的。"学我者生,似我者死"。如果某项竞争优势已普及或者极易被竞争对手模仿,也就不再是核心竞争力。

当前我国电视娱乐选秀节目"一哄而上",同质化竞争加剧。自从 2005 年湖南卫视的"超女"红遍全国以后,各地掀起了一场全民娱乐风暴。连中央电视台也被迫跟进,推出《梦想中国》、《星光大道》,其他省级电视台更是不甘落后:如江苏台的《震

撼一条龙》、《雪碧音乐季》，浙江卫视的《彩铃唱作先锋大赛》，安徽卫视的《超级猫人主持秀》，重庆卫视的《第一次心动》，等等。据不完全统计，2006年全国的各类海选活动已经达到两百多场，真所谓"你方唱罢我登场"。2013年以来有10余档电视选秀节目开播，比如湖南卫视的《快乐男声》、浙江卫视《中国好声音》、央视的《梦想好搭档》、安徽卫视《我为歌狂》、山东卫视《中国星力量》、天津卫视《天下无双》等。不过，这些让人眼花缭乱的选秀节目实际上又大同小异——"热了，像了，同质化了"。选秀节目热，原因很多，从经济学的角度来看，一方面说明电视竞争日趋激烈，到了"贴身肉搏"的程度。另一方面，除了少数电视台，如中央电视台、湖南卫视、东方卫视、安徽卫视等，其他电视台都缺少自己的特色，没有找到自己的定位，结果是什么热就播什么：安徽卫视电视剧成功了，大家都抢播电视剧；财经节目热了，打开电视，都在"谈股论金"；选秀节目热了，大家又争先恐后地搞"海选"。选秀节目充斥荧屏，导致广电总局不得不出手加以限制。

不光电视如此，报刊、广播、网络媒体也存在同样的问题：同质化竞争——媒体内容相似，经营方式差不多。同质化是传媒竞争的结果，但如果传媒竞争只停留在同质化层面，而不能上升到差异化竞争，那么大家都在吃同一块饼，又不去把饼做大，饼只会越来越小。传媒竞争不是良性竞争，而成了"你死我活"的恶性竞争，这确实是当前我国传媒急需解决的一个问题。低层次同质化竞争的背后，反映的是传媒缺乏核心竞争力，说明传媒创新能力普遍较弱。现在有的传媒开始意识到这个问题，中央电视台进行品牌化改革，上海文化广播集团打造"第一财经"品牌，目的都是通过差异化竞争，塑造品牌，培育核心竞争力，从而突出传媒"恶性竞争"的重围，走出一条可持续发展的道路。

第三节 传媒核心竞争力的铸造与维护

核心竞争力是传媒企业成长最有力、最主要的驱动力，传媒要获得和维系核心竞争力，创新是不二法门。具体来说，战略定位、组织创新、内容（产品和服务）创新、营销创新、人力资源管理创新等都是传媒打造核心竞争力的基本策略。其中，战略定位是传媒企业打造核心竞争力的前提，组织创新是保障，内容创新是核心，营销创新是制胜法宝，人力资源管理创新是源泉。

一、战略定位：确定传媒竞争优势来源

战略定位是传媒企业打造核心竞争力的前提。构建传媒企业核心竞争力，首先要明确企业的战略目标，因为核心竞争力不仅是提供传媒竞争优势的源泉，而且突出体现着

企业的战略目标。传媒的成功建立在高度社会责任感和准确市场定位基础上。传媒独特的战略定位基于价值链分析，即传媒企业在整条价值链中，找到某一个或数个能够明显优于竞争对手的价值环节，形成自己的核心竞争力。独特的战略定位是许多卓越企业成功的秘诀，如戴尔公司不以技术见长，却能够迅速崛起，就在于戴尔创建了独特的"直销模式"，很快超越竞争对手而成为全球个人电脑市场数一数二的巨头。

价值链是美国著名战略学家迈克尔·波特提出的概念，波特把企业内外价值增加的活动分为基本活动和辅助活动，基本活动涉及企业生产、营销、原料储运、成品储运、售后服务，辅助活动涉及人事、财务、计划、研究与开发、组织制度等，基本活动和辅助活动构成了企业的价值链。企业参与的价值活动中，并不是每个环节都创造价值，实际上只有某些特定的价值活动才能真正创造价值，这些真正创造价值的经营活动，就是价值链上的"战略环节"。过去企业将战略重点放在基本活动上，随着供求关系的转变，辅助活动愈来愈重要，越来越多的企业开始注重在自己的辅助活动上对2～3个职能领域建立核心竞争优势，比如耐克公司只从事营销研究与开发活动，其他活动都进行外购。

由于传媒企业之间以及与其他相关企业之间的联系越来越密切，传媒打造价值链的重要性更加突出。对传媒企业来说，战略定位实际上就是寻找并确定传媒企业在价值链某些特定的战略环节上的优势。这就要求传媒根据组织的资源状态，特别关注和培养在价值链的关键环节上的重要核心竞争力，以形成和巩固企业在行业内的竞争优势。

为培育核心竞争力，传媒需要对自己的市场前景和定位进行充分的调研，在价值链上准确定位，走差异化之路，而不必面面俱到。按照波特的理论，在市场确定的前提下，传媒创造竞争优势只有两条途径：要么比竞争对手更出色，要么比竞争对手更经济（低成本）地满足受众，也就是低成本战略和差异化战略，没有第三条途径。所谓差异化策略，就是营造区别于竞争对手的特色，做到人无我有、人有我优、人优我廉、人廉我新，使自己在市场竞争中始终拥有相对优势或绝对优势。差异化不仅是产品及服务的差异化，还包括市场定位、营销策略等方面的差异化，也就是说，与价值链上其他企业既分工又合作，以获得自己独特的优势。

近年来国内众多传媒竞争激烈，有的甚至面临困境，一个重要的原因就在于定位模糊，或者没有明确的定位。由于找不准自己的定位，中央电视台《读书时间》这个读书节目一直改来改去，最终被"末位淘汰"了。许多省级卫视不断改版，其实反映了它们一开始就没有找准自己的定位。定位不准的结果是什么？什么热，播什么。节目的定位也是不断调整，猴子扳玉米，扳了不少，也扔了不少，到最后还是茫茫然，弄不清什么是最适合自己的。

国内很多优秀的传媒能够在激烈的竞争中脱颖而出，就在于准确而又清晰的定位。南方报业集团下属《南方日报》、《南方周末》、《南方都市报》进行了内部策略分工，务求各得其利。三份报纸三种定位,创造出三个市场区隔,都获得了成功。《南方日报》"高度决定影响力",追求高度、寻求影响,甚具理想;《南方周末》"深入成就深度",以深取胜、以细求精,充分发挥新闻工作者的求真精神。而《南方都市报》追求的是"快",把最新和最实用的资讯,以最醒目的方式传递给读者,希望读者视之为"生活指南",每日非看一看、翻一翻不可。① 传媒只有在全面、深入分析市场未来发展趋势的基础上,确定独特的受众定位和市场空间,才能获得对自身清晰的定位,有所为有所不为。

二、组织创新:优化传媒组织机制

高效的组织系统是建立、形成企业核心竞争力的先决条件。管理学强调:一个组织的绩效在很大程度上取决于合适的组织结构,组织结构是业务结构的体现和保证。传媒企业为了获取和维系核心竞争力,需要建立适应市场需求、保持编辑权与经营权相对独立的扁平化组织结构。

随着从工业经济向知识经济的转变,以及竞争环境的变化,传统工业经济时代的内向型组织结构已经不适应新形势的需要。外向型组织结构以培育核心竞争力为目标,能迅速适应环境的变化,是知识经济时代企业组织机制的新趋势。我国传媒必须从垂直型行政管理结构向外向型扁平化学习型组织转变。随着政府机构的改革与职能的转变,特别是文化体制改革的深入,政府对媒体的管理体制实行"政企分离"、"管办分开",传媒集团将逐步成为社会主义市场经济的主体,并形成适应市场的经营机制。为适应市场经济的需要,适应媒体从机关式向企业化转变,当前我国传媒迫切需要改变传统的内向型"金字塔"式行政管理结构,构建基于核心竞争力的组织结构,这就是外向型扁平化学习型组织。既要坚持党的领导,又要建立与国际接轨的现代企业制度,是我国媒体组织结构创新的前提。

在我国,传媒的市场化使得编辑部门的独立性受到了挑战。为严格维护新闻本身的公正性和独立性,有必要把媒体的编辑权和经营权分开,使宣传业务与经营业务相对独立。在传媒内部把编辑业务与经营业务相对分开的另一个重要原因是创意工作者与媒体经营者分属于两种不同的文化,放在一起容易冲突,很少有经理人能同时具有创意天分和商业自律,但是最好的传媒公司都试图在加强运营控制的同时,尊重艺术创作自由。如何建立好的机制以促进内容创新,是传媒经营管理的核心,为此需要处理好编辑部门与经营部门以及行政部门之间的关系,把握创作自由与商业效率之间的平衡。HBO是美国时代华纳集团下属的北美家庭影视频道,被视为传媒集团皇冠上一颗耀眼的明珠,它不但是时代华纳盈利最多、增长最快的部门,而且在文化娱乐界享有很高的知名度。

---

① 欧阳国忠:《战略决策决定生死存亡》,http://www.sina.com.cn,2003年9月30日。

HBO 在时代华纳的庞大媒体帝国中非常独立，在运营上与时代华纳的其他电视部门没有直接的联系，由此也形成了独特的品牌特征。所以，传媒企业在严格控制的运营活动中，允许独立创作的存在。新闻集团的总裁皮特·切宁说，媒体企业的领导人必须致力于开发富有创造性的内容，学会在企业管理层当中倡导创造力以及以一种促进而不是阻碍创造力的方式来管理公司。从组织结构的角度来看，传媒大企业有必要在内部塑造出小而有创造性的单元，并给予它们自己的定位，授予它们免于干涉的创作自由，以促进创意的产生和发展。①

三、内容创新：打造传媒核心业务和品牌

传媒企业确定战略目标，建立相应的组织结构之后，就是具体组织开发传媒产品及服务，将核心竞争力实现为核心产品及服务，塑造品牌。如何创造受欢迎的、适销对路的传媒产品，是传媒业发展的核心。

在网络时代，原创性内容是提高传媒核心竞争力的关键。创意和内容是传媒的核心价值，也是传媒特性所在与相对优势。在产业链中，传媒提供的不是"路"（电信业），也不是"车"（软件业），而是车上的"货"。所以，传媒生产和销售的是内容，而不是其他，在内容和分销的结合中，内容必须具有吸引力才能取得成功。缺乏原创性内容是制约我国传媒业发展的短板之一，对内容的开发和再利用以获得受众的眼球资源和广告收入，是目前我国传媒在数字时代面临的最大机会与挑战。

随着传媒价值链的形成，市场分工越来越专业，媒体只有专注内容生产，定位于内容提供商而不是其他角色（如雅虎的信息中间商），业务专业化而不是多元化，才能发挥自己的比较优势。随着传播技术的发展，传媒业渠道有余而内容不足的矛盾更趋突出，内容作为稀缺性资源的重要性凸显。传媒竞争主要集中在如何能够提供更多更好的内容。如何将资讯内容作多元化发展，以提高不同媒介领域的经济效益，是全球传媒共同面对的问题。渠道过剩时代的一个基本特征是，传媒作为载体的优势渐渐失去，而作为内容生产者的比较优势是其他市场参与者无法替代的。由于内容服务与传播形式逐渐分离，内容供应渐趋独立。在互联网时代，传媒选择做全方位内容服务商是发展趋势。纽约时报公司总裁亚瑟·苏兹伯格认为，《纽约时报》的长期竞争者不是报纸，而是微软和美国在线时代华纳，该报要做"内容供应者"的领袖。②

内容创新的目的，是传媒打造核心业务，塑造品牌，培育核心竞争力。按照核心竞争力理论，企业核心竞争力战略实质上是一种优势战略，它是基于优势而建立起来的战略。战略说到底是一种差异性选择。企业核心竞争力战略就是强调主动放弃非核心业

---

① 钱晓文：《我国传媒打造核心竞争力的策略》，《新闻记者》2004年第2期。
② 钱晓文：《网络电视对传媒运作方式的潜在影响》，《新闻记者》2005年第6期。

务，集中优势资源做大规模、做强优势。所以，传媒企业应围绕核心业务，"有所为，有所不为"。例如，迪斯尼公司就是围绕提供一揽子家庭娱乐解决方案这一核心能力，充分利用米老鼠等动画人物形象，不仅经营媒体，而且进军旅游业、零售业等，使迪斯尼王国的资产获得最大限度的增值。迪斯尼公司的业务包括电影、主题公园、主题公园饭店、录像片、零售店及版权转让等等。迪斯尼集中于家庭娱乐，而不会像 Discovery 频道那样做"探索"。国内有的媒体没有自己的核心业务，什么热就炒作什么。如果没有核心业务，什么都做，结果就会什么都做不好。就像挖井一样，与其浅尝辄止，不如深挖下去，否则最终一事无成。

在传媒经营中，处理好专业化与多元化的关系非常重要。西方传媒巨头的经验表明，主营业务是否突出、是否具有竞争优势，可以视为传媒集团是否具有核心竞争力的重要标志。企业应该通过保持和扩大企业自己所熟悉与擅长的主营业务，尽力扩展市场占有率以求规模经济效益最大化，要把增强企业的核心竞争能力作为第一目标。传媒实施多元化经营的前提是强大的业务专业化能力，应该谨慎地投资不相关的领域。美国在线与时代华纳合并后，为加强自己的核心业务，退出零售等领域，卖掉了华纳兄弟公司下属的专卖店，这从一个侧面说明，在传媒集团业务专业化能力还不够强的时候，不宜一味多元化。在我国，部分传媒在专业化能力不够强的情况下盲目追求多元化经营，存在很高的风险，有的传媒甚至经营与主业毫不相干的房地产、酒店业务，而主业又不突出，就有可能陷入"多元化陷阱"。

四、营销创新：消费者导向提升传媒竞争力

消费者导向是 20 世纪 60 年代市场营销学提出的新理念，就是从强调生产者的要求转为强调消费者的要求。这一理念向大众传播领域渗透，导致了传播模式由传播者本位的"传受型"向受众本位的"受传型"转变，即按照受众的需求来决定传播的内容与形式。一般认为，内容为王是媒体的经营理念，传媒营销表面上看是内容的营销，实质上是争夺受众，以内容吸引受众成为传媒营销的重要手段，所以受众是第一资源，内容是其次。随着传媒业走向"消费者导向阶段"，竞争将直接体现为对受众的争夺和挽留，受众满意与否是衡量媒体发展的重要指标，只有赢得受众、保持受众，才能保证传媒的可持续发展。我国的传媒营销偏重内容，紧紧盯住自己的同行，而对受众的营销不够。在网络时代，报纸的竞争对手不再局限于报业本身，电视、互联网甚至手机短信都可能是报纸的竞争对手，都可能挖走报纸的读者。

传媒创新市场营销，必须强调受众参与，以受众为中心，因为受众本位是传媒营销的出发点与归宿点。湖南卫视《超级女声》节目之所以能够取得成功，最根本的原因是切合电视发展最核心的要素：观众的参与度决定节目的生命力。《超级女声》从2004年5月起面向全国播出，从此掀起了一场全国性的"超女"热潮。美国《今日美国》

刊文称,《超级女声》歌唱比赛已经抓住了全中国女孩的心,参赛的歌手自由报名,怀着也许可以一夜成名的梦想。闪光灯照射下的这些业余歌手,在5月的中国掀起了一阵旋风。2005年"超级女声"风暴卷土重来,成千上万的女生报名参加比赛。广州赛区报名总人数近1万人,长沙赛区的报名人数有11027人,而最为火爆的成都赛区有4万多人报名。"超女"比赛高潮的时期,"粉丝"们在各地街头拉票,成为一道风景。《超级女声》节目的策划者表示,这个节目的诞生展现了人们在娱乐上的更为丰富多彩的选择:"湖南卫视只是一个平台,就像我们的口号一样——你想唱就唱。每个人都有表达自己的权利。"

五、人力资源管理创新:加强核心团队建设

传媒的竞争,从本质上来讲是人才的竞争。传媒要获得核心竞争力,还必须重视人力资源管理的创新,加强核心团队的建设,增强团队的协作能力。"以人为本"要成为媒体提倡的企业文化和管理理念的核心。

人力资源是企业持续竞争的优势之源。哈默尔和普拉哈拉德认为,如果企业可以获得并发展那些能使它学习更快的人力资源,并且能够比竞争对手更为有效地应用这种学习的能力,那么企业竞争优势也就获得了。核心人才是稀缺资源,是核心能力的主要载体。因此,培育和提高核心竞争力必然要求进行战略性人力资源管理,特别是要战略性地管理核心人才。通过战略性人力资源管理,企业可以提高人力资源竞争力,增强组织资本。因此企业要制定并执行一系列吸引、培育、发展和凝聚人才特别是顶尖人才的策略,尤其是要制定和执行环境战略、成长战略、支持战略、关系战略、补偿战略以及文化整合,以留住优秀人才。同时,企业要建立有效的组织学习机制,加强知识管理,以提高企业的人力资源竞争力并增强组织资本。①

在人力资源管理方面,传媒需要创造一个良好的机制,以构筑良性的人力资源竞争环境,优化人力资源配置,提高人力资源效率,提高组织效能与竞争力。现代人力资源管理的理念认为,人才本身不是企业的核心竞争力,对人才的有效管理机制才是企业的竞争力。传媒企业是否能够吸引、留住和有效使用人才,在于能否构建人才脱颖而出的机制,在于是否具有人才发挥其作用的舞台。传媒应立足于长远,确立以自身培养为主、引进人才为辅的人才战略,建立健全人才激励和约束机制,并建立绩效考核和流动机制,形成人才竞争效应。传媒还需要建立先进的企业文化,保障持续健康发展。

---

① 毛武兴、闫同柱、刘景江、许庆瑞:《我国企业核心能力的培育与提高:战略、路径与案例研究》,《科研管理》2004年第2期。

六、传媒核心竞争力的维护与巩固

随着时间的推移,企业的核心竞争力可能会演化为一般能力。通过长期的发展和强化建立起来的核心竞争力一旦丧失,将会给企业带来无法估量的损失。所以,企业必须通过持续、稳定的支持,维护和巩固企业的核心竞争力,确保企业核心竞争力的健康成长。比如在自身核心竞争力的基础上,寻找新的生长点,并把生长点培育成企业的核心竞争力。

对传媒来说,核心竞争力量的维护与巩固,关键是处理好继承与创新的关系,使传媒品牌"永葆青春"。传媒品牌本身需要不断创新,因为品牌也有生命周期。百年老店同样需要与时俱进,不断创新。逆水行舟,不进则退。有许多曾经辉煌一时的老品牌,如今风光不再,甚至沉没在历史的长河中。只有那些勇于创新、与时俱进的品牌,才能生存发展到今天。市场上没有常胜将军,没有什么是不可改变的,除了变化本身,说的就是这个道理。

创新是与时俱进,但不是随波逐流,只有融入传统的创新才有意义。传媒在创新中要"有所变,有所不变",也就是在有所扬弃的同时也应有所坚持,而不是丢掉优良传统,变得面目全非,迷失了自我。所谓创新,应是在新的形势下保持优秀传统,在新的条件下将核心价值发扬光大。是我们改变了世界,还是世界改变了我们,这是创新中的一大悖论。传媒不管如何创新,核心价值都不能变,公信力也不能丢失。

英国《泰晤士报》随着形势的发展不断变革的同时又保持自己传统的举措,对我国传媒业的发展不无启示。《泰晤士报》是一份有着伟大传统的百年大报,至今仍是英国报界最有影响、最具权威的报纸。《泰晤士报》的成功,就在于它对传统的尊重而不拘泥的态度。该报诞生之时,做时代和各种信息的"忠实记录者",便成为该报永远的定位。准确的消息,严肃的社论,对客观与公正的追求,就形成为该报的伟大传统。在每一次变革中,《泰晤士报》用积极开放的态度来对待并激活传统,让传统重新焕发生机,作出新的贡献。默多克的小报化改革就是这样,相对于利润的追求,默多克更看重《泰晤士报》的传统,看重这份报纸在舆论界的权威和影响力。总编辑汤姆森配合默多克的经营策略,用增加新版块、重视视觉效果等方式,追求可读性,使报纸更贴近当代。但这种追求是在不破坏传统的前提下进行的,即用小报的形式,展现大报的内容和价值,使之依然"专业、高尚、充满激情"。

编辑与经营分开是《泰晤士报》的传统得以保持的一个重要措施。这一具有开创性的措施,形成了报业发展的一个新标志,使《泰晤士报》在此后的百余年中,虽然经营方式多次变革,但编辑方针却始终保持着相对的独立,从而使得报业经营发展扩大的同时,报纸的编务质量能够得到很好的保证,这也正是报纸的声誉得以形成和保持、传统得以继续和发扬的重要基础。

当代传媒经营管理

案例分析：迪斯尼以创新塑造核心竞争力[①]

美国沃尔特·迪斯尼（Walt Disney）公司是目前世界上第二大传媒企业，经营范围涉及电视、书籍、电影、广告等行业，它在几个国家经营多家迪斯尼主题公园，每年收入达250亿美元。公司创始人沃尔特·迪斯尼说："一切都从一只老鼠开始。"迪斯尼公司贵在创新，它创造了米老鼠、唐老鸭、狮子王、兔子罗杰、白雪公主等一个个生动的艺术形象，这些形象几乎影响了世界上每个国家的孩子的心灵，孩子们和他们父母的钞票填满了迪斯尼公司的钱包。迪斯尼公司以创新理念起家，本着"在娱乐之中学习知识"的原则，构建并提升企业核心竞争力，打造了举世无双的"欢乐帝国"。下面我们来看看迪斯尼公司是如何以创新塑造核心竞争力的。

一、创意是不断创新的源泉

创造性思维为迪斯尼成长提供所需的"激情"燃料，对新思维的执着追求是成功的金钥匙。米老鼠、唐老鸭、兔子罗杰等迪斯尼著名的艺术形象，以及建在世界多处的迪斯尼乐园，都是创造精神的产物。沃尔特·迪斯尼制作第一部卡通影片《爱丽丝历险记》时，就突发奇想，要把真人放入卡通影片中，其中的爱丽丝由童星出演，将真人置身于卡通世界中，获得了成功。沃尔特·迪斯尼在创造第一个成功的卡通人物"幸运兔子奥斯瓦"后，又创造了富有生命力的卡通人物"米老鼠"，先后拍摄了三部米老鼠影片：《飞机奇遇》、《奔驰的高卓人》和《蒸汽船威利》。沃尔特·迪斯尼在卡通影片领域创造唐老鸭的形象和《白雪公主》等卡通剧情长片。沃尔特·迪斯尼的创新还表现在野生动物纪录片和电视节目上。20世纪50年代中期，沃尔特·迪斯尼在试做了几个电视节目之后，于1954年与ABC签订长期独家合约，成为第一个进军电视的好莱坞名制片。沃尔特·迪斯尼亲自主持电视节目"迪斯尼乐园"，内容包括介绍卡通及生态影片。次年，沃尔特·迪斯尼又制作了新节目"米老鼠俱乐部"，更加受到孩子们的喜爱。沃尔特·迪斯尼创造的最大奇迹是修建"迪斯尼乐园"和"迪斯尼世界"。沃尔特·迪斯尼是一位创意无穷的天才，也是善于观察、善于思考的天才，世界知名的迪斯尼乐园正是他观察、借鉴、思考、创意的结晶。

[①] 资料来源：包晓闻、刘昆山编著《企业核心竞争力经典案例：美国篇》，经济管理出版社2005年版。

二、以创新模式制作产品

迪斯尼的产品是文化产品，而文化产品很容易过时，因而需要不断创新。迪斯尼采取了一种创新模式，把创新作为产品的先导，把创新融入了生产过程。迪斯尼的动画片几乎都是根据这个模式来策划、编剧、作曲和营销的。一般传媒企业偶尔才能创造出神奇作品，而迪斯尼公司却能让创新变成一种模式，把创新融入例行性生产作业流程的各个环节，并且形成自己独特的核心竞争力。

迪斯尼故事的来源大多取材于世界各地的民间故事，如北欧的美人鱼、非洲的狮子王、美洲的风中奇缘、中国的花木兰等，不用支付版税，成为迪斯尼创新的不竭源泉。迪斯尼的编剧也有某种模式化倾向，如一定有好人与坏人，坏人在坏中要带点幽默感，好人一定要历经磨难，才取得最后的成功，还有爱情故事也是必不可少的，等等。这些要素在创作前已形成一个个套路，迪斯尼将这些"公式"组合得非常完美，成为一个个精彩的产品。

在公司总裁迈克尔·艾斯纳新建迪斯尼公园之前，公司的创新模式就曾起过决定性作用。首先，新的公园项目交给迪斯尼创造构想部门——一个"思想大容器"和木工车间，由它们来设计构思。接着，一个六人战略计划小组对它们的设计进行考察，确定其是否符合经济学理论。最后，艾斯纳及其参谋人员对财务分析和技术分析做审查，作出最后决策。这个创造性开发的成果就是MGM主题公园。

三、以创新理念整合创新团队

为了培育源源不断的创造力，迪斯尼公司让员工们的思维有自由驰骋的天地。迪斯尼公司始终坚持创办初期的宗旨：为家庭娱乐业持续不断地提供最优秀的创新节目。迪斯尼公司以创新理念为核心，形成了企业独特的价值观：①千方百计激发员工和团队的创意与想象力；②树立坚定的必胜信念；③以人为本，以顾客为上帝；④勇于进行合理的冒险；⑤强化公司的经营理念；⑥注重大局，整体着眼；⑦持之以恒，刻苦努力，不畏艰难；⑧追求完美，不放过任何可能导致错误的细节；⑨加强团队间的沟通；⑩全力支持员工的一切创新活动。

沃尔特·迪斯尼最注重的是发展其员工的创意和想象力。迪斯尼公司不但欢迎所有雇员的新观点，还主动地努力实现这些新观点。沃尔特·迪斯尼让工作人员把想法或创意写在卡片上，然后挂在一块板子或墙上，供大家观看，他还让画家把自己的草图按照次序钉在工作室墙上的。这种方法显得形象、生动，而且系统，保留了整个过程各个阶段解决问题产生创意的灵活性。沃尔特·迪斯尼坚持对他所有的员工进行艰苦的培训，为此建立了迪斯尼大学，每一位新雇员，上至高级经理，下到临时职员或导游，都必须在上岗之前进行培训。

四、不断追求"技术创新"

由于沃尔特·迪斯尼对新技术的执着,总是要求完美,使他常常不考虑制作影片的成本,巨额的支出造成长时间的财务艰难。但是,也正是由于他的执着,他用技术创新取悦顾客,终于将迪斯尼构筑成一个具有竞争优势的"欢乐帝国"。

沃尔特·迪斯尼对卡通乃至乐园技术的追求永远不会满足,永远不会停止。在卡通的有声化、色彩化等划时代的技术的吸取、运用上,沃尔特·迪斯尼敢为人先,甚至不惜血本,不怕倾家荡产。他还在迪斯尼制片厂设立了技术研究部,让第一流的卡通绘画大师乌布·伊沃克斯亲自去发展,发展出"多层次"摄影法等一系列新技术。大约是1930—1942年期间,沃尔特·迪斯尼把动画片从一个单纯的娱乐业转变成一种全新的艺术。他利用科技手段创造了由故事、声音和色彩三者完美结合的艺术体。他逝世以后,这一传统仍得到发扬光大。尤其是在三维电脑动画技术创新上,更是成绩斐然。在近年创作的《狮子王》、《玩具总动员》等轰动一时的卡通片上,将电脑技术发挥得淋漓尽致,遂有"电影魔术师"之誉。

五、一次投入多次产出

迪斯尼在投入生产米老鼠、白雪公主等动画片后,引起了轰动。迪斯尼产品的价值可以很快在公司集团内或社会上传播,带动其他产品增值。米老鼠、唐老鸭、白雪公主等的价值不仅仅在动画片本身,其衍生产品的价值远远高于动画片。迪斯尼以动画片中塑造的米老鼠、白雪公主等形象为基础,做成各种产品、游戏、主题公园、玩具,甚至是巡回演出的剧团,这些项目的总收入比动画片要高得多。迪斯尼三家游乐场的收入占全部迪斯尼收入的62%,1987年该公司利润的70%来自游乐场。这种经营模式依靠一个品牌,是通过品牌的价值链来构筑而成的。它不追求主题公园在产业界的第一或第二,也不追求电视节目在产业界是第一或第二,它所追求的是每个商业活动都有迪斯尼品牌,通过品牌把各种商业连接起来,这就是迪斯尼所谓品牌价值链的一个管理模式。

总之,迪斯尼公司作为一家跨国经营的娱乐企业,其核心竞争力的构建和提升,主要依靠创新理念的运作,通过实现"硬件"上的技术创新和"软件"的组织创新构筑企业核心竞争力。迪斯尼公司的案例告诉我们,创新是企业生命力的根源,是竞争力之本,构建企业核心竞争力最重要的就是创新。

学习思考题

1. 企业竞争战略理论经历了哪几个发展阶段?
2. 怎样理解企业核心竞争力?
3. 什么是传媒的核心竞争力? 有什么特点?
4. 传媒为什么需要打造核心能力?
5. 如何构建和维系传媒核心竞争力?
6. 迪斯尼公司是怎样通过创新来塑造核心竞争力的?

第十四章 传媒管理与社会责任

　　传媒在管理上实行企业化经营，给传媒本身也带来了挑战，这就是传媒有可能片面追求商业利益，而置社会责任于不顾。随着文化体制改革的深入，曾经作为党和政府"喉舌"的传媒走向市场竞争，很大程度上需要自负盈亏，新时代的传媒一方面具有事业属性，另一方面又具有市场的属性，从而形成了传媒事业性与商业性的矛盾。在激烈商业竞争的推动下，越来越多的传媒面临着经济效益与社会效益的两难选择，传媒很容易被当作赚钱的工具，新闻被视为一种商品，传媒的成败只以收视率或发行量来衡量。所以，市场经济下的当代传媒管理往往以经济效益为最高目标，很容易滑向急功近利的轨道，不强调新闻道德，也不涉及社会责任。然而，传媒的社会功能赋予传媒担负起社会责任的重要使命。传媒毕竟不同于一般的企业，传媒市场表现的优劣也不代表社会责任的高低。中外优秀传媒的发展表明，只有"义""利"兼顾的媒体，才能获得可持续发展，赢得社会的尊重，并在历史上占有一席之地。1872年创办的《申报》以盈利为办报的首要目的，强调"义利兼顾"，关注国计民生，很快在激烈的竞争中脱颖而出，成为我国新闻史上一份有代表性的报纸。台湾"中央"广播电台董事长周天瑞认为，经营媒体毕竟不是经营一般的企业，媒体除了必须较一般企业更具有永续经营的理念外，基于它扮演社会公器角色的特殊性，更不能忽视媒体所肩负的社会责任，因此不能将新闻、节目完全等同于商品，一味地迎合市场趋势、大众口味。"义""利"之辨因而成为传媒老生常谈却又历久弥新的话题。

第一节　传媒的"义""利"之辨

一、什么是传媒的社会责任

（一）一般企业的社会责任

　　何谓企业的社会责任？企业社会责任，英文为 Corporate Social Responsibility，简称 CSR，是指企业作为一个商业组织，在创造利润、对股东利益负责的同时，还要承担对员工、对社会和环境的社会责任。换言之，就是企业不能以利润作为自己的唯一目标，而应该承担起相应的社会责任。

传媒企业也是"构成社会的一员，受社会的支持，是只有为社会服务和做出贡献才允许继续存在的组织机构。企业只要是社会的组织，就摆脱不了对社会的责任。""在今天，谁也不能否定企业的社会责任，企业经营者都不得不自觉地按照企业的社会性来进行企业活动。"（邵培仁，2002）

（二）传媒社会责任的内涵及其必要性

与一般企业以追求利润为最高目的不同，传媒经营的宗旨不仅仅是追求经济利益，还需要服从社会效益。传媒既是"上层建筑"，又是"信息产业"，作为一个有社会责任感的行业，传媒与其他产业又有着明显的区别。除了经济的功能，传媒具有强大的社会教化功能和舆论导向功能。传媒最基本的职责，是向公众真实、客观、公正地阐释现实，所以传媒对其所处的社会将产生很大影响，必须承担社会责任，并不完全以利润最大化为唯一目标。传媒产品是一种文化产品，不同于一般的商品和服务。传媒应恪守大众传播的公信力和社会责任，不能一切以商业为导向。

媒体产品是一种特殊的公共产品。媒体的活动在很大程度上受到公共性和公益性的制约，这种公共性和公益性的依据包括：①媒体是现代社会必不可少的信息生产者和提供者，在满足社会的普遍信息需求方面起着一种公共服务的作用；②媒体的信息生产和传播活动对社会的政治、经济和文化道德具有广泛而强大的影响力，这种影响力涉及普遍的社会秩序和社会公共生活；③媒体是某些"稀有"公共传播资源的受托使用者，作为公共财产的使用人，它们必须对社会和公众承当相应的义务和责任，包括政治责任、职能责任、法律责任、道义责任在内的所有公共责任。公共性和公益性对媒体活动的这些制约，有些体现为法律形式的限制，有些则作为受众监督和媒体自律的重要规范发挥作用。

关于传媒的社会责任，目前国内外的讨论颇多，但见仁见智，还没有统一的定义。一般认为，传媒是社会环境的监测者和守望者，是先进文化的承载者和传播者。传媒的本质是文化事业，肩负着重大的社会责任和文化使命。联合国教科文组织（UNESCO）1978年发表传媒宣言，强调传媒要推动和平，促进国际了解及维护人权，也就是说，传媒应承担文化事业的角色。香港《明报》创办人查良镛认为报纸是"文化先锋"，"新闻事业既然处在文化阵线的最前哨，在精神文明建设的工作上，是必须负起它的一部分责任的……我们深知一家拥有广大读者的报章，在影响社会文化方面可能产生的作用以及可能发挥影响的力量……"[1] 传媒应当通过树立专业、真实、准确和客观等较高标准接受并履行社会责任。

---

[1] 转引自张圭阳：《全球媒体挑战下的传媒管理和社会责任》，《海外管理学》2002年第5期。

"传媒社会责任"这个概念源于美国的哈钦斯新闻自由委员会的研究。该委员会委托的一个小组在1947年发表了一份名为《自由与负责任的新闻界》的报告书。报告书分析了社会需要有社会责任感的新闻界,并确立了传媒的五项责任:①把每一天所发生的事情以真实、全面和使人易于理解的方式把其意义表达出来;②提供一条发表意见和批评的途径;③反映社会上不同组别人士的意见;④承担"表述和厘清社会的目标和价值观"的责任;⑤让人可以全面获得"每一天的信息"。世界新闻评议会协会(World Association of Press Councils)确认,自由的新闻媒体必须向公众负责。该协会宣称,"自由的新闻界这个权力阶层所隐含和固有的一个概念,就是以负责任的方式行使他们的权力和履行职责",这就是传媒特定的社会责任——代表社会的良心,为公众利益服务。"社会责任理论"强调传媒在行使自己的表达自由权利和追求利润时要对社会负起责任。传播自由与媒体责任相互依存,大众传媒在享受新闻自由的同时,有义务承担起相应的社会责任。由此可见,提倡传媒的社会责任,就是从维护公共利益的角度,通过法律或伦理等手段对媒体和从业人员的某些"自由"和权利进行一定程度的限制。

在我国,传媒首先是中国共产党领导的有中国特色的社会主义事业的重要组成部分。高度的社会责任感是社会主义新闻事业的本质要求和职责所在,新闻传媒既有自我发展、自负盈亏的经济效益追求,同时也有反映舆论、引导舆论、传递信息、服务群众等社会责任。传媒作为党和政府的舆论宣传阵地,其社会责任远远大于经济要求。江泽民同志在澳门特别行政区成立一周年庆祝仪式讲话中谈到有关新闻自由和新闻责任的问题时,精辟地指出:"现代社会,传媒对于人们的影响很大。这就要求传媒不仅要注意新闻自由,而且也要注重社会责任,在事关澳门的繁荣稳定、国家利益和民族大义的问题上,发挥更积极的作用。"新闻媒体的社会责任,就是要从社会总体的全局出发,从国家利益和民族大义出发,发挥积极推动社会进步的作用。我国正处在社会转型期,价值观失衡,传媒负有引导社会形成正确价值观的责任,代表公众利益的传媒以其强势地位将对社会价值观的形成产生很大的影响。所有这些都要求传媒在经济利益和社会效益的抉择中,坚持经济效益与社会效益相统一,并把社会效益放在首位。

(三) 社会责任论的由来

社会责任理论是主张有限制的新闻自由、承认政府对新闻业干预和控制的一种新闻观念,第二次世界大战后该理论流行于西方国家。

近代报纸在欧洲产生以后,成为资产阶级反对封建统治、推动社会进步的"批判的武器";到政党报纸时期,报刊发展为资产阶级政党斗争的舆论工具,报刊依赖政党或政府的津贴而生存。工业革命以后,随着西方向现代化社会的转型,报刊从精英走向大众,商业报纸逐渐取代政党报纸成为主流。商业报纸以盈利为目的,依赖广告和发行,标榜"独立",推动了报刊的大众化,促进了新闻事业的进步,特别是大众化报纸在揭露社会弊端、推动社会改革方面起了积极的作用。与此同时,报纸之间的竞争日趋激烈,为了追求发行量和最大的利润,商业报纸打着"新闻自由"的旗号,罔顾社会责任,竞相刊登暴力、凶杀、色情等社会新闻,用耸人听闻的方式吸引读者注意力,黄色新闻一度泛滥成灾,对社会造成了恶劣的影响。于是,人们开始对新闻自由与责任的问题进行反思。

20世纪以来,随着资本主义从自由竞争发展到垄断,新闻事业垄断的趋势加剧。传媒日益发展成为垄断集团控制的企业。这一时期,传媒的经济实力大大增强,而独立性却大为削弱,因为一旦经济成为控制传媒的主要手段,其他手段就可以通过经济手段实现对传媒的控制。这是至今还在困扰着传媒的一大问题。新闻事业服务于垄断资本集团的经济和政治利益,导致能够拥有和控制新闻生产的人不能有效地服务于社会的要求,而公众利用传媒表达自己意见和观点的渠道却有限,传统的"意见的自由市场"被摧毁了。社会责任论就是在这样的背景下提出来的。

社会责任的思想出现于20世纪20年代。1923年,美国报纸主编协会制订《报业法规》,提出报纸的责任问题。第二次世界大战结束后不久,美国芝加哥大学校长R. M. 哈钦斯主持的"新闻自由委员会",经过调查,发表了《自由与负责任的新闻界》、《新闻自由:原则的纲要》等调查报告,运用了"社会责任论"(Theory of social responsibility)这一概念。英国皇家报刊委员会也在1949年提出报告,强调报业的社会责任。1956年美国传播学者施拉姆撰写的《报刊的四种理论》一书,在已有观点的基础上系统地阐述了新闻的社会责任论学说。

社会责任论认为,自由是伴随着义务的,报刊应对社会承担责任,并以社会责任作为报刊业务政策的基础。社会责任理论对自由主义理论做了重大修正,首先,修正了关于"自由"的观点,认为自由主义理论只有一种"消极的自由",唯有对社会承担义务、负有"责任"的自由才是有实效的"积极的自由"。其次,修正了自由主义理论关于报刊的性质和职能的某些观点。自由主义理论认为报刊是"自负盈亏"、不受政府干涉和控制的"私人企业",强调"超然独立"、"监督政府";社会责任理论则强调报刊要为政治制度和经济制度服务,要对社会负责,实行"有控制的新闻自由",政府可以"干预和控制"新闻活动。

二、传媒在"义""利"之间徘徊

(一)若干问题

社会责任论的提出,对新闻事业的发展产生了极大的影响,具体而言,社会责任论对传媒的道德自律起到了明显的促进作用。此后,新闻界开始有了社会责任论的规范,各国制定传媒从业人员守则、成立传媒评议会、设立各大报公评人制度等。然而,在西方，传媒的社会责任问题至今还没有获得圆满解决，这是资本主义制度本身带来的悖论。

列宁曾指出：资本主义使报纸成为资本主义的企业。作为舆论工具、社会良心的传媒，进入资本主义自由市场之后，面临着"优胜劣汰"的竞争压力，于是新闻成为商品，销售量、收视率和广告决定着传媒的生死存亡。媒体作为资本主义的企业，以追逐利润的最大化为目的，遵循以最少投入获得最大产出的原则，实行企业化管理。传媒的企业管理与社会责任的矛盾，从商业报纸诞生的第一天起就存在了。正如施拉姆所言："新闻事业是一种双重性格的事业。站在为公众提供普及教育的立场来说，大众传播是一个学校，但是，站在为投资者赚钱的目的而言，大众传播媒介是一个企业，任何传播媒介的负责人，受这种双重性格的影响，一方面要尽校长之职，另一方面要尽经理之职，这两种职务有很多时候是互相矛盾的。"① 企业化的传媒更看重的是它们的经济需要，片面强调消费者导向，迎合受众的低级趣味，它们以新闻自由为借口，忽视乃至放弃了新闻职业道德和社会责任。虚假新闻民调机构 PEW 2007 的调查发现，10 年前有 55% 的美国人相信媒体报道的准确性，目前这一比例已降到 36%。②

我国对新闻管理极为重视，采取了许多有效的措施和做法，已制订了包括《中国新闻工作者职业道德准则》在内的一系列职业道德准则。但在市场经济条件下，传媒受商业利益影响产生的问题也不少，主要表现在三个方面：一是媚俗、跟风、炒作。有的媒体降低趣味和格调以迎合一部分公众，漠视普通大众和弱势群体等的需求。二是虚假新闻。在激烈的竞争中，一些传媒为了抢夺受众"眼球"，使出浑身解数，甚至不惜弄虚作假。上海《新闻记者》杂志从 2001 年起每年都评出"十大假新闻"。三是低俗之风。有的传媒一味追求"卖点"，缺乏"人文关怀"，甚至将严重的灾难、事故报道都加以娱乐化，严重损害了受众的利益和传媒的公信力。新闻报道中的低俗之风，已与有偿新闻、虚假报道和不良广告一起，被公众列为中国传媒业的"四大公害"。

(二) 原因分析

传媒社会责任缺失等诸多问题的产生，就我国而言，大致有以下三个方面的原因：

1. **市场经济的负面影响**。随着我国体制改革的深入，转型期的传媒发生深刻的变化，已不仅仅是党和政府的"耳目喉舌"，而且是市场经济的主体之一。市场化取向的改革推动了传媒业的迅速发展，同时，市场主导的弊端逐渐显现。市场经济鼓励竞争，但也会片面追求利益最大化，只管商业利益而不问社会效益。部分传媒在市场经济的大

---

① （美）埃德温·埃默里等著：《美国新闻史——大众传播媒介解释史》第九版译序第 13 页，展江译，中国人民大学出版社 2004 年版。
② 李霞霞：《中美传媒公信力比较》，中国新闻研究中心，2007 年 1 月 10 日。

潮中忘记了自身的社会责任。传媒面向市场而出现生存压力，在激烈竞争的情况下，传媒为了提高收视率和发行量，迎合受众所采取的经营策略和手段层出不穷，由此带来的情色暴力、哗众取宠、制造新闻等消极现象，导致传媒公信力下降。部分传媒唯利是图，以牺牲公众利益为代价追逐自身利益，对社会造成无法估量的负面影响。

传媒商业化运营，目的就是追逐利润，而获取利润主要依赖广告，广告成为传媒的经济基础，这就使得广告商的需要限定了传媒内容的属性及其范围。随着我国传媒产业化、集团化、商业化，除了政府部门直接管理的传媒外，多数媒体从外在形态上来说已经走向市场化，一些媒体所进行的活动甚至已经变成围绕资本与利益群体展开的一系列交换行为，它们唯一的目的就是通过报道的内容获得商业利润。在追求利润最大化的过程中，广告商与企业主成为传媒资本的主要提供者，同时也获得了内容的一定支配权。商业资本的侵蚀促使传媒从社会责任向增值产业迅速过渡。

消费者导向的经营理念提高了传媒的竞争力，同时也带来一些问题。传媒吸引受众本身并没有错，没有受众传媒就没有生命力，问题在于，如果传媒一味强调迎合社会上大多数消费者的兴趣，就会产生比媚俗更严重的后果，因为在现实生活中受大众欢迎的内容未必有益于社会，比如，高收视率的八卦新闻、情色新闻不仅侵犯个人隐私权，而且严重影响大众身心健康。传媒作为公共利益的代表，不仅要满足受众的需求，而且更应对社会负责，承当起传媒应尽的社会责任。

2. **传媒从业者素质有待提高**。企业化管理的目的，就是减少运营成本，提高利润。对传媒来说，减少采编人员能够大大压缩成本支出。越来越多的传媒减少了在新闻采编上的投入，通过减少记者、编辑人员的数量，来达到节约成本、提高效率的目的。这种做法直接影响到传媒产品和服务的质量。

在竞争和经济的压力下，不少传媒管理者过度强调传媒的产业属性，认为传媒和其他企业没有什么两样，都是赚钱的工具，把新闻看作一种商品，将传媒工作只看作是一件完成任务的差事，将记者、编辑等同于企业的员工，将他们视作传媒企业机器上的螺丝钉，要求他们完全忠于管理层，而没有认识到新闻从业者是负有重要责任的职业。

在我国，由于传媒业发展迅猛，从业人员队伍迅速扩大，其中有不少人并未经过专业训练，不具备媒体工作的素养，缺乏新闻事业的理想和使命感："他们把媒体当成一个饭碗，而忽略了媒体具有的教育、认识、审美功能。"① 因而在新闻工作职业道德上出现了许多问题。

3. **"转型真空"造成监管缺失**。应当说，我国对传媒的监管相当重视，不仅有新闻从业者自律的条例，而且党和政府也制定了不少法律、法规、政策，取得了明显的效果。但这几年新闻职业道德问题又有抬头的趋势，有的还相当严重。据2007年2月10

---

① 《光明日报》2004年12月15日。

日《中国青年报》报道，山西某地非法采矿现象很普遍，却长期没有媒体"曝光"，原因是许多前去采访的记者收了矿主的好处。部分记者借新闻舆论监督权谋取私利，置违规违法的情况于不顾，丧失了最起码的新闻职业道德，背离了公众赋予大众传媒的社会责任。

传媒拥有监督社会的权力，那么谁来监督传媒呢？缺乏制约的权力是危险的。表面上看，对传媒的监管似乎很严厉，从宣传部到新闻出版署，还有传媒集团本身，政策、法规、条例不少。而实际上，随着经济体制的转型，特别是传媒角色的转变，过去计划经济时代的那一套新闻管理方式已不适应新形势的要求，对传媒的监管出现了"转型真空"。我国新闻管理的重点一直是意识形态，抓政治方向，而对传媒追求商业利益过程中出现的问题重视不够。中国记者协会等行业组织的条例很多是原则性的，可操作性不强，对传媒及其从业人员没有真正的约束力。完全依靠媒体本身的自律也不是没有问题的，因为如今的传媒都有自己的利益，如果没有外在力量的制衡，难以保证传媒会担负应尽的责任。近年来不断有虚假报道出现，在国外，像《纽约时报》对虚假报道的处理是相当严厉的，而我国对虚假新闻的处理并不尽如人意，不少都是大事化小、小事化了，由此可见加强对传媒监管的重要性和必要性了。此外，受众素质的局限等，也是造成传媒社会责任缺乏的因素。

三、传媒的自律与他律

（一）自律与他律结合的必要性

传媒投身市场竞争，应把思想导向和社会责任摆在第一位。邓小平同志指出："思想文化教育卫生部门，都要以社会效益为一切活动的唯一准则，它们所属的企业也要以社会效益为最高准则。"在社会主义市场经济中，不能要求媒体完全忽视盈利的目的，但必须要求传媒在企业化经营之下，提高新闻产品及服务的品质，坚持正确的舆论导向，坚持社会效益与经济效益的统一，并把社会效益放在第一位，"要始终把社会效益作为最高准则，当经济效益同社会效益发生矛盾时，自觉服从社会效益"①，这也是正确处理传媒的企业管理与社会责任关系的基本原则。传媒的公信力和社会责任是传媒经营管理的基础，是传媒制胜的关键因素。实践证明，加强传媒的社会责任意识，不但能提高传媒的舆论导向水平，发挥社会效益，而且能塑造传媒自身的良好形象，赢得受众，从而获得经济效益。

从理论上看，传媒的社会责任涉及的是自由与权力的问题。一方面，传媒享有很大的自由与权力。在西方，传媒被认为是与行政、司法、立法并列的"第四权力"。另一

---

① 《江泽民论有中国特色社会主义》（专题摘编），中央文献出版社 2002 年版，第 386 页。

方面，不受监督的权力是可怕的。如何保证传媒的权力不被滥用呢？传媒的自由应以承担社会责任为目的，如果传媒逃避它的社会责任则意味着将丧失自由。一般而言，保障传媒履行社会责任的途径有受众控制、第三方控制和同行控制，其实就是"他律"和"自律"即传媒及其从业人员对自身的控制两个方面。所以，自律与他律的结合是有效地监督制约传媒滥权问题的必然选择，对保障我国新闻自由以及传媒正确的舆论导向将起到重要作用。

一方面，传媒的角色和使命要求其加强自律，增强社会责任感，因为传媒本身就是一个把关人的角色，既要对传播的内容和价值倾向负起审核的责任，又要积极宣传正确的价值观，为建立社会主义核心价值体系、构建和谐社会发挥应有的作用。另一方面，传媒的他律又是完全必要的，如果只有自律而缺乏他律，传媒的自律本身也难以实现。市场经济条件下的传媒要履行社会责任，应该受到社会的监督和制约。包括政府、行业、公众在内的整个社会都要加强对传媒的监督，并通过法律法规等形式，将传媒应当承担的社会责任和道德义务提升为法律义务，对传媒的运作和发展给予强制性他律。

（二）传媒如何"义""利"兼顾

传媒在激烈的商业竞争中要做到"义""利"兼顾——企业化经营以维持其竞争力，同时坚持正确导向，兼顾传媒从业人员的职业道德，担负应尽的社会责任，关键在于多方合作联动，构建传媒自律与他律相结合的有效机制。

1. **为传媒制定道德规范**。道德规范常被视为代表某行业及其从业员的良知，介乎法律与个人价值之间。没有道德规范的社会尽管有法治，但仍然难以健康发展。传媒经营者不能仅仅追求自身的经济效益和个人名利而牺牲社会公益。传媒应珍惜受众的信任，坚持正确导向，进一步提高从业人员的素质，遵守职业道德规范，增强社会责任意识。在西方，传媒建立了一套完善的、代表公众利益的自律机制，如成立评议会，制定道德守则等。我国制订了一系列新闻从业人员的职业道德准则。为了更好地自律，许多新闻单位制订了相应的规章，建立阅评制度，事后检查自己发出的稿件。《广州日报》制定明确而具体的职业道德规范，自觉接受社会监督。由于种种原因，我国传媒要形成一个健全而有效的传媒自律机制，尚需时日。

2. **动员社会大众参与传媒监督**。传媒是为了公众利益而行使新闻自由权力的，公众有权对传媒进行监督，以保证这项自由不被滥用。大众作为传媒的一种平衡力量，可以决定传播的制度及传媒提供的服务。在经济利益的驱动下，期望传媒经营者及其从业人员具有高尚道德标准，无疑是不现实的。新闻规范的建立和维护，有赖于建立一套传媒的"他律"机制。除了政府的介入外，应动员社会大众积极投入对传媒的监督之中，使传媒真正履行社会责任。1986年美国成立的"公平和精确的报告"（Fairness and Accuracy in Reporting，FAIR）就是一个集合民间力量成立的全国性传媒监督组织。FAIR

超然独立，不受政治力量操纵，并通过批判对主流媒体形成广泛的社会监督乃至社会压力。

近年来我国传媒在自律方面并不理想，违背新闻职业道德的行为有愈演愈烈的趋势，因此有必要通过制度化的、具有可操作性的社会舆论监督来加以抵制。由于我国的具体国情，宣传部门主要负责管理的是传媒在意识形态方面的导向问题。对于传媒的市场竞争秩序、传媒及传媒从业者的职业操守等方面的问题，特别是那些虽然没有违法但却违反了媒体社会责任的行为，可以交给新闻行业协会等去管理。行业协会作为一种中介组织，是政府和传媒之间的桥梁和纽带，政府管理部门管宏观，媒体管微观，而中间就是协会。所以，包括新闻行业协会等在内的社会团体，应充分发挥其在传媒监督方面的独特作用。

3. 提高传媒从业人员的素质。传媒被赋予社会监测者甚至"灵魂工程师"的角色，要求传媒人加强职业道德规范，增强社会责任感。从某种意义上说，传媒从业者素质的高低，是传媒能否有效引导社会舆论、履行社会责任、提高公信力的保证。目前我国新闻从业者的职业道德状况不容乐观，少数传媒从业人员为了商业利益而违背职业道德规范，很大程度上与传媒从业人员的素质不高、社会责任感不强有密切关系。传媒工作者"树立良好的职业道德，维护新闻工作的严肃性和声誉，对于发挥新闻舆论的引导作用，对于建设一支政治强、业务精、纪律严、作风正的新闻队伍，保证新闻事业健康发展，具有十分重要的意义"，"树立正确的世界观、人生观、价值观，自觉遵守新闻职业道德，应该是每一个有理想、有抱负、有操守和富于敬业精神的新闻工作者对自己的基本要求"。（《中国新闻工作者职业道德准则》）新闻机构本身也应加强对传媒从业人员进行在职培训，以提高其专业水平。

4. 完善政府或法律的规范。传媒要建立"他律"的长效机制，还需要政府或法律的规范，从制度上解决传媒"见利忘义"的问题。由于目前的市场经济还不完善，传媒激烈的竞争造成许多问题，政府对于传媒的管制以及法律对于传媒的规范显得十分必要。目前迫切需要新闻立法，对新闻媒体的创设、应用和监管，对新闻自由的内涵和保障，对新闻的准则和基本功能，对新闻舆论监督的权利和义务，对新闻调控的方式和内容，对新闻侵权的责任和惩处，以及对新闻职业伦理，等等，都要有比较明确的规定。管理层应在统筹各方意见的基础上，进一步完善有关的法律制度，同时提高管理和执法水平，及时查处媒体的违法行为。

以党报等为代表的主流媒体在引导社会舆论、承担社会责任方面应作出表率，成为抵制传媒商业化浪潮的中流砥柱。为了提高公信力和社会责任，主流媒体应降低盈利色彩，制作优质的新闻或节目，成为引领其他媒体的典范。此外，通过不同媒体的相互监督与批判，如电视批判报纸、报纸批判电视，也不失为传媒"他律"的途径之一。

第二节 传媒管理与法律法规

一、传媒加强法制建设的必要性

大众传媒一方面享有自由，另一方面也处在种种制约之下，主要有两种制约力量：一是法律，一是自主制约即自律。法律是硬性的社会控制，通过法律来规范市场经济条件下的新闻传播活动，能够促进传媒承担社会责任，达到保障新闻自由和防止滥用新闻自由之间的平衡。目前，世界上大多数国家都制定了专门的法律法规，对传媒进行控制管理。加强新闻立法、制定相应的法律法规，并以此为依据对传媒进行控制和约束，是保障整个新闻传播活动得以健康发展的必然要求。

法律对传媒运作的影响很大。从传媒管理的角度来看，法律既为传媒发展提供了保障，也为传媒市场竞争设置了游戏规则，这些法律法规涉及传媒所有权、市场参与者的经营范围、传媒内容生产以及传媒运作等基本内容，如传媒的特许经营制度、行业运作限制、传媒出版许可播出检查制度、传媒设备的基础标准和更新引进等。市场经济就是法制经济，传媒作为社会主义市场经济体制的组成部分，必须依法经营与运作。改革开放以来，我国传媒机构本身已从属于行政机关逐渐成为独立的市场主体。我国传媒业法制建设的当务之急，是建立健全的运营法规，指导传媒集团的运营机制，如传媒公司组成、融资手段及比重、频道监理制度、采访制作播出规定、侵权罚则、从业人员守则等，使传媒行为得到规范，能够在法律公正透明的监督下进行产品生产。传媒运营只有严格按规则行事，才能改变目前传媒业"条块分割、重复建设、实力分散、竞争无序、质量不高"的状况。加强新闻法制建设的目的，就是通过创建、健全和完善相应的法律法规和运行机制，以保障新闻传播活动畅通迅捷、客观真实、公正平衡，从而保障人民群众得以更好地通过媒体行使言论自由、新闻出版自由权利，更好地行使对于国家活动和公共事务的知情权和舆论监督权，进而更好地促进社会经济文化的发展和构建社会主义和谐社会。①

新闻法规是世界各国管制传媒的最重要方式。所谓新闻法规，是指调整新闻传播活动中的各种社会关系，保障新闻传播活动中的社会公共利益和公民、法人的有关合法权益的法律规范的总称。它包括影响大众传媒的基本法律和法规，政府有关广播、广告、版权和知识产权的法律规定，国际标准与协议，我国对互联网、电视、广播、报纸杂志和其他传媒的法律框架调整，有关诽谤、诬蔑、隐私和道德标准的传媒法规框架，等

---

① 李矗：《中国新闻法制建设的难点》，《传媒》2009年第9期。

等。世界许多国家相继出台新闻出版法规，形成了适应本国新闻事业发展需要的比较完备的新闻法律体系。关于滥用新闻自由的限制，我国及世界其他大多数国家都由专门的法律或法规规定。目前，我国河北省已经出台了地方性的新闻工作活动法规，这是我国第一部地方性新闻法规。1997年8月我国颁布了《广播电视管理条例》，出台了广播电视活动的完整的行政法规。1998年3月国务院颁布了《中华人民共和国计算机信息网络国际互联网管理暂行规定》实施办法。2000年10月国务院又颁布了《互联网信息服务管理办法》。这一系列法律法规的制定，标志着我国传媒业正在步入法制化轨道。

但我国新闻立法速度较慢，跟不上传媒行业发展的需要；现有的有关传媒行业的法律法规仍需要进一步完善。传媒追逐利润忽视社会责任等问题的产生，也与新闻法制不健全有关。记者采访被打、媒体侵犯隐私权的背后，是因为对新闻从业人员采集传播、出版、交流新闻的权利与责任缺乏明确的法律规定。我国传媒业法制建设相对滞后的原因主要有：一是传媒的产业属性得到确认，但目前实行的"事业单位，企业化管理"阻碍了传媒的市场化发展；二是缺乏在市场经济环境下进行新闻立法和以法律手段进行媒体管制的经验。①

二、传媒运作中的法律问题

（一）侵犯隐私权

隐私权从法律上讲属于名誉权之一种。隐私是一种属于个人并且与公众利益无关的客观事实，它是个人不愿告知他人或不愿公开的事情。如果将个人隐私公开，则可能给当事人造成名誉上的损害或精神上的压力和痛苦。我国《民法通则》中没有提到"隐私权"的概念，但有明确的司法解释。《最高人民法院关于贯彻执行〈中华人民共和国民法通则〉若干问题的意见（试行）》及以后的有关解释中，将泄露宣扬他人隐私，给他人声誉造成不良影响的情况纳入名誉权的范畴加以保护。

传媒侵害隐私权是指在新闻作品中公开他人隐私而使他人隐私权受到侵害的行为。隐私是自然人拥有的与公共利益无关的、不愿为他人所知和干涉的私人生活，包括个人信息、私人活动和私有领域。② 传媒侵犯隐私权主要有两种类型：一种是明显侵犯了他人的隐私权，是违法行为，其行为应用法律手段进行处理；另一种是不违法但违背新闻职业道德，这类问题应当通过新闻行业的自律来规范。

随着新闻事业的发展，以报社、杂志社、电台、电视台等新闻传媒为被告的新闻侵权案件数量持续增长，其中很大一部分是由于新闻侵犯隐私权而引起的。公众的知情权

---

① 吴林飞：《试论传媒依法管制的现状与对策》，中国新闻研究中心，2006年12月31日。
② 张俊蛟：《隐私权若干问题浅析》，中国法院网，2006年6月17日。

与个人的隐私权两者之间的界线有时很难划清，从而引发公众知情权与个人隐私权等权利的冲突。在经济利益的驱使下，很多媒体为了追求眼球效应、扩大广告收入，未经权利人的允许擅自将他人隐私公之于众；有时传媒为了搜集重要的信息而采取一些非常规的手段，如跟踪、偷拍、伪装等，从而给权利人带来了经济或精神上的损害。传媒和新闻工作者应警惕侵犯隐私行为，以严格的新闻职业道德来开展新闻活动。

（二）诽谤行为

诽谤是指无中生有、捏造并散布虚假的消息，恶意中伤他人的行为，分为口头诽谤和文字诽谤。诽谤行为受到民法和刑法两种法律的制约。我国《民法通则》第一百零一条规定："公民、法人享有名誉权，公民的人格尊严受法律保护，禁止用侮辱、诽谤等方式损害公民、法人的名誉。"我国《刑法》第二百四十六条也规定："捏造事实诽谤他人，情节严重的，处三年以下有期徒刑、拘役、管制或者剥夺政治权利。"

近年来，因新闻所引起的诽谤诉讼案件时有发生，其中不少是因新闻报道失实造成的。新闻是对客观事实的报道。新闻工作者所采写、传播的内容应当以事实为依据，客观地反映情况，不过在新闻实践中，不能完全排除新闻报道中的失实，有的甚至给当事人造成了一定的损害。但是，新闻失实究竟在何种情况下才构成诽谤行为，无论是新闻实践还是司法实践，对这一问题的研究都还不够充分，司法实践中也没有比较成功的案例。新闻工作者的行为是否构成诽谤行为，主要有四个判断标准：①是否出于主观故意，特别是恶意；②是否具有明显的捏造事实的行为；③情节是否严重，是否已对当事人造成了重大的伤害；④是否造成了严重的后果或较大的社会影响。只有对这四个方面的情况进行综合分析，才能确定是否构成诽谤行为。对于新闻工作者来说，是否出于主观故意应视为构成诽谤行为的主要情节依据。（邵培仁，2002）

（三）泄密行为

泄密行为是传媒管理中容易引起法律纠纷的另一种情况。大众传媒受众面广，新闻工作者经常会接触到一些国家机密或企事业单位的技术秘密，这些秘密一经报道就很可能会给国家利益和企事业单位的利益造成损害。所以国家保密局等部门专门制定了《新闻出版保密规定》，对新闻保密问题进行了明确规定。新闻泄密是指在新闻传媒中公开国家秘密，以致使国家安全或者国家利益受到损害的行为。新闻报道的泄密问题涉及重大科技成果、灾情、战况、商业机密等。我国传媒在新闻报道中，泄密事件时有发生。1981年上海航天技术研究院首创一箭多星的记录，事关一些关键技术的突破和掌握。新华社对此发表公告披露此事，引起了社会的极大关注。新闻出街十几个小时后，北京的两家新闻单位同时发布了卫星的图样和组装的照片，连同卫星的太空运行轨道和无线电遥测频率也暴露无遗，造成了重大泄密。所以，传媒及其从业人员应加强保密意

识,新闻报道必须严格遵守国家保密法规。

据新闻出版总署编印的《报纸出版工作法律法规选编》,在新闻出版物中,严禁载有下列内容:①国家事务的重大决策中的秘密事项;②国防建设和武装力量活动中的秘密事项;③外交政策和外事活动中的秘密事项以及对外承担保密义务的事项;④国民经济和社会发展中的秘密事项;⑤维护国家安全活动和追查刑事犯罪中的秘密事项;⑥其他经国家保密工作部门确定应当保守的国家秘密事项。不过,对于什么是秘密,新闻工作者和政府部门有时会因价值标准不同而产生不同的看法。

三、传媒管理中法律问题的处理

随着传媒与社会生活的联系越来越紧密,由传媒活动引起的法律问题也越来越多。对于传媒管理中出现的一些法律纠纷等,需要进行积极的防范和妥善的处理。传媒管理中如何避免法律纠纷?从防范的角度看,解决办法有三个:首先,强化法律意识。要强化传媒工作者的法律意识,尽量避免可能出现的法律纠纷。只要有充分的防范意识和认真的工作态度,绝大多数的法律纠纷是可以避免的。传媒要对员工开展法律教育,使员工树立牢固的法制观念,并学会用法律武器来保护自己。传媒从业人员要熟悉传媒相关的法律法规,而且要在实践中提高运用这些法律法规的能力。其次,聘请法律顾问。传媒组织应当设立专门的法律顾问,使其参与传媒组织的日常运作和重大决策。如果传媒缺乏法律工作者的指导,在日常管理中缺乏法律意识,不仅会给传媒带来经济上的损失,而且会极大地损害传媒的声誉和公众形象。最后,敢于维护传媒的利益和声誉。传媒组织出现法律纠纷时,不要消极地回避。为了维护传媒的利益和声誉,在弄清事实、责任和权衡利害的前提下,按照法律程序和规定妥善地加以解决,不管是通过诉讼手段还是非诉讼手段。在处理法律纠纷中,应聘请律师参与。

要妥善处理传媒管理中的法律问题,关键是把握好三个环节:第一,分析问题的性质。对传媒活动中出现的法律问题,首先要进行定性分析,看它是属于一般违规,还是涉及民事法律责任,或者是刑事法律责任。在定性分析的基础上,再看其程度如何,然后才能决定是否采取法律手段以及采取何种法律手段来解决问题。第二,分清法律责任。区分法律责任需要搞清楚:由谁造成了侵权,侵权属于何种性质,侵权的程度如何,造成的后果是否严重,应承担何种法律责任,等等。第三,确定处理方式。确定处理和解决问题的方式,应考虑几个因素:①试图达到何种目的,主要从经济利益考虑,还是从社会影响考虑,或者是兼而有之;②适用于何种法律,是否具备充分的法律依据;③是否具有相应的人力、物力、财力和时间来处理法律问题;④准备通过非诉讼途径还是诉讼途径来解决问题。一般来说,解决法律纠纷的方式主要有三种:非诉讼方式、民事诉讼方式、刑事诉讼方式或附加民事诉讼方式。(邵培仁,2002)

四、传媒与知识产权保护

著作权（又称版权）是指著作权人对其作品所享有的权利，它与工业产权构成知识产权的主要内容。以版权保护出现的知识产权是传媒产业的核心价值。传媒享有采集、编辑、传播信息的权利，这些权利与著作权密切相关，世界各国的著作权法都予以保护，具体涉及以下几方面：①信息采集权。目前，全世界都承认大众传媒具有"采访的权利和搜集信息的权利"，法律也规定了这一权利。没有信息采集权，受众的新闻权、获知权、监督权就无从实现。②获取作品权。传媒公司有权从著作权人那里获得稿件，否则就无法传播。获取作品是进行传播活动的先决条件。③修改删节权。传媒公司经作者许可，可以对作品进行适当修改、删节，影视导演对剧本的修改程度可以与报社、电台、电视台对新闻作品的修改程度接近，但仅限于文字，对内容的修改应当经作者许可。④编辑传播权。传媒公司对著作权人交付编辑、出版、传播的作品，有权按双方的约定将其印刷、制作成报纸、杂志、书籍、唱片、磁带、光盘、电影电视片予以发行或播放，并受法律保护，他人未经许可不得擅自出版、播放该作品。（邵培仁，2002）

传媒加强知识产权保护意识，有两个方面的含义：一是保护传媒自己的知识产权不受侵犯，二是将知识产权作为传媒经营的基础，为传媒创造源源不断的利润。整个传媒业是依赖于版权保护而生存的，从一定意义上讲，知识产权是传媒经营的法律保障和经济基础。世界著名的迪斯尼公司通过向儿童服装、背包、玩具等生产商授予米老鼠、唐老鸭等卡通形象的使用权，获得了可观的经济效益。目前我国的知识产权法律对传媒的知识产权提供了法律保障，如《著作权法》第十一条关于法人或者其他组织成为作者的规定，第十四条关于汇编作品可生成著作权，第十五条关于影视作品著作权归制片人享有，第十六条关于职务作品的归属、委托作品的归属，均可为法人或组织所拥有，并且还规定了著作权归属在意思自治下，可从约定的原则和允许著作权一次性卖绝。《专利法》第六、七、八条也有相似规定。传媒机构在产品开发，培育推出新人时都必须树立知识产权意识，如涉及知识产权问题则事前要协商好权利如何分享。①

自主知识产权是我国传媒的软肋，其中最突出的问题是缺乏创新、盗版猖獗。中国是文化产业进口大国。以图书出版为例，中国出版物进出口贸易存在巨大逆差。2003年中国出版物出口创汇2469.34万美元，而进口用汇达16880.91万美元。2004年新闻出版总署副署长于永湛说，在过去10年中，中国版权进口与出口的数量比维持在10：1左右。在版权贸易方面，2003年引进版权12516项，输出版权811项。我国传媒自主知识产权的能力较弱，知识产权保护意识有待提高。

---

① 朱与墨、刘欣欣：《论传媒产业商品化权保护的迫切性》，中国私法网，2004年6月10日。

第三节 传媒管理与伦理道德

一、传媒自律及其发展

传媒的社会责任,从一定意义上讲,主要是指道德责任,就是要求传媒讲究伦理道德。在传媒管理中应建立传媒的自律机制,注重传媒的道德教化、净化与提升功能,用道德行为规范约束传媒的实践活动。

(一) 什么是传媒自律

所谓自律,是指传媒从业者及传媒对所从事的信息传播活动进行自我限制或自我约束的一种行为。传媒自律相对于法律、法规等国家法制规范而言是一种新闻界的内在的、非强制性的自我约束行为,是新闻界平衡新闻媒介、个人与社会三方面的利益与冲突,避免直接对抗,减少同社会民众摩擦而采取的一种自我保护、协调的行业规范。①传媒自律主要表现为新闻职业道德。新闻职业道德是指记者在新闻采写、传播过程中与人、与社会处理关系时的行为规范和准则,它是在一定的历史时期和一定的社会条件下逐渐形成并为大多数人信奉的行为准则,是社会道德、人类行为规范在新闻业方面的具体表现。

从19世纪20年代起,不少西方国家就制定了新闻人员职业道德守则。日本学者稻叶三千男等所著的《日本的报业理论与实践》认为,19世纪后半叶到20世纪初,一些西方国家对商业新闻的劣迹进行了批判,传媒自律就是伴随这种批判、反省而出现的。传媒最早实行自律,是在出现大众化报纸的美国,随着报纸之间激烈竞争而来的种种弊端,受到了舆论的严厉批判,新闻界不得不实行自律。19世纪30年代以后,美国出现了大众化的廉价报纸,取得了成功。大众化报纸面向普通市民,不断采用各种新的手段进行销售,在制作方面也引进了各种技术革新,添油加醋地写些街头巷议和犯罪的报道,甚至刊登虚构的新闻,用各种耸人听闻的手段相互竞争。大众报纸这种煽情主义新闻在南北战争后愈演愈烈,赫斯特的《纽约新闻报》向普利策的《世界报》发起挑战,在纽约展开了激烈的竞争,导致"黄色新闻"一度泛滥成灾,这两份报纸被称为"黄色报纸"。新闻界的这种状况自然招致社会的批判。《纽约晚邮报》就高举道德主义的大旗,对《纽约新闻报》和《世界报》进行了猛烈的抨击,于是,其他一些新闻记者和作家也通过报纸、杂志、书籍对黄色报纸作了批判。由于这种动向在新闻界产生了对

---

① 王瑶:《析文化娱乐新闻的道德失范与新闻自律》,《新闻实践》2002年第1期。

自身进行反省和改造的气氛，试图以内部原则或编辑方针来提高道德水准的报社出现了。1910年以后出现了在州一级制定道德纲领的动向。1923年美国新闻编辑者协会通过了"新闻标准"，定下了下述新闻信条：①责任；②新闻自由；③独立；④诚挚、信实、准确；⑤公正；⑥公平处理。在今天的美国，黄色报纸已经看不到了，很大程度上是上述新闻信条付诸实践的结果。

目前美国所有的主要新闻从业者组织均已制订出道德规范，包括美国新闻编辑人员协会、美联社编辑人协会、电台电视新闻主管协会、专业新闻工作者协会和全国新闻摄影记者协会。除这些专业规范外，很多传媒机构都有一套关于雇员操守的指引。美国在20世纪五六十年代成立了许多地区性的新闻评议会，促成了美国全国新闻评议会在1973年成立。在某些州如明尼苏达州、俄勒冈州、华盛顿州和夏威夷，都设有地区性的新闻评议会。近年来美国许多新闻行业协会还尝试在媒体内部设置专职的督察员或道德顾问，以加强新闻自律。

（二）伦理道德与法律

传媒管理中的伦理学问题与法律问题，在性质上是既相联系又相区别的不同的问题。美国著名信息技术伦理学家理查德·A.斯皮内落指出："法律和道德无疑在某些关键的原则和义务方面确有共同之处。在某些领域，如知识产权，法律和道德便纠缠在一起，很难厘清。的确，在知识产权案件中，法律和伦理道德问题的相互作用使得这些问题变得极其复杂。尽管如此，也不能简单地把伦理问题化为法律问题或接受依法办事便尽到行政人员的道德义务的观点。"传媒管理中的法律问题属于以国家意志的强制的手段调整传媒活动关系的范畴，一般是以颁布法律法规的形式明文规定允许或不允许何种行为，对于违反者将予以惩罚。而传媒管理中的伦理学问题则属于以道德的手段调整传媒活动关系的范畴，虽然不具有强制性的约束力，但是也是传媒活动中所必须遵循的准则。就传媒管理而言，传媒活动中的法律与伦理学问题是相辅相成、互为依托的，在许多情况下也是难以截然分开的，传媒管理者应当把两者的刚性制约机制与柔性制约机制有机地结合起来，使之共同形成传媒管理中的规范体系。（邵培仁，2002）

如果说法律对新闻传播活动具有"强制性"，那么自律则是对传媒从业者及其机构的"软约束"。今天在新闻传播界普遍实行的自律，和法律制约并不相同。传媒自律是出于对新闻高度的责任感，自觉维护新闻行业中各种行之有效的惯例并制定具体规定，所以这种自律常常被称为新闻道德。传媒的职业意识不同于政治权力对传媒的要求，也不同于市场经济行为对传媒的要求，而是一种服务行业的专业化意识、一系列职业规范以及评判标准，它包括专业知识的积累、获取专业知识和技能的训练、专业资格的认定、彰显专业精神的范例以及专业内部的自律。①

传媒管理中的伦理学问题是以一般的道德行为准则为前提的。人类的一般的道德行为准则不仅适用于每位传媒行业的从业人员,而且也是传媒管理准则的基础。在传媒管理中,传媒应恪守公正、客观、准确的大众传播的基本道德准则,并建立符合传媒活动特殊性的道德行为规范,以约束传媒的实践活动。

二、传媒管理的伦理道德问题

传媒管理不断面临着来自现实的伦理道德挑战,主要表现为商业利益和伦理道德的冲突。传媒虽然担当着社会公器的角色,但它同时也是商业组织,追求自身利益最大化,尽可能地扩大盈利是其重要的商业目标。传媒管理中迫在眉睫的任务,就是如何协调传媒伦理与商业利益的冲突,遵守传媒的道德准则,保持新闻传媒的纯洁性。

近年来,随着竞争越来越激烈,传媒生态出现恶化的迹象。传媒的素质"在争夺眼球的混战漩涡中不断下沉,一起走上低俗、迎合、渲染、哗众取宠、暴力色情的下坡道……"关于虚假新闻的报道时有所闻,就连《纽约时报》、路透社都不能幸免。Stephen Hess 通过调查发现,政治权力与传媒商业集中开始侵蚀美国新闻业的公共利益。美国公众对新闻不信任,认为新闻记者在报道中失实、偏见、傲慢、冷嘲热讽、缺乏责任感。②

我国传媒的现状又如何呢?改革开放以来,传媒业空前繁荣,应该说,大多数传媒都具有很高的政治觉悟和社会责任感。随着我国从计划经济转型为社会主义市场经济体制,传媒这一过去的事业型单位被推上了市场,传媒的意识形态性质和产业功能并重。一些传媒过分注重经济效益,忘了自己的社会责任。近年来关于传媒从业者职业道德的讨论屡见不鲜,新闻职业道德问题日益严重由此可见一斑。2005 年发表的《中国大陆大众传媒公信力的实证研究》在全国性大规模随机抽样调查的基础上,认为中国受众对大众传媒公信力的整体评价不高,电视、广播和报纸的公信力水平都没有达到"良好"。③ 传媒的公信力是与其社会责任密不可分的,传媒公信力流失的背后,很大程度上源于传媒的市场化运营和商业利益的驱动。

三、传媒建立道德自律规范

除了承担社会责任外,传媒的伦理道德约束主要是通过建立严格的自律机制来实现

---

① 陈力丹:《职业精神是传媒的立足之本》,《青年记者》2006 年 6 月上。
② 倪琳:《新闻公信力的几个关键词》,传媒学术网,2007 年 3 月 2 日。
③ 廖圣清、李晓静、张国良:《中国大陆大众传媒公信力的实证研究》,《新闻大学》2005 年第 1 期。

的。传媒的自律规范一般由传媒行业自律规范和传媒自律机制两个方面的制度构成，一个健全而有效的自律机制应包括传媒内部自律机制和外部监督机制。

（一）传媒行业自律规范

传媒的行业自律规范是指传媒行业组织通过行规和自律公约等手段对本行业所实施的行为约束，属于自律行为规范，一般由传媒行业协会颁布。传媒行业对社会有很大的影响力，传媒行为往往很复杂，仅仅通过法律来"硬"规范还不够，需要行业道德规范这样的"软"约束。

美国的传媒行业有三个被本行业人员广泛采用的职业道德准则，即职业新闻记者联合会道德准则，广播电视新闻指导人联合会道德准则和美国公共关系委员会道德准则。

美国的职业新闻记者联合会道德准则的主要内容有：①公众了解与其利益直接相关的事情以及重大事件的权利，是传媒至高无上的使命；②新闻自由在一个自由社会里将被作为人们不可剥夺的权利来加以维护；③新闻记者唯一的职责就是让公众了解真相；④对公众的良好信誉是所有有价值的新闻的基础；⑤新闻记者在任何情况下，都要尊重在搜集和发表新闻的过程中所面对的人的尊严、隐私、福利和幸福；⑥新闻记者应该主动地检查并努力制止违反这些标准的行为，他们应该鼓励所有新闻从业人员遵守准则。

我国全国记者协会和新闻工作者协会都颁布了一系列的新闻从业人员的道德规范，对于我国的新闻道德建设发挥了积极的作用。1991 年 1 月中华全国新闻工作者协会第四届理事会第一次全体会议通过《中国新闻工作者职业道德准则》，该准则在 1994 年和 1997 年先后作了两次修订，从"全心全意为人民服务"、"坚持正确的舆论导向"、"维护新闻的真实性"等六个方面对新闻工作者必须遵循的行为准则做了具体规定。2004 年国家广电总局出台了首部《中国广播电视编辑记者职业道德准则》和《中国广播电视播音员主持人职业道德准则》，对广播电视的编辑、记者、播音员主持人队伍的道德取向、素质要求和工作方法提出了明确要求。2005 年中宣部、广电总局、新闻出版总署联合公布《关于新闻采编人员从业管理的规定（试行）》，这是规范新闻采编人员行为、维护新闻界良好形象、促进新闻事业健康发展的一项重要举措。由于我国传媒的行业组织软弱无力，现在对传媒职业行为的约束，是由众多的行政规章和党的文件构成的一类他律，以及一些行政运动（如行业纠风）、政治学习运动（如三项教育），在这种情况下，传媒的职业道德意识较难形成。① 所以我国传媒的行业自律建设有待加强，行之有效的新闻自律监督机制尚未建立。

---

① 陈力丹：《我国传媒业的职业道德意识与自律建设》，http://www.cjr.com.cn，2007 年 2 月 7 日。

（二）传媒自律机制

要建设一套健全有效的传媒自律机制，还需要传媒机构自身配置一套实施细则和监督措施，以强化新闻从业者的自律。制定传媒行业自律规范的目的是为传媒的道德行为提供一个基本的参照系，各传媒机构在此基础上结合本机构的要求和特点，制定更具体的组织内部的自律规范。

传媒从业人员要加强职业道德建设，必须制定严格而科学的传媒从业人员规范，作为传媒行业自律规范的基础。传媒从业人员规范主要反映作为传媒特质的专业要求和纪律规范，应具有较强的操作性。作为具有强烈意识形态和公共领域色彩的行业，传媒行业赋予其从业人员相当高的创造性和灵活性空间。从业人员在履行职业责任的时候会带有浓厚的个体色彩，因此，强调专业性和规范化有助于形成一个健康的传媒生态系统。一方面，新闻从业者应该充分认识到新闻道德自律的重要性，增强道德自律意识；另一方面，对于传媒及其从业人员的行为要用严厉的制度来规范和约束，不能完全寄希望于传媒道德和记者的良知。

我国传媒内部的道德自律规范建设相对滞后，一定程度上影响了传媒行业的健康发展和传媒的社会公信力。在市场经济条件下，我国传媒的职业道德受到了前所未有的冲击，近年来我国传媒业的职业道德问题凸显，从一个侧面说明了问题的严重性。现在已经有传媒开始建立专门机构负责内部自律检查工作，并制定具体的、可感知的、可执行的规范条文，提高传媒职业规范的标准。2007 年 2 月《广州日报》率先公布采编行为准则，接受社会监督，社会反响良好。传媒自律已经成为解决新闻道德失范、建设新闻职业规范的重中之重。

案例分析：香港传媒的社会责任问题

一、传媒社会责任问题突出

香港拥有 52 份日报、数份电子报章和 754 份期刊、两家本地免费电视节目服务持牌机构、5 家本地收费电视节目服务持牌机构、12 家非本地电视节目服务持牌机构、一个政府电台以及两个商营电台。在众多的传媒中，除香港电台是公营外，其余都是私营。在市场导向下的香港传媒，媒体成了老板的私器、赚钱的工具，新闻成了纯粹的商品，不少传媒在市场竞争中丧失了诚信、迷失了良心、迷失了自我，以致传媒界产生诸多怪象，主要表现为：

一是造假。1998 年 10 月，《苹果日报》接连 3 天用头版全版报道陈健康事件，后来据有关方面揭露,《苹果日报》涉嫌付钱给当事人,旁观的忿怒者出来殴打当事人,则是该报导演的一出戏。二是煽情。香港某些传媒以"煽情的报道、偏激的角度和哗众取宠的标题"扩大发行量的做法受到香港社会的批评。三是偏重暴力色情。市场导向下的香港传媒,有关暴力、色情的报道随处可见,对诲淫诲盗的某些传媒,受众边骂边买。四是嗜揭隐私。为了与其他传媒展开竞争、迅速抢占报刊市场,黎智英在1995年6月创办《苹果日报》时就开始组织"狗仔队"。之后,《东方日报》、《东周刊》等也相继成立了自己的"狗仔队伍",令"狗仔"成为一种现象。"狗仔队"不择手段的采访手法及报道,破坏了传媒的良好形象,降低了传媒的公信力。①

二、主要原因分析

(一) 外部原因

第一,市场竞争激烈,媒体迎合大众口味,罔顾专业操守。香港虽是个弹丸之地,但日报、期刊、电子报章、电视台、有线电视、卫视、电台等多种多样的媒体为求生存,彼此之间的竞争激烈程度可想而知。

第二,由于香港传媒实行的是私营化运作(香港电台除外),完全由市场导向,因此,对多数传媒来说,新闻变成一种纯粹的商品,做新闻的目的是替投资者赚得最高回报。在和这个原则并无抵触的情况下,新闻机构才会扮演社会公器的角色。如果社会责任与商业利益发生冲突,社会责任往往屈从于商业利益。

第三,缺乏规管。香港一直没有明文的新闻法,新闻方面所沿用的是其他的成文法。目前,香港特区沿用的法律中,与大众传播有关的共有31项法例,其中7项是作为管治传媒的主要法例,其余24项是次要法例。虽然在香港,与传媒有关的法规较多,但是执行起来却是相当宽松。香港传媒在法律和行政上很少受到限制,政府基本上只管制受众广泛、影响力大的电视和电台。通过发放牌照严格控制电台与电视台的数量,至今只颁发了两个经营免费电视的牌照,批准了3家电台的成立。通过广播事务管理局来处理受众对内容的投诉。

第四,受众素质不高。在香港,低质化的传媒"培植"了低质化的受众或受众低质化的情趣;而低质化的受众和受众的低质化情趣又反过来助长了传媒的低质化。75%以上的受众未上过大学,有"风月版"的报纸大受欢迎。另外,一些受众的猎奇心理和庸俗趣味因为传媒的迎合而得到某种满足。

---

① 周建青:《香港传媒怪象、成因及其根治对策》,传媒学术网,2006年1月12日。

（二）内部原因①

第一，以生意理念办报。香港的新闻界，大部分以盈利为最大目标，完全以现代商业角度来对待传媒。过去报社的编辑部与营业部分工明确，互不干涉，如今出版人在经营压力下，逐步插手内容；营业部为了争取客户，开始拉拢采编部合作或成立为广告客户服务的采编部；采编部也在市场压力下，要服从促销及广告客户的价值取向，偏离了原本的独立性。

第二，记者的职业素养有待提高。全港记者总数约为3000人，一线记者多为入行不久的年轻人，腿脚勤快但经验不足，知识功底也不扎实。香港媒体聘请记者，基本上没有特别的要求，如需要相关的新闻学专业资格等。由于一线工作较辛苦且报酬不高，故而人员流动很大，记者即使几年内不转行，也会升迁到其他部门或职位，所以，香港记者的职业素养无从保证。

第三，错误理解新闻自由。一些传媒和新闻从业人员之所以一而再、再而三地违背社会伦理道德，就是因为误以为加盐加酱报道煽情新闻之类的行为是新闻自由、保障公民知情权的表现。例如女星裸照事件中，周刊却宣称为了"忠于知情权"和"基于传媒披露事实真相的基础精神"，而刊登受害人的裸照。

三、解决传媒社会责任问题的对策

1. **强化香港电台职责，创办公营报社与电视台**。特区政府有必要强化香港电台的职责，同时通过创办报纸与电视台来正确引导舆论，打破私营传媒的垄断地位。

2. **加强传媒界的职业道德教育**。现如今香港4个主要的新闻专业团体——香港记者协会、香港新闻行政人员协会、香港新闻工作者联会、香港摄影记者协会均有责任加强对各自会员的职业道德教育。这4个协会在2000年2月27日发表的香港第一份跨团体的专业守则《新闻从业员专业操守守则》，值得学而时习之。

3. **增加教育投入，加强对公众的传媒教育**。鉴于香港受众的现状，特区政府应该继续加大对教育的投入，在教育课程的设置上，增设传媒教育课，普及传媒教育，从而提高公众对传媒的鉴别水平和欣赏能力。

4. **健全新闻法规，严格执法**。传媒操守水平的持续低下说明法律监管的不足。香港传媒立法需进一步完善，要把罚款的数目提高到使传媒自律的程度，同时，加强对执法人员的培训、监督，使之严格执法。

（本案例综合相关资料编写而成）

---

① 邱淑君：《浅议香港媒体的职业道德问题》，http：//www.macauresearch.org，2004年9月9日。

学习思考题

1. 什么是传媒的社会责任?
2. 如何认识传媒管理与社会责任之间的关系?
3. 怎样才能保证传媒"义""利"兼顾?
4. 如何处理新闻活动中的法律争议?
5. 什么是传媒自律?
6. 分析香港传媒业怪象丛生的原因及根治对策。

主要参考文献

1. 邵培仁. 媒介管理学. 北京：高等教育出版社，2002.
2. 吴文虎. 新闻事业经营管理. 北京：高等教育出版社，2006.
3. 戴元光，金冠军. 传播学通论. 上海：上海交通大学出版社，2007.
4. 陈禹，杨波. 信息管理与信息系统概论. 北京：中国人民大学出版社，2005.
5. 成美，童兵. 新闻理论教程. 北京：中国人民大学出版社，1993.
6. 李良荣. 新闻学概论. 福州：福建人民出版社，1985.
7. 胡正荣. 外国媒介集团研究. 北京：北京广播学院出版社，2003.
8. （美）菲利浦·科特勒. 营销管理：分析、计划和控制. 梅汝和校译. 上海：上海人民出版社，1990.
9. 黄晓兰. 媒体财务管理. 北京：中国传媒大学出版社，2006.
10. 袁舟. 媒体集团的经营与管理：新加坡报业控股的成功之道. 汕头：汕头大学出版社，2003.
11. 张隆栋，傅显明. 外国新闻事业史简编. 北京：中国人民大学出版社，1988.
12. 刘海贵. 中国报业发展战略. 上海：上海人民出版社，2006.
13. 朱金玉，巢立明. 中国广播电视业发展战略. 上海：上海人民出版社，2006.
14. 禹建强. 媒介战略管理案例分析. 北京：华夏出版社，2004.
15. 宋建武. 媒介经济学：原理及其在中国的实践. 北京：中国人民大学出版社，2006.
16. 纪宁. 媒介新动向. 沈阳：沈阳出版社，2001.
17. （美）迈克尔·埃默里，埃德温·埃默里. 美国新闻史. 北京：新华出版社，2001.
18. （美）沃尔特·麦克道尔，艾伦·巴滕. 塑造电视品牌原则与实践. 马敏译. 北京：中国传媒大学出版社，2006.
19. （美）詹姆斯·沃克，道格拉斯·弗格森. 美国广播电视产业. 陆地，赵丽颖译. 北京：清华大学出版社，2005.
20. （美）罗伯特·G. 皮卡德，杰弗里·H. 布罗迪. 美国报纸产业. 周黎明译. 北京：中国人民大学出版社，2004.

21. 艾尔巴兰. 全球传媒经济. 王越译, 北京: 中国传媒大学出版社, 2007.
22. （日）稻叶三千男, 新井直之. 日本的报业理论与实践. 张国成等译. 北京: 新华出版社, 1985.
23. Robert G. Picard. The economics and financing of media companies. New York: Fordham University Press, 2002.
24. Gillian Doyle. The economics of the mass media. London: Edward Elgar Pub.. Cheltenham. UK. 2006.
25. Alexander, Alison. Media economics : Theory and Practice. Mahwah, N. J. : L. Erlbaum Associates, 2004.
26. Alan B. Albarran, Sylvia M. Chan – Olmsted, Michael O. Wirth. Handbook of Media Management and Economics. Mahwah, N. J. : L. Erlbaum Associates, 2006.
27. Howard J. Blumenthal & Oliver R. Goodenough. This Business of Television. New York: Billoard Books, 1998.
28. Linda Low. Economics of Information Technology and the Media. Singapore: World Scientific, 2000.
29. Axel Zerdick, European Communication Council. Emerging Media: Communication and the Media Economy of the Future, Berlin: Springer, 2005.
30. Philip M. Napoli. Audience economics: Media Institutions and the Audience Marketplace. New York: Columbia University Press, 2003.
31. Edward S. Herman, Noam Chomsky. Manufacturing consent: the Political Economy of the Mass Media, New York: Pantheon Books, 1988.